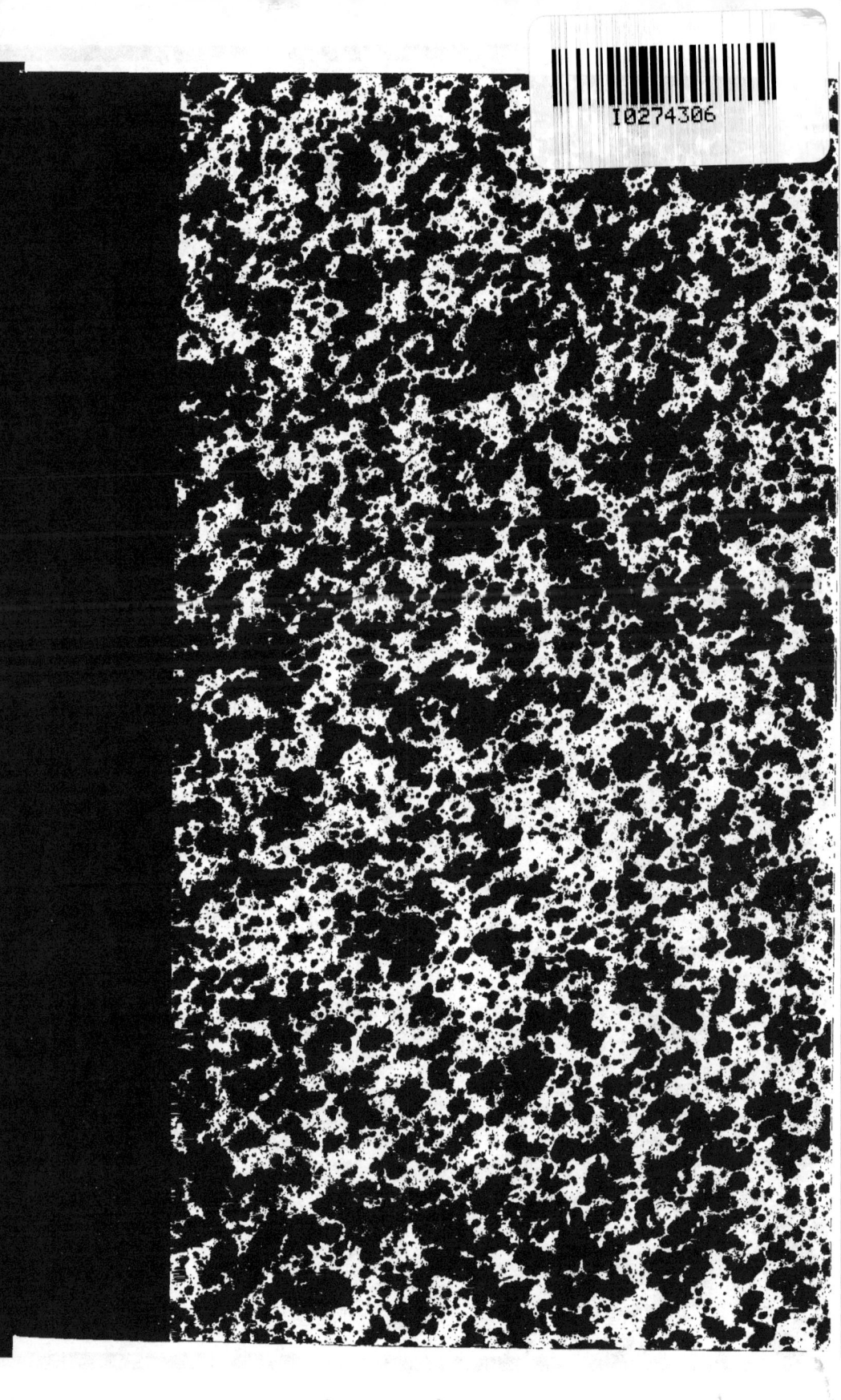

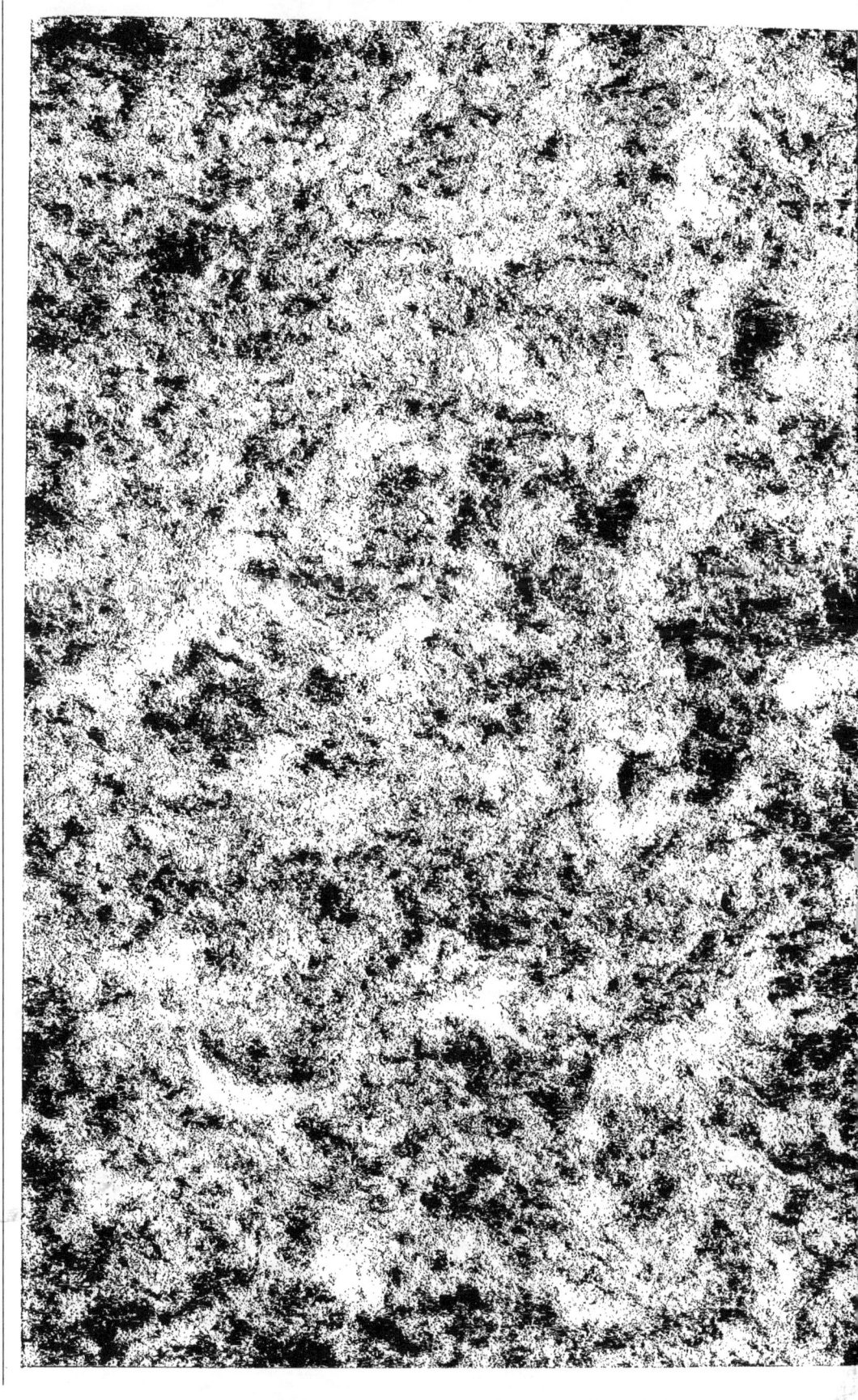

LES
GRANDES RÉPUBLIQUES

—

SÉRIE IN-4°.

Propriété des Editeurs,

Eugène Ardant et Cie

L'ANTIQUITÉ PITTORESQUE. — II

LES GRANDES RÉPUBLIQUES

ASPECTS GÉOGRAPHIQUES, HISTOIRE, MYTHOLOGIE, MONUMENTS,
ARTS, INDUSTRIE, COUTUMES

DE LA TROADE, DE LA GRÈCE,

DU PÉLOPONÈSE, DES ILES DE L'ARCHIPEL
ET DES COLONIES ASIATIQUES

ESQUISSES DE TROIE, PERGAME OU ILION,
MISE EN SCÈNE D'ATHÈNES, SPARTE, CORINTHE, ARGOS,
SICYONE, MYCÈNES, TIRYNTHE, OLYMPIE, MESSÈNE,
SARDES, ÉPHÈSE, MILET, SMYRNE, ETC.

CONTRASTES DE LEURS SPLENDEURS D'AUTREFOIS ET DE LEURS RUINES D'AUJOURD'HUI

PAR ALFRED DRIOU

LIMOGES
EUGÈNE ARDANT ET Cⁱᵉ, ÉDITEURS

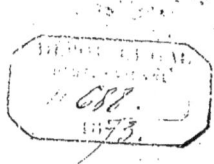

LES
GRANDES RÉPUBLIQUES.

MENUS PROPOS PRÉLIMINAIRES.

Si jamais quelqu'un, l'œil sondant des horizons invisibles, la tête lourde de pensées profondes, le front plissé par des souvenirs pour ainsi dire tangibles et palpables, l'imagination pleine d'étranges visions, les lèvres toutes prêtes à moduler les récits les plus mystérieux, venait vous dire avec un inexprimable sang-froid, un air rêveur des plus excentriques, et enfin avec sa plus sombre mélancolie inspirée par les regrets du passé :

— J'ai vu le monde sortir de la main du Créateur !

J'ai vu la terre, notre planète Terre, se revêtir de toutes les splendeurs de la création, mais aussi bientôt parsemée des ruines sinistres que la révolte de l'homme contraignit la colère céleste à entasser;

J'ai vu le déluge, le grand déluge universel, et j'ai été témoin de ses effroyables et navrantes péripéties ;

Les peuples primitifs ont défilé devant moi, un à un, tout après le drame de la confusion des langues, au pied de la Tour de Babel, et la dispersion des trois grandes races du globe s'est faite devant moi;

Oui, moi qui vous parle, j'ai assisté à la formation, à l'agglomération des innombrables familles ou tribus que les hommes primitifs ont composées; à leur séjour dans les habitations étranges qu'ils se sont créées, qui dans des cavernes, qui dans les profondeurs des bois, qui dans les plaines ou les sommets des monts;

J'étais présent à l'érection rudimentaire des premiers empires qui se sont assis sur la surface de notre sphère;

J'ai connu, à leur origine, et j'ai vu sortir petit à petit du sein de la terre Damas et Abila, Memphis et Thèbes, Ninive et Babylone, et déjà leur berceau prophétisait leur gloire;

Je connais l'Asie et l'Afrique aussi bien, sinon mieux, que l'Europe, et je pourrais dresser le plan de leurs montagnes et de leurs vallées, de leurs fleuves et de leurs déserts, car j'ai erré partout sur les bords de l'Oronte et du Jourdain, le long du Tigre et de l'Euphrate, du Nil et du Gange;

J'ai pu visiter les plus fameux monuments, depuis les Pyramides d'Egypte jusqu'au célèbre temple de Bélus;

Tour à tour ont passé sous mes yeux Adam et Eve, Abraham et Jacob, Melchisédech et David, la grande Sémiramis et l'illustre Rhamsès-le-Grand;

J'ai été le spectateur d'innombrables batailles; j'ai assisté aux siéges de Bactres et d'autres villes encore ;

J'ai......

Répondez, ami lecteur : ne diriez-vous pas, en entendant un pareil langage, ne diriez-vous pas :

— Pauvre fou !...

Et cependant, rien n'est plus vrai; écoutez bien l'explication de ce singulier problème :

Dans un premier volume, qui précède immédiatement celui-ci, et qui a pour titre : LES ORIGINES DU MONDE, je raconte comment, transporté de la province à Paris, moi, Théobald de Lavange, j'avais compris bien vite l'inanité de ce que l'on avait appelé jusque-là *mon éducation !*

Triste et maigre bagage, hélas ! que mon éducation !

Accueilli pour m'y former aux bonnes manières, au langage de l'high-life, dans l'hôtel de mon oncle le comte de Froley, rue Blanche, face à face avec ma cousine Evenor, sa fille, et messieurs Marius Bédrin et Arthur Bigron, deux burgraves bourrés de toutes les sciences en *ie*, il ne me fut pas difficile, et il ne fut pas long, de juger et de comprendre que je ne savais absolument rien, que j'ignorais toutes choses, les plus élémentaires même, et que, atrophié, affadi par la vie molle, énervante et égoïste que m'avaient faite mon inertie et ma paresse, je n'étais qu'un âne assez bien bâté, et voilà tout.

Or, j'avais dix-neuf ans, et si je voulais jouer un rôle dans le monde et payer ma dette à la société, au lieu de rester dans son sein un membre parasite et gangrené, j'avais tout à apprendre, tout à connaître : à dix-neuf ans il me fallait recommencer mes études !

Que je regrettais le temps perdu au collége !

D'autre part, comme contraste, j'avais l'inimaginable tourment d'une piqûre sans fin plus aiguë, bien autrement douloureuse que la piqûre d'une guêpe, je veux parler de l'efflorescent savoir de ma cousine Even, de son admirable talent qui s'appliquait à tout, et de ses conversations les plus savantes avec tous ceux qui l'entouraient. Quant au comte de Froley et à ses amis, devant eux, et en présence de leur prodigieux savoir, c'était comme d'épouvantables décharges de monstrueuses piles de Volta que je recevais en pleine poitrine, tant je me trouvais pauvre d'esprit, pauvre d'idées, niais, crétin, nul, stupide...

Un jour, j'entendis ma cousine dire avec mystère à son entourage, en parlant de moi :

— C'est un caillou, ce garçon; mais du caillou ne peut-on pas faire jaillir l'étincelle?... Je gage que sous la patine on trouvera quelque pépite d'or enfouie dans la vase... J'essaierai...

Alors, inspirée par son père, par son cœur à elle, par ses amis, pour réparer le temps perdu elle s'était préparée à user d'un moyen énergique, mais prompt et décisif, afin d'infuser quelque savoir dans mon ignare personnalité.

En conséquence, en-dehors de toute magie blanche ou noire, sans le moindre sortilége, de concert avec ses deux amis Arthur et Marius, l'un à titre d'archéologue, l'autre en qualité d'historien critique, et mon oncle, comme cosmopolite, ils imaginèrent...

Oh! je ne saurais dire ce qu'ils imaginèrent...

Lisez le livre que je vous signale plus haut : LES ORIGINES DU MONDE, édité par la maison EUGÈNE ARDANT ET Cie, à Limoges, et vous jugerez l'œuvre de mes conspirateurs par les résultats de leur bizarre entreprise.

Ce qui est bien certain, c'est que le lendemain du jour où prirent fin les premières aventures racontées dans ce livre des *Origines*, je reçus, dans ma chambre de l'hôtel Froley, la visite de mon oncle, qui me dit :

— Voilà bien quinze heures que... tu dors, mon cher neveu, et je commence à m'inquiéter d'un sommeil aussi prolongé... Sais-tu bien qu'il est six heures du soir? Quitte donc ton lit au plus vite et descends... Nous t'attendons pour nous mettre à table...

Et, tout en parlant, le comte de Froley soulève les rideaux de ma fenêtre, qui, faisant face à l'occident de Paris, me laisse voir le soleil se couchant dans des images de pourpre et d'or.

— Alors, si j'ai dormi quinze heures, puisqu'il est six heures du soir, c'est donc à trois heures du matin que j'ai dû commencer mon sommeil. Or, j'ai souvenance d'avoir subi les premières influences... d'une certaine hal-lu-ci-na-ti-on étrange, vers minuit, et cela... dans l'atelier de ma cousine, cher oncle. Qu'avez-vous donc fait de moi de minuit à trois heures du matin, dites?... Oui, rendez-moi compte de l'emploi de ce temps... dis-je à brûle-pourpoint, et avec un accent de conviction tel que mes yeux devaient lancer des éclairs...

Aussi le comte se prend-il à rougir imperceptiblement. Toutefois, il me répond avec malice :

— Mon cher, je n'ai cure de tes rêveries. J'ai dit quinze heures, comme j'aurais pu dire dix-huit...

— Non pas... Me voir dormir tout le jour vous aurait inquiété, monsieur mon oncle... C'est sans malaise, grâce à Dieu, et sans avoir la conscience de ma paresse, certes ! que j'ai sommeillé aussi longtemps. Ce long repos provient donc d'un... curieux, oh ! très étrange voyage... que vous, vous, mon oncle, et Even, et messieurs Arthur Bigron et Marius Bédrin...

— Nous prends-tu pour des sorciers faisant voyager leurs adeptes sur des manches à balai ?...

— Peut-être... Toujours est-il que mon long sommeil provient certainement de l'intéressant voyage que vous m'avez fait faire... comment ? je n'en sais rien. Ce que je puis dire, c'est que je suis revenu charmé de mes pérégrinations. En outre, j'en rapporte un appétit !... je ne connais rien qui égale cet appétit, si ce n'est ma curiosité et le désir qui me brûle de continuer mes excursions dans le vieux monde..

Jouons donc cartes sur table... Quand vous plaira-t-il?

— Tu es fou, Théobald, et je ne puis raisonner avec un fou... Tu n'as pas affaire à des sorciers, trêve donc de tes drôleries. Voici ta pendule qui marque six heures et quart. Lève-toi ; on t'attend pour sonner le dîner...

Ainsi finit notre rapide entretien. Cependant je dois dire que j'entends mon oncle rire dans le corridor, et murmurer, en s'éloignant :

— Le coquin de neveu est sur le qui-vive! mais c'est égal, à l'œuvre... Battons le fer pendant qu'il est chaud!

Je descends. On dîne. Personne ne desserre les dents, pour parler, s'entend. Pour mon compte, je mange...

Enfin je reste là, l'air béat, comme doit l'avoir tout gourmand soumis à l'influence d'une digestion....

Mais, tout-à-coup...

Oh! cher lecteur, veuillez tourner la page, et voir, de l'autre côté, ce qui se passe...

OU LES HOMMES FONT LES DIEUX.

Nouvelles hallucinations. — Départ. — Vision de la GRÈCE. — Tableaux et paysages. — Géographie de l'Hellade. — Les îles de l'Archipel. — Spectacle grandiose. — Causeries. — Où au monde biblique succèdent les légendes mythologiques. — Relations de la Grèce avec l'Egypte. — Comment les dieux de celle-ci deviennent les dieux de celle-là. — Origine des *Jupiter*. — Où se produit l'imagination des Grecs. — *Saturne*. — *Rhéa, Cybèle, Vesta* ou *la Terre*. — *Uranus* ou *le Ciel*. — *Junon*. — Les mystères de la théogonie grecque dévoilés. — Le Ciel escaladé par les *Titans*. — Causes de cette croyance. — Pourquoi les Grecs placent leurs dieux sur l'*Olympe*. — Comment ils les groupent. — Progéniture de Jupiter. — Enfants de Junon. — *Minerve*. — *Mars*. — *Vénus*. — *Vulcain*. — *Mercure*. — *Apollon*. — *Diane*. — *L'Amour* et *Psyché*. — Le mont Parnasse. — Les muses. — *Neptune* et *Amphitrite*. — *Tritons* et *Néréides*. — Porte des Enfers. — L'Achéron. — Le nautonier *Caron*. — *Cerbère*. — *Eaque, Minos* et *Rhadamante, juges des Enfers*. — *Parques* et *Furies*. — *Pluton* et *Proserpine*. — Supplices du Tartare. — *L'Aurore*. — *Phaéton*. — Les *Héliades*. — *Auster*. — *Aquilon* et *Borée*. — *Eole* et *Zéphyr*. — *Iris*. — *Flore* et *Pomone*. — *Vertumne*. — Centaures. — Cyclopes. — Faunes et Naïades. — Dryades et Hamadryades. — Satyres et Silvains. — Nymphes et Napées. — *Pan*. — *Priape*. — *Terme*. — *Plutus*. — *Hébé*. — *Ganimède*. — *La Fortune*. — *Bellone*. — Gorgones et Chimères. — Le mont Rhodope. — L'Hœmus. — Le mont Athos. — Le Pangée. — Topographie. — *Dodone*. — L'Olympe et l'Ossa. — Le centaure *Chiron*. — Le Pélion. — Vallée de Tempé. — Le Pénée. — Sorcières de Thessalie. — Marais du Sperchius. — *Thermopyles*. — Le serpent Python. — DELPHES. — La Pythie. — L'antre de Corycius. — Jeux pythiens. — Fontaine de Castalie. — L'Hélicon et le Cithéron. — Hippocrène et Permesse. — Lac Copaïs. — Le Céphise et l'Asopus. — Le *Pirée*. — ATHÈNES. — Acropole d'Athènes. — L'Attique. — *Marathon*. — *Eleusis*. — *Mégare*. — CORINTHE et Acrocorinthe. — *Sicyone*. — ARGOS. — *Mycènes*. — Lac Stymphale. — *Mantinée*. — *Olympie*. — La Laconie. — SPARTE. — L'Eurotas. — Les monts Taygètes. — Le Céada.

A peine achevais-je de savourer mon café, que se fait entendre le bruit harmonieux des brises dans les plaines de l'air. En même temps, je vois ma société et moi-même, tous ensemble nous élançant dans l'espace, non plus assis en rond, comme autour de la table de la salle à manger, mais placés dos à dos, comme on se trouve sur les divans circulaires des salons du grand monde. Tout autour de ce divan règne une élégante balustrade en bois d'ébène, qui permet à nos bras de s'appuyer, et le divan lui-même repose sur un élégant parquet tapissé d'Aubusson. Mais je vois sans étonnement, — car rien ne m'étonne plus, — qu'il est soutenu par de riches torsades que portent dans l'air trois aigles à puissante envergure qui forme une sorte de coupole au-dessus de nos têtes.

Nous planons au-dessus de vertes campagnes, puis de mers aux flots cadencés, puis de hautes montagnes dentelées.

Des nuages se font autour de moi; mais le vent de la nuit les emporte, et leur souffle rafraîchissant passe sur mon visage. Il me semble que je navigue dans l'éther bleuâtre, semé de brillantes étoiles, du firmament. Que dis-je? il me semble... mais j'en suis parfaitement certain.

Enfin, je suis donc rendu à mes visions tant regrettées! Et, pour le début de cette seconde excursion, je me retrouve soudain, aussi vite que la pensée, en face de...

Nautonier favorisé du ciel, si jamais tu lances ton esquif sur les vagues de la Méditerranée, cargue tes voiles et suspends la marche de ton navire devant cette terre aux rivages escarpés, formés de rochers gigantesques, découpant la mer en golfes et en baies nombreuses, projetant au loin trois péninsules élevées, dernières limites du continent au midi, dominant d'un côté la vaste mer, planant de l'autre sur des groupes d'îles qui semblent autant de pierres blanches dispersées sur un tapis de verdure.

Cette terre, c'est la *Grèce*, c'est l'*Hellade!*

Placée comme un lien commun entre l'Europe, l'Asie et l'Afrique, l'influence de cette terre pélasgique sera grande comme l'océan qui l'entoure. Les sciences et les arts, nés sous le ciel brûlant de l'Egypte, vont y trouver une vie nouvelle, s'y revêtir de cette grâce inimitable qui fera longtemps l'admiration des hommes, et s'y développer pour servir de base à la civilisation humaine.

Au moment où le soleil, sortant des flots qu'il teint de ses rayons, nous permet de la contempler dans tous ses détails, nous dominons cette presqu'île si pittoresque; son aspect intérieur ne dément en rien l'idée qu'en donne l'aspect extérieur. C'est une contrée âpre, sauvage, couverte de chaînes de montagnes entassées les unes sur les autres, séparées par des plateaux plus ou moins élevés constituant chacun un bassin particulier, entièrement isolé de ceux qui l'entourent. Au coup d'œil qu'offrent ces divisions naturelles, je m'explique la division du pays en petits Etats que leur faiblesse forcera à se grouper dans un système fédératif.

De toutes parts, sur le continent comme dans les îles gracieuses qui l'entourent, la blancheur de marbre des roches indique l'abondance des calcaires, et leur disposition par longues assises horizontales me fait comprendre, grâce à Marius notre archéologue, l'amour des Héllènes pour la ligne droite, qui s'harmonise si heureusement avec le sol et avec cette atmosphère aux ondes pures et transparentes sous laquelle les monuments offrent une toute autre physionomie que dans nos contrées froides et humides.

Les versants et les rampes des vallées sont couverts d'amandiers, de cédrats, d'arbousiers, d'orangers et de citronniers chargés de fruits d'or, et néanmoins poudrés d'une neige de fleurs blanches et roses. Il me semble qu'il arrive jusqu'à nous de douces senteurs de pêches, de prunes, de figues et d'abricots.

Dans l'Elide nous découvrons de magnifiques forêts vierges dont les principales essences sont l'azerolier, le platane, l'oliastre, le mélèze, le châtaignier et le chêne valloni.

Des lynx, des chèvres sauvages, des cerfs, des chevreuils, des sangliers nous apparaissent dans les rochers du mont Parnasse, en Phocide. Ses forêts de pins nous montrent aussi, dans leurs clairières, leurs hôtes habituels, la grive, la tourterelle et le pigeon-ramier (1).

Sur les sommets du mont Hymette, dans l'Afrique, nous voyons de nombreux essaims d'abeilles préparer dans le tronc des arbres et au creux des rochers un miel odorant et suave qui devra bien mériter de sa patrie un jour.

Le loup, le renard et le chacal cherchent curée parmi les solitudes du Péloponèse et sur les rives de ses fleuves, aux bords de l'Eurotas surtout, dont les grèves sont capitonnées de lauriers-roses s'épanouissant au soleil, pendant que, sur leurs nappes d'eaux, voguent des bandes de cygnes et de hérons, en compagnie de cigognes et de grues qui pêchent et s'ébattent.

De nombreux troupeaux, conduits par des pâtres, errent à l'aventure sur les talus des collines, pendant que leurs gardiens chantent en s'accompagnant de rustiques chalumeaux, et animent les riants paysages et les grasses pâtures de l'Arcadie.

Et si le faucon, l'épervier, l'alouette et le corbeau planent autour des côtes du nord, dans le sud, près d'Athènes surtout, coasse la corneille et hue le hibou, triste oiseau de sa Minerve. Enfin partout glissent, voltigent, pépitent et frétillent le hoche-queue, le martin-pêcheur, le courlieu, l'avocette, les bécasses, le héron pourpré et les pluviers, dans l'intérieur des terres, tandis que sur les mers prennent leurs ébats la mauve, l'hirondelle marine et l'alcyon.

Avec cela le ciel bleu, l'éther sans nuages, le soleil qui rutile, les mers et leurs îles qui blanchissent dans l'azur et servent de bordure à ce tableau, les découpures des rivages brodés comme des dentelles, c'est un spectacle sublime, dont la poésie magique charme et enivre.

Dans la *mer Ionienne*, qui sépare la Grèce de l'Italie, c'est *Corcyre*, vis-à-vis les côtes de l'Epire, qui a ses rois particuliers, une ville déjà

(1) O. Mac-Carty, *Dict. de la Conv.*

florissante, et son peuple de *Phéaciens*. Un splendide palais entouré de jardins magnifiques me fait voir son roi *Alcinoüs*, qui s'y promène avec sa fille, la belle *Nausicaa*.

C'est le *golfe d'Ambracie*, avec la bourgade de ce nom, cette côte qui un jour aura la petite cité d'Actium, future témoin d'une grande bataille navale.

C'est *Leucade*, île fleurie, en face de l'Acarnanie, dont elle n'est séparée que par un canal. Déjà quelques cabanes de pêcheurs font deviner une prochaine bourgade. Au sud, je remarque un cap hérissé de brisants. On m'apprend que dans l'avenir les amants malheureux viendront là chercher un remède à leurs maux en se précipitant de ce cap dans la mer. Aussi ce genre d'épreuve contre les peines de cœur s'appellera-t-il *le saut de Leucade*. Ceux qui échapperont à la mort seront guéris de leur fatale passion. J'y verrai, me dit-on, le poète *Nicostrate*, puis *Artémise*, la fameuse reine d'*Halicarnasse*, veuve de *Mausole*, et *Sapho*, la femme poète, la fleur de *Mitylène*, et beaucoup d'autres, recourir à ce terrible remède.

Puis *Ithaque*, avec ses montagnes escarpées, ses vignobles, ses fertiles vallées, ses îlots, m'apparaît serrée de près par *Taphos*, Leucade et Céphalonie. Avec *Dulichium*, ce sera bientôt le royaume de *Laerte*, père du rusé et fameux *Ulysse*.

Puis *Céphalonie*, nommée aussi l'*Epire-Noire*, *Melena*, à l'entrée du golfe de Corinthe, sous un ciel plus étincelant encore que les sœurs qui l'entourent, et montrant avec orgueil ses murs cyclopéens (1).

C'est le *golfe de Corinthe*, appelé aussi *Mer des Alcyons*, qui coupe en deux les terres, et séparant l'Hellade du Péloponèse, forme à la ville d'Ephyre ou de Corinthe le port de Cenchrée, pendant que cette même cité, splendidement assise sur l'isthme que forme avec ce long

---

(1) Dans la galerie pélasgique de la Bibliothèque Mazarine, on voit l'intérieur d'une maison de construction cyclopéenne. — On y trouve en outre l'effigie en relief de la porte de l'acropole de la cité de Pronoë. Elle est d'une élévation gigantesque et toute pélasgique.

golfe l'autre golfe de la mer de Grèce appelé golfe Saronique, jouit du second *port de Léchée*, taillé par la nature dans ce même golfe.

C'est *Zacynthe*, au sud de Céphalonie, toute resplendissante de verdure, et dont les côtes blanches sont battues sans fin par le remous de vagues bleues.

C'est le golfe de Cyparisse, en face de la bourgade de ce nom, la première des côtes de Messénie.

Viennent alors les petites îles *Strophades*, *Sphactérie* et les îlots *Amissus*.

Puis le promontoire Acrétas termine la pointe sud-ouest du Péloponèse.

On tourne la côte et s'ouvre aussitôt le *golfe de Messénie*.

Un cap formé de roches qui cachent de magnifique marbre vert et qui a nom *cap Ténare*, occupe la pointe méridionale de la presqu'île. Nous voyons au pied des rochers une caverne profonde d'où sortent, me dit-on, des vapeurs méphitiques. Les Grecs la regardent comme l'entrée des Enfers, et de là, chez eux, la synonymie de *Ténare* et d'*Enfers*.

Après ce cap, la mer creuse le profond *golfe de Laconie*.

De ses eaux il arrose l'île de *Cythère*, fleurie, verte, semée de collines qui festonnent le sol, coupée de bocages, arrosée de rivières aux ondes argentées, chargée d'un éther radieux que sillonnent de jolies colombes, et semblant déjà pressentir sa destinée de poétique séjour de Vénus, prête à sortir de la blanche écume des vagues de ses rivages.

Au sud de Cythère, voyez-vous l'*île de Crète* s'élever au-dessus des flots comme un léviathan qui fend lourdement les mers. Elle regarde l'ouverture de la mer de Grèce, bientôt *mer Egée*, portant ses eaux vers le nord. Déjà ses habitants s'exercent à tirer de l'arc et préludent à leur renommée future dans ce genre d'exercice. Je découvre aussi parmi ses coteaux dont les pampres sont chargés de raisins, la fraîche et poétique bourgade de *Gortyne*, assise au pied du *mont Ida*.

Elle fait pressentir sa grandeur future, car certains monuments indiquent que les arts y prennent naissance. On me signale près de la ville une vaste caverne qui, par mille détours semblables à des rues souterraines, s'étend sous les ondulations de la montagne. Voici de même *Cnosse*, la capitale de l'île où je dois voir bientôt l'inextricable *Labyrinthe* que l'Athénien *Dédale* y construira pour le Minotaure. Enfin, sur les bords de la mer, j'avise les commencements de *Cydonie*, que des navigateurs de Samos entreprennent de fonder.

En tournant du golfe de Laconie vers les côtes orientales du Péloponèse, s'avance dans la mer le *cap Malée*. D'énormes blocs de rochers superposés le rendent l'horreur et l'effroi des pilotes grecs. Passer au pied de ce cap offre de tels dangers, que les Hellènes disent à ce sujet : *Quiconque double le cap Malée doit oublier sa patrie!*

Le *golfe Argolique* se dessine à son tour et reçoit son nom d'Argos, qui montre comme un phare ses constructions cyclopéennes à l'extrême pointe des eaux.

Alors, entre la côte de Grèce et celle de l'Asie, la mer de Grèce prend le nom de *mer de Myrtos*, que lui donne l'amazone *Myrto*, qui périt dans ses flots.

Là commencent les *Cyclades*.

C'est une couronne d'îles de l'aspect le plus pittoresque, qui, gracieuses et véritables oasis dans l'immensité de la mer, forment autour de Délos, l'une d'elles, un semis merveilleux de charmantes corbeilles de pierres blanches toutes chargées d'arbres verts, de fleurs et de fruits. Elles décorent la mer de Myrtos, accolées à la côte orientale du Péloponèse.

Les *Sporades*, mot qui veut dire *dispersées*, décorent au contraire la côte occidentale de l'Asie, à la même longitude, dans la partie de la mer de Grèce qui a pris le nom de *mer Icarienne* depuis la chute d'*Icare* dans ses eaux. Cette mer est l'autre page de la mer de Myrtos, dont la mer de Grèce est le livre ouvert.

Mais quelles riches enluminures sur ces deux pages splendides !

Voici d'abord *Délos*, la reine de ces îles fleuries, la plus fraîche et la plus verte, une île si poétique que l'imagination des Grecques, embrasée par le beau ciel du climat, la dira sortie des eaux par l'effort de Neptune, le dieu de la mer, pour servir d'asile à Latone, aimée de Jupiter, le roi des dieux, et pour cela même poursuivie par la jalouse Junon, leur souveraine. Elle y verra cette infortunée Latone y donner le jour à Diane, la déesse de la chasse, et à Apollon, le dieu de la poésie.

L'usage des habitants de cette île est de ne pas enterrer leurs morts à Délos, de crainte que l'île ne rentre dans les profondeurs de la mer. Aussi les transportent-ils à *Rhénée*, leur voisine.

Voici *Mycône*, qui renfermera prochainement les tombeaux des *centaures*, quand ils auront été immolés par Thésée aux noces de Pirithoüs.

Voici *Ténos* toute hérissée de rochers, mais aussi chargée de vignes.

Voici *Andros*, étalant au soleil les premières assises du *temple de Bacchus*, qui vient de révéler l'usage du vin et de donner aux Hellènes l'occasion de créer un dieu de plus.

Voici *Céos*, blonde comme une jeune fille, et, comme une bacchante, couronnée des pampres de ses collines. Le climat délicieux de cette île n'empêche pas ses habitants qui arrivent aux portes de la vieillesse de se donner la mort par le poison, afin de ne pas amoindrir la subsistance des jeunes hommes.

Un jour Céos sera fière de son poète *Simonide*.

Voici *Sériphe*, stérile et couverte de rochers. Elle n'a pour habitants que les boucs et les chèvres sauvages.

Mais bientôt aborderont sur son rivage la belle *Danaé* et le héros *Persée*, lorsque règnera sur ce roc le roi *Polydecte*.

Puis, remarquez avec moi *Syros*, chargée de moissons dorées que la brise fait moutonner comme des vagues d'or ;

Syphnos, que l'on me dit recéler des mines d'or et d'argent dans ses entrailles;

Paros, dont les montagnes de marbre feront la gloire des monuments de la Grèce et du monde, et révéleront leur vocation de sculpteurs à ses enfants *Phidias* et *Praxitèle*, en même temps qu'elles produiront le poète *Archiloque*.

Voici *Naxos*, la plus grande, la plus belle, et diamant des Cyclades. Bacchus foulera du pied ses coteaux, et ses coteaux se couvriront de vignes qui donneront le meilleur vin.

Voici *Mélas*, la patrie de *Diagoras*, de l'athée Diagoras. Un athée, un homme qui nie l'existence de Dieu, au milieu de ces merveilles sorties de sa main !

Parmi les Sporades, voyez aussi :

Icare, qui doit son nom à la chute d'Icare sur ses rivages;

Pathmos, lieu d'exil au temps futur des Romains, et où un disciple de l'Homme-Dieu écrira son *Apocalypse*;

Samos, l'île consacrée à Junon, vase de marbre, parterre émaillé des plus riches fleurs, et la patrie du sage Pythagore;

Lesbos, la plus pittoresque de ces îles fortunées, la patrie de la musique, le nid charmant d'où s'envoleront la fameuse *Sapho*, *Alcée*, *Pittacus*, l'un des sept sages, et l'historien *Théophane*. *Mytylène* est sa capitale, comme Corinthe, assise entre deux ports; et *Eressus*, patrie de *Théophraste*, est sa bourgade naissante;

Et *Chio*, l'opulente Chio, fameuse par ses vins, plus fameuse un jour par son *Homère*.

Si nous reprenons du regard l'examen des dentelures de la Grèce orientale, à partir du golfe Argolique, que nous avons quitté pour admirer les Cyclades et les Sporades, nous verrons tour à tour :

Le *golfe Hermionique*, entre l'île d'*Hydra* et le *promontoire de Scylla*. Ce promontoire dut son nom à la fille du roi de Mégare, qui s'étant éprise d'un fol amour pour *Minos*, roi de Crète, faisant le siége de sa ville natale, coupera sur la tête de son père un cheveu de pourpre auquel les destins ont attaché le salut de Mégare, pour donner la victoire à l'ennemi. Mais celui-ci paiera cette générosité en faisant jeter Scylla dans les flots du haut de ce promontoire, qui de ce fait prendra le nom de la jeune fille ;

Dans le golfe Savonique, l'*île d'Egine*, ainsi nommée de la nymphe Egine, dont le fils, Eaque, règne sur ce modeste domaine;

Au loin, dans les profondeurs bleuâtres du même golfe, l'*îlot de Salamine*, presque sous les murs d'Athènes qui la domine, assise sur les rampes du mont Pentélique, comme une reine majestueusement assise sur son trône, et qui, dans l'avenir, sera fière de donner son nom à la victorieuse bataille navale de *Thémistocle* sur les Perses.

Un jour aussi elle donnera naissance à *Solon*, le législateur, et au poète dramatique Euripide.

Mais alors, en longeant la côte toujours, quel spectacle magique s'offre à mon regard, à l'une des sinuosités du rivage! Mes yeux quittent à peine les hauteurs d'Athènes qui se profilent avec tant de grâce sur l'éther bleu du firmament, couronnées par la forteresse de Cécropia, qu'ils sont invinciblement attirés par la pointe de l'Attique portant Athènes et s'avançant profondément dans la mer pour se terminer par un cap rocheux très élevé au-dessus des flots. Sur la masse gigantesque de ses rochers taillés en forme de proue, se dresse un temple sublime, aérien, dont la merveilleuse colonnade se détache admirablement sur le bleu du même ciel qu'Athènes. Quel est ce cap? Quel est ce temple?

Le *cap Sunium*, sur lequel *Platon* viendra souvent s'asseoir en face des beautés de la mer, des îles, des côtes nageant dant la brume d'or, de l'horizon vaporeux des Cyclades, des Sporades, de l'Asie, de la création entière, des œuvres de Dieu en un mot, et disserter avec ses disciples.

Le *temple de Minerve*, que les Hellènes de l'Attique achèvent en l'honneur de leur déesse aimée; qui de cette élévation semble planer sur la contrée, sur leurs mers, et laisse voir au loin à l'œil ravi des navigateurs la colonnade de son temple comme un phare de salut.

Maintenant que nous avons admiré, suivons ce long bras de mer, le *canal de l'Euripe*, resserré entre l'Attique, la Béotie, la Locride, la Phthiotide et la Thessalie à gauche, et à droite l'*île d'Eubée*, qui a la même longueur que le canal. Des hauteurs où nous tient notre char aérien, nous contemplons à l'aise cette île fameuse d'abord appelée *Chalcis*, parce que ce fut de ses entrailles que l'on tira le premier cuivre dont on fit usage, ensuite *Macris*, à cause de sa longueur, et enfin *Abantés*, du nom de ses habitants primitifs. Elle est couverte de productions efflorescentes. Des eaux thermales chaudes jaillissent de son sein; et déjà je compte trois bourgades qui décorent sa surface : *Caryste*, qui est voisine de carrières de marbre ouvertes depuis peu; *Erétrie*, que les Perses détruiront pour se venger à l'avance de leur défaite à Marathon, et enfin *Chalcis*, sur le détroit de l'Euripe, en face de l'Attique, qui sera un jour témoin du trépas d'Aristote.

A la sortie du canal de l'Euripe, après l'Eubée, jetée là sur le flanc de la Grèce comme le baudrier d'un héros qui se repose après la victoire, voici le *golfe Maliaque*, enfoncement de la mer voisine du défilé des Thermopyles.

Puis enfin, après les côtes de la Thessalie qui vont s'avançant sur la mer, par suite de l'élargissement successif de l'Hellade, à partir de l'isthme qui la rattache au Péloponèse, en saluant le Pélion, montagne des muses, qui baigne son pied dans les vagues, c'est le *golfe Thermiaque* qui se montre, grand et profond bras de mer qui passe devant les monts Ossa et Olympe.

Mais alors voici les côtes qui tournent et couronnent la tête de la mer de Grèce. Elle brise là ses derniers flots contre les terres qui forment un arc immense et vont se confondre avec les rivages de l'Asie, qui montent de l'autre côté de la mer de Grèce avec le côté de l'Attique et de la Thessalie : mais dans cette courbe que décrit le bord de la mer très découpé en cet endroit surtout, nous pouvons compter et voir le *golfe Thoromaïque* d'abord, puis le *golfe Singitique*, le *golfe Strimonique* qui doit son nom au *Strymon*, fleuve de Thrace ayant là son embouchure, tous appartenant à la Macédoine, et enfin le *golfe Piérique* et celui de *Mélas*, qui baignent la Thrace en face du fleuve de l'*Hèbre*, un jour témoin et auteur dans le fatal trépas d'*Orphée*.

Alors nous découvrons l'*île Thasus*, montagneuse, couverte de bois, ayant des mines d'or, des carrières de marbre, et se disposant à donner au monde le peintre illustre *Polygnote;*

Samothrace et *Imbros*, deux îles voisines l'une de l'autre, toutes deux chargées de terres rougeâtres, toutes deux enveloppées d'une épaisse fumée, toutes deux ayant de noirs forgerons qui jour et nuit martellent le fer et toutes deux adonnées au culte des *Cabires*, mystérieuses divinités du feu.

A la bonne heure! voici un volcan qui du milieu des eaux lance ses feux et sa fumée vers le ciel. Cette rareté fait bien dans le paysage, et nous révèle l'*île de Lemnos*. Assurément, avec Samothrace et Imbros toute peuplée de forgerons, Lemnos, aidée de son volcan, décidera bien les Grecs à supposer que Vulcain a établi dans ces parages les ateliers de ses Cyclopes forgeant les foudres de Jupiter.

Mes yeux se portent à Lemnos sur une étrange construction que les ouvriers achèvent à peine. C'est un *Labyrinthe* qui ne compte pas moins de cent cinquante colonnes d'une grosseur prodigieuse, mais si légèrement ajustées sur leurs pivots, que je vois des enfants les mettre en mouvement sans efforts.

Du reste, l'île n'a encore que deux bourgades, *Myrine* l'une, et *Héphestia* l'autre, encore à l'état d'enfance.

Enfin voici *Ténédos*, sur la côte d'Asie, en face de la *Troade*, dont je vois briller au loin, sur la côte, la citadelle de *Pergame*.

Mais retournons nos visages vers la Grèce en regardant une dernière île de sa mer pittoresque, l'*île de Scyros*, assez voisine de l'Eubée; on me la signale comme devant être un jour la retraite d'*Achille* et le lieu où mourra *Thésée*, dont les ossements seront ensuite rapportés à Athènes, sa patrie, par le vaillant *Cimon*.

Lorsque mon cher oncle, le comte de Froley, juge au rayon visuel qui s'échappe de mon regard que mon examen touche à sa fin, le voici qui prend la parole avec une certaine solennité et me dit en me montrant l'Hellade :

— Jamais région du globe ne méritera davantage ton attention, ton étude, ton admiration même, que cette terre de Grèce. C'est le sanctuaire des arts et des sciences, la patrie des grands hommes, l'école des vertus, de la sagesse, de la philosophie. Toutefois, avant de te rien dire de ses contrées, de ses montagnes, de ses fleuves, de ses villes, avant même de te citer leurs noms et de te désigner ses provinces, la *Macédoine*, la *Thessalie*, l'*Epire*, l'*Acarnanie*, l'*Etolie*, la *Locride*, la *Phocide*, la *Béotie* et l'*Attique*, dans l'Hellade proprement dite, au nord;

Avant de te montrer, au sud, que le Péloponèse, séparé de l'Hellade par l'isthme de Corinthe formé à l'est par le golfe Savonique, à l'ouest par le golfe de Corinthe, ressemble tellement à une feuille de mûrier, par les nombreuses découpures de ses golfes, que dans l'avenir il s'appellera *Morée*, qui, en grec, *morea*, signifie mûrier;

Avant de te citer les six provinces distinctes d'*Achaïe*, d'*Argolide*, d'*Arcadie*, d'*Elide*, de *Messénie* et de *Laconie* qui le composent,

Les auteurs qui traitent des choses du vieux monde, pour les soumettre à nos études, ont tellement poétisé ces montagnes, ces fleuves, ces lacs, ces provinces; et, d'ailleurs, ces montagnes, ces fleuves, ces provinces ont été le théâtre de faits historiques si importants, qu'il est de rigueur de connaître leur position pour juger et apprécier les récits des événements de l'antiquité dont notre jeunesse est bercée. Aussi vais-je te les signaler.

Mais auparavant je te ferai remarquer que la splendide beauté de ce riche climat exalte l'imagination des Grecs, qui, privés du flambeau de la vérité religieuse, ont un constant besoin de tout dénaturer en le poétisant, et en transformant en circonstances merveilleuses les faits les plus simples et les plus naturels.

En veux-tu la preuve? Ecoute-moi :

Le Temps dévore tout ce qu'il produit, n'est-ce pas?... Dès-lors le Temps devient Saturne, le dieu Saturne, *Cronos*, que les Grecs représentent dévorant ses enfants et ayant à ses pieds un crocodile, emblème de sa voracité. Ils lui donnent pour arme une faux, parce que, en effet, le temps moissonne tous les êtres. En outre, il porte un sablier, pour représenter les heures qui sont des fractions du temps. Enfin il a la barbe blanche, car, quoique rapide, il est très vieux.

Il y a en Thessalie une montagne nommée *Olympe*, dont le sommet se couronne toujours de nuages. Les flancs de cette montagne servent de repaire aux brigands de la contrée. Un roi du voisinage, Jupiter, d'une audace et d'une force extraordinaire, les extermine tous, et pour mettre le pays à couvert des incursions de pareils aventuriers, il construit sur l'un des pics les plus élevés de ce mont une forteresse puissante, puis il étend sa domination sur la contrée d'alentour. Mais ne pouvant plus gouverner seul ses Etats, il les partage avec ses frères. Neptune reçoit les îles disposées sur la mer, et Pluton la partie occidentale, riche en mines d'or et d'argent. De là, l'Olympe devient le palais des dieux, Jupiter le souverain du ciel, Neptune le roi des mers, et Pluton celui des mines ou des enfers...

La tradition orale raconte-t-elle aux Grecs la révolte des mauvais anges contre Dieu? ils la transforment aussitôt en révolte des Titans, race hideuse et farouche de ces brigands qui, chassés de l'Olympe par Jupiter, prétendent le reprendre de vive force. Pour y parvenir, ils entassent rochers sur rochers, montagnes sur montagnes, et, d'après l'imagination grecque toujours, le mont Ossa sur le mont Pélion, et quand ils ont atteint la région des tempêtes, ils attaquent la forteresse devenue le ciel, Jupiter appelle ses frères et ses parents à son secours, c'est-à-dire les dieux et les déesses, qui s'empressent d'accourir à sa voix.

Un homme établit des forges dans la Scythie... Bien vite les Grecs en font Prométhée dérobant à Jupiter le feu divin pour en animer une statue, et se posant en créateur des hommes, comme le dieu lui-même.

L'un des Titans, forcé de fuir comme ses frères, cache-t-il son exil dans les forêts du mont Caucase, peuplé d'oiseaux de proie, et y mène-t-il une vie invisible au sein de ces tristes solitudes? c'est ce Prométhée puni par le dieu, et attaché sur les rochers, où des vautours lui déchirent le foie, qui renaît sans cesse.

Eve, la mère du genre humain, dérobe-t-elle la pomme de l'arbre de la science du bien et du mal?... cette tradition devient Epiméthée épousant Pandore, dont la dot est une boîte d'où s'échappent tous les maux... Heureusement, au fond reste l'espérance!...

Le combat des Titans sur les cimes de l'Olympe est aussi l'emblème des éléments souvent en désordre. Jupiter? c'est le dieu des régions supérieures de l'air, l'air lui-même dans toute sa limpidité, l'éther en un mot, fluide pur et léger, subtil. Mais, plus bas, se trouve l'air inférieur, lourd, épais, appelé l'atmosphère. Les Grecs en font la déesse Junon. Voilà pourquoi Jupiter et Junon, chez les Grecs, sont tout à la fois frère et sœur, mari et femme. Et, comme les agitations de cet air inférieur troublent incessamment la paix de l'air supérieur, on dit des deux époux... qu'ils font mauvais ménage. En outre, les montagnes semblant sortir des entrailles de la terre, et porter leurs pitons orgueilleux et toujours couverts de nuages au plus haut des airs, ce sont les géants qui escaladent le ciel... Enfin, comme la foudre frappe souvent leurs sommets, et qu'à voir un volcan rugir et lancer sa lave vers l'empyrée, on dirait des colosses qui s'agitent et dont la bouche vomit des tourbillons de flammes, c'est le combat du ciel contre la terre, ou la lutte des dieux contre les géants.

Les loups désolent-ils la Grèce, ou certaines familles conservent-elles le culte de la divinité? l'imagination des Pélasges voit alors Jupiter visitant la terre et changeant en loups les impies qui lui refusent l'hospitalité, comme Lycaon, et récompensant ceux qui le vénèrent, comme Philémon et Baucis.

Enfin la tradition laisse-t-elle percer encore un faible souvenir d'un affreux cataclysme survenu pour punir les hommes devenus criminels? les poètes s'emparent de ce beau sujet, et, d'après eux, les éléments se déchaînent avec fureur; les vents amoncellent dans les cieux les brouillards, les nuages et les vapeurs; le soleil voile ses rayons, et la nature entière est plongée dans l'obscurité. Aussitôt les nues s'entr'ouvent : des torrents de pluie tombent du haut des cieux et inondent la terre. Neptune, le dieu des mers, brise les côtes, les digues, les falaises de l'Océan, soulève les fleuves par-dessus leurs rives, éventre les montagnes, et les eaux se précipitent en bouillonnant du fond de leurs abîmes. Moissons, pâturages, arbres, troupeaux, temples, maisons, tout est emporté. Les hommes périssent malgré leurs efforts pour sauver leurs jours, en gagnant les hauteurs. Mais les eaux, s'élevant toujours, dépassent bientôt les plus formidables montagnes, et l'on n'aperçoit plus sur cette mer sans limites que… j'allais dire l'arche de Noé : mais non, chez les Grecs, c'est la barque de Deucalion et de Pyrrha, qui s'arrête sur le Parnasse, dans la Phocide, où les deux vieillards adressent des actions de grâces aux dieux. Puis, quand le soleil a reparu radiant un ciel sans nuages, ils sèment des pierres, d'après l'oracle de Delphes, et celles de Deucalion deviennent des hommes, celles de Pyrrha des femmes, image de la famille de Noé et de la dispersion des peuples qui en tirent leur origine.

Mais non-seulement l'imagination poétique des Grecs peuple ainsi de divinités les régions de l'air, des mers, des gouffres terrestres : elle en trouve aussi dans les bois, les bocages, les rochers, les fleuves, les rivières, les jardins, les saisons, les vertus et les vices, partout. Cela même ne leur suffit pas encore, ils adoptent tous les dieux des peuples voisins, et ceux de l'Egypte surtout. Car, admis à pénétrer dans l'Afrique par leurs factoreries de *Naucratès*, établies sur la branche canopique du Nil, le seul point où les Pharaons permettent aux navires étrangers d'aborder, en dernier lieu, la Grèce s'étant formée d'Egyptiens, de Phéniciens, d'Arabes et de Pélasges, les dieux de tous ces peuples y furent reçus avec droit de cité, à l'aide d'une simple altération de nom. Chaque jour encore les Grecs se composent un Panthéon de divinités de tous les ordres et de toutes les conditions, selon que les événements leur apportent quelque drame héroïque, quelque fait d'éclat, quelque scène grandiose. Il suffit d'un trait de générosité, d'audace, de magnanimité, d'une fable même pour les porter à faire un dieu de leur auteur. Un site pittoresque même ne peut être une solitude à leurs yeux : ils lui prêtent des déesses, des faunes, des nymphes qui l'habitent, l'aiment et s'y livrent à leurs plaisirs.

Donc, d'après les Grecs, voici et l'origine du monde et la théogonie de leurs dieux :

Au commencement était le *Chaos*, le plus ancien des dieux. Seul, il n'avait pas eu de naissance ; mais il eut une fin, car il périt par... la création de l'univers.

Toutefois, il eut un fils, le *Destin*, divinité suprême à laquelle les autres dieux, qui ont eu un commencement mais ne doivent *pas avoir de fin*, sont soumis. Il tient dans ses mains le sort de mortels. Il est sourd et aveugle, car il ignore lui-même le cours de ses lois inévitables et reste insensible aux prières des dieux et des hommes. Les Grecs figurent son immutabilité par une roue attachée à une chaîne, et toute hérissée de pointes de fer.

Avant la création, existait une masse inerte, informe et grossière, assemblage confus d'éléments divers. Ennemies les unes des autres, ces matières discordantes, froid et chaud, sec et humide, corps durs et corps mous, corps légers et corps pesants, se livraient une guerre sans fin. Mais après un long temps un dieu, lequel? les Grecs ne le disent pas, le Destin sans doute, mit fin à ce désordre en séparant la terre du ciel, l'eau de la terre, et l'air le plus subtil de l'atmosphère.

Alors disparut le Chaos, et se montrèrent *Ouranos*, ou Cœlus, ou le Ciel, et *Té* ou Tellus, ou la Terre, Rhéa, Rhée, Ops, la bonne Déesse, tous ces noms furent donnés à notre globe.

Cœlus et Tellus, le ciel et la terre, s'unirent en mariage, et naquit d'eux une multitude d'êtres mâles et femelles, doués de la divinité.

Le premier de tous fut *Cronos*, ou le *Temps*, ou *Saturne*.

Puis vinrent *Cybèle*, l'*Océan*, la *Nuit*, fille dénaturée qui tout d'abord voulut étouffer sa mère sous les plus épaisses ténèbres. Mariée avec l'Achéron, fleuve des Enfers, elle donna la vie aux *Songes*, aux *Furies*, à la *Discorde*, à la *Mort* et aux *Parques*.

Enfin surgirent les *Cyclopes*, ayant un œil unique et rutilant au milieu du front, les *Titans*, farouches géants, les *Centimanes*, armés de cent bras, et tellement affreux que Cœlus, épouvanté, les enchaîna dans les sombres cavernes de la terre.

Les enfants de Cœlus et de Tellus se marièrent à leur tour.

Saturne ou le Temps, ayant épousé sa sœur Cybèle, en eut quatre filles, *Vesta*, *Cérès*, *Téthys* et *Junon*, et trois fils, *Jupiter*, *Neptune* et *Pluton*.

L'Océan prit pour femme Téthys, sa nièce, et de leur union naquit toute une série de fleuves et de filles, au nombre de 3,000.

Ainsi se termine la généalogie des grands générateurs des dieux.

Bientôt après, Cœlus, père de Saturne, ayant jeté, comme je te l'ai dit, ses fils enchaînés dans le Tartare, qui est le lieu le plus ténébreux des enfers, Tellus, leur mère, fit sortir de son sein une mine de fer, en fabriqua une arme nommée *harpa*, sorte de faux, et engagea les Titans, victimes de Cœlus, à lui dresser des embûches. Saturne saisit la harpa, et, sans attendre les Titans, ses frères, mutila le pauvre Cœlus, qui, dans les douleurs de l'opération, prophétisa qu'un jour Saturne serait à son tour malmené par son fils. Du sang qui coulait de sa blessure sur la terre, naquirent les *Géants,* et de celui que reçut la mer, naquit *Vénus.*

Alors, afin de profiter de son crime, Saturne voulut régner.

Ses frères, les Titans, y consentirent, mais à la condition qu'il dévorerait ses propres enfants, afin que le trône leur revînt un jour.

Saturne se soumit, et Cybèle remplit scrupuleusement la promesse faite par son mari. *Estia* ou Vesta, *Demeter* ou Cérès, *Éra* ou Junon, *Adès* ou Pluton, *Posseidôn* ou Neptune, furent successivement victimes du traité conclu avec les Titans.

Mais Cybèle ayant ensuite donné le jour à *Zeus* ou *Jupiter,* elle enveloppa d'une peau de chèvre une pierre, qui reçut en cette occasion le nom d'*Abadir,* et l'offrit à son mari comme étant le nouveau-né. Saturne prit la pierre et s'en alla sur le mont Thaumasium, en Arcadie, sans doute afin d'avoir un appétit plus prononcé, et là, il huma la pierre sans hésiter. Pendant ce temps, Jupiter était confié aux Curètes ou Corybantes, prêtres de sa mère, dans l'île de Crète. Ceux-ci, dans la crainte que les vagissements de l'enfant ne trahissent sa retraite, dansaient et chantaient en s'accompagnant au son de tambours et de cymbales. Une nymphe nommée *Amalthée* fut changée en une chèvre blanche, pour allaiter le petit dieu : et deux autres nymphes, appelées *Mélisses,* mot qui déguise des mouches à miel, furent chargées de le nourrir. La chèvre nourricière s'étant un jour cassé une corne contre un arbre en bondissant dans les bois, Jupiter donna cette corne aux nymphes qui avaient eu soin de son enfance, avec le don de produire avec cette corne tout ce qu'elles désireraient. C'est la *Corne d'abondance,* tant célébrée par les poètes. Quant à la chèvre elle-même, pour sa récompense, elle devint étoile et brille parmi les constellations des cieux.

Cependant Saturne ou le Temps avait créé les hommes, qu'il gouvernait avec sagesse. Ces premiers habitants du monde vivaient comme les dieux, le cœur libre de tout souci, loin du travail et de la douleur. Ils ne connaissaient ni le froid de l'hiver ni les ardeurs de l'été. Le printemps alors était éternel, et la terre, doucement caressée par les tièdes zéphyrs, produisait d'elle-même les fruits, les fleurs et les moissons. Des fleuves de lait et de nectar coulaient dans les campagnes, et le miel descendait en longs ruisseaux de l'écorce des chênes. Il n'y avait point de guerres, point de maladies, point de vieillesse. Ce fut l'*Age d'Or,* que les poètes représentent sous les traits d'une jeune femme appuyée sur un rameau d'olivier, les cheveux retombant en boucles d'or sur ses épaules et le bras reposant sur une corbeille de fleurs et de fruits.

Vint ensuite l'*Age d'Argent.* Alors les hommes commencèrent à souffrir des rigueurs de l'hiver et des chaleurs de l'été. La terre, endurcie sous la glace et la neige, embarrassée par les ronces et les plantes parasites, eut besoin de culture. On inventa la charrue pour tracer les sillons; on confia le grain à la terre; on habita le creux des rochers et les troncs des arbres. La vie ne fut plus aussi longue, et les hommes, à la fin, furent changés en génies tutélaires de second ordre, tandis que ceux de l'âge d'or appartinrent à un rang supérieur. La jeune femme que les poètes nous offrent comme représentant l'âge d'argent fut elle-même moins belle. Sa robe est blanche et simplement ornée de branches d'argent. Une guirlande de fleurs immaculées ceint sa tête, et ses jambes sont chaussées de bottines d'argent. Elle est assise à la porte d'une chaumière, avec des épis de blé dans une main, l'autre main pressant le manche d'une charrue.

Mais alors Jupiter, déjà grand, donnait des marques de sa puissance. D'abord ayant consulté *Métès* ou la *Prévoyance,* il faisait prendre à Saturne un breuvage qui lui fit rendre intacts les enfants qu'il avait dévorés. Puis, les Titans s'étant aussitôt révoltés à la vue de sa nombreuse postérité, tout-à-coup dévoilée, et Saturne étant assiégé par eux dans le ciel, Jupiter le délivra et lui rendit le sceptre du monde. Enfin Saturne ayant appris par le destin que Jupiter devait régner à sa place, et cherchant à se défaire d'un fils aussi dangereux, Jupiter prévenu le détrôna, le chassa de l'Olympe, réalisa ainsi la prédiction de Cœlus, et le pauvre Saturne se réfugia en Italie.

Là, le dieu détrôné rassembla les hommes féroces, épars sur les montagnes, leur donna des lois et voulut que la terre où il était caché et qui était pour lui un asile sûr, portât le nom de *Latium*, du mot latin *latere*, être caché (1). Il fut tellement aimé dans cette contrée, qu'en mémoire de son séjour Rome institua des fêtes mémorables appelées *Saturnales* (2). Elles commençaient le 16 décembre et duraient trois jours. J'ajouterai que notre carnaval, avec ses joies désordonnées, est une suite et une réminiscence de cette fête antique. Pendant la durée des Saturnales, comme pendant nos jours gras, tout respirait la gaîté, le plaisir : on ne traitait aucune affaire sérieuse; les tribunaux étaient fermés; les écoles vaguaient. Le peuple sortait de la ville et se livrait à des réjouissances sur le mont Aventin. On s'envoyait des présents; on se donnait de somptueux repas. Tous les rangs étaient confondus et même intervertis, car les maîtres servaient leurs esclaves, etc.

(1) En Égypte, Saturne était *Seb* ou *Sev*. C'était le dernier des dieux de la seconde classe, et le père de ceux de la troisième. Sous ce nom de Seb ou Sev, on le représentait avec une tête humaine. Quelquefois on lui donnait une tête de crocodile, et alors il prenait le nom de Seveik ou Sovk.

Il avait pour épouse la déesse *Nepthé* ou *Naphté*, l'une des formes de *Neith*, la *Rhéa*, l'*Ops* égyptienne, la mère d'*Osiris*, d'*Isis*, de *Nepthys* et de *Typhon*. Elle était désignée par l'épithète de *Grande Génératrice des dieux*, comme Rhéa ou Cybèle l'était ailleurs sous le nom de *Grande Mère* et de *Mère des dieux*.

Il est donc évident que Saturne et Cybèle, *Cronos* et *Tè*, n'ont pas été inconnus des Egyptiens : c'est aux Egyptiens que les Grecs, au contraire, les ont empruntés.

(2) L'Italie a été nommée pour cela *Saturnia Tellus*. Selon *Denys d'Halicarnasse*, l'Italie entière porta le nom de *Saturnie*. Les anciennes chroniques rapportent, suivant Varron, le plus savant des Romains, qu'il y avait eu sur le mont Tarpéïen une ville appelée *Saturnia*, dont on voyait encore des vestiges en trois endroits. *Minutius Félix* prétend que Saturne, fugitif, ayant été reçu par Janus, roi des Aborigènes, bâtit une ville qu'il nomma *Janiculum*. *Virgile* avait dit la même chose dans le VIIIe livre de l'Enéide. Mais *M. de Jancourt* remarque que le mont Tarpéïen était le même que le mont Saturne et le mont Capitolin, et qu'il y a grande apparence que la ville nommée Saturnia n'était autre chose que la forteresse existant, selon *Faustus*, au pied du mont Saturne.

(Ch[er] *Alex. du Mège*.)

Cependant Jupiter, devenu seul maître du ciel, partagea son empire avec ses frères. Neptune obtint les mers, les fleuves et les sources : Pluton eut en partage le Tartare et l'Enfer. Puis, se réservant l'Olympe, le maître des dieux produisit une troisième race, celle de l'*Age d'Airain*. C'étaient des hommes violents, superbes, emportés, d'une force indomptable, irrésistible. Ils n'aimaient que la guerre. Leurs armes étaient d'airain, leurs maisons d'airain. Ces misérables tombèrent victimes de leur propre violence et descendirent aux Enfers. Aussi les poètes représentent-ils cet âge sous la figure d'une femme orgueilleusement parée, d'une contenance hardie, la tête couverte d'un casque d'airain, et la main appuyé sur une massue.

Enfin paraît l'*Age de Fer*, amené par l'envahissement des vices. A cette époque fatale, tous les crimes débordent et couvrent la terre et font s'éloigner au plus vite la justice et la bonne foi, remplacées par la fraude, la trahison, la violence et la soif des richesses. Alors on est obligé d'enclore les champs de haies : on construit des canots pour explorer les mers, et on perce les montagnes afin d'en extraire l'or et l'argent. Désormais nul accord dans les familles. Aussi Jupiter, pour punir cette race impie, personnifiée par une femme au regard farouche, la noie tout entière dans les eaux d'un horrible déluge.

Cependant la domination de Jupiter n'est pas des plus douces : elle est même tellement sévère, que les dieux, voulant se liguer pour s'y soustraire, le maître de l'Olympe déjoue leurs projets et les contraint à se réfugier en Egypte, où ils prennent diverses formes de plantes, d'animaux et de légumes, auxquels les habitants des bords du Nil élèvent bientôt des temples et des autels.

Dès lors Jupiter est adoré, reconnu par l'univers entier. Sur les routes, dans les carrefours, sur les montagnes, partout on rencontre ses statues, ses temples, ses fêtes. A lui les plus belles brebis blanches, les chèvres les plus grasses, les hécatombes solennelles, les statues d'or et de marbre, les trépieds d'ivoire, toutes les magnificences en un mot. Aussi les prêtres de ce maître du ciel et de la terre deviennent tout-puissants, et un jour, à Rome, son grand flamine aura la chaise curule du sénateur, l'anneau d'or des chevaliers, le laticlave des consuls, les faisceaux portés par des licteurs, et sera appelé le pontife-roi.

Les Grecs représentent Jupiter assis sur un trône d'or et d'ivoire, tenant la foudre d'une main et de l'autre un sceptre, emblème de sa toute-puissance. Sa barbe noire est frisée à la mode des rois d'Assyrie, et un cercle d'or retient captive sa chevelure d'ébène. Il prend l'attitude du commandement lorsque les dieux sont en sa présence. Un aigle est à ses pieds avec un faisceau de foudres. Jupiter est nu de la tête jusqu'à la ceinture, tandis que le reste du corps est couvert d'un manteau aux plis larges et flottants. On veut indiquer par là qu'il est visible pour les dieux, invisible pour les mortels. Le chêne lui est contraire, parce que ce fut lui qui apprit aux hommes à se nourrir de glands.

Le temple le plus fameux de Jupiter est à Olympie, au Péloponèse. Au centre de l'édifice, se dresse la statue du dieu, chef-d'œuvre de Phidias. Le temple d'Olympie est dans le style du Parthénon, et cette statue, une des merveilles du monde. Là, Jupiter est appelé *Olympien*, comme en Libye on le nomme *Ammon*; *Osiris*, en Egypte; *Capitolin*, à Rome; *Dodonicus*, à Dodone; *Néméen*, *Idéen*, *Elicien*, le *Triomphateur*, l'*Invincible*, l'*Hospitalier*, *Stator*, *Fuétrien*, *Dictée*, *Nicéphore*, etc., selon qu'il donne à la terre un ciel pur ou la pluie, ou l'ardeur des combats, le secours contre l'ennemi, etc.

Il a trois oracles : au temple d'Ammon, en Libye; à Dodone, et dans l'antre de Trophonius, en Béotie. Hors de ces contrées, il est honoré par les Perses sous le nom de *Jupiter-Uranus*; par les Ethiopiens sous celui de *Jupiter-Assabinus*. *Jupiter-Rappée* est son nom chez les Scythes, et *Jupiter-Bélus* chez les Assyriens. En Crète, il est *Jupiter-Astorius*, et ce fut là qu'il enleva Europe et fut père de Minos. Il devient *Jupiter-Tantale* quand il s'empare de Ganymède.

Mais il faut dire que dans les mille légendes transmises par les anciens sur Jupiter, on trouve tout à la fois et l'idée d'un dieu suprême et le ressouvenir d'un prince puissant, mais dissolu, qui fut certainement un roi de Crète, ou un souverain voisin du mont Olympe.

A la droite de Jupiter, dans le séjour des dieux, les Grecs placent une déesse d'une beauté noble, mais au regard tyrannique. C'est *Junon*, fille de Saturne, sœur et femme de Jupiter. Elle est vêtue d'une tunique de pourpre brodée d'or, et une écharpe du plus fin tissu lui tient lieu de ceinture. Ses opulents cheveux noirs flottants sont retenus sur ses tempes par un brillant diadème, et un cothurne à la mode persane, que ferment des lacets de perles, forme sa chaussure. Le grand défaut de Junon est la jalousie, mais une jalousie qui a quelque... raison d'être.

Tu vois cette montagne de Thessalie qui a nom Olympe? C'est la plus élevée de toute l'Hellade. Elle plonge ses cimes neigeuses jusque dans les nues. Vienne une tempête, les nuages s'amoncellent autour de ses vastes flancs, et de ses sommets jaillissent les éclairs et s'échappent les feux de la foudre. Les Grecs en font le séjour aimé de Jupiter. C'est là qu'il tient sa cour; c'est là qu'il rappelle les autres dieux, après leur exil en Egypte; c'est là qu'ils viennent lui faire cortége; c'est de là qu'il voit ce qui se passe dans le monde; c'est de là qu'il dirige toutes choses selon son gré; c'est de là que, d'un signe de tête, du froncement seul de ses sourcils, il ébranle tout l'univers. Ainsi que dit Vigile :

Annuit... et totum nutu tremefecit Olympum.

Aussi, pour les Grecs toujours, la nue lance-t-elle ses foudres du haut de l'Olympe? ce feu n'est autre que le tonnerre forgé par *Vulcain*, le Phtah des Egyptiens, premier fils de Jupiter et de Junon, les deux airs du firmament.

Le second enfant du dieu de l'Olympe est Minerve. Un jour Jupiter éprouve un grand mal de tête. Aussitôt Vulcain est appelé, et, de sa hache, il pourfend le crâne de son père. Aussitôt l'*Intelligence* ou *Minerve*, armée de pied en cap, sort du cerveau du maître des dieux. En effet, l'intelligence et l'harmonie président au mouvement des corps célestes qui roulent au-dessus de la terre dans ce fluide représenté par Jupiter.

Junon, ou l'atmosphère épaisse, est en guerre ouverte avec son époux, à cause de cette production faite sans son concours, et pour se venger de Jupiter qui a mis au monde Minerve à lui seul, seule à son tour elle donne naissance au géant Typhée, personnification des tempêtes, des vapeurs malfaisantes, des orages et des éruptions volcaniques ravageant la terre et les mers.

Suit, entre les deux époux, une réconciliation trop courte, hélas! mais pendant laquelle ils donnent le jour à un autre fils, *Mars*, dieu de la guerre, du carnage et de la désolation.

C'est alors qu'éclate une révolte qui met l'Olympe en danger. Les Titans, voulant reconquérir leurs droits au trône usurpé par Jupin, entassent les unes sur les autres les montagnes de l'Hellade, Ossa sur Pélion, afin d'escalader la demeure des dieux et d'en chasser leur maître orgueilleux. Les immortels ont peur et prennent honteusement la fuite. Trois ou quatre d'entre eux restent seuls avec lui. Arrive Bacchus, qui se change en lion pour la circonstance, et combat avec fureur. Mais pour vaincre, il faut que Jupiter, s'enveloppant d'un nuage, aille sur la terre chercher son fils Hercule. Aussitôt le héros lève sa massue et abat à ses pieds l'un des plus redoutables géants. Chacun de ses coups envoie une victime dans l'enfer. Le corps des assiégeants commence à s'éclaircir, ils se regardent haletants, éperdus. Alors Jupiter revient à la charge, armé de tonnerres et d'éclairs. Vulcain, son fils, le dieu du feu, apporte des massues rougies dans ses fourneaux. Cybèle arrive, traînant par les cheveux l'effroyable tête d'un géant qu'elle a pétrifié en lui montrant la face de Méduse. Les Titans fuient enfin. Encelade, le plus terrible de tous, reste seul aux portes de l'Olympe, essayant de les jeter hors de leurs gonds pour écraser les dieux. Mais Minerve pousse en avant son char de feu, tout hérissé de lames tranchantes. Epouvanté, Encelade prend la fuite. Aussitôt la vindicative déesse, portée sur l'aile des vents, prend la Sicile dans ses bras, la jette au-devant du géant, lui barre le passage, et l'ensevelit sous le mont Etna, et c'est lui qui, depuis cette époque, vomit contre le ciel la flamme et la fumée, sans que sa rage impuissante puisse être calmée...

Il y a enfin dans l'Olympe quelques jours de calme. Mais bientôt se produisent de nouvelles dissensions intestines. Nous avons vu Junon, jalouse de la fécondité de Jupiter, qui a donné le jour à Minerve, produire seule, à son tour, le monstre Typhée. C'est le vieux Saturne qui, touché de ses plaintes conjugales, lui a donné deux œufs d'une grosseur extraordinaire qui doivent l'aider à se venger. Ces œufs sont déposés par Junon dans une caverne de la Cilicie. Peu après, le monde apprend avec terreur qu'il en est sorti un monstre horrible. Il a cent têtes de serpents qui dépassent les plus hautes montagnes et vomissent le fer et le feu. Ses bras s'étendent d'un pôle à l'autre, et chacun d'eux est également muni de cent têtes de serpents. Son corps est entièrement couvert de plumes et il en ruisselle une multitude infinie de vipères. Sa voix est effroyable, elle fait entendre des mugissements de taureau, de rauques hurlements de loup, des sifflements de dragon, et des rugissements de panthère. Cet épouvantable fils de Junon prétend venger ses frères les géants, et, dressant toutes ses têtes, il attaque l'Olympe.

Seul en face du monstre, Jupiter lance sa foudre. Mais elle s'émousse et glisse sur les écailles de Typhée. Alors Jupin, c'est le petit nom que l'on donne au tyran des cieux, prend la faux de Saturne, chargé spécialement de présider au mouvement régulier des heures et au cours périodique des saisons, mais qui a été rappelé en hâte; alors, faisant tournoyer cette arme terrible en tout sens, il prétend faucher les têtes de Typhon... Le monstre le laisse s'épuiser en vains efforts. Puis, tout-à-coup, s'élançant contre le dieu en sueur, il lui enlève la redoutable faux, coupe à Jupiter bras et jambes, l'enferme dans une peau de bête fauve, et va cacher ces débris sanglants, membres et tronc, dans un antre obscur, sous la garde d'un dragon formidable...

Pauvre Jupiter! quelle position. Heureusement Mercure, aidé de Pan, surprend la vigilance du farouche gardien et rend au blessé ses bras et ses jambes. Aussitôt le dieu reprend ses forces, et, monté sur un chariot traîné par des chevaux ailés, il poursuit Typhon et le frappe si souvent de ses foudres qu'il le terrasse et l'ensevelit sous l'Etna, aux côtés d'Encelade, où il joint ses efforts à ceux du Titan pour soulever l'île et vomir des feux.

A jamais débarrassé de ces races impures, Jupiter se réunit à la terrible Junon et fait la paix. Ils règnent paisiblement pendant un temps, et ne songent plus qu'à s'abandonner aux plaisirs de l'Olympe, avec les autres dieux. Viennent alors les mille allégories des poètes relatives aux alliances du maître du tonnerre : ils sèment autour de lui le merveilleux à pleines mains, et lui font rechercher et obtenir Eurynomie, qui donne le jour à la navigation; Cérès, qui produit l'agriculture; Latone, qui enfante la lumière, ou Diane et Apollon, la lune et le soleil.

Alors que Junon n'était encore que sa sœur, Jupiter s'était introduit près d'elle sous la forme d'un coucou. Mais une fois que l'Olympe avait célébré ses noces avec cette fière divinité, le roi du ciel n'avait pas craint de se montrer très infidèle. Aussi s'était-il changé en pluie d'or pour visiter Danaë, fille d'Acrisius, roi d'Argos; en cygne, pour plaire à Léda, femme de Tyndare, roi de Laconie; en satyre, pour surprendre Antiope, femme de Lycas, roi de Thèbes; en serpent, pour tromper Proserpine; en flamme, pour embraser Egine, fille d'Asope, roi de Béotie; en aigle, pour enlever Ganymède, fils de Tros, roi de Troie; en taureau, pour ravir Europe, fille d'Agénor, roi de Phénicie, et la transporter des côtes d'Asie dans la partie du monde qui prit le nom de la jeune princesse. Il emprunte aussi les traits de

Diane pour posséder Calisto, fille de Lycaon, roi d'Arcadie, et la ressemblance d'Amphitryon, roi de Thèbes, pour s'emparer des charmes d'Alcmène, sa femme.

Aussi, de la part de l'implacable Junon quelles colères et combien de scènes de violences! Vainement Jupiter l'a rendue mère de Vulcain et de Mars; vainement il fait naître d'elle la radieuse *Hébé*, déesse de la jeunesse, charmante allégorie du printemps qui provient de l'harmonie de toutes les saisons, et Lucine, qu'il fait préluder aux accouchements : Junon sait que Jupiter a rendu Danaë mère de Persée; Léda, de Pollux; Antiope, de Zéthus et d'Amphion; Europe, de Minos, Eaque et Rhadamante, juges des Enfers; Calisto, d'Arcas; Alcmène, d'Hercule, etc.; il obtient encore Maïa, fille d'Atlas et de Pléione, qui lui donne Mercure; Sémélé, fille de Cadmus, dont il a Bacchus; Io, fille d'Inachus, qui met au monde Epaphus; Mnémosyne ou la Mémoire, qui produit les neuf Muses. Jupiter veut punir Junon de ses colères : il la fait suspendre par une chaîne d'or à la voûte des cieux.

Pour le bonheur de l'épouse rebelle, Vulcain est bon fils. Il vient de ses forges souterraines et veut délivrer sa mère. Déjà un des anneaux est brisé... Soudain Jupiter le voit à l'œuvre... Il accourt, et le pauvre Vulcain, culbuté d'un coup de pied, roule pendant neuf jours dans la vaste étendue des airs et tombe enfin dans l'île de Lemnos. Mais il y tombe si malheureusement qu'il se casse la jambe dans sa chute, et reste boiteux à tout jamais. Néanmoins, peu après, Junon est délivrée par ordre de Jupiter, à la prière des dieux, et reprend sa place sur l'Olympe. Ainsi la paix reprend son empire, et Briarée, pour sa récompense, est nommé chef des gardes du roi des cieux.

Alors Jupiter place son trône au centre de l'Empyrée. Ce trône est d'or, et soutenu par la Pudeur et la Justice...

— Ah Seigneur! quelle belle figure peut faire la pudeur près de ce dieu criminel?... m'écriai-je.

— A ses côtés siége Junon, sa sœur et son épouse... continue le Pirate; puis viennent les dix autres grands dieux, appelés à délibérer sur les destinées du monde et des hommes, à savoir : Neptune, Mercure, Apollon, Mars, Vulcain, Cérès, Minerve, Vesta, Diane et Vénus.

La nourriture de ces divinités est l'*ambroisie*, qui rend immortel et incorruptible, et le breuvage le *nectar*, possédant les mêmes propriétés. Hébé verse cette boisson céleste dans la coupe des dieux : mais, un jour, elle se laisse tomber en présence des hôtes de l'Olympe, et la blonde jeune fille est privée de ses fonctions et remplacée par Ganymède, que Jupiter a fait enlever par son aigle. Un autre dieu, Momus, le bouffon de la cour céleste, est chargé d'égayer par ses bons mots la divine assemblée ; mais il se permet de telles licences, sous son masque et avec sa marotte, qu'enfin il est chassé honteusement du séjour du bonheur.

Tu dois comprendre toutes les allusions et les allégories que je n'ai pas pris la peine de te signaler, mon cher Théobald. Il faut bien laisser un exercice quelconque à ton imaginative. Pourtant, de Vesta, la fille de Saturne et de Cybèle, et la sœur de Cérès et de Junon, je te dirai que, présidant au foyer domestique et déesse des dieux *pénates*, on entretenait en son honneur, en tout lieu, mais particulièrement à Rome, un feu appelé *feu sacré*. Représentant la terre, qui est ronde, ses temples affectent tous la forme sphérique : et c'est dans ces sanctuaires fort vénérés que des vierges, appelées **Vestales**, devaient entretenir un feu éternel. Malheur à qui le laissait éteindre. La mort expiait son crime. Vesta reçoit des poètes les traits d'une femme sévère, belle, noble, tenant un sceptre à la main et ayant près d'elle un brasier, symbole du foyer.

Autour des majestés terribles de l'Olympe, voici donc la noble et belle *Minerve*, sortie un jour toute casquée, toute cuirassée, armée de son égide et de sa lance, du cerveau même de Jupiter, après que préalablement il se fut fait donner un coup de hache sur la tête par Vulcain, son forgeron. Vierge toujours, Minerve préside à la paix, et si parfois son âme est accessible à la vengeance, ce n'est jamais que pour punir le crime et récompenser la vertu. Un hibou, symbole de vigilance, se tient toujours près d'elle.

Si tu pouvais assister à ce conciliabule des dieux, sur l'Olympe, un cliquetis d'armes, d'épées, de javelots, te révèlerait le dieu de la guerre, *Mars*, fils de Jupiter et de Junon, le terrible dévastateur des villes et des provinces. Un coq le suit de près et rappelle son ardeur dans les batailles.

Vient ensuite *Vénus*, formée de la plus pure écume de la mer. Accueillie dans l'Olympe, elle devient la femme de Vulcain, le plus laid des dieux. C'est Vénus de *Cythère*, Vénus de *Paphos*, Vénus de *Gnide*, Vénus d'*Amathonte*, Vénus-*Anadyomène*, Vénus-*Génétyllide*, Vénus-*Uranie*, Vénus-*Astarté*, Vénus-*Enyo*, Vénus-*Anahie*, Vénus-*Alma*, Vénus-*la-Blonde*, Vénus *la folie* de l'humanité, la cause de tant de discordes et de haines. Le myrte, la rose, l'éperlan lui sont consacrés. On lui sacrifie des colombes, et les Ris, les Grâces et son fils *Cupido* ou l'*Amour*, l'accompagnent.

— Et c'est cette imaginaire et idéale déité qui sera reproduite dans la fameuse statue la *Vénus de Médicis*, qui n'est autre qu'une copie de la *Vénus de Gnide*, par *Praxitèle*, et dans l'autre *Vénus* découverte à *Milo* en 1820... dit encore notre archéologue Marius.

— Si l'imagination des Grecs rêve de belles choses, elle en produit aussi de fort laides. Voici que les Hellènes nous représentent tel qu'un gaillard à cheveux roux, aux yeux louches, à la peau fuligineuse, aux jambes torses, le fils de Jupiter et de Junon, l'affreux *Vulcain*. Furieuse d'avoir donné le jour à un pareil monstre, pour s'en débarrasser l'intraitable Junon l'envoie aux forges de l'Etna, en Sicile, où sous ses ordres les Cyclopes fabriquent les foudres du maître de l'Olympe. Toutefois, pour le consoler, on lui donne Vénus, à titre d'épouse. C'est lui qui attache Prométhée sur le rocher du Caucase, avec des chaînes d'airain. C'est lui qui construit le magnifique *palais du Soleil*, le *trône de Jupiter*, et c'est lui qui fera bientôt les *armes d'Achille* et celles *d'Enée*, le *sceptre d'Agamemnon* et le *collier d'Hermione*.

On donne pour fils, à Vulcain, des êtres malfaisants, les *Cabires* des îles d'Imbros, de Samothrace, etc.; *Corcyon, Cacus, Céculus, Aglaïa*, et d'autres encore.

— Dites aussi, fait Marius, que le *Vulcain* des Grecs est tout bonnement le dieu *Phtah*, volé à l'Egypte, comme Vénus est l'*Astarté* de Phénicie, la *Décerto* de Ninive, la *Selumbô* de Carthage et *Athor* de l'Egypte encore.

— Veux-tu connaître *Mercure?* continue mon oncle, voici son signalement : Pour coiffure une calotte d'or avec des ailes, le *pétase*; pour chaussure, des cothurnes également avec des ailes, car Mercure est le *messager des dieux*, et comme tel il lui est interdit de faire l'école buissonnière. Il tient à la main un *caducée* ou baguette d'ivoire, avec laquelle, ayant un jour séparé des serpents qui luttaient, les deux reptiles s'y attachèrent, la tête en haut et face à face. Enfin, il porte une tunique courte et légère, serrée à la taille. Fils de *Maïa* et de Jupiter, Mercure est aussi le dieu de l'éloquence, car il parle bien; il est encore le dieu du commerce, et certes! il sait faire l'article; enfin, il est le patron des voleurs, ce qui suit, tout naturellement.

On cite de lui d'excellents tours d'adresse. A Neptune, il dérobe son trident; à Mars, son épée; à Vénus, sa ceinture; à Apollon, sa lyre.

C'est lui qui délivre Mars de la cage de fer dans laquelle Vulcain l'avait enfermé. Il a bien des titres, comme tu vois, à l'amitié des *Grecs*, soit dit sans calembour.

Que dirons-nous d'*Apollon?*

D'abord il a le surnom de *Phœbus*. Ensuite il est le conducteur du *char du soleil*. Les Grecs le proclament dieu de la lumière, et, comme tel, dieu des poètes. Il est l'inspirateur des arts, des lettres, de la médecine.

Latone, aimée de Jupiter, et poursuivie dès-lors par Junon, le mit au monde dans l'île de Délos, que tu connais maintenant, et que Neptune, son protecteur, fit sortir tout exprès des profondeurs de la mer Egée.

A peine adolescent, Apollon avise sur le *mont Parnasse* le serpent *Python*, qui persécute sa mère, et il le perce de ses flèches. Irrité bientôt de la mort d'*Esculape*, un fils que lui a donné la nymphe *Coronis*, et que Jupiter a foudroyé parce qu'il s'était permis, en qualité de médecin, de ressusciter un mort, il tue les Cyclopes qui forgent la foudre céleste. Alors le maître du tonnerre l'exile sur la terre. Apollon est réduit à prendre le *pédum*, la houlette grecque, et à se faire berger, afin de garder les troupeaux d'Admète, roi de Thessalie. Puis, avec Neptune, en disgrâce comme lui, il se met à bâtir les remparts de Troie, pour le compte de Laomédon. Enfin, rappelé au ciel, on le charge de conduire le char du soleil et de donner aux poètes de bonnes inspirations.

Si nous passons à *Diane*, sa sœur, née avec lui et en même temps que lui, je te la représenterai, comme le font les Grecs, vêtue d'une tunique courte et légère, un arc à la main, le pied chaussé d'un brodequin, l'épaule nue, et suivie ou accompagnée d'une biche et d'un chien de chasse. Car son bonheur n'est pas de résider sur l'Olympe, mais de poursuivre dans les bois, à travers monts et vallées, suivie de ses nymphes les plus agiles, le cerf et le chevreuil. Elle passe ainsi ses journées, et souvent s'endort sous le feuillage d'un chêne, pendant la nuit, jusqu'au retour de l'aurore. En même temps qu'elle aime ces plaisirs sauvages, elle affectionne surtout la vertu de pudeur et de chasteté. Malheur à celui qui l'observerait d'un regard curieux ! *Actéon* fut ainsi victime de son innocente présence : elle le transforma en cerf, et ses chiens, ses propres chiens dévorèrent le pauvre Actéon. Un soir, *Endymion*, berger de l'Elide, fut trouvé par Diane endormi sur la mousse : la brise du bois soulevait les longues boucles de ses cheveux et caressait son frais visage. Elle le transporta dans un antre du *mont Laïmus*, en Carie, et souvent elle alla le visiter.

— Ce qui signifie que cet Endymion ne fut autre qu'un astronome qui, étudiant l'astronomie, passait les nuits à suivre le cours de la lune, dit Marius, qui ne craint pas d'interrompre le comte, car il faut que vous sachiez ceci, Théobald : D'après les Grecs, Diane a trois noms, trois rôles et trois royaumes. Sur la terre elle est *Diane* et déesse de la chasse et de la chasteté; dans le ciel elle s'appelle *Phœbé* et elle est la déesse de la lune, comme Apollon, son frère, est le dieu du soleil; enfin, dans les Enfers on la nomme *Hécate*, et elle préside aux enchantements et aux expiations.

— Et permettez-moi de vous annoncer, fait aussi Even, que dans l'Asie-Mineure, vous verrez le plus beau temple du monde élevé en l'honneur de Diane, dans la ville d'Ephèse. Ce sera ce fameux temple que, pour s'illustrer, un misérable fou brûlera un jour.

— L'une des plus charmantes créations de la mythologie grecque est, sans contredit, celle de *Psyché*... dit le comte de Froley.

Psyché, en grec, signifie *âme*.

Dans cette fable, on montre l'emblème de la beauté de l'âme, de son union avec le corps, des épreuves qu'elle subit sur la terre, et de l'immortalité à laquelle elle est destinée.

Ce qu'elle paraît offrir de plus clair, c'est que le bonheur ne dure qu'autant que dure l'illusion.

Donc, Psyché est une jeune fille de la plus rare beauté. Exposée, d'après l'ordre d'un oracle, sur une montagne où elle devait être la proie d'un monstre inconnu, elle s'attendait à périr, lorsque Zéphire la transporta dans un palais magnifique, où chaque nuit Cupidon venait la visiter, dans l'ombre, et en lui recommandant de ne point chercher à le voir. Hélas ! la curiosité l'emporta, malheureusement une goutte enflammée tomba de la lampe de Psyché, et réveilla le visiteur. Il s'envola soudain, pour ne plus revenir. Le palais magique s'évanouit en même temps, et Psyché fut soumise aux plus dures épreuves.

Pourtant, un jour, Cupidon revint à Psyché, l'épousa et lui donna l'immortalité (1).

— Ne trouvez-vous pas ce mythe l'un des plus purs et des plus mystiques de l'antiquité? me dit Marius.

L'essence de l'âme est d'être curieuse des belles choses, des choses d'en haut : c'est Psyché émue et tenant la lampe suspendue pour mieux observer. Cette âme, enveloppée de son argile terrestre, n'est point encore digne de telle union. Mais les épreuves difficiles, c'est-à-dire l'étude, ne sont-elles pas la préparation et l'acheminement à son hymen avec le savoir?

Qui serait assez aveugle pour ne pas voir, dans cette alliance, l'alliance de l'âme et du divin amour, qui, se dégageant des vapeurs de la terre, dont la boîte stygienne est l'emblème, vont enfin s'enivrer, dans les régions supérieures, d'amour et d'immortalité?

Les sœurs de Psyché, au contraire, ces filles charnelles et infâmes, ne sont-elles pas les Passions et les Vices, ces méchantes compagnes de l'âme, qui en sont comme les sœurs curieuses?...

— Voilà comment les Grecs savent se créer des dieux, continue le comte. Maintenant le *mont Parnasse*, dans la Phocide, a des points de vue ravissants. De sa cime on voit Corinthe. Ici et là des forêts de pins couvrent ses rampes tapissées de bruyères, de mousses et de lichens. Nécessairement la poésie grecque prend sa lyre, et nous chante que les *muses* forment des chœurs et psalmodient en foulant du pied les gazons verts du Parnasse. Là les poètes viennent les invoquer et boire l'eau de la *fontaine de Castalie*, qui jaillit au pied de la montagne, afin de se donner la verve et le feu sacré. Ces muses, déesses des sciences et des arts, filles de Jupiter et de *Mnémosine*, déesse de la mémoire, forment la société des *neuf sœurs*. *Clio* préside

---

(1) Apulée, dans l'*Ane d'or*.

à l'histoire, *Thalie* à la comédie, *Melpomène* à la tragédie, *Erato* à la poésie érotique et à l'élégie, *Calliope* à l'épopée, *Uranie* à l'astronomie, *Polymnie* à l'éloquence et à la poésie lyrique, *Terpsichore* à la danse, et *Euterpe* à la musique. Apollon préside à leurs réunions. Quand elles sont fatiguées du Parnasse, elles vont sur le *Pinde*, que tu vois en Épire, ou sur l'*Hélicon* et le *Piérus*, dans la Béotie, où elles ont à leur service les *fontaines d'Aganippe*, qui se jette dans le *Permesse*, ruisseau tributaire du *lac Copaïs*, et de l'*Hippocrène*, que le cheval *Pégase* fit jaillir d'un coup de pied, imprégnées de l'inspiration poétique. Elles y trouvent aussi les *grottes des Libéthrides*, qui forment un abri délicieux où elles peuvent se reposer au bord des eaux.

En outre des muses, il faut à ces Grecs au cœur brûlant des femmes idéales, plus fraîches, plus pures, plus poétiques encore que les femmes de la terre, et alors ils imaginent les *Grâces*, filles de Jupiter et d'*Eurynome*, une *Océanide*. Ils en comptent trois, qu'ils représentent sous les traits de jeunes filles. C'est d'abord *Aglaé*, dont le nom signifie *brillante*, puis *Thalie*, qui veut dire *verdoyante*, qui inspire la joie, et enfin *Euphrosine*, qui *réjouit l'âme*. D'ordinaire elles sont en compagnie des *Ris*, qui s'ébattent autour d'elles.

Et la mer, l'Océan, avec leurs vagues formidables, leurs panaches aux crêtes argentées, leurs sillons qui forment d'immenses vallées, la plaine humide en un mot, n'aurait-elle pas ses dieux, son roi, sa reine, ses divinités? Oh! les Grecs ne sont pas profanes à ce point.

Voyez-vous *Neptune*, fils de Saturne et de Cybèle, frère de Jupiter, de Pluton, de Junon; Neptune, dieu des mers, qui s'avance à la surface des eaux, porté sur un char en forme de conque que traînent des chevaux marins? Il est armé d'un trident avec lequel il dompte les flots rebelles. C'est son sceptre royal.

A ses côtés, noblement assise et pleine de majesté, reconnaissez-vous *Amphitrite*, fille de l'*Océan* et de *Doris*, femme de Neptune et reine de la mer?

En avant du char, nage *Triton*, leur fils, armé d'une conque recourbée qui lui sert de trompette et dont il sonne de toutes ses forces. Après lui, formant cortége et dispersés sur la surface des vagues, s'ébattent à l'envi les *Tritons*, ses fils, ayant le buste et la tête de l'homme, mais le bas de leur corps terminé en poisson.

Parmi eux folâtrent, rient et chantent les *Néréides*, sœurs d'Amphitrite, parées d'algues et de coquillages.

Enfin, au loin sur l'immensité de la mer, trois mille *Océanides* au moins, sinon plus, filles de l'Océan et de *Téthys*, plongent dans les abîmes, s'élancent sur les cimes des flots, nagent à leur surface et peuplent les solitudes du royaume liquide.

Les Grecs prétendent que parfois aussi, dans les parties les plus désertes de l'Océan, surtout vers les rivages de la Lybie, se montrent des *Sirènes*. Ce sont les filles du fleuve *Achéloüs*. Elles ont, paraît-il, une voix ravissante, et par le charme mélodieux de leurs accords elles entraînent les nautoniers qui, les suivant, sont bientôt noyés dans les noirs abîmes.

— Vous rappelez-vous cette noire caverne qui se montre béante au pied du cap Ténare, à la pointe méridionale du Péloponèse? me demande Arthur Bigron, qui veut parler à son tour. C'est la *porte des Enfers*. Les Grecs ayant un ciel terrestre, il leur fallait un enfer terrestre. Cette caverne en devint tout naturellement à leurs yeux la porte terrible. Alors, après être entré par cette ouverture ténébreuse, par de longs circuits on arrive à un fleuve et à un lac glacés; c'est le *Styx*. Quand les dieux ont juré par le Styx, cet horrible fleuve aux ondes glaciales, leur parole est sacrée. Là, sur une barque, attend, pour passer les âmes que Mercure est chargé de lui amener, le nocher *Caron*. Quand on lui paie le passage, il transborde l'âme de l'autre côté du fleuve. Sinon, l'âme erre à l'aventure, triste, désolée.

— Mais pourquoi ne sort-elle pas, comme elle est entrée? demandé-je.

— La sortie des Enfers est impossible, répond Arthur. A la porte veille un gardien non moins terrible que les concierges de nos demeures parisiennes, c'est le farouche *Cerbère*, chien à trois gueules monstrueuses, à trois têtes, dont les yeux flamboient et qui veille jour et nuit. Il est fils d'*Echidna*, monstre moitié femme et moitié serpent, produit par *Chrysaor*, issu lui-même du sang de *Méduse*, que vous connaîtrez plus tard.

Au-delà du Styx se trouve une zone où les âmes sont mises en présence de leurs juges, assis sur leur sombre tribunal, *Minos*, *Eaque* et *Radamante*, fils de Jupiter et d'*Europe*, sévères et inexorables.

Après cette zone commencent les inextricables circonvolutions d'un fleuve roulant des vagues tumultueuses toutes de flammes dévorantes. C'est le *Phlégéton*.

Alors, au centre apparaît un immense espace, noir, ténébreux, où les âmes sont entassées et livrées à mille supplices. C'est le *Tartare*, que limitent sur tout point les rives brûlantes du *Phlégéton*.

Là règnent les *Furies*, divinités infernales, filles de la *Nuit* et de l'*Achéron*, un fleuve de la terre qui, avec le *Cocyte*, vient plonger ses eaux bourbeuses dans le Tartare. Ces Furies sont chargées de punir les crimes des hommes dans les Enfers. Elles ont une physionomie qui effraie; leurs cheveux sont entrelacés de serpents; elles tiennent une torche ardente d'une main, et un poignard de l'autre. La plus fougueuse de ces mégères est *Erynnis*. On leur donne aussi le nom d'*Euménides*.

Là se tiennent les *trois Parques*, autres divinités des Enfers chargées de filer la vie des mortels. *Clotho* préside à la naissance et tient le fuseau, *Lachésis* le tourne, et *Atropos* coupe le fil.

Là enfin, sur un trône lugubre, vêtu d'un noir peplum semé de pavots d'argent, les cheveux pressés autour des tempes par une bandelette rouge, une longue barbe noire tombant jusqu'à la ceinture, et les pieds cachés dans de sombres cothurnes, apparaît *Pluton*, un sceptre de bronze à la main. C'est le dieu de l'enfer. Il est frère de

Jupiter, qui s'est donné le ciel, et de Neptune, qui a choisi la mer; et il a pris pour lui le royaume des Enfers.

Avec lui, sur le même trône, couverte d'un rouge flammeum qui, en voltigeant au souffle des soupirs des âmes, laisse voir une chlamyde de crêpe funèbre, serrée à la taille par une ceinture d'airain, se montre, triste et dolente, la plaintive *Proserpine*, sa femme, la déesse du lugubre séjour. Fille de Jupiter et de *Cérès*, la déesse des moissons, vierge encore, Proserpine cueillait des fleurs dans la *vallée d'Enna*, en Sicile. Pluton la vit et l'enleva. Jusqu'alors nulle déesse encore n'avait voulu vivre avec lui dans le royaume de la mort. Cependant Cérès cherchait sa fille sur toute la surface de la terre. Et quand enfin elle la trouva dans le Tartare, Jupiter ne lui accorda le droit de la reprendre qu'autant qu'elle n'aurait rien mangé jusque-là dans le noir royaume de Pluton. Hélas ! elle avait sucé des pépins de grenade, et *Ascalaphe*, qui l'avait vue, le révéla. Vainement Pirithoüs et Thésée descendirent aux Enfers pour enlever Proserpine : ils échouèrent dans leur criminelle tentative. Elle resta reine de l'*Erèbe*.

Je ne vais pas te montrer les cruels vautours qui s'acharnent à ronger le foie sans cesse renaissant de certains grands coupables, ni la roue de fer perpétuellement en mouvement sur laquelle est fixé *Ixion*, ni le rocher de *Sisyphe*, ni le lac et l'arbre de *Tantale*, ni la montagne du roi *Phlégius*, ni le tonneau percé des *Danaïdes*, ni ceci, ni cela.

Je ne te parlerai même pas des *Champs-Elysées* (1), cette partie des Enfers où séjournent les âmes vertueuses après la mort. Là règne un printemps éternel, et tous les bonheurs d'une paix sans mélange sont accordés aux sages pendant mille ans. Ce terme passé, les âmes vont habiter d'autres corps et recommencer sur la terre une vie nouvelle (2).

(1) Les anciens les plaçaient généralement dans les *îles Fortunées* (*Canaries*), quelques-uns dans *l'île Leucé*, à l'embouchure du *Danube*. — (2) Virgile. *Enéide*.

— C'est ainsi que les Cieux, l'Océan, l'Enfer et la Terre sont dotés de divinités souveraines par l'imagination des Grecs, me dit Even, qui prend la parole. Il eût été bien plus simple de reconnaître un Dieu unique, créateur, maître de toutes choses, offrant à la vertu sa couronne, au vice sa punition. Mais cette croyance eût été trop rigide et trop froide pour les Hellènes. La vue de la nature porte chez nous une expression de tristesse inconnue aux champs brillants du midi. Les peuples de l'Hellade, au contraire, entourés d'une nature riante et sereine, ont besoin d'une religion toute physique, imbus qu'ils sont d'une volupté native due à leur climat, qui exclut toute tristesse et porte à la joie. Il leur faut de la poésie toujours et partout.

L'horizon, aux feux du matin, c'est *Aurore*, fille de Titan et de la Terre, qui, de ses jolis doigts de rose, ouvre les portes du ciel au char du soleil.

Le soleil qui s'élance dans l'espace pour courir sa carrière, comme un géant, c'est *Apollon* qui conduit à grandes guides le char de feu attelé de chevaux de flammes.

Un été brûlant devient *Phaéton*, fils d'Apollon et de Clymène. *Epaphus*, fils de Jupiter et d'Io, lui soutenant un jour qu'il n'est pas fils d'Apollon, Phaéton va trouver son père afin d'apprendre la vérité de sa propre bouche. Alors, pour être en mesure de prouver à tous qu'il est véritablement son fils, il fait jurer à Apollon par le Styx de lui accorder sa demande. Apollon jure, et voilà son fils qui veut conduire une fois seulement le char du soleil pour son père. Apollon frémit, et livre le char. Hélas! l'entreprise est au-dessus des forces de Phaéton. Les coursiers, mal dirigés, l'emportent, se rapprochent de la surface de la terre, dessèchent les eaux, et Phaéton, foudroyé par Jupiter, tombe dans le fleuve *Eridan* (1). Ses sœurs, les *Héliades*, vont pleurer son trépas sur les rives du fleuve; mais Jupiter, encore irrité, les métamorphose en peupliers.

(1) L'Eridan est le Pô actuel, dont les rives jadis étaient bordées de peupliers.

L'orage lointain qui gronde, et le vent de la tempête, c'est *Auster*, le vent du midi, qui a brisé sa chaîne.

Au contraire, le vent du nord envoie-t-il ses rafales glacées, et l bise souffle-t-elle? c'est *Borée,* fils d'*Astréus* et de l'Aurore, qui a crevé son outre.

Un vent soudain bruit-il dans l'espace? c'est *Aquilon,* qui se plaint d'être captif.

Car comme à toute armée il faut un chef, les vents ont pour roi *Eole,* fils de Jupiter et de *Ménalippe.* Or, en vrai tyran qu'il est, Eole tient les vents renfermés dans un antre clos, et commé à de vrais écoliers tapageurs il n'accorde à ses sujets leur liberté qu'à bon escient.

Que des brises douces et suaves, saturées d'exquises senteurs, courent dans l'air, c'est *Taronius,* c'est *Zéphire,* fils d'Eole et de l'Aurore, époux de *Chloris,* qui voltige avec ses ailes de papillon et sa couronne de fleurs.

Au ciel bruni par les nuages roux de l'ouragan qui finit, vienne à briller un arc-en-ciel, c'est *Iris,* fille du centaure *Thaumas* et d'*Electre,* la messagère des dieux et la soubrette de Junon, qui en a fait un arc-en-ciel pour la récompenser de ses services.

Voici le printemps qui ressuscite la nature engourdie : *Flore,* épouse de Zéphire, revient sur la terre et y répand ses fleurs et ses sourires.

Au printemps succède l'été : *Pomone* accourt sur la terre avec ses corbeilles de fruits.

Vienne l'automne, ce sera la présence de *Vertumne,* le mari de Pomone, qui enrichira les hommes de ses trésors.

Le vieil *Hiver* n'est même pas oublié. Le voyez-vous enveloppé de ses chaudes pelisses, la tête plongée dans un bonnet fourré, qui couve le foyer de tous ses membres ramassés sur les tisons?

Alors que les moissons jaunissent et comme des vagues d'or moutonnent sur la surface des plaines, on proclame la générosité de *Cérès,* fille de Saturne et de Cybèle, déesse des blés et des moissons, qui enseigne l'agriculture aux hommes, qui, par reconnaissance, donnent à ses dons le nom de *céréales*. Aussi voyez comme on la couronne d'épis, et la belle faucille d'or qu'on lui met à la main.

Des montagnards de Thessalie s'avisent d'utiliser les chevaux sauvages de leurs vallées, et montent ces nobles animaux domptés. A peine les voit-on chevaucher à travers les collines, que l'on crée les *Centaures*, hommes moitié chevaux, et on les dit fils d'Ixion et d'une Nue affectant la forme de Junon.

Que des forgerons noircis par le fer et la fumée de la forge soient entrevus à Lemnos et partout où la terre offre à l'homme du minerai, à raison de leurs yeux blancs qui brillent sur leur face noire, on en fait des *Cyclopes*, géants fils du Ciel et de la Terre, n'ayant qu'un œil au milieu du front, et forgeant les foudres du maître du tonnerre.

Le mélange des éléments après un cataclysme quelconque, c'est le dieu Chaos.

La source fraîche d'un ruisseau, la rivière qui sillonne la prairie, le fleuve qui murmure, le torrent qui gronde ont sous le cristal de leurs eaux la *Naïade* qui les produit.

Une forêt compte-t-elle des chênes parmi les essences qui la composent? ce sont autant de *Dryades*, nymphes immortelles et libres de quitter leur arbre pour se promener sous les ombrages.

Tous les autres arbres sont des *Hamadryades*, nymphes mortelles, attachées à l'arbre même, renfermées sous son écorce, et devant subir son sort.

Les bosquets ont leurs *Faunes*, fils de *Faunus* et de *Fauna*. Ils ont des cornes et des pieds de chèvre, et jouent de la flûte.

Dans les bocages errent les *Satyres*, qui possèdent le gracieux ornement d'oreilles et de jambes velues de boucs. On leur prête un visage narquois, un esprit cynique.

Sous les futaies et parmi les taillis se montrent les *Sylvains* à longues barbes et aux jolies cornes torses de béliers.

Au milieu des clairières, qu'un berger se promène son pedum à la main, conduisant son troupeau, on en fait un *Tytire*, un *Egipan*, fils de *Pan*, le dieu du bétail.

Les jardins voient errer souvent, au clair de lune, leur dieu *Priape*, fils de Vénus et de Bacchus, mauvais garnement qui a les jambes velues, des cornes de bouc, et qui tient une faucille. C'est une allusion aux effets des passions...

Pan lui-même, fils de Mercure et de Pénélope, reine d'Ithaque, a le pelage d'un bouc. Son père, ne pouvant lui trouver de nourrice, le transporta dans l'Olympe. A sa vue, Bacchus et tous les immortels poussèrent un tel éclat de rire que la voûte des cieux en fut ébranlée. Pan, revenu sur la terre, à raison de sa laideur, s'enfonce dans les forêts, et fuit les humains. Dans le combat des Titans, il soufflait dans un énorme coquillage et faisait entendre de tels sons, qu'il effraya les géants. Il est le dieu des bergers, des splendides vallées, des troupeaux, etc., et c'est en son honneur que, à Rome, on imaginera les fêtes infâmes appelées *Lupercales*.

Sur les rampes des montagnes courent et batifolent les *Oréades*, qui forment le cortége de Diane dans ses courses.

Le tapis vert des prairies est constamment foulé par les *Napées*, vierges vagabondes, vêtues de plantes verdoyantes et couronnées d'iris et de verveine.

Chaque déesse a des *Nymphes* à sa suite. Elles ne sont pas immortelles, mais elles restent jeunes et vivent des milliers d'années. Un riche peplum est fixé par une agrafe d'or sur l'une de leurs épaules et se drape splendidement autour de leur taille. Elles dansent volontiers avec les satyres.

La richesse a son dieu, *Plutus*. Il est fils de Cérès et de *Jasion;* il est aveugle et tient une bourse à la main, pour faire comprendre que la fortune distribue aveuglément ses faveurs.

Il n'est pas jusqu'à la borne des champs qui ne soit le dieu *Terme*, protecteur des propriétaires. Il a sa fête, les *Terminales*, et si jamais vous voulez les célébrer, elles se célèbrent le 23 février.

La victoire a pour déesse la *Fortune*. Elle est chauve par derrière, aveugle, avec des ailes, et se tenant debout, un pied posé sur un globe en mouvement, et l'autre pied en l'air.

La guerre a la sienne, *Bellone*, fille de *Phoreys*, et femme du dieu Mars. Elle attelle ses chevaux lorsqu'il part pour la guerre. Les cheveux épars, le feu dans les yeux, faisant retentir l'air de son fouet ensanglanté, armée d'un fléau maculé de chairs meurtries, elle se précipite parmi les combattants.

La nuit aussi a ses horribles divinités, les *Lamies*, les *Empuses*, spectres affreux, doués d'un visage de femme, et qui se cachent dans les buissons, près des grands chemins, pour dévorer les passants, si on ne prend soin de les invoquer à l'avance.

Une inondation produit-elle des désastres dans le voisinage d'un lac? c'est l'*Hydre de Lerne*.

Des oiseaux étrangers, d'une forme inconnue, paraissent-ils dans une contrée? ce sont les *Harpies*.

Un animal dangereux inquiète-t-il une campagne? c'est le *Sphinx de Thèbes*.

L'humidité d'un déluge partiel engendre-t-elle des maladies? c'est le *serpent Python*.

De méchantes femmes, l'horreur d'une région, des magiciennes perverses peut-être, sont transformées en *Gorgones*.

Qu'un volcan fasse éruption au sommet d'une montagne, il devient aussitôt la formidable *Chimère*.

— Assez, assez! s'écrie le comte. Nous tiendras-tu donc ainsi haletants sous le feu de ta verve, ma chère Even? En vérité, ton imagination s'enflamme comme celle des Grecs. Laisse-nous donc maintenant parler de réalités d'un ordre différent. Voyons, mons Théobald, tourne ton regard de nouveau sur notre belle Hellade, nous allons te montrer les curiosités naturelles de chacune de ces provinces, et je parle le premier.

Au nord, tu vois se dresser comme une sombre barrière la longue chaîne des monts *Rhodope* et de *l'Hœmus*, qui séparent de la *Thrace* cette poétique Hellade. Au pied de ces montagnes se développe le *royaume de Macédoine*, fondé en 1392 par quinze tribus de Pélasges chassés vers le nord par leurs frères du sud. *Caranus* et *Pélagon* sont leurs premiers rois, et la première ville dont Caranus pose les fondements est *Edesse*, que tu vois au septentrion du golfe Thermaïque.

Sur la côte sud-est que baigne la mer de Grèce, dans la presqu'île *Chalcidique* et près du golfe Singitique, vois-tu le *mont Athos*, qui s'élève en forme de pyramide isolée? Sa hauteur est telle que son ombre, au coucher du soleil, s'étend jusqu'à Mirine, dans l'île de Lemnos, à vingt-cinq lieues de distance (1). Tu te trouverais sur son sommet à l'aurore, que tu verrais alors le soleil se lever trois heures plus tôt que les habitants de la côte. Un jour Xerxès, roi de Perse, voudra couper cette montagne pour faire un passage plus direct à sa flotte. Un autre jour encore, un sculpteur par trop courtisan imaginera de donner à cette montagne la coupe d'une statue qui reproduira les traits d'Alexandre-le-Grand. Cet architecte est *Dynocrate*.

Au centre de la Macédoine, remarque le *mont Pangée*. Des mines d'or que recèlent ses entrailles sortiront dans l'avenir les immenses richesses qui permettront à l'un de ses rois, Philippe, d'acheter le monde.

Cette cascade d'argent qui tombe du mont Hœmus en cascades frémissantes sans effrayer les grues, qui aiment ses eaux limpides, c'est le fleuve Strymon, dont nous avons déjà parlé.

Vois-tu ces bourgades naissantes qui s'étalent au soleil dans les vallées et sur les revers des collines?

(1) Strabon, *Hist. grecq.*

C'est *Pella,* qui dans quelques siècles donnera le jour au grand Alexandre.

C'est *Therma,* qui sera plus tard la magnifique *Thessalonique,* dont les habitants seront passés au fil de l'épée pour avoir insulté l'empereur Théodose.

C'est *Pydna,* dont les murailles verront une femme, la mère d'Alexandre encore, soutenir un siége fameux contre Cassandre.

C'est *Olynthe,* c'est *Héraclée,* c'est *Philippes,* qui commencent à décorer les provinces de la Macédoine.

— A l'ouest, continue Marius, voici l'*Epire,* qui regarde l'Italie par-dessus la *mer Adriatique,* comme la Macédoine regarde l'Asie par-dessus la mer de Grèce.

Sa montagne du *Pinde,* dont les sommets dentellent le bleu du ciel, est l'une des résidences d'Apollon et des Muses. Le Pinde prolonge sa chaîne du nord au sud dans toute la Grèce.

Ces deux rivières limoneuses, l'*Achéron* l'une, le *Cocyte* l'autre, sont les deux fleuves qui arrosent les Enfers, et qu'on vous a nommés tout-à-l'heure.

Quoique couverte de montagnes boisées et toute mal cultivée qu'elle est, l'Epire offre à votre admiration ses gras pâturages. Les Epirotes, du reste, apprécient leur valeur, car ils élèvent dans ces vallées des chevaux très légers à la course et des bœufs d'une race fort vigoureuse. Vous pouvez voir qu'ils préposent à la garde de leurs troupeaux d'énormes chiens pleins d'intelligence, de force et d'intrépidité. On les nomme *molosses.*

Voici un prince troyen, Hélénus, qui fonde l'une des villes de l'Epire, *Buthrote,* en face de l'île de Corcyre.

Et sur l'*Aréthon,* vous pouvez remarquer *Ambracie,* qui donne son nom au golfe voisin.

Au milieu des terres, sur les bords d'un lac, et adossée à une forêt dont les chênes rendent des oracles, voici *Dodone,* déjà plus fameuse depuis que nous avons vu sa fondation, à notre premier voyage, car on a élevé dans son enceinte le beau et riche *temple de Jupiter*, illustré par son oracle.

— A l'est, reprend Arthur, et au sud de la Macédoine, nous avons devant nous la *Thessalie*, glorieuse à plus d'un titre.

Dabord elle nous montre son merveilleux *mont Olympe*, que vous savez être la résidence des dieux.

Ensuite elle n'est pas moins fière de son *mont Ossa*, que l'on dit habité par les centaures. Vous savez ce que cela signifie.

Puis elle a le *Pélion*, dont vous voyez les sommités couronnées de forêts de pins; or, parmi ces forêts, il est un antre situé en face de la mer, et qu'habite la perle des centaures, le sage *Chiron*, né de Neptune transformé en cheval, et de *Philyre*. Chiron tient là une école, et à ses jeunes élèves il enseigne la musique, l'astronomie et la botanique. Voilà, j'espère, un programme qui promet.

Enfin, vous apercevez aussi le *Piérus*, autre montagne résidence des Muses, assez capricieuses quant au choix de leurs demeures, et des collines qu'à raison de leur ressemblance avec des *têtes de chiens* l'on nomme *Cynoscéphales*. Elles seront rendues célèbres un jour par la victoire que Flaminius remportera sur Philippe II, roi de Macédoine.

Mais la merveille de la Thessalie est cette *vallée de Tempé* que vous voyez formée par les rampes de l'Olympe et de l'Ossa. A droite et à gauche, des bois d'une végétation splendide tapissent les versants des deux montagnes, et le centre n'est autre qu'une magnifique prairie sillonnée par les eaux limpides, tombant en cascatelles frémissantes, de la *rivière de Pénée*. Ecoutez comme ses ondes babillent sur les cailloux et les roches de leur lit, se brisant en petites vagues contre leurs rives bordées d'églantiers et de lauriers-roses; voyez aussi comme les courlis, les bergeronnettes et les hérons pourprés aiment ces fraîches clairières. Y-a-t-il rien de plus pittoresque dans toute cette pittoresque Hellade? Non, rien d'aussi gracieux, de plus merveilleusement accidenté. Ces futaies qui s'éloignent de la rivière pour s'en rapprocher plus loin; ces coteaux, ces mamelons, ces soubresauts du sol et ces prés qui s'élargissent ou se resserrent, toujours percés au cœur par cette blanche épée flamboyante du Pénée, tout cela ravit et charme, surtout à cette heure mélancolique du soir. Avec quel doux bonheur on contemple ces bouviers pousser devant eux leurs bœufs à longues cornes, ces pâtres presser la marche de leurs troupeaux, et vers *Larisse*, cette première ville de la Thessalie, les cavaliers éperonner leurs ardentes juments. En effet, l'ombre des peupliers grandit, et déjà, vers les villages, de grises colonnes de fumée s'élèvent des chaumières.

— *O fortunatos nimium sua si bona norint!* m'écriai-je.

— La ville la plus ancienne de Thessalie est celle que vous voyez à l'horizon, sur la rive gauche du Pénée, continue Arthur. On la nomme *Tricca*.

A l'entrée de ce défilé du Pinde qui ouvre sur l'Epire, voici la bourgade de *Gomphes*.

Sur la mer je vous signale surtout *Phères*, où règne Admète, et où Jason se montrera bientôt à vous.

Puis *Pagase*, qui n'est que le port de Phères.

Iolchos, au nord-est de Pagase, patrie de Jason.

Magnésie, qui verra la flotte de Xerxès battue par une violente tempête.

Sur l'*Enipée*, et au confluent du Pénée, *Pharsale*, fameuse dans l'avenir par la victoire que César remportera sur Pompée.

Et enfin *Anticyre*, dont le territoire produit l'ellébore, qui guérit de la folie, ce qui fait dire d'un fou (1) : *Naviget Anticyras!*

— Mais en effet, dis-je vivement, voici le soir venu, et après le soir la nuit. Que veulent donc ces femmes hideuses, étrangement vêtues, que j'aperçois seulement à cette heure, et qui m'ont l'air de procéder à de singuliers mystères au coin de ces buissons et près de

---

(1) Qu'il aille à *Anticyre*.

ces rochers à l'écart? Une jeune fille, des hommes sont avec elles : que font-ils?

— Nous sommes dans le pays des sorcières, mon cher Théobald, me répond Arthur, et en fait de tours pendables, les magiciennes de Thessalie ont un renom qu'elles justifient.

Voyez-vous cette abominable Canidie, sans dents, le nez crochu, quelques mèches de cheveux gris au vent de la nuit, mal enveloppée dans sa tunique couleur de cendre, et les jambes nues? elle trace un cercle magique avec sa baguette de coudrier, et se met au milieu. Là, elle s'assied sur la pierre d'une tombe, je crois. Oui, quelque misérable aura été assassiné en ce lieu, qui sait? peut-être par elle-même. Eh! mon Dieu! mais elle allume du feu... Quel brasier! comme le bois s'est rapidement enflammé! La voici qui tourne tout autour, l'infâme! et à chaque tour, elle jette quelque chose dans la flamme... Voyons : du sel d'abord, puis des branches de verveine, puis des statuettes grossièrement modelées en cire, des fragments d'airain chargés de caractères cabalistiques, puis des lambeaux de toisons, voire même des gouttes d'un sang vermeil tiré du corps d'un enfant ou d'une vierge... Ecoutez... La voici qui parle... Que dit-elle?

— *Ce sel, c'est le cœur de ton ennemi que je brûle! Ces feuilles de verveine, ce sont ses jours que je sème! Cette cire, c'est tout son être que je dissous! Puissent ses ossements se calciner comme ce bronze! Puisse la beauté de sa tête s'effacer comme cette laine! Enfin qu'il meure, et que, comme ce sang, de son sang tombe la dernière goutte; car il t'a dédaignée, toi la fleur de nos vallées!*

Et à quelques pas de là, voyez-vous sur un rocher de cette gorge sombre, cette autre magicienne qui se cramponne au cadavre d'un supplicié encore à l'agonie. Elle vient de l'arracher à l'instrument de ses douleurs, et avec quelle rage elle coupe ses cheveux, arrache ses dents, et recueille dans une buire le sang tiède encore qui découle de ses plaies béantes. Enfin la voici qui creuse avec ses ongles le sol durci; puis, quand la tombe est ouverte elle y plonge le cadavre en le chargeant de malédictions. Elle se retire à cette heure, satisfaite d'avoir achevé l'horrible moisson qui doit servir à ses futurs maléfices...

— Trêve de ces bucoliques... dit une voix dont le ton doit vous être familier, et puisque la lumière du jour reparaît à l'horizon, portons nos yeux sur l'*Etolie*, là, plus au sud, et tu verras, déjà doré par les premiers rayons du soleil, le *mont Œta*, qui prolonge sa chaîne jusqu'à la mer de Grèce, et abaissant ses contreforts dans les *marais du Sperchius*, forme le *détroit des Thermopyles*, où nous verrons plus tard une poignée de héros commandés par le Spartiate Léonidas lutter glorieusement contre une armée d'un million d'hommes.

Plus prochainement encore, sur la cime la plus élevée de l'Œta, tu verras s'élever un bûcher, et sur le bûcher monter un homme qui périra dans les flammes, tellement ardentes que le sommet de la montagne en sera calciné. Cet homme, ce héros, ce demi-dieu, ce sera Hercule.

Thermus, au centre de l'Etolie, est la seule ville que je puisse te montrer.

Cependant, il est bon de te signaler *Calydon*, bourgade sans importance, dont tu vois les chaumières, sur les rives de l'Evénus, ce petit fleuve qui coupe une forêt dans laquelle un sanglier envoyé par Diane causera de grands désastres.

— Voici la *Locride*, sur les côtes orientales de la mer de Grèce, fait ensuite Even, et honneur à elle, car c'est à son territoire qu'appartient le défilé des Thermopyles, et le fleuve du *Sperchius*, dont vous voyez les eaux furieuses se précipiter vers le golfe Maliaque.

A l'entrée de ce défilé fameux, je puis vous désigner la bourgade d'*Alpenus*, et là le défilé est tellement étroit et si resserré, qu'on ne peut y faire passer qu'une voiture de front.

Dans le défilé même, à l'angle d'un massif de rochers, voyez-vous ces maisonnettes assises à l'ombre? C'est *Anthela*, où les *Amphictyons* tiendront chaque année leur assemblée d'automne, comme ils tiennent celle du printemps à Delphes. Vous savez que le conseil des Amphictyons est la réunion générale des députés chargés de représenter tous les peuples confédérés de la Grèce et de discuter leurs intérêts?

Remarquez encore *Amphissa*, au pied du mont Parnasse;

Et *Naupacte*, près du golfe de Corinthe.

La ville la plus ancienne de cette contrée est *Oponte*, que vous voyez à une lieue du golfe de ce nom ; et sur la mer, cette bicoque est *Cynus*, qui lui sert de port. Oponte est la patrie de Patrocle, ami du vaillant Achille, que nous verrons bientôt figurer dans le fameux siège de Troie.

— Enfin je puis, moi aussi, vous désigner la *Phocide*, au-dessus de laquelle nous planons. Elle est reconnaissable à cette montagne grandiose, le mont Parnasse, chargé de riches forêts de pins, la résidence des Muses, comme vous savez, me dit Marius en s'appuyant sur mon épaule.

Un jour, c'était après le déluge de Deucalion, on apprend que sur le gras limon déposé par les eaux sur le Parnasse, se montre un monstrueux serpent, poursuivant une jeune femme, Latone. Le fils de cette femme, Apollon, le tue de ses flèches. C'était le *serpent Python*.

Alors, les Grecs, amis du merveilleux, construisent aussitôt sur le flanc méridional du Parnasse, où se tenait le serpent, une petite ville qu'ils nomment *Pytho*, et qu'ils consacrent à Apollon. Mais à quelque temps de là, il advient que des pâtres de la nouvelle bourgade conduisant leurs troupeaux brouter les lichens des rochers, des chèvres errantes ayant par hasard respiré des vapeurs souterraines qui s'exhalaient d'une crevasse, bondirent soudain, livrées à des transports étranges. Aussitôt surviennent les pâtres qui, eux aussi, subissant les mêmes émanations, sont agités des mêmes mouvements et se mettent à prononcer des paroles sans suite qui, recueillies, sont acceptées comme des oracles. Dès lors on se met à l'œuvre, et de

Pytho on fait *Delphes* d'abord, puis voilà qu'on proclame que Delphes est une *cité sacrée* et qu'elle occupe le centre du monde.

En même temps, sur la crevasse aux miasmes méphitiques, on élève ce superbe *temple d'Apollon* dont vous voyez le magnifique fronton dominer de ses lignes de marbre les feuillages bronzés de la montagne. D'immenses richesses, dons des croyants, décorent déjà ce sanctuaire dans lequel Apollon rend ses oracles.

C'est une prêtresse qui parle pour le dieu absent. Vient-on demander un conseil, la connaissance de l'avenir? aussitôt la *Pythie*, c'est le nom de la prêtresse, se met à mâcher des feuilles de laurier. Alors, en proie à l'exaltation que donne sans doute le suc de cette plante, elle monte sur un trépied creux placé sur la crevasse même d'où partent les émanations, et prononce des vers décousus et sans suite. C'est le moment de l'inspiration. On recueille ces vers, toujours très ambigus, et on en tire... ce qu'on peut. Rarement ils ont un sens réel, cela se conçoit.

La Pythie ou Pythonisse doit être vierge, et généralement on la choisit jeune. A l'heure de ses consultations, elle s'affuble d'une longue robe noire, laisse ses cheveux tomber sur ses épaules, et, quand elle parle, l'écume sort de sa bouche, ses yeux s'injectent de sang, ses membres se tordent, et elle ressemble à l'une des sorcières de Macbeth.

Au-dessous de Delphes, et communiquant avec le temple, voyez-vous ce rocher qui s'arrondit en forme de caverne? C'est l'*antre de Corycius*. Ses profondeurs mystérieuses peuvent contenir tout un peuple (1).

Tous les quatre ans se célèbrent à Delphes les *jeux Pythiens*, en mémoire de la victoire d'Apollon sur le serpent, et on y dispute les prix de musique, d'adresse, etc.

Vous devez remarquer que le Parnasse a deux cônes : pour cette

---

(1) Cette caverne a servi en effet d'asile à toute une peuplade lors de l'invasion de Xerxes. (*Hérodote* et *Pausanias*.)

raison on le nomme quelquefois *Biceps*. De ses flancs ardus descend, bondissante et roulant en cascade de diamants, la *fontaine de Castalie*. Elle donne l'inspiration et la verve aux poètes, et...

— Le feu sacré qui te manque... mon pauvre Théobald... s'empresse de dire mon cher oncle.

— Permettez, monsieur le comte, reprend le grave Marius, et laissez-moi montrer, au nord-est de Delphes, la seconde ville de la Phocide, *Elatée*, parfaitement placée là pour défendre l'entrée de la Phocide, du côté de la Thessalie.

Puis sur le golfe de Corinthe, *Cyrrha*, port et arsenal de Delphes, entourée de ses murs cyclopéens.

— Passons à la Béotie, dit alors une voix plus douce. Elle occupe le nord de l'Attique et l'est de la Péninsule. Sa partie septentrionale est âpre et montueuse, n'est-ce pas? mais au midi elle forme une plaine riche et féconde. Les Béotiens sont presque tous bouviers, d'où leur est venu leur nom. Ils ont dans le vieux monde une réputation de stupidité que leurs grands hommes démentiront bientôt.

Les montagnes de la Béotie sont l'*Hélicon* et le *Cithéron*, deux frères jumeaux qui se tiennent par la base, mais dont la tête offre deux physionomies bien opposées.

Rien de plus riant, de plus frais, de plus ombreux et de plus aimé de l'éther qui le baigne de son fluide azur et du soleil, qui le baise de ses rayons dorés, que l'Hélicon, le mont favori des Muses. Des massifs de chênes le couronnent et frémissent sous les brises. Les collines qui surgissent de ses vastes flancs et les vallons qui serpentent sur ses rampes sont tapissés d'oliviers, de myrtes, d'amandiers. Là, un ruisseau glisse sur des roches verdoyantes, ailleurs une source jaillit du sol.

La source, c'est l'*Aganippe*.

Le ruisseau n'est autre que le *Permesse*, qui se rend au lac Copaïs;

Et la fontaine est l'*Hippocrène*, la *fontaine du cheval Pégase*, né de

Neptune et de Méduse, qui, d'un coup de pied, la fit sortir de terre, d'où elle bondit en brillantes cascades entre une double haie d'oléandres et de lauriers. Son onde pure, inspiratrice des poètes, enivre comme le vin.

C'est sur cette montagne aimée de l'Hélicon, dont le nom signifie *image du Soleil*, tantôt sur le Parnasse, que ce cheval Pégase, les ailes abaissées, aime à paître l'herbe émaillée de fleurs, au milieu des chœurs des Muses et des Grâces. Il rue contre les profanes et hennit doucement sous les héros et les poètes, auxquels il prête son dos généreux. C'est ainsi qu'il mérite son nom, *pégè, source*. Il lui arrive aussi de se mêler aux troupeaux d'Admète, ce roi de Thessalie, que nous avons nommé, lorsqu'Apollon, chassé du ciel, les faisait paître sur les bords fleuris de l'*Amphryse*.

Le Cithéron, au contraire, est une montagne brumeuse, sauvage, inhospitalière, consacrée aux Furies, et souvent pendant la nuit faisant répéter leurs cris à ses échos. C'est sur le Cithéron que le malheureux *Aristée*, fils d'Apollon et de la nymphe *Cyrène*, fille du fleuve Pénée, vit périr son cher Actéon, ce jeune chasseur dévoré par ses propres chiens.

Nous parlions tout-à-l'heure du *lac Copaïs*. Le voici qui brille sous les feux du soleil comme un bouclier que le soldat vient de fourbir pour la bataille. Constamment alimenté par le *Permesse*, fleuve aimé des poètes, le *Céphise* et l'*Asopus*, ce lac déborderait assurément s'il ne communiquait avec la mer par des canaux souterrains. C'est ainsi qu'il a causé le déluge de Deucalion. Aussi les Grecs entretiennent-ils ces canaux naturels qui aboutissent en face de l'île d'Eubée.

Voici *Thèbes*, au centre de la contrée. Je n'ai pas besoin de vous rappeler que le Phénicien Cadmus la fonda sous le nom de Cadmie, et qu'Amphion éleva ses murs au son de sa lyre. Elle a devant elle un bel avenir. Elle donnera le jour au poète *Pindare*, et sera la patrie d'*Epaminondas* et de *Pélopidas*.

Au nord-ouest remarquez aussi *Orchomène*, la ville la plus ancienne de la Grèce. Sous ses murs, dans quelques siècles, Sylla, le dictateur romain, remportera une victoire brillante sur Archélaüs, lieutenant de Mithridate. Dans cette ville, *Hésiode*, un des plus fameux poètes de l'Hellade, recevra bientôt le jour, mourra et aura son tombeau.

Au nord-ouest encore, voyez-vous sur un rocher cette forteresse qui domine la plaine, et dans la même assise du rocher, un peu plus loin, tout un théâtre taillé dans le cœur de la montagne, et enfin des maisons éparses au pied de la montagne? C'est *Chéronée*, patrie future de *Plutarque*, et témoin futur de la victoire qui donnera la Grèce en pâture au roi Philippe de Macédoine.

Près de l'Hélicon, regardez *Coronée*, presque honteuse déjà de la victoire d'Agésilas sur les Béotiens et les Athéniens.

Au sud, sur les rives de l'Asopus, près de l'Attique, c'est *Platée* que je vous montre, fière à l'avance, elle, de la défaite de l'armée des Perses commandés par Mardonius.

Voici *Leuctres*, où Epaminondas humiliera Sparte par la victoire des Thébains.

Sur l'Euripe, ce canal qui sépare l'île d'Eubée de la terre ferme, voyez aussi *Aulis*, d'où la flotte chargée des héros grecs partira pour la guerre de Troie.

Sur l'Euripe encore, voyez de même *Delium*, avec son *temple d'Apollon*. Delium sera fameuse par la victoire des Béotiens sur les Athéniens. Dans la déroute, *Socrate* sauvera la vie à *Xénophon*, qui tombera de cheval sans pouvoir se relever.

Enfin voici *Thespies*, qui montrera un jour avec orgueil le chef-d'œuvre de *Praxitèle*, la statue du dieu Cupidon.

— Je prends l'*Attique* pour moi, s'empresse de dire le bon Pirate; l'Attique, la terre par excellence; l'Attique, soleil des arts et des sciences, m'appartient. Ce n'est qu'une presqu'île bornée au nord par la Béotie, et à l'ouest par l'isthme de Corinthe, mais cette presqu'île rayonnera sur le monde une gloire immortelle. Sèche et montagneuse, produisant à peine des figues et des olives, cette province d'Attique enverra les fruits de son intelligence et de sa sagesse dans tout l'univers.

Qu'il est beau ce *mont Pentélique*, au nord-est de Cécropia, avec ses rudes carrières de marbre blanc, un jour l'honneur et l'ornement d'Athènes!

Qu'il est pittoresque, au sud, ce *mont Hymette*, avec ses riches vallées au miel exquis, que dans leurs troncs d'arbres de nombreux essaims d'abeilles, attirées par les plantes balsamiques de ses pelouses, déposent en abondance!

Qu'il est riche ce *mont Laurium*, avec les opulentes mines d'argent qu'il recèle dans ses entrailles, à l'extrémité de la péninsule!

Mais comme le sol de l'Attique, gris et cendré, fatiguerait l'œil par sa monotonie, voyez comme du mont Hymette sort et vient baigner le pied de la jeune Athènes, le frais ruisseau de l'*Ilissus*, pour aller ensuite, après un cours de quatre à cinq lieues, se jeter dans le golfe Saronique, en face de l'île d'Egine.

Et son frère le *Céphise*, différent du Céphise de Béotie, avec quelle grâce ne descend-il pas en zig-zags des pentes du *mont Parnis*, au nord, pour apporter le tribut de ses eaux peu abondantes, mais salutaires, aux premières maisons d'Athènes, dans le voisinage du sol qui sera un jour les *Longs-Murs*, non loin du port futur du *Pirée*, et de là se déverser aussi dans le même golfe Saronique?

Que dirai-je d'*Athènes*? Voyez briller au soleil sa forteresse de Cécropia que, déjà l'on nomme l'*Acropole*, parce que les maisons qui l'entourent forment une *ville haute*, *acros polis*. C'est le phare de la gloire. La ville basse, elle aussi, dresse ici et là ses demeures. Mais, néanmoins, que cette cité fameuse est encore loin de l'Athènes que nous verrons un jour!

Et *Marathon*, ce joli petit bourg à une lieue au nord d'Athènes, qui te semble un point perdu dans l'immensité, sera dans l'avenir l'honneur de l'Attique, car dans la plaine qui nous fait face, onze mille Athéniens, réunis à quelques habitants de Platée, passeront sur le ventre à cent dix mille Perses qu'ils tailleront en pièces! Il faut dire que cette petite armée aura pour chef l'illustre Miltiade!

Sur le golfe Saronique, voici *Eleusis*, que fonda Triptolème, son premier roi, qui ayant donné l'hospitalité à Cérès cherchant sa fille Proserpine, fut initié par cette déesse aux mystères de l'agriculture, qu'il enseigna dès lors à ses concitoyens. Aussi a-t-on élevé à Cérès et à Proserpine ce temple que vous apercevez et dans lequel on célèbre tous les ans des *fêtes* et des *mystères* dits *d'Eleusis*. C'est un devoir pour tout Hellène de se faire initier à ces mystères, au moins avant sa mort, sous peine de passer pour impie. Eleusis est en conséquence regardée comme *ville sainte*, et cette route, qui d'Athènes y conduit, se nomme *voie sacrée*.

Et enfin, sur le golfe Saronique encore, nous apparaît *Mégare*, avec son *port Nisea*, illustre et belle déjà, plus illustre et plus belle dans l'avenir, car sa marine balancera longtemps la force de celle d'Athènes. Mégare est la patrie du poète *Théognis* et des philosophes *Euclide* et *Stilpon*.

Remarquez-vous près de cette ville ces *roches caverneuses?* vous y verrez un jour Thésée donner la mort au brigand *Scyron*, qui leur donnera le nom de *Scyronia Saxa*, car ce monstre, retiré dans son antre, dévalisera de là les passants, puis du haut des rochers se précipitera dans la mer.

Que répondre à tout ce flux de paroles de ceux qui m'entourent? Rien, assurément. Mais si ma bouche se tait, mes yeux ne se lassent pas de se promener sans fin des vallées aux montagnes, des cités aux bourgades, d'admirer, d'étudier, d'apprendre.

J'admire surtout la barrière merveilleuse que la nature pose entre l'Hellade qui finit et le Péloponèse qui commence, à savoir le golfe Saronique s'élançant de la mer de Grèce à travers les terres, d'un côté, et de l'autre le golfe de Corinthe s'élançant de même de la mer

Ionienne, comme deux frères qui se tendent les bras. A peine laissen'-ils entre eux une langue de terre qui mette en communication l'Hellade avec le Péloponèse, et...

Mais voici Even qui déjà reprend la parole :

— Comme on nous l'a dit, fait-elle en dessinant du doigt les contours du Péloponèse, cette péninsule offre parfaitement l'image d'une vaste feuille de mûrier qui a cinq lobes, comme la presqu'île grecque a cinq caps principaux très avancés dans la mer.

Or, après s'être d'abord appelée *Orgie,* du nom d'un de ses plus anciens rois, puis *Apie,* d'Apis, fils de Phoronée, fondateur d'un de ses royaumes, puis *Pélasgie,* du nom de ses habitants les Pélasges, et enfin *Argolide,* de la ité d'Argos qui en fut la première capitale, définitivement le nom de *Péloponèse* lui fut imposé par Pélops, l'un des rois dont nous aurons à parler.

Six provinces distinctes forment le Péloponèse.

C'est d'abord l'*Egialée,* que les Ioniens viennent de conquérir, qu'ils ont appelée *Sonie,* et qui bientôt recevra le nom d'*Achaïe,* des Achéens de l'Asie-Mineure, qui s'en empareront.

Ses villes principales sont la belle *Corinthe,* qui a aussi la *ville haute,* son *acro-Corinthe,* que vous voyez blanche sur les flancs verts de sa montagne, et qui vient baigner les pieds de ses palais dans les eaux bleues de son port de *Lenchée,* de la mer des Alcyons et de celui de *Cenchrée,* dans le golfe Saronique ; Corinthe, qui pose les fondements de son temple si beau, et en même temps si profane que l'on dira : *Tout le monde ne peut aller à Corinthe !*

Sicyone, nichée comme un nid d'aigle sur cette éminence qui domine la mer, célèbre déjà par ses écoles de sculpture, et plus tard par celles de peinture. C'est Sycione qui donnera le jour au vaillant *Aratus,* et cependant les habitants de cette ville passent pour efféminés !

C'est l'*Argolide,* dont vous avez vu l'origine, et qui étend sa plaine et son rideau de montagnes entre les deux golfes Saronique et Argolique.

Combien est verdoyante la belle et vaste *forêt de Némée !*

Et comme son *lac de Lerne,* aux ondes si calmes, rutile largement au soleil.

Argos ne vous semble-t-elle pas bien assise entre la mer de Grèce et sa citadelle cyclopéenne qui la protège? Voyez que de nombreux temples la décorent. Mais le plus beau de tous est celui qui s'élève déjà entre Mycènes et Argos, en l'honneur de Junon, la déesse protectrice de cette cité.

Nauplia est le port d'Argos, et la citadelle cyclopéenne qui domine Argos n'est autre que Larisse, son acropole.

Voyez aussi **Mycènes**, la sœur d'Argos, le géant qui se dresse sur sa colline et qui forme la puissante acropole dont la sœur de Phoronée, Mycènes, l'a généreusement dotée.

Enfin contemplez *Tyrinthe,* cette ville cyclopéenne, que fait sortir de la terre, à peu de distance d'Argos et de Mycènes, sur le golfe Argolique, *Tyrns,* fils d'Argos, descendant de Phoronée, par Apis, et quatrième roi d'Argos. Y a-t-il rien de plus majestueux et de plus formidable que cette vaste enceinte de roches pélasgiques qui l'entourent? Aussi un fameux auteur grec, Pausanias, dira-t-il un jour de cette puissante cité :

— Des écrivains célèbres se sont attachés à décrire avec la plus grande exactitude les pyramides de Memphis et ils n'ont pas daigné faire la moindre mention des murs de Tyrinthe, qui ne sont pas moins dignes d'admiration....(1)

Près du promontoire de Scylla, remarquez-vous cette petite ville qui se cache à demi sous les platanes du rivage? C'est *Trézène,* qui sera témoin de la mort d'Hippolyte, fils de Thésée?

Au nord de la presqu'île Argolique voici *Epidaure,* patrie d'*Escu-*

(1) Les murs de Tyrinthe existent encore de nos jours, et font l'admiration du voyageur. Sous le n° 46, on peut en voir la reproduction en relief à la galerie Pélasgique.

lape, qui, à trois lieues de la ville, possède un *temple* où les malades viennent de toutes parts demander leur guérison au dieu de la médecine.

Et adossée à la forêt, voici *Némée,* où bientôt les Grecs célébreront les *jeux néméens,* en l'honneur d'Hercule.

L'*Arcadie* vient ensuite. Vous pouvez vous assurer que c'est une contrée de pâturages et de pasteurs. Le dieu Pan, dans la croyance naïve des Grecs, se plaît dans les montagnes de cette contrée.

L'illustration de l'Arcadie est ce lac que vous voyez blanchir dans ce bassin verdoyant et refléter sur son limpide miroir le ciel et les montagnes qui forment les contours de ses rivages. Les *monts* et le *lac Stymphale,* tel est le nom que leur a donné un des rois de la contrée. Sur ses eaux les Grecs voient des oiseaux imaginaires d'un horrible aspect, qui dévorent les hommes ou les percent de leurs propres plumes d'airain, qu'ils ont la faculté de lancer au loin. Nous en parlerons ailleurs, sous l'appellation de *Stymphalides.*

Salut à toi, *Mantinée,* illustre bourgade qu'*Epaminondas* rendit témoin d'une première victoire sur les Athéniens et les Lacédéomniens réunis, et *Philopœmen* d'une seconde sur le tyran de Sparte, *Machanidas.* Honneur à toi, Mantinée, mais aussi gloire au Thébain Epaminondas, et à Philopœmen, fils de la future *Mégalopolis,* qui sera le trophée de la bataille de Leuctres.

Mais honte à toi, bourgade de *Tégée,* car ton *temple de Minerve,* inviolable pour tous les criminels, ne le sera pas pour un vaillant héros, *Pausanias,* qui méritera bien cependant que les habitants ne le laissent pas mourir de faim.

Plongeons nos regards sur l'*Elide,* à cette heure, à l'ouest du Péloponèse, renommée à bon droit pour la fertilité de son sol et la beauté de ses chevaux. Les Grecs la proclament aussi *terre sacrée.*

Presque sur les bords de la mer Ionienne voici *Elis,* sa capitale, la ville la plus considérable de la presqu'île. C'est la patrie de *Pyrrhon,* un philosophe chef d'école qui fait profession de douter de tout. Le *Pénée* arrose ses murs.

L'*Alphée*, un autre de ses fleuves, féconde cette belle plaine où vous voyez s'élever *Pise*, où Pélops viendra s'établir.

Enfin, cette autre ligne bleue qui sillonne la verdure des confins de l'Arcadie, c'est le *Ladon*, père de *Daphné* et de *Syrinx*, l'une des plus fidèles compagnes de Diane. Le dieu Pan, voyant un jour cette nymphe se promener dans la prairie, la poursuivit. C'était le soir, heure à laquelle, par les sombres nuits ou au clair de lune, Pan se plaît à errer dans les bois ou les prés et y répand cette terreur subite que l'on nomme *peur panique*, à cause de la soudaineté de sa présence. Syrinx eut cette peur et s'enfuit. Son père la protégea sans doute, car au lieu de la nymphe, Pan n'embrassa que des roseaux. Pour se consoler il en fit sa flûte à sept tuyaux, qui, comme la nymphe, se nomme Syrinx.

Voyez-vous ces ouvriers qui s'empressent dans un rude travail, au pied de cette montagne et au centre de cette plaine? C'est *Olympie* qu'ils construisent. Bientôt, à son tour, s'élèvera un *temple de Jupiter* qui, nulle part, n'aura son pareil. *Phidias*, l'illustre sculpteur, le dotera d'une *statue de Jupiter Olympien*, qui sera l'une des *sept Merveilles du monde*. Elle aura vingt mètres de haut et sera toute en marbre.

Bientôt aussi, ces mêmes ouvriers vont construire le *Stade* fameux qui deviendra le théâtre des jeux Olympiques, institution ayant pour but d'immortaliser l'expédition des Argonautes, dont nous parlerons prochainement.

Et la Messénie donc, pourrions-nous la passer sous silence? Non jamais, car les sites poétiques, vaporeux, sublimes, grandioses que nous donnent ces *monts Ithomes*, ces vallées splendides, ne manqueraient pas de nous la rappeler. Y-a-t-il rien de plus gracieux que ces montagnes nageant dans l'éther bleu du sud-ouest, rayonnant au soleil avec leurs roches grises qui percent le feuillage des bois, et ces vallons enchanteurs qui sillonnent les divers accidents de terrain de la contrée? Et comme l'Ithome, avec ses cimes neigeuses, se détache admirablement sur l'immensité du firmament, qu'elle dentelle de ses croupes!

Autour de ce mont, un jour, Epaminondas, après la bataille de Leuctres, construira la ville de *Messène*. La forteresse qui couronnera son sommet sera vainement assiégée pendant dix ans par les Lacédémoniens.

Sur le *mont Ira*, à trois lieues au nord de Messène, cette citadelle et la ville qui l'entoure sont *Ira*.

Terminons enfin cette revue géographique par la sévère et pourtant pittoresque *Laconie*, la contrée la plus méridionale du Péloponèse. Son arête principale est formée par la chaîne des monts Taygètes, qui court du nord au sud, et par le nord se relie aux montagnes d'Arcadie. C'est sur ces hauteurs du Taygète que les Lacédémoniens exposent les enfants nouveau-nés que leur difformité condamne à la mort. C'est sur ces versants qu'ils célèbrent les mystères de Bacchus.

Dans ces plaines peu fécondes s'agite et se meut tout un peuple, un peuple d'esclaves, les *Ilotes*, originaires d'*Hélos*, dont les Lacédémoniens ont réduit les habitants à la plus dure servitude. Ces infortunés sont traités avec la dernière rigueur; on les entretient avec calcul dans l'état le plus abject. Ceux qui se distinguent par leur courage ou la beauté de leurs formes sont impitoyablement mis à mort. Alors qu'ils deviennent trop nombreux, on envoie des hommes armés qui les tuent comme des bêtes fauves.

Les Lacédémoniens, au contraire, vivent dans ces villes disséminées çà et là, ou dans ces maisons de campagne assises sur les croupes des montagnes, ou dans la plaine.

C'est cette belle vallée de l'*Eurotas*, la seule qui appelle vos regards dans la Laconie, que vous contemplez avec plaisir. En effet, ses rivages sont bordés de lauriers-roses qui flattent l'œil, et ses eaux sont chargées de cygnes au blanc plumage.

Et puis *Sparte* aussi, Sparte surtout, la terrible et fameuse Sparte est là, debout sur les rives de l'Eurotas, au pied d'ondulations montagneuses, et presque au centre du pays. Elle offre un aspect sérieux comme la contrée dont elle est la capitale. Rien de riant dans son enceinte, si ce n'est peut-être cette *promenade du Plataniste*, ainsi nommée des arbres qui la décorent, et que vous voyez à son extrémité, non loin du *Dromos*, cirque où hommes, femmes, adolescents et jeunes filles s'exercent à la lutte et à l'adresse du corps. Je vous signale aussi le *temple de Diane Chalcicœcos*, et ce *théâtre* adossé à la montagne. En outre des hauteurs du Taygète, où les Spartiates exposent leurs enfants, ils ont aussi cet horrible gouffre que vous voyez à gauche de la vallée, et qu'ils nomment *Barathrum*, dans lequel ils les précipitent, et cet autre abîme destiné à engloutir les criminels, et qu'ils appellent *Céada*.

Là naîtront tour à tour les grands hommes qui feront la gloire de cette cité : *Lycurgue, Léonidas, Pausanias, Agis, Lysandre, Agésilas, Cléombrote, Cléomène,* etc.

L'Eurotas est trop agréable pour n'avoir qu'une ville sur ses rives. *Amyclée* y a pris place aussi, et dresse avec bonheur vers les eaux son *temple d'Apollon*, qui devient fameux.

Au nord de Sparte, voyez *Sellasie*, que rendra célèbre la victoire d'*Antigone*, régent de Macédoine, sur *Cléomène*, dernier roi de Sparte.

Ce port de *Gythium*, sur le golfe Laconique, est le plus remarquable de la Laconie.

Enfin voici *Hélos*, au fond du même golfe, cette ville dont je vous parlais tout-à-l'heure comme ayant vu tous ses habitants devenir esclaves des Spartiates.

Mais je m'arrête... Un spectacle étrange se passe sous nos yeux. Que signifie cette mascarade ?

Ayant dit, Even se tait...

TEMPS HÉROÏQUES.

Une marche triomphale. — Bacchus dans l'Inde. — Ce qu'était Silène. — Bacchants et Bacchantes. — Orgies et colères. — Argos. — Le temple de Junon. — Cléobis et Biton. — Argus et Io. — Danaüs et les Danaïdes. — Le coffre de cèdre. — Danaé. — Persée. — Les Gorgones. — Le cheval Pégase. — Tête de Méduse. — Atlas changé en montagne. — Exploits de Persée. — Délivrance d'Andromède. — Prœtus pétrifié. — Bellérophon. — A quoi sert Pégase. — Meurtre d'Acrisius. — Persée décore *Argos*. — Les villes de *Mycènes* et de *Tirynthe*. — Alcmène, mère d'Hercule. — Comment se forme la voie lactée. — Eurhystée et ses exigences. — Le lion de la forêt de Némée. — L'hydre du lac de Lerne. — Le sanglier d'Erymanthe. — La biche du mont Ménale. — Les Harpies de Stymphale. — Le taureau de Crete. — Cavale de Diomède. — Amazones du Thermodon. — Ecuries d'Augias. — Le géant Géryon. — Les pommes d'or des Hespérides. — Cerbère enchaîné. — Antée. — Busiris. — Carcus. — La corne d'abondance. — Colonnes d'Hercule. — La ville d'*Iolchos*. — Eson et Jason. — Phryxus et Hellé. — Voyage à califourchon sur un bélier. — Chute dans l'Hellespont. — Toison d'or. — Le vaisseau Argo. — Les Argonautes. — Expédition en Colchide. — Hylas perdu. — Ce qui se fait par sortilège. — Médée la magicienne. — Aventures. — Charybde et Scylla. — Les sirènes. — Retour. — Jeux Olympiques. — Où de vieux l'on devient jeune. — Infidélités de Jason. — Fureurs de Médée. — Sort des Argonautes. — Orphée et Eurydice. — Omphale et Déjanire. — La robe de Nessus. — Iole. — Héraclides. — Cécrops l'Egyptien. — Forteresse de Cécropia, future Acropole. — ATHÈNES. — Premiers rois. — Histoire touchante. — Philomèle et Progné. — Pandion et Erecthée. — Egée. — Minos et Pasiphaë. — Androgée. — Minotaure. — Thésée. — Exploits. — Athènes affranchie des cruautés du Minotaure. — Phèdre et Ariadne. — Dédale et Icare. — Les ports d'Athènes. — Incendie de *Delphes*. — Fête des Panathénées. — Lampadodromie. — Phèdre et Thésée. — Hippolyte. — Premier enlèvement d'Hélène, fille de Tyndare et de Léda, à Sparte.

Au travers du Péloponèse, et remontant vers l'Hellade, franchissant ses montagnes et ses vallées, s'avance, assis sur un tonneau que porte un char traîné par des tigres soumis au joug, un jeune homme riant et sans barbe, le front orné de deux cornes, symbole de force et de puissance, les tempes ceintes de pampres et de lierre entrelacés, tenant d'une main des grappes de raisin et de l'autre un bucrâne rempli de vin, enfin ayant au dos un thyrse qui peut lui servir de lance au besoin. Il a toute une armée rangée autour de son char, armée d'hommes qui battent du tambourin et chantent d'une voix avinée ; armée de femmes aux jupes de lin bordées de feuillages, les longs cheveux flottants mêlés de baies d'églantier et de feuilles de figuier, qui brandissent en hurlant des thyrses qu'elles portent fièrement au bras.

Tout à l'entour de ce mouvement triomphal viennent se ranger, en curieux, les habitants des contrées qu'il traverse. La joie folle de cette pompe grotesque les enivre sans doute aussi, car les voici qui dansent, qui chantent et qui hurlent.

— Quel est cet étrange capitaine? demandé-je.

— *Bacchus*, le dieu du vin, le vaillant aventurier qui arrive de la conquête de l'Inde, dans l'Asie, de la conquête de l'Egypte, dans l'Afrique, et qui vient conquêter à présent l'Europe toute entière... me répond Marius. Ses conquêtes sont faciles, du reste : toutes les régions courbent volontiers la tête sous son joug.

Autour de lui sont les *Bacchants* et les *Bacchantes*, et cet étrange capitaine n'est autre que le premier planteur de la vigne, dont il cherche à introduire partout l'usage, et l'inventeur du vin. Jugez s'il est le bienvenu !

Comme après Noé, la plantation de la vigne a passé de l'Arménie dans l'Inde, et de l'Inde en Egypte, la voici qui arrive de l'Egypte en Grèce. Or, nos Hellènes, toujours disposés à idéaliser une heureuse invention, font de l'inventeur du vin un dieu. Ils proclament Bacchus, fils de Jupiter, car toute bonne chose descend de Dieu, et de *Sémélé*, l'une des filles de Cadmus, que vous avez vu naguères fonder Thèbes. Pauvre Sémélé! Junon s'introduit près d'elle, sous les traits de *Béroë*, sa nourrice, et lui conseille perfidement d'exiger de

Jupiter qu'il vienne la visiter dans tout l'éclat de sa gloire. Hélas ! à peine le dieu, armé de la foudre, a-t-il pénétré dans le palais de Cadmus, que l'édifice s'embrase. Sémélé périt dans les flammes. Heureusement Jupiter s'empare du petit Bacchus, que Sémélé portait dans son sein, et l'enferme dans sa cuisse jusqu'au terme voulu. Alors, à peine né, l'enfant est confié aux mains d'*Ino,* sœur de Sémélé et femme d'*Athamas,* roi de Thèbes, sa tante, qui l'élève avec le secours des nymphes. Puis, devenu pubère (1), on le le fait instruire par les Muses. Seulement on leur adjoint, comme précepteur du jeune héros, *Silène,* ce gros homme gonflé comme une outre, à la lèvre rougie, que vous voyez ivre et chancelant, à califourchon sur un âne, à l'arrière du cortége. Quant à ces drôles à oreilles, barbes, cornes et jambes de bouc, qui batifolent à côté de lui, ce sont des faunes, des satyres et des sylvains, ou, si vous voulez, des hommes qui en ont pris le déguisement.

Vous souvient-il des Titans à l'assaut de l'Olympe, et pour y arriver entassant Ossa sur Pélion ? A cette heure terrible, Bacchus se transforma en lion, et fit de tels prodiges de vaillance, que Jupiter lui criait sans cesse :

— Evohe, Evohe, Evohé ! c'est-à-dire : Courage, mon fils !

La plantation de la vigne faite, et venue l'époque de la vendange, si la récolte est bonne, l'Hellade se met en liesse. Alors on célèbre les *orgies,* nom qui veut dire *furie sacrée,* les *dionysiaques,* de *Dionysius,* surnom de Bacchus, ou enfin les *bacchanales,* fêtes du dieu du vin. Aussitôt hommes et femmes se travestissent à l'aide de peaux de chèvres dont ils s'affublent, arment leurs bras de thyrses ou de javelines recouvertes de feuilles de vigne, et font retentir l'air du bruit de sistres et de tympanons. Les hommes figurent les Bacchants, et les femmes les Bacchantes, ou *Ménades,* ou *Edonides,* noms tirés de leur manière de crier ou d'être ivres (2). Le signal de la fête

---

(1) La *puberté* commence de dix à douze ans.
(2) *Ménades,* de *mainesthai,* être en fureur ; et *Edonides,* de *adô,* chanter.

est donné par l'apparition de processions de femmes sortant de leurs villages, précédées d'un joueur de flûte, et portant sur leurs épaules des statues d'une coudée de haut, images de Bacchus. A peine de loin voit-on paraître cette pompe, soudain des monts et de la plaine, une seule voix, celle de tous les Bacchants et Bacchantes épars en tous lieux, s'écrie :

— *Io, Io, Bacche, io triumphe, evan, evohé !*

En même temps la foule avinée se met en un branle-bas si extravagant, court avec tant de vitesse sur les versants des collines, pousse des cris de bêtes fauves si formidables, que le calme des campagnes est troublé par les échos des bois, qui se fatiguent à les répéter. Les Bacchantes surtout, véritables Euménides, les cheveux épars, la tunique ouverte, se livrent dans leur course furibonde à tous les transports du dieu qui les agite. Les unes, mal vêtues de robes légères peintes de lie de vin, qui se déchirent aux buissons, frappent de leurs cymbales et de leurs tambours. Les autres, chaussées de cothurnes, mal voilées de guirlandes de liserons qui s'effeuillent, égorgent de jeunes taureaux, se barbouillent le visage de leur sang, mangent frénétiquement les lambeaux de leur chair crue et s'élancent en bonds irréguliers et furieux. Malheur au sage ou au prince qui voudrait alors s'opposer à leurs fanatiques emportements! Ces thyrses, qu'elles tiennent à la main et qui ne doivent servir qu'à la joie, deviennent des armes terribles.

Sur le Cithéron que vous connaissez, *Agavé*, femme d'*Echion*, roi de Thèbes, et ses filles, aveuglées par Bacchus, s'emparent de *Penthée*, fils de l'une, frère des autres, et déchirent le malheureux prince, qui essaie de réprimer leur licence.

Lycurgue, un roi de Thrace, veut rappeler les Bacchantes à la réserve et à la pudeur. Aussitôt les habitants de *Nysse*, sa capitale, le saisissent et l'attachent à des chevaux sauvages qui dispersent dans la plaine ses membres déchirés.

A Thèbes, les *Minéïdes*, filles de *Minée*, refusent d'assister aux orgies et soutiennent que Bacchus n'est nullement le fils d'un dieu. La colère des Bacchantes s'allume à ce mot. Voici qu'un bûcher flamboie, et les pauvres jeunes filles sont précipitées dans les flammes. Et, comme des oiseaux de nuit se jouent à l'entour du feu, le bruit se répand que le dieu les a changées en chauves-souris.

— En résumé, dis-je à Marius, cela signifie que Panthée, Lycurgue et les Minéïdes s'étant opposés sans doute à la plantation de la vigne, sont victimes de quelque sédition populaire?

— Bravo, Théobald! s'écrie le Pirate. Pour compléter ces récits, ajoute-t-il, tu verras bientôt le poète Orphée payer de la vie la mauvaise humeur des Bacchantes de l'Hémus. Mais, pour le moment, nous avons à nous occuper d'autre chose.

Je n'écoute plus mes narrateurs, car je suis fatigué de prêter l'oreille à de longs discours. J'aime mieux le nom, le nom seul des personnages qui figurent devant moi. Qu'Even me souffle ces noms, et je pourrai dire moi-même ce que je vois.

Or, je vois Argos, lentement formée jadis, maintenant déjà riche de monuments, qui entoure la lourde construction cyclopéenne qui la domine et lui sert de citadelle.

A quelque distance, au nord, s'élève la cité de Mycènes, si imposante déjà par la masse gigantesque de l'acropole dont l'a couronnée la fille d'Inachus.

Puis c'est Tirynthe dont j'admire les remparts pélasgiques.

Or, entre Argos et Mycènes s'élève un temple d'un aspect merveilleux. Il possède des richesses qui lui promettent un brillant avenir, me dit Even, et il est consacré à Junon, déesse de la contrée.

Après *Inachus*, qui en 1950 vient choisir un asile en ces lieux avec une troupe de pasteurs phéniciens, arabes et égyptiens,

Régnait *Phoronée*, en 1896, lorsque, choisi pour arbitre dans une querelle entre Neptune et Junon, ce prince prononça en faveur de la reine des dieux. Depuis, Junon a pris Argos sous sa protection spéciale, et préfère son temple (1) à tous les autres.

A l'occasion du culte fervent qui lui est rendu dans ce temple, on raconte que la prêtresse *Cydippe*, devant se rendre au sanctuaire pour offrir un sacrifice, et les bœufs destinés à son char tardant à arriver, deux jeunes Argiens, *Cléobis* et *Biton*, ses fils, s'attelèrent à leur place et traînèrent le char de leur mère jusqu'aux degrés du temple. Alors Cydippe, ravie de cette tendre piété vis-à-vis de Junon, pria la déesse de leur accorder en récompense ce qui leur serait le plus avantageux. Or, quand elle sortit de l'enceinte sacrée, Cydippe trouva Cléobis et Biton endormis pour toujours dans les bras l'un de l'autre.

Il est une sœur de Phoronée, *Io*, que Jupiter change en vache pour mettre en défaut la jalousie de Junon. Mais soupçonnant du mystère, celle-ci place la pauvre Io sous la garde d'*Argus*, mauvais parent d'Io et de Phoronée. Argus a cent yeux, dont cinquante sont ouverts pendant que le sommeil ferme les cinquante autres. Mais un jour que le terrible Argus veille avec plus de zèle que jamais, voici qu'une flûte invisible vient faire entendre ses mélodies aux oreilles du gardien d'Io. D'abord Argus jouit des charmes de cette ravissante musique, puis la monotonie fatigue son esprit et engourdit ses sens. Des cinquante yeux ouverts dont il est porteur, un, deux, trois se ferment, puis dix, puis vingt, puis tous... Argus, Argus aux cent yeux dort, et pas un de ses yeux ne veille. C'est Mercure qui l'assoupit de la

---

(1) Ce temple, situé entre Mycènes et Argos, et commun aux deux villes, se nommait *Herœum* en latin, *Hiéron* en français, du mot grec *Éra*, Junon. Il était d'un grandiose admirable. Il en reste encore de nos jours, malgré sa prodigieuse antiquité, la substruction de la partie la plus ancienne, qui est toute cyclopéenne et formée de quartiers de rochers tels que l'imagination ne peut se les figurer. On peut s'en rendre compte en visitant la bibliothèque Mazarine, à Paris, où, dans la galerie Pélasgique, sous le n° 52, on verra l'effigie en relief de cette énorme et magnifique ruine.

L'Hérœum possédait, au rapport de *Strabon*, des statues de *Polyclète*, supérieures à celles de Phidias.

sorte avec son instrument, et qui ensuite lui coupe la tête. Io est délivrée. Mais Junon, furieuse, change d'abord son Argus en paon, sur la queue duquel elle applique les cent yeux, puis envoyant un taon à la poursuite d'Io, la pauvre vache piquée à outrance, se sauve jusque dans l'Egypte, où les Egyptiens l'adorent sous le nom d'Isis.

Apis, fils de Phoronée, succède à son père. Mais il existe dans le Péloponèse, et surtout dans le voisinage de Sicyone, une race d'hommes sorciers, méchants, livrés à l'étude des métaux et des plantes, qui s'appellent *Telchines*. Ces misérables se jettent un jour sur Apis, leur roi, et le massacrent sans pitié.

Argus, son frère, règne après lui en 1846, et venge la mort d'Apis en égorgeant tous les Telchines.

Criasus et *Phorbas*, fils d'Argus, montent après lui sur le trône, en 1790.

Gélanor vient ensuite, et pendant qu'il gouverne, vient à sa cour un prince égyptien qui ayant tué son frère est forcé de fuir et se réfugie à Argos, en 1650. Mais ce misérable exilé récompense Gélanor de sa généreuse hospitalité en usurpant sur lui le trône.

Ce prince, c'est *Danaüs*, fils de *Bélus*, roi de Phénicie, ayant de son mariage avec Myrtha cinquante filles, pendant que son frère Egyptus a cinquante fils ; ce dernier veut que ses fils épousent les filles de Danaüs. A l'appui de sa demande, il envoie une puissante armée qui fait le siége d'Argos. Trop faible pour résister, Danaüs consent au mariage : mais en même temps il donne l'ordre à chacune de ses filles de poignarder leurs maris dès la première nuit de leurs noces. Cet horrible projet s'exécute. Les infortunés époux sont cruellement égorgés ; les *Danaïdes* leur coupent la tête pour s'assurer qu'ils ne vivent plus, et dans la nuit même, à la lueur de la lune, comme une armée de fantômes, elles vont jeter ces têtes dans le lac de Lerne, au sud d'Argos. Une seule de ces Danaïdes épargne la victime qu'elle doit frapper : c'est *Hypermnestre*, femme de Lyncée. Danaüs, furieux de sa désobéissance, la cite en jugement et en appelle au peuple de sa rébellion :

mais le peuple la déclare innocente. Quant à ses sœurs, Jupiter les précipite dans le Tartare, et les condamne à y remplir éternellement un tonneau percé... .

Lyncée, le fils de Danaüs épargné par Hypermnestre, succède à Danaüs en 1520. Il est le second roi de la race des *Bélides*, c'est-à-dire des descendants de Bélus.

Abas, son fils, monte sur le trône après lui, en 1510.

Puis voici *Prœtus* qui le remplace. Ennemi mortel de son frère puîné Acrisius, il lui dispute le trône et l'occupe. Mais chassé bientôt, il se retire à la cour d'*Iobate*, roi de Lycie, dont il épouse la fille, *Sthénobie*. Revenant alors en Grèce, il fait de nouveau la guerre à son frère, s'empare de Tirynthe, la ville d'Hercule, où il règne jusqu'en 1642.

Vous parlerai-je du héros grec qui a nom *Persée?* Il est fils de Jupiter et de Danaë, près de laquelle le dieu s'est introduit métamorphosé en pluie d'or. Par ordre d'*Acrisius*, son aïeul, qui règne à Argos, Persée est livré aux flots avec sa mère; mais le coffre qui les porte aborde bientôt sur la côte de Sériphe, une des Cyclades.

Là règne *Polydecte*, qui accueille les naufragés. Persée est élevé dans le temple de Minerve. Il grandit assez vite pour aider sa mère dans sa résistance contre Polydecte, qui veut l'épouser. Alors le prince, pour se débarrasser du jeune héros trop hostile à ses projets, imagine d'exalter son imagination pour l'amour de la gloire et des dangers.

Au pied de l'*Atlas*, dans l'Afrique, il est un réduit garni de fortes murailles et gardé par les filles de *Phorcus* et de *Céto*, enfants de la mer et de la terre. Ces filles se nomment *Sthéno*, *Euryale* et *Méduse*. Les deux premières sont immortelles, la troisième est mortelle. Elles ont aussi le nom commun de *Gorgones*. Elles n'ont à elles trois qu'un œil, dont elles se servent tour à tour. Malheur à celui qui les regarde, cet œil le pétrifie soudain!

Rien n'est hideux à voir comme ces Gorgones. Et cependant Méduse a été belle jadis. Mais elle a eu la fantaisie de se poser en rivale de Minerve, et Minerve, irritée, a changé ses beaux cheveux en affreux serpents et l'a faite aussi laide que ses sœurs.

Pour arriver aux Gorgones, Persée traverse de sombres forêts, et gravissant des rocs escarpés, il rencontre sur son passage une multitude d'animaux pétrifiés par le seul aspect de Méduse, la plus terrible des Gorgones depuis qu'elle est devenue si laide. Minerve a prêté son égide à notre héros, et Pluton le casque qui doit le rendre invisible. En outre, pendant qu'il tient son glaive d'une main, de l'autre il serre un miroir dans lequel, à l'heure du combat, il verra son ennemie, sans la regarder en face. Heureusement il la trouve endormie, elle et ses serpents. D'abord il a l'adresse d'enlever aux Gorgones leur œil unique, pendant qu'elles se le passent. Ensuite, fondant sur Méduse, il lui coupe la tête. Or, Méduse ayant été séduite par Neptune, de son sang jaillit le cheval *Pégase*, qui emporte Persée dans les airs.

Alors, l'un portant l'autre, Pégase et Persée arrivent d'abord chez Atlas, qui reçoit mal le héros. Mais celui-ci tient, dans un sac à franges d'or, la tête pétrifiante de Méduse, à laquelle il a adapté l'œil si redoutable.

— Puisque vous ne voulez pas de mon amitié, lui dit-il, recevez du moins ce présent!

Et sur-le-champ Atlas devient montagne.

Puis Persée ayant voulu laver ses mains teintes de sang, posa la tête de Méduse sur des plantes marines. Aussitôt ces herbes se pétrifient et produisent le corail.

Persée arrive ensuite en Ethiopie, au moment où un monstre marin allait dévorer *Andromède*. Ce terrible monstre est suscité par Neptune, irrité de ce que la mère d'Andromède, *Cassiopée*, femme de *Céphée*, roi d'Ethiopie, a eu l'audace de se dire plus belle que les néréides, filles de Neptune. En récompense de la libération d'Andromède, sa main est donnée à Persée, qui la conduit à l'autel. Mais voici qu'on accourt lui annoncer que *Phinée*, frère de Céphée et oncle d'Andromède, dont il est le fiancé, arrive avec une armée formidable. Persée livre bataille, et déjà la victoire passe à son ennemi, lorsque, songeant à la tête de la Gorgone, il la présente à ses adversaires, les pétrifie tous, et tous demeurent dans la position où la mort les surprend (1), comme des légions d'hommes taillées dans le granit.

Enfin Persée revient à Argos, dont Prœtus veut toujours ravir le trône à Acrisius, et chaque jour, de Tirynthe, lui fait une guerre acharnée. Le héros pétrifie Prœtus au moment où ce prince, assis sur le rivage de la mer de Grèce, regarde s'éloigner vers la Lycie le guerrier Bellérophon, qu'il livre aux mains d'Iobate, roi de cette contrée d'Asie-Mineure.

Bellérophon est aussi un jeune héros, fils de *Glaucus*, roi de Corinthe. Ayant tué par mégarde son frère à la chasse, il est venu chercher un asile près de Prœtus. Mais alors *Sthénobie*, femme de Prœtus, calomnie l'étranger, et l'accuse devant son mari. Celui-ci, pour se venger, envoie Bellérophon chez son beau-père Iobate, et lui recommande de faire périr son hôte. Iobate, ne voulant pas souiller ses mains du sang d'un homme qu'il a reçu dans son palais, l'envoie combattre les Solymes, les Amazones et la Chimère.

Bellérophon vient facilement à bout des *Solymes*, qui ne sont qu'un petit peuple misérable; des *Amazones*, qui ne sont que des femmes se coupant le sein droit pour donner à leur bras la facilité de bander l'arc à la guerre, dont elles aiment les dangers (2). Mais comment triompher de la Chimère?

La *Chimère*, née en Lycie, de Typhon et d'Echidna, comme Cerbère, l'hydre de Lerne, le Sphinx, etc., a la tête d'un lion, le corps d'une chèvre, la queue d'un dragon, et vomit des tourbillons de flammes...

(1) *Ovide*. Métamorphoses.
(2) Amazone, de *ama zônè, sans mamelle*.

Mais Bellérophon invoque Minerve, et Minerve lui prête Pégase Le héros s'élance sur le coursier à l'aide de sa flamboyante crinière, et, armé de sa harpé (1), va s'abattre sur les rocs volcanisés de la Lycie. Il égorge la Chimère en un clin d'œil. Alors, enorgueilli de sa victoire, il presse les flancs de son merveilleux coursier, qu'il force de s'enlever à tire d'ailes jusqu'aux limites des palais resplendissants du ciel. Mais, à une si prodigieuse hauteur, la tête lui tourne et il retombe sur la terre, qu'il jonche de ses membres brisés. Quant à Pégase, il poursuit son vol et va dans les profondeurs de l'empyrée former une constellation qui porte son nom.

Cependant, par suite des attaques de Prœtus, Acrisius s'est enfui. Persée se met à sa recherche, il arrive un jour à *Larisse*, dans la Thessalie, où l'on célèbre des fêtes. Le héros prend part aux luttes, et dans le jet du disque atteint fatalement un vieillard à la tête. Cette infortunée victime n'est autre qu'Acrisius, son grand-père, condamné par l'oracle à périr de la main de son petit-fils.

Aussitôt Persée quitte la Thessalie, et va prendre possession du trône d'Argos. Il y fait monter avec lui Andromède, déjà mère de Sthénélus et d'Electryon, puis peu après d'Alcée.

Ensuite il va par mer à Séryphe, chercher Danaë, sa mère, qu'il délivre des obsessions de Polydecte, en pétrifiant ce prince, et enfin rend à Minerve son égide, ornée de l'œil des Gorgones et de la tête de Méduse qu'il y a fixés. Malheur à ceux qui auront l'audace de regarder ce terrible bouclier!

Persée emploie son repos à embellir Argos. Il achève l'acropole de Mycènes, dont elle sera la gloire. Mais, en 1397, il est tué par Mégapenté, digne fils de Prœtus.

Alors, aux trois fils de Persée trois trônes sont donnés, dans trois villes différentes, au centre de l'Argolide.

Sthénélus devient roi d'Argos,

Electryon de Mycènes,

(1) Lance de l'époque.

Alcée de Tirynthe.

Or, Alcée a pour fils et pour successeur *Amphitryon*, à Tirynthe, et Amphitryon s'unit en mariage à la fille d'Electryon, sa cousine, *Alcmène*. Mais peu après cette union ce prince est obligé de s'absenter. Alors Jupiter la rend mère d'un enfant que l'on nomme *Hercule* (1).

Aussitôt Junon fait tomber sa colère sur l'innocent Hercule, et lui envoie deux serpents, qui envahissent son berceau et vont le dévorer. L'enfant ne s'effraie pas pour si peu. Il étreint les serpents de ses petits bras nerveux déjà, et les étouffe. Emue de ce précoce héroïsme, la reine des dieux vient elle-même à Hercule, le prend dans ses bras, le promène dans les cieux et lui donnant son sein, par ce fait même le rend immortel. Mais en l'allaitant, quelques gouttes de lait, échappées à la bouche de l'enfant, forment cette blancheur qui sillonne le firmament, et que l'on nomme *voie lactée*. Aussi notre héros reçoit-il le nom de *Hêras cleos*, *gloire de Junon*. Toutefois on y joint le surnom d'*Alcide*, *force*.

La vigoureuse adolescence et l'éducation de ce fils de Jupin (2) sont confiées aux plus fameux contemporains.

Le Crétois *Rhadamante*, fils de Jupiter et d'Europe, frère du roi Minos, qui vient d'épouser Alcmène, veuve d'Amphitryon et mère d'Hercule, et qui un jour, avec Minos, son frère, à raison de l'esprit de justice qui les anime, sera l'un des juges des Enfers, lui apprend à manier l'arc et à lancer le javelot.

Castor, fils de Tyndare, roi de Sparte, et de Léda, et frère de Pollux, lui montre les jeux du ceste, du disque et du palet, et en fait un habile lutteur.

Chiron, le sage professeur du mont Pélion, avec l'astronomie lui enseigne l'art de guérir les hommes.

Et *Linus*, fils d'Apollon et de Calliope, l'une des Muses, l'inventeur du rythme et de la mélodie, l'instituteur d'*Orphée* et de *Thamyris*,

---

(1) Notre *Molière* a fait de cette aventure l'excellente comédie : *Amphitryon*.
(2) Diminutif et nom familier de Jupiter.

poètes de Thrace, lui donne les éléments de la musique. Mais un jour, Linus ayant corrigé son élève afin de le rendre attentif, ce jeune et brutal disciple, dont l'oreille fausse et les nerfs d'acier sont rebelles à toute harmonie, saisit la lyre de son habile maître, la brise sur sa tête et l'envoie charmer les ombres dans les Champs-Elysées.

Dans le temps même où naissait Hercule, d'autre part *Eurysthée*, fils de Sthénélus, prenait la place de son père, à Argos, en 1367.

Cousin germain d'Hercule, mais né avant lui de quelques heures peut-être, Eurysthée, par un décret des Destins, aura pendant toute sa vie l'autorité sur son cousin, et Hercule sera constamment sous la domination de son parent. Et pour commencer, Eurysthée, jaloux d'Hercule, lui impose d'abord, à titre d'essai, douze missions diverses, fort périlleuses, et que l'on nomme les *douze travaux d'Hercule*.

En effet, voici qu'un homme, nu jusqu'à la ceinture, le torse noueux ainsi qu'est noueux le tronc d'un frêne, les épaules larges comme deux boucliers réunis, le cou tout aussi nerveux que celui d'un taureau, les bras et les jambes vigoureux autant que la ramure d'un chêne, barbe frisée, cheveux ras, yeux pétillants, chemine à grands pas dans l'Argolide. Parti de Tirynthe le matin, en suivant les rives de l'*Asteyron*, il fait avant midi les vingt stades qui le séparent du but de son voyage.

Cet homme est Hercule.

Il arrive à la forêt de Némée, dont nous avons parlé. Là, sans se laisser arrêter par les arbres qui froissent leurs branches l'une contre l'autre, sous le souffle du vent, ni par les racines des arbres séculaires qui se déroulent en spirales semblables à d'horribles serpents, il s'avance résolûment à la recherche d'un lion, le *lion de la forêt de Némée*, qui étend au loin ses ravages, et qu'Eurysthée lui a ordonné de détruire. Il rencontre bientôt cet ennemi formidable. A la vue du héros, les rugissements de l'animal font trembler la forêt, et ses yeux brillent comme des flambeaux dans les ténèbres. Néanmoins l'homme marche droit au monstre, l'accule dans une caverne dont il clôt l'entrée avec une roche énorme, et s'approchant du lion, le saisit dans ses bras et le serre avec une telle violence qu'il l'étouffe. Puis il dépouille sa victime, et s'affublant de cette royale fourrure, il s'éloigne de la forêt alors que l'aube blanchit les cieux.

Alors c'est l'*hydre du lac de Lerne* que le vainqueur se hâte d'aller attaquer. Né de Typhon et d'Echidna, monstre mi-partie femme, mi-partie serpent, l'hydre vient à la rencontre d'Hercule en poussant d'inimitables sifflements de ses sept têtes. Cet animal dangereux répand la terreur dans tout le voisinage du lac, et dans toute l'Argolide. Et, chose horrible! que l'on coupe une de ces têtes, elle repousse aussitôt. Notre héros s'est armé d'une massue, et il porte un tel coup à l'hydre, étonné de son audace, qu'il abat simultanément ses sept têtes, et l'hydre n'est plus qu'un cadavre qui couvre tout un arpent de marais et que bientôt déchiquètent les oiseaux des bois et de la montagne.

Hercule se rend alors en Arcadie, et gravit la chaîne des monts Erymanthes. Le *sanglier de l'Erymanthe* est le nouvel adversaire qu'il doit combattre en ces contrées. C'est un affreux animal qui fait l'effroi du pays et a déjà décousu maints chasseurs de ses terribles boutoirs. Il s'élance contre notre audacieux Hercule, qui le tourne, saisit l'animal par la queue, le charge tout vivant sur son épaule, le maintient dans cette position peu commode, et va en faire hommage à Eurysthée, son seigneur et maître.

La *biche du mont Ménale* est bien la plus jolie petite bête que l'on puisse se figurer. Avec cela elle a des cornes d'or, cette jolie petite biche, et avec des cornes d'or elle a des pieds d'airain. C'est en Arcadie encore que se trouve le mont Ménale. Hercule y arrive bientôt, poursuit à la course la pauvre biche, et s'en emparant, la porte aussi à Eurysthée, pour faire l'ornement et les plaisirs des beaux jardins du palais d'Argos.

Dans l'Arcadie toujours, il est un lac au pied d'une montagne, et lac et montagne se nomment Stymphale. Or, dans le voisinage du lac perchent, nichent, pullulent, mais aussi font la guerre aux passants d'affreux oiseaux appelés *stymphalides*. Ces monstres tuent les hommes de leurs plumes de cuivre qu'elles se détachent des ailes, et lancent comme des flèches. Puis, elles se nourrissent des chairs palpitantes de leurs victimes. Hercule vient aux stymphalides, et à l'aide de son javelot jonche le sol de leurs débris inanimés.

Ensuite notre héros franchit la mer qui sépare le Péloponèse de l'île de Crète. Là, entre les villes de Gnosse, de Gortyne, et dans les plaines et les vallées, on lui a signalé le *taureau de l'île de Crète*, comme un monstre furieux qui détruit tout sur son passage. C'est Neptune qui, offensé par les insulaires, pour les punir, leur a fait ce triste cadeau. Or, pendant que tous les habitants s'enfuient au loin, lui, Hercule, aborde seul le monstre, et de son regard autant que de son bras, le dompte et en délivre le pays.

Les *cavales de Diomède* l'appellent alors, et le voici qui rentre dans le Péloponèse, traverse à grands pas toute l'Hellade, atteint la Thrace, dont le roi Diomède possède ces cavales, qu'il a habituées à se repaître de membres humains, et auxquelles chaque jour il faut immoler de fraîches victimes. Hercule défie Diomède dans un combat singulier, le couche dans la poussière, et à son tour le donne en provende à ces bêtes farouches, qu'il égorge ensuite. Puis, posant les fondations de la ville d'Abdère, dans les montagnes de Thrace, il s'éloigne pour courir à de nouveaux exploits.

C'est sur les plages méridionales du Pont-Euxin, dans l'Asie-Mineure, qu'il porte alors ses pas. Là, des *Amazones*, femmes guerrières qui habitent les rives du *Thermodon*, et qui ont pour capitale la cité de *Themscyre*, après avoir construit les autres villes de *Smyrne*, d'*Ephèse* et de *Magnésie*, veulent porter leurs conquêtes jusque dans la Grèce. Hercule leur livre à lui seul une bataille, et les châtie de telle sorte qu'elles vont cacher leur honte dans les monts du voisinage.

Ensuite il passe dans l'Elide, à l'ouest du Péloponèse, où on lui a dit que le roi d'Elis possède des étables connues sous le nom d'*écuries d'Augias*. Ce roi Augias, fils du soleil, possède trois mille bœufs, qui ont entassé tant d'ordures dans leurs étables depuis trente années, qu'il est devenu impossible de les nettoyer. Or, la peste qui s'en échappe menace toute l'Elide, et Augias a promis un dixième de ses bœufs à celui qui trouvera moyen de purger ses écuries. Hercule arrive, reçoit la promesse d'Augias lui-même du dixième de ses bœufs, détourne le fleuve Alphée de son lit, le fait passer au travers des étables, qui en deviennent propres et fraîches, et va demander le prix de ce travail. Augias le refuse. Outré de colère, le héros le tue, pille Elis, et donne le trône à *Physée*, fils du roi perfide.

Dirai-je que le *géant Géryon*, monstre inimaginable formé de trois corps réunis qui ne couvrent pas moins de trois arpents quand il est couché, nourrit avec de la chair humaine un grand troupeau de bœufs qu'il possède sur les bords du *Bétis* (1), fleuve de l'*Hispanie* (2)? Pour garder ce bétail, le géant s'est adjoint un dragon qui a sept têtes et un dogue qui en a deux. Notre intrépide aventurier leur fait mordre à tous la poussière, et s'emparant des bœufs, les conduit à *Pyrène*, une princesse du voisinage à laquelle il en fait don, en lui demandant ses bonnes grâces en retour.

Dirai-je aussi qu'en Afrique, dans le royaume d'Atlas, il enlève les merveilleuses *pommes d'or du jardin des Hespérides*, laissant abattu et sans vie, sur le sable, leur formidable gardien, un dragon à cent têtes qui pousse autant de cris divers et de sifflements variés qu'il a de têtes?

Dirai-je enfin qu'Hercule descend aux Enfers, dans les profondeurs de l'abîme, qu'il y enchaîne *Cerbère*, le redoutable chien frère de l'hydre de Lerne, et que, parcourant les sombres royaumes de Pluton, il brise les chaînes de Thésée, son ami, qu'on y retient captif pour avoir eu l'audace d'aider un autre héros, Pirithoüs, dans

---

(1) *Bétis*, maintenant *Guadalquivir*.
(2) *Hispanie*, à cette heure l'*Espagne*.

le rapt de Proserpine, que sa mère, Cérès, cherche sur toute la surface de la terre?

— Voilà douze exploits bien comptés, dis-je alors au narrateur, et certes, Hercule est un rude jouteur. Malheureusement tous ces titres de gloire se réduisent à rien, car Hercule est un être fabuleux...

— Non pas, objecte le comte. Il est bien certain qu'un héros fameux a existé sous le nom d'Hercule, et s'est illustré par des actions d'éclat. A quelle époque précise vivait ce héros? Ceci est plus difficile à résoudre. Chaque peuple a son Hercule. Si tu as souvenance de Babylone et de Ninive, tu te rappelleras que nous y avons vu un dieu honoré sous le nom d'Hercule-soleil. Ce qu'il y a de sûr, c'est que ce fut un aventurier que sa massue rendit célèbre. Il est probable que l'Hercule grec est le véritable Hercule. Et comme les Grecs aiment le merveilleux, ils ont poétisé ses aventures. Ainsi ces douze travaux prétendus ne sont que l'emblème du soleil parcourant les douze signes du Zodiaque. D'où nous devons conclure que l'*Hercule-homme* a sans doute exécuté de nombreuses entreprises et qu'alors les Grecs en ont fait un *Hercule-soleil,* parcourant les douze constellation du ciel, que ce soleil suit dans sa marche annuelle.

Du reste, bon nombre d'actions prodigieuses, quoique secondaires, servent de brillant appendice aux douze grands travaux de notre Hercule.

Ainsi *Antée,* fils de la *Terre,* est arraché à sa mère, qui renouvelle les forces de ce géant chaque fois qu'il la touche, et étouffé par Hercule.

Pylos, la ville de *Nélée,* fils de Neptune et de Tyro, est brûlée parce que ce prince est assez audacieux pour aller combattre le héros.

Le tyran égyptien *Busiris,* frère de Sésostris, ne craignant pas de tuer les étrangers qui viennent à Thèbes, est tué lui-même par Hercule.

Le brigand *Cacus,* géant monstrueux, fils de Vulcain, vomissant des flammes, et de la fumée, est brûlé à son tour dans la *caverne du mont Aventin,* en Italie, pour avoir dérobé les génisses du jeune guerrier.

Eryx, athlète et roi de Sicile, ainsi que le parjure *Laomédon,* sont mit à mort ainsi que d'autres, pour leurs injustices et les vexations dont ils font victimes les peuples soumis à leurs lois.

Puis *Alceste,* fille de Pélias, et femme d'Admète, roi de Thessalie, qui s'est dévouée en mourant pour son mari condamné par les Destins, est enlevée au Tartare et rendue à l'amour d'Admète.

Le vautour qui dévore Prométhée, sur le Caucase, est percé de flèches, et Prométhée rendu à la liberté et à la vie.

Une corne arrachée au fleuve Achéloüs, père des Sirènes, qui avait convoité Déjanire, femme d'Hercule, devient par les soins des nymphes la *Corne d'abondance.*

Enfin les deux montagnes de *Calpé* et d'*Abyla,* qui forment les *colonnes d'Hercule,* et battues à l'est par les flots de la Méditerranée, à l'ouest par les vagues de l'océan Atlantique, sont séparées d'un coup de pied du héros, et permettent aux deux mers de se réunir par le *détroit de Gades* (1), de manière à rejeter Calpé en Afrique, et à laisser Abyla en Espagne.

Mais d'autres événements que ceux qui nous occupent se préparent dans l'Hellade. Nous ne devons pas toute notre attention à Hercule. L'an 1330 commence, voyons ce qu'il doit produire.

Jusque-là, continue le comte, la Grèce est divisée en une infinité de petits Etats. Presque chaque ville a ses rois qui se succèdent de père en fils, quand un usurpateur ne leur enlève pas le sceptre. Ces princes se prêtent volontiers secours dans l'occasion, soit pour la guerre, soit pour des chasses contre quelque monstre dangereux. Ils contractent entre eux des alliances, s'invitent volontiers et se donnent des fêtes, des jeux d'adresse et des festins.

Vois-tu dans la Thessalie cette ville assise sur les dernières ondu-

(1) Maintenant détroit de *Gibraltar* ou de *Cadix.*

lations du Pélion et dominant en souveraine le golfe de Pagase? C'est Iolchos, et Iolchos est la capitale d'*Eson*, un roi qui n'a que cette ville pour royaume. Je dois dire cependant que Pagase, cette bourgade où elle abrite ses navires, ajoute à son domaine la faible possession de son port.

Or, ce petit royaume est enlevé à Eson par *Pélias*, son frère, frère de Nélée, tous fils de Neptune et de la nymphe Tyro.

Là naquit, il y a vingt ans, *Jason*, fils du roi détrôné, presqu'au moment où Eson était chassé d'Iolchos. Aussi dérobe-t-on l'enfant à la haine de l'usurpateur, en le confiant au centaure Chiron, qui se charge d'en faire un héros.

Chiron a tenu parole. Jason est devenu grand et se trouve mûr pour tenter des entreprises. Avant tout, fier d'un oracle de Magnésie qui lui annonce la couronne, le voici qui descend du Pélion et vient vers Pélius réclamer le trône qui lui appartient.

De son côté, Pélius possède un oracle qui lui apprend qu'il sera tué par un prince qui n'aura qu'un soulier.

— Il paraît, dit Even à ce mot de soulier, que les chaussures jouent leur rôle dans les destinées humaines. La pantoufle verte de Cendrillon (1) en est la preuve...

— Donc, reprend le comte, quand Jason déserte l'antre de Chiron, un torrent grossi par les pluies arrête sa marche. Il est obligé de le passer sur le dos d'une vieille femme, qui s'offre au prix de quelque monnaie. Cette vieille femme... c'est Junon, qui protége Jason. Mais dans la position qu'exige le passage de l'eau, Jason perd une de ses sandales, si bien qu'en face de Pélius, le héros vêtu d'une peau de tigre a un pied chaussé, l'autre nu.

A cette vue, Pélias de pâlir. Mais la ruse ne l'abandonne pas, et répondant à son neveu :

— Je veux bien te rendre le trône, dit-il, mais à une condition.

(1) *Perrault*, Contes des Fées.

— Laquelle? fait Jason.

— Tu partiras pour la Colchide, par-delà le Pont-Euxin, au pied du Caucase, non loin du pays des Cimmériens... Que ce nom des Cimmériens ne t'effraie pas... Tu es brave, s'ils sont féroces. Alors rapporte-moi la Toison d'Or de Colchide.

Jason tressaille de bonheur. La Toison d'Or? Mais c'est la gloire, ce sont les périls, ce sont les aventures! Il accepte.

Or, il faut que tu saches qu'*Athamas*, roi d'Orchomène, en Béotie, eut de sa première femme Néphélé un fils et une fille, *Phryxus* et *Hellé*. Mais fatigué bientôt de Néphélé, Athamas épouse *Ino*, cette fille de Cadmus, roi de Thèbes, que nous avons vue, comme sœur de Sémélé, élever son fils, le petit Bacchus à peine sorti de la cuisse de Jupiter. Alors Ino, ayant mis au monde deux fils, *Mélicerte* et *Léarque*, prend en haine Phryxus et Hellé, ainsi qu'il arrive souvent à une belle-mère qui se fait marâtre. Aussi se décide-t-elle à les faire périr. Pour atteindre ce but, elle corrompt le blé dans les greniers publics et amène ainsi une famine. Consulté, l'oracle de Delphes déclare que pour sauver le pays et fléchir les dieux, on doit leur sacrifier... les enfants de Néphélé. C'est Ino qui fait ainsi parler la Pythie. Pauvres victimes! Déjà le couteau sacré brille sur le cou tendu de Phryxus et d'Hellé, lorsque paraît soudain une femme, pâle, folle de douleur, les cheveux épars, qui saisit les enfants, arrache les bandelettes sacrées qui couvrent leurs fronts, et les enlevant aux mains des prêtres, disparaît sans qu'on ose les lui disputer.

Cette femme, c'est Néphélé. Elle s'est fait un protecteur de Mercure. Ce dieu l'attend sur les bords du lac Copaïs. Là, Néphélé trouve un bélier qui vole comme les oiseaux, babille comme les jeunes filles, et dont la toison frisée est de l'or le plus pur. *Chrysomallos* est le nom de cette bête curieuse. Mercure place Phryxus et Hellé sur le dos de Chrysomallos. Puis, sans nul retard, les deux enfants sont enlevés dans les airs, se dirigeant vers la Colchide.

Naviguer dans les plaines de l'air, à califourchon sur le dos d'un bélier à toison d'or, n'est pas sans dangers. Aussi ne seras-tu pas surpris d'apprendre qu'arrivés au-dessus du canal qui fait communiquer la mer de Grèce avec la Propontide, le bruit des vagues et leur ressac sur les côtes effraient la pauvre petite Hellé, dont la tête tourne, et tombe en tournoyant, hélas ! comme une hirondelle de mer que la flèche a blessée dans son vol. Elle est bientôt engloutie par la mer, qui se referme sur l'innocente victime. De là ce nom d'*Hellé-Pont*, puis Hellespont, donné à ce bras de mer.

Quant à Phryxus, il aborde heureusement en Colchide, égorge son bélier sur le rivage, selon la recommandation de Mercure, l'offre à Jupiter, qui le place parmi les constellations du zodiaque, et, gardant la *Toison d'Or*, s'empresse d'en faire hommage à *Elès*, roi du pays, pour le disposer à un bon accueil. Elès suspend la Toison d'Or à un chêne, comme sauvegarde de sa vie, et un horrible dragon est chargé de veiller sur cette riche dépouille.

C'est cette Toison d'Or que Pélias demande à Jason.

Jason, pour tenter l'aventure, appelle à lui tous les héros dont le cœur brûle du désir de la gloire.

Puis il fait préparer le navire qui doit transporter en Colchide les guerriers compagnons de Jason. Les plus beaux sapins du mont Pélion tombent sous la hache pour en faire le pont et la carène du navire. Minerve, qui porte intérêt à l'expédition, donne elle-même un chêne de la forêt de Dodone, où tu sais que les arbres parlent, pour former l'unique mât du vaisseau. Alors *Argus*, fils de *Polybe* et d'*Argée*, habile architecte et ami de Jason, dirige le travail, et, contrairement à l'usage qui fait ronds les navires, il donne au sien la taille svelte et élancée d'un poisson. C'est à cette ville de Pagase, port de Phères, que tu vois sur la côte de Thessalie, qu'il est mis à la mer. On lui donne le nom d'*Argo*, du propre nom de son auteur, et les guerriers qu'il doit porter en Colchide seront les *Argonautes*. Ce vaisseau fait l'admiration de tous les Hellènes, car il est d'une légèreté sans égale, et cependant il surpasse de beaucoup en grandeur tous les bâtiments de l'époque.

Il n'est bruit dans l'Hellade et le Péloponèse, parmi le peuple et surtout dans les cours des rois, que de l'*expédition des Argonautes*. C'est à qui prendra part aux aventures et aux périls de cette entreprise extraordinaire.

D'abord *Tiphys*, un habile nautonier, se déclare le pilote de l'*Argo*.

Ensuite *Lyncée*, fils d'*Apharée*, roi de Messénie, et frère jumeau d'*Idas*, jeune prince doué d'une vue si perçante qu'il lit jusqu'au fond des mers, signalera les écueils et observera les côtes.

Calaïs et *Zéthès*, fils de Borée, dieu des vents, et d'*Orythée*, nymphe de l'Océan, commanderont les rameurs.

Esculape, fils d'Apollon, élève de Chiron et dieu de la médecine, soignera les aventuriers malades.

Orphée, fils d'*Eagre*, roi de Thrace, et de la muse Calliope, poète et musicien formé par l'habile et infortuné Linus, chantera les exploits de l'expédition et charmera les loisirs.

Castor et *Pollux*, sortis de deux œufs pondus par *Léda*, femme de *Tyndare*, roi de Sparte, celui-ci avec *Hélène*, sa sœur, de l'œuf attribué à Jupiter, et par conséquent immortels l'un et l'autre comme leur père ; celui-là avec *Clytemnestre*, sa sœur, de l'œuf attribué à Tyndare, et par conséquent mortels l'un et l'autre comme leur auteur, seront la tête de colonne des guerriers rangés sous la bannière de Jason.

Puis vient *Pélée*, fils d'*Eaque*, roi de *Phthie*, en Thessalie, qui, délaissant sa jeune épouse *Thétis*, et son fils *Achille*, confié aux soins du centaure Chiron, demande à faire partie des héros, avec son frère *Télamon*.

A son tour, *Admète*, roi de Phères, le favori d'Apollon, à qui, pendant son exil sur la terre, il confia la garde de ses cavales et de ses troupeaux épars dans les vallées de Thessalie, se présente à Jason.

Voici de même *Nélée*, fils de Neptune et de Tyro, frère même de Pélias, l'usurpateur du trône d'Iolchos ; Nélée, fondateur et roi de Pylos, dans la Messénie, où une savante et sage éducation prépare son fils *Nestor* à devenir le plus sage des Grecs.

Enfin accourt *Méléagre*, fils d'*OEnée*, roi de Calydon, en Etolie, auquel les Destins aveugles n'ont donné de vie que la durée d'un tison brûlant dans le foyer à l'heure de sa naissance, et que sa mère *Althée* fait vivre en conservant précieusement ce tison après l'avoir éteint.

En un mot, une armée de cinquante-six héros surgit de toute la Grèce et se fait gloire de se mettre aux ordres de Jason.

Je n'ai pas nommé le plus fameux de tous : c'est *Hercule*, qu'à l'unanimité nos Argonautes proclament chef de l'expédition.

Lorsque tout est prêt pour le départ, les héros font le serment de ne pas revenir sans la Toison d'Or. On offre un sacrifice aux dieux, puis on livre la voile aux vents et les rames frappent en cadence l'onde amère. Iolchos et son peuple, du haut de son rocher, les contemple s'éloignant du rivage, et des hauteurs du Pélion un vieillard et un enfant leur envoient les derniers vœux du retour (1).

C'est Chiron et le petit Achille, qui pleure de chagrin de n'être pas assez grand encore pour suivre son père.

Je ne parlerai ni de l'orage qui les pousse sur les côtes de Thrace, ni de l'assistance que leur donne le ciel sous forme de deux étoiles

---

(1) Tout le monde sait que l'expédition des Argonautes, 1200 avant J.-C., n'est autre chose qu'une émigration de chercheurs d'or, une caravane de *diggers*, sous les ordres de Jason, partie vers les régions aurifères de la Colchide. La fameuse Toison d'Or n'était autre qu'une cargaison de sables d'or arrachés aux vallées vierges de quelque Sacramento de l'époque. La Tauride et la Mingrélie possédèrent aussi jadis de riches *placers*.

Suivant certains auteurs, la toison rapportée par Jason et la magicienne Médée, aidés des Argonautes, après un long voyage sur le Pont-Euxin, ne serait autre chose qu'un traité fameux de l'art sacré, écrit sur des peaux, et faisant connaître les procédés chimiques de l'affinage de l'or.

qui se montrent sur la tête de Castor et Pollux, désormais appelés *Dioscures*.

Je ne dirai pas davantage qu'à Lemnos, naguère habitée par les Pélasges, qu'en une nuit leurs femmes massacrèrent parce qu'elles se voyaient négligées pour des étrangères, les Lemniennes, inspirées par Vénus, retiennent les Argonautes pendant deux ans ;

Ni qu'ils se font initier aux mystères des Cabires, pendant leur repos à l'île de Samothrace. Pourtant il est curieux pour moi de voir les adorateurs de ces Cabires, *Axiéros, Axiocersus, Axiocersa et Cadmillus,* tels sont les noms de ces dieux du feu, exiger la confession de leurs adeptes au milieu des plus formidables épreuves.

Les voyageurs abordent bientôt sur la côte d'Asie, non loin de Troie, en face d'immenses forêts qui couvrent les collines. Hercule, qui a perdu ses armes, songe à les remplacer. Avec *Hylas*, charmant enfant dont il a fait son compagnon en l'enlevant à la *Mysie*, il saute sur le rivage, et s'enfonçant dans la profondeur des bois, charge Hylas d'aller cueillir les roseaux du *Rhindaque*, qui sillonne la solitude. Hydas obéit. Mais il rencontre une fontaine, et son onde est si pure, et Hylas a si soif, que le bel adolescent se met à genoux sur la rive, et se baissant, approche du cristal liquide son frais visage qui s'y reflète aussitôt. Hélas ! séduites à cette apparition magique, les naïades de la source saisissent les boucles charmantes des longs cheveux blonds d'Hylas et l'attirent à elles..... L'enfant disparaît. Vainement il veut jeter un cri, mais à peine un soupir échappe à sa poitrine. A ce soupir néanmoins Hercule lève la tête, mais prend pour une haleine de la brise ce dernier souffle de son jeune ami. Cependant, quand sa massue est taillée et façonné son arc, il appelle Hylas. Hylas ne peut répondre. Les cris d'Hercule redoublent. Toujours même silence. Les Argonautes entendent ces apppels désespérés retentir dans la forêt, puis s'éloigner du côté du midi. Toute la nuit ces cris arrivent jusqu'à eux, s'affaiblissant de plus en plus. Au point du jour ils s'éteignent. Présumant alors qu'ils ne reverront plus Hercule, les aventuriers reprennent la mer, et, cette fois, Jason se trouve le chef de la bande.

De l'Hellespont, où naguère périt la douce Hellé, l'*Argo* vogue vers *Cyrique*, ville de l'Asie-Mineure, dont le roi les accueille avec générosité. Mais une tempête survenant, une déesse ennemie porte les habitants à méconnaître les étrangers. Une bataille a lieu, et Jason tue le roi. De son côté, Télamon ne reparaît plus sur le navire.

Un coup de vent assez ordinaire dans ces parages porte ensuite nos héros de la Bébrycie (1) sur les côtes de Thrace, où le *devin Phinée*, roi de *Salmydesse*, aveuglé par les dieux pour avoir lui-même fait crever les yeux à ses deux fils, sur de fausses accusations de leur belle-mère, et poursuivi sans paix ni trêve par les *Harpies*, qui infectent les viandes de sa table, est au moins débarrassé de ces monstres par Calaïs et Zéthès. En reconnaissance, ce prince donne aux navigateurs le moyen de doubler les *écueils de Cyanée*, rochers maudits placés non loin de la future *Byzance* (2). Ces écueils agités par les vents s'entrechoquent avec violence et écrasent les navires assez téméraires pour s'en approcher. Les Argonautes, pour les éviter, lâchent une blanche colombe qu'ils suivent à force de rames. Chose étrange! jamais plus, depuis, ces rochers maudits ne se sont ébranlés. Orphée les fixa pour toujours sur leurs bases par la puissance des accords de sa lyre.

Une dernière aventure attend nos guerriers à *l'île Arétiade*, dans le Pont-Euxin. Les stymphalides, ces affreux oiseaux du lac de Stymphale, attaquent le navire, et l'on ne peut s'en défendre qu'en faisant un terrible charivari avec tout le cuivre du navire.

Maintenant voici venir à eux, sur une galère ronde, le fils de Phryxus, frère d'Hellé, que Oetès, roi de Colchide, envoie à Orchomène pour recueillir l'héritage de son père Athamas. Les deux

---

(1) Ancien nom de la *Bythinie*.
(2) Un jour Constantinople.

bâtiments se mettent en relation, et Jason reçoit du jeune prince de précieux renseignements sur la Colchide, son roi, et la riche Toison d'Or.

Enfin les côtes et les montagnes de la Colchide se montrent. L'*Argo* pénètre dans le *Phase*, et aborde à *Colchos*, la capitale d'Oetès.

Oetès est père de Médée, jeune prêtresse, savante magicienne, petite-fille du soleil. Se rencontrer au *temple d'Hécate*, mystérieux sanctuaire consacré à la lune, déesse des nuits, et se connaître, fournit à Jason et à Médée le motif d'une conspiration. L'enchanteresse donne au héros les moyens de déjouer les périls que l'astucieux Oetès ne manque pas d'opposer aux Grecs. Une charrue de diamants; les taureaux vomissant des flammes; l'effroyable dragon de la Toison d'Or mordant la glèbe et expirant; des dents semées, d'où surgit une moisson de soudards casqués et cuirassés, qui s'entre-tuent, l'éblouissante toison enlevée, tout devient un jeu pour Jason, patroné par Médée.

Le tour fait, la fille perfide d'Oetès s'enfuit avec le capitaine grec. et tel est le résultat du sortilége de la descendante du soleil ! événement se passe en 1315.

Aussitôt Oetès envoie son fils *Absyrte*, frère de Mé... suite des fugitifs. Mais la sœur du jeune prince l'attire . le met en pièces, sème ses membres sur les rivages qu'... arrête ainsi la troupe du roi son père, occupée à recu... cieux restes de la victime.

Les navigateurs s'éloignent alors, et les embouchur... se présentant à leur navire, à l'extrémité occidentale... les voici qui remontent péniblement son cours tant q... ble. Mais lorsque la quille de l'*Argo* touche la vase, ... soulèvent leur navire, et à force de bras, au travers de... tent jusque sur les flots de la mer Adriatique. Ile... raison de sa légèreté, l'*Argo* ne se refuse pas à p .r il t.

(1) Le *Danube* actuel.

Ils allaient s'éloigner du rivage lorsqu'un matin une voix sortie du mât du vaisseau apprend aux Argonautes qu'ils ne reverront la terre natale qu'après que Jason et Médée se seront lavés du meurtre d'Absyrte et qu'ils auront apaisé les Euménides et Jupiter-expiateur. Mais pour cela, c'est devant Circé que les coupables doivent se présenter. Ainsi le veut l'oracle de Dodone, à la forêt duquel appartient le mât.

Non loin des plages italiques, dans la *mer Tyrrhénienne*, il est une île de gracieux et riant aspect qui domine la mer comme une corbeille de fleurs emportée par les eaux. C'est *OEéa*. Là, dans un palais magique, demeure *Circé*, fille du soleil, sœur d'Oetès, et tante de Médée. Circé excelle dans l'art des enchantements et de la magie. Il n'est sorte d'opérations cabalistiques qu'elle n'opère. Aussi Médée espère-t-elle des prodiges de l'enchanteresse. Mais leur crime est si grand, qu'ils n'en obtiennent pas même le pardon. Circé demeure inflexible, et leur déclare que les dieux ne leur deviendront propices qu'autant qu'ils doubleront le cap Malée. Les dangers de ce cap pourront seuls les purifier de leurs souillures.

Nos pérégrinateurs partent donc.

A nouveau départ nouveaux périls. D'abord, entre l'Italie et la Sicile, affreux détroit formé d'un côté par un cap qu'entoure un horrible abîme, le *gouffre de Charybde*; de l'autre, par un énorme rocher qui s'avance dans la mer, autour duquel les vagues, en bouillonnant, produisent un autre abîme plus redoutable encore, c'est le *gouffre de Scylla*. Le premier tient à la Sicile, le second à l'Italie. Un vaisseau parvient-il à échapper à Charybde (2), il va droit à Scylla, car il n'y a que peu d'espace entre l'un et l'autre pour le passage d'un vaisseau. De là le proverbe : *tomber de Charybde en Scylla...* qui s'ap-

---

(1) Les nombreux écueils et les gouffres de cette partie de la mer de Sicile, qui forment le *détroit de Messine*, ont fait longtemps l'effroi des navigateurs. Des commotions volcaniques ont changé l'aspect de ces lieux, et aujourd'hui le passage s'opère avec moins de difficultés.

plique à la position d'un homme placé entre deux dangers. Il faut ajouter que ces gouffres font entendre des bruits sinistres semblables à des hurlements de chien, qui effraient autant l'imagination qu'ils fatiguent les oreilles.

D'après les Hellènes, Charybde était une jeune Sicilienne qui, ayant volé des bœufs à Hercule, fut foudroyée par Jupiter, et changée en un abîme toujours tournoyant, toujours hurlant, et absorbant les navires et les nautoniers.

Scylla était une nymphe des rivages d'Italie, qui fut aimée du triton *Glaucus*. Mais Circé, sa voisine et sa rivale, la changea en ce rocher qui affecte la forme d'une femme dont le buste s'élève au-dessus des eaux, et dont les hanches sont décorées de têtes de chiens ouvrant six larges gueules et aboyant sans paix ni trêve.

Grâce aux accords d'Orphée, le terrible détroit est franchi sans malheur.

Mais alors, sur la mer Méditerranée, ce sont les Sirènes qui, à leur tour, viennent assaillir l'*Argo*. Elles sont au nombre de huit. Les plus habiles de ces charmeresses sont *Aglaophone*, *Molpé*, *Thelxinoë*, *Liégie* et *Parthénope*. A la beauté de leurs chants, le navire semble vouloir s'arrêter. Les héros même, séduits par la mélodie, vont être entraînés dans les abîmes. Heureusement la lyre d'Orphée vient encore au secours des navigateurs, qui échappent au danger.

Passons sous silence le *géant Talos*, de l'île de Crète. Médée sait que ce monstre n'a qu'une veine, qui descend de la tête au talon, où elle est fermée par un clou. Elle enlève le clou du géant assoupi : son sang coule, et avec lui s'échappe sa vie.

Enfin, voici le cap Malée... on le double ; voici le Péloponèse; on le côtoie ; voici l'Hellade, on l'aborde; voici Iolchos, on y débarque.

Avant tout, l'*Argo* est offert à Neptune, et Jupiter le place parmi les constellations du ciel. Ensuite, les Argonautes se jurent une éternelle amitié et conviennent de célébrer des jeux à Olympie, dans l'Elide, sur l'Alphée, en l'honneur de Jupiter, ce qui donne origine aux *jeux Olympiques*. Enfin, nos guerriers se séparent...

— En vérité, cher maître, m'écrié-je, cette expédition des Argonautes n'a rien que de fabuleux?

— En aucune façon, riposte bien vite Marius : elle est au contraire très réelle et très vraie ; et si les Argonautes ont eu les honneurs d'un poème écrit par Orphée, et s'ils ont été célébrés par Apollonius, de Rhodes, et Valérius Flaccus, c'est qu'ils ne sont pas des êtres imaginaires.

— Rien de mieux, objecté-je : mais convenez alors qu'un fait d'armes où la bravoure est remplacée par la ruse et les sortiléges devient une étrange expédition ?

— C'est une opinion sévère que la vôtre, Théobald, répond encore Marius. Ne vous a-t-on pas dit que les Grecs ont besoin de tout poétiser ? Or, il y a des savants qui prétendent que, comme les travaux d'Hercule, l'expédition des Argonautes est un conte uranographique. Eh bien ! non. Les Argonautes ont été en Colchide dans le double but d'exploiter les mines d'or du Caucase, ce qui explique la Toison d'Or, et de coloniser les riches régions situées au nord de l'Asie-Mineure.

— A merveille, dis-je : mais puisque c'est une histoire vraie que je viens d'entendre, je demande que l'on me fasse connaître le sort de nos héros. Comme un lecteur à la fin de son roman, je sens le désir de savoir ce qui advient à chacun d'eux...

— A tout seigneur tout honneur! fit le comte.

Je commence par Jason et Médée...

De grandes fêtes célèbrent dans la Thessalie le retour et le succès du chef de l'expédition. A ces fêtes se joignent celles du mariage de Jason, qui conduit Médée à l'autel. Alors, comme cadeau de noces à son vieux père Eson, la magicienne l'égorge, après l'avoir placé entre deux fosses qui reçoivent tout son sang. Mais rassure-toi, dans les veines du vieillard exténué, transfusant aussitôt le suc de certaines plantes, elle souffle sur la bouche du cadavre. Aussitôt le corps décharné d'Eson se ranime, ses chairs se raffermissent, ses yeux brillent, les roses refleurissent sur son visage, qui se déride, le vieillard se relève jeune, et d'une voix fraîche et sonore, se rappelant le départ de son fils, se hâte de le féliciter de son retour.

Cette merveille fait bien des envieux. Voici que, mues par la piété filiale, les quatre filles de l'usurpateur Pélias sollicitent de Médée la même régénération pour leur père.

— Qu'à cela ne tienne! Amenez-moi le vieux Pélias! répond gracieusement Médée : mais amenez-le-moi tout égorgé.

Les jeunes filles profitent du sommeil de leur père, et lui coupant les veines, elles le saignent à blanc. Quand il a rendu le dernier soupir, elles l'apportent en hâte à la magicienne, mais alors Médée ne se trouve pas : vainement on la cherche. Or, pendant ce temps le cadavre devient froid ; l'opération n'est plus possible.

Cette abominable supercherie met en fureur les habitants d'Iolchos. Vainement Jason présente la Toison d'Or en échange du trône de Pélias, on le chasse, et *Acaste*, son cousin, est mis en possession du sceptre royal.

C'est à Corinthe que se réfugient les deux époux, et à Corinthe, s'ils ne règnent pas, tout au moins trouvent-ils le bonheur. Toutefois, après dix ans d'une parfaite union, *Glaucé*, ou plutôt *Créüse*, fille de Créon, roi de Corinthe, fait oublier à Jason les charmes déjà surannés de Médée, et il la répudie.

Alors Médée, dans les convulsions d'une inexprimable fureur, massacre et mutile les enfants qu'elle a eus de Jason (1), et, prenant la fuite sur un char aérien que lui donne le soleil, elle se rend à Athènes, où elle épouse *Egée*, roi de cette capitale de l'Attique. Puis, chassée par la présence de *Thésée*, fille d'Egée, elle ne craint pas de retourner dans sa patrie, près d'Oetès, le vieux roi de Colchide.

(1) Ce terrible drame a inspiré tour à tour *Euripide* chez les Grecs, *Sénèque* chez les Latins, et parmi nous *Corneille*, *Longepierre* et *Legouvé*.

Elle y arrive à peine, qu'un navire aborde à Colchos. C'est Jason, abandonné à son tour par Créüse, et toujours épris de sa Médée, qui vient solliciter son pardon et régner avec elle.

— Passons à Lyncée, le nautonier dont la vue perçante découvre le fond des mers... dis-je à mon cicerone.

— Lyncée et Idas, son frère, se prennent de querelle avec Castor et Pollux. Lyncée tue Castor. Pollux tue Lyncée. Alors, se jetant à genoux, le vainqueur conjure avec une telle ardeur Jupiter de rendre son frère Castor immortel comme lui, que le roi des dieux exauce une partie de la prière. Il partage l'immortalité entre Castor et Pollux, et leur accorde de vivre et de mourir alternativement. Enfin, les transformant en étoiles, il les place parmi les constellations des cieux, et en fait les *Gémeaux*.

— Or, vous savez, dit Even, que dans le firmament, les deux étoiles connues sous le nom de Castor et Pollux ne se montrent que successivement. C'est ce qui a donné lieu à la fable de l'immortalité partagée par nos deux héros.

— Calaïs et Zéthès, maintenant? demandé-je.

— Pareille histoire! ces deux frères ont une rixe avec Tiphys, le pilote de l'*Argo*. Hercule, qui se retrouve avec nos héros pour connaître les aventures des Argonautes, frappe Calaïs et Zéthès de sa massue et les couche morts sur le sable. Mais comme ils sont fils de Borée, le dieu des vents, les Grecs prétendent qu'ils sont métamorphosés en deux *Pro-drômes*, vents avant-coureurs de l'orage.

— Et le médecin de l'expédition, le grand Esculape? dis-je à mon oncle.

— A son retour en Thessalie, Esculape rend la vie à Hippolyte, fils de Thésée, dont nous aurons à parler tout-à-l'heure. Mais Jupiter, irrité de cette résurrection qu'il regarde comme une révolte contre les arrêts des Destins, le foudroie, selon la demande de Pluton, également offensé de la perte d'une âme. Alors Apollon obtient du roi des dieux que son fils sera placé parmi les constellations du firmament, sous le nom du *Serpentaire*. En outre de cet honneur céleste, des honneurs terrestres lui sont accordés, car on élève des autels à Epidaure, à Athènes et ailleurs encore à notre Esculape, comme dieu de la médecine.

— Passons au tour d'Orphée... que devient le grand poète?

— Orphée épouse la jeune Crétoise *Eurydice*. Mais, au jour de son hymen, le flambeau que porte le poète ne rend qu'une humide fumée et refuse de s'allumer. Aussi la mélancolie s'empare du bon Orphée, à ce triste présage. Voici bientôt, en effet, que sur les rivages du Nil, dans une excursion en Egypte, sa bien-aimée Eurydice foule aux pieds un reptile venimeux caché dans les hautes herbes, meurt, et descend aux Enfers. Pauvre Orphée! le cœur brisé, l'âme navrée, les yeux noyés de larmes, pendant neuf mois il chante sa douleur dans les monts Rhodopes et sur l'Hœmus de Thrace, où il erre, seul, désespéré. Le chœur des Dryades, qui ont assez connu son Eurydice pour l'apprécier et en faire leur compagne, fait écho à ses lamentations. Après avoir vu pleurer avec lui les cimes du Pangée, l'Hébre aux flots émus, et Orithye, Orphée ne craint pas de descendre aux Enfers. Il pénètre dans le sombre royaume de Pluton, se présente aux trois juges, charme Cerbère, attendrit les Euménides, fléchit les cœurs les plus durs, suspend les supplices des coupables aux sons harmonieux de sa lyre, et obtient que son épouse lui sera rendue à la condition que, suivant son époux par derrière, Orphée ne tournera pas ses yeux sur Eurydice, jusqu'à la sortie des gouffres du Ténare...

O douleur! ô délire! presqu'aux portes du jour, vaincu par l'impatience, Orphée, s'oubliant lui-même, se retourne, et...

C'en est fait... Les gorges de l'Averne retentissent d'un fracas épouvantable... Pareille à la fumée qui s'évapore dans les nues, Eurydice s'efface et disparaît... En vain Orphée veut saisir son ombre... Il ne la voit plus... Et l'inflexible nocher Caron ne lui permet plus de repasser le marais infernal...

A quelque temps de là, un jour que sur l'Hœmus et le Rhodope battus par la tempête, l'époux en pleurs faisait aussi pleurer sa lyre, une troupe de Bacchantes, vêtues de peaux de bêtes fauves, arrivent et l'entourent...

— Voici donc cet Orphée qui ne rêve que son Eurydice, comme s'il n'y avait pas d'autre Eurydice parmi nous!... s'écrient-elles.

Alors, après mille outrages, elles l'immolent à leur fureur haineuse. Or, pendant que son âme s'exhale par cette bouche dont les accents sont entendus des rochers eux-mêmes qui gémissent, elles lui coupent la tête, qui se détache, et roule, avec la lyre du poète, jusqu'au fleuve de l'Hèbre, répétant encore : Eurydice, ô mon Eurydice!

On dit que portées à la mer par les flots, cette tête sacrée et la lyre divine descendent jusqu'aux rivages de l'île de Lesbos.

— Certes, après ce que vous venez de dire, il n'y a plus rien à entendre... osé-je balbutier. Cependant, pour la satisfaction de ma curiosité, dites-moi ce que deviennent Pélée, Admète, Nélée et Méléagre?

— Pélée reprend son trône de Phthie, et ne s'occupe plus que de l'éducation de son fils Achille... dit le comte.

Admète continue de régner à Phères, et ne figure plus que dans la chasse du sanglier de Calydon.

Nélée s'avise de chercher querelle à Hercule, et Hercule, pour se venger, brûle sa ville de Pylos, le tue lui-même et massacre onze de ses fils, épargnant seulement Nestor, à raison de sa précoce sagesse.

Quant à Méléagre, écoutez ce qui lui advient :

Diane, la déesse de la chasse, a lancé sur les terres d'Etolie, pour punir la contrée qui l'a offensée, un horrible sanglier, dont les ravages répandent une cruelle consternation. La forêt de Calydon devient la tanière de ce monstre. Aussitôt Méléagre convoque ses voisins pour courir sus à la bête. Nélée, qui vit encore, Thésée, le héros qui va nous occuper, Admète, et beaucoup d'autres princes répondent à cet appel. La chasse est brillante. Méléagre tue le sanglier. Mais une rixe s'étant élevée entre lui et ses oncles sur la possession de la hure, Méléagre les frappe d'un coup mortel dans la chaleur de la dispute. Aussitôt Althée, mère du meurtrier, cette mère si bonne qu'elle avait deux fois donné la vie à Méléagre en arrachant du foyer le tison auquel est attachée son existence, cette fois, irritée du meurtre de ses frères, jette dans le brasier le tison fatal, et son fils expire à l'instant même.

— Et Ino, cette farouche marâtre, qui sacrifie si indignement la petite Hellé et le jeune Phryxus, les enfants de Néphélé, ne lui arrive-t-il rien qui la punisse de sa méchanceté?

— Oui, achève le Pirate, car Athamas, son mari, furieux de la perte de ses deux enfants, saisit Léarque, le propre fils d'Ino, et l'écrase contre une muraille. Alors Ino, désespérée, appelle Mélicerte son second fils, et pour l'arracher à la colère, le pousse vers le rivage de la mer de Grèce, et s'élançant avec lui du haut d'un rocher, tous les deux se précipitent dans les flots. Jupiter, touché de leur sort, les change en dieux marins.

— Mais il est un autre de nos héros qui vous intéresse bien peu, sans doute, mon cher Théobald, car vous n'en parlez pas... me dit Marius.

C'est Hercule. Apprenez cependant qu'autant ce héros a été grand dans ses exploits, autant il est faible dans les autres circonstances de sa vie. Aussi, tour à tour attaché à *Mégare*, fille de Créon, roi de Thèbes (1), puis à *Astydamie*, femme d'Acaste, cousin de Jason, et qui

(1) Hercule n'avait que 18 à 19 ans, quand il épousa Mégare. Elle lui fut donnée en récompense de ce qu'il était venu au secours de Créon, contre *Erginus*, roi des *Orchoméniens*. Hercule étant descendu aux Enfers, Lycus voulut s'emparer du royaume de Thèbes, et, ne pouvant forcer Mégare à l'épouser, il allait l'y contraindre par la violence, quand Hercule reparut, tua Lycus, et remit Créon sur le trône. Junon, irritée de cette mort, inspira une telle fureur à Hercule, qu'il tua Mégare et les enfants qu'il en avait eus, *Créontiadès*, *Térimaque* et *Deïcon*.

Le délire d'Hercule et la catastrophe sanglante qui en fut la suite ont donné lieu à une pièce d'*Euripide*, assez faible, et à une autre pièce de *Sénèque*, plus inférieure encore.

lui fut préféré pour le trône d'Iolchos; on le voit avec peine dominé par *Omphale* (1), reine de Lydie, près de laquelle le héros, en habits de femme et des fuseaux à la main, s'endort durant la chaleur du jour.

Enfin, époux de *Déjanire,* fille d'Œnée, roi d'Etolie, le voici, oublieux encore de ses serments, qui n'ésite pas à prendre de vive force et à saccager *OEchalie,* capitale du roi *Euryte,* en Thessalie, pour enlever de vive force *Iole,* sa fille.

Aussi, à cette nouvelle, quelle fureur chez Déjanire !

Elle expédie soudain Lycas, son esclave, vers Hercule, et le charge de remettre à son mari le présent dont elle le fait porteur. C'est une robe rouge qu'Hercule se hâte de revêtir pour plaire à Déjanire et racheter sa faute. Mais le tissu de cette fatale tunique n'a pas plus tôt touché ses membres qui frissonnent, qu'un feu dévorant pénètre jusqu'à la moelle de ses os. Vainement Hercule veut l'arracher, sa chair se déchire avec ses lambeaux empoisonnés. Ses hurlements, ses cris, ses plaintes font retentir les échos de la Thessalie.

Déjanire accourt. Eperdue, elle raconte à *Philoctète,* fils de *Pœan,* roi du mont Œta, ami d'Hercule, que tout récemment le *centaure Nessus* a teint cette robe de son sang, chargé d'un subtil venin, et la lui a donnée comme un précieux talisman propre à ramener son époux, s'il devient jamais infidèle.

Or, elle a cru, elle, pauvre femme, qu'Iole.....

---

(1) Avant d'épouser Omphale, Hercule avait eu un fils de *Malis*, la suivante de la reine. Ce fils porta le nom d'*Alcée*. Quand le héros fut devenu l'époux d'Omphale, il oublia tout courage, et « tandis qu'Omphale portait la massue et la peau de lion, dit agréablement *Lucien,* auteur latin, Hercule portait une robe de pourpre, travaillait à la laine, et souffrait qu'Omphale lui donnât quelquefois des coups de sa chaussure. » On trouve en effet plusieurs anciens monuments qui nous représentent Omphale et Hercule dans l'attitude que leur donne Lucien. Le héros en eut un fils nommé *Agélaüs,* de qui l'on fait descendre Crésus.

De la fable d'Hercule filant aux pieds d'Omphale, on a fait naître beaucoup d'allusions, soit morales, soit galantes. Par elle on a voulu simplement exprimer la vie voluptueuse du héros chez Omphale. (A. S—r).

Déjanire n'achève pas... Elle perce son cœur d'un poignard, et tombe inanimée... aux pieds de son époux.

Cependant Hercule mourant recueille pour lui seul tout ce noble courage qui a dompté tant de monstres. Il comprime ses tourments, gravit la cime de l'Œta la plus proche du ciel, et là, dresse lui-même son bûcher, y étend la peau de lion, doux et beau souvenir de sa première victoire, se couche dessus, place sa massue sous sa tête, et d'une voix calme ordonne à son cher Philoctète d'y mettre le feu, lui laissant pour souvenir son arc, ses flèches et ses cendres. Bientôt, secondée par la foudre, la flamme s'élance en pétillant et monte vers la voûte éthérée, pendant que le sommet de l'Œta se calcine et noircit sous les morsures du brasier. En même temps l'âme du héros va s'asseoir au banquet des dieux, à côté d'Hébé, la fille de Junon, la déesse de la jeunesse, l'épouse céleste que Jupiter lui donne couronnée de roses immortelles sur lesquelles le souffle du temps ne peut rien.

Maintenant, sachez bien qu'Hercule, à sa mort, laisse tout un peuple de fils, de petits-fils et d'autres descendants.

Hyllus, que lui a donné Déjanire, son héritier direct, ainsi que tous les membres de sa nombreuse postérité, nommés *Héraclides*, sont néanmoins bientôt chassés de Tirynthe par le jaloux Eurysthée, ce cousin d'Hercule sur lequel, pendant toute la vie du demi-dieu, ce prince eut la supériorité, parce qu'il eut le ridicule privilége de naître quelques heures avant lui.

Alors les Héraclides se retirent dans l'Attique, d'où bientôt ils essaieront de rentrer dans le Péloponèse avec le secours de Thésée. Mais vaincus dans deux expéditions, ils renoncent à leur projet, à la mort d'Hyllus, et se réfugient chez les Doriens, s'engageant à ne pas inquiéter le Péloponèse pendant une période de cent années.

— Très bien, cher maître, et mille actions de grâces à vous tous, illustres savants de notre *expédition des Argonautes*. Mais permettez-moi de vous demander ce que c'est que Thésée? Vingt fois déjà ce nom a frappé mes oreilles..... dis-je à mes compagnons de voyage.

— Pour vous répondre, notre amé et féal, fit Even, moi qui prends la parole, je me vois obligée de vous montrer tour à tour les rois qui nous conduisent à Thésée.

C'est sur Athènes que je vous prie de fixer votre attention.

Cécrops a fondé Cécropia, l'âme d'Athènes : vous le savez, n'en disons rien de plus.

Cranaüs vint ensuite en 1640, puis s'effaça sans laisser d'autre souvenir que son nom.

Amphictyon lui succède de 1585 à 1573, et laissant son frère Hellen, comme lui fils de Deucalion et de Pyrrha, substituer son nom à celui des Pélasges, il crée la fédération de l'Hellade, sous le nom de *conseil amphictyonique*.

Erychthonius prend sa place vers 1550. On le dit fils de Vulcain, parce qu'il a les jambes contrefaites comme ce dieu. C'est lui qui décrète que la ville de Cécropia n'aura d'autre nom désormais que celui d'Athènes. Et à l'occasion de cette consécration de la ville à Minerve, il institue en l'honneur de cette déesse la *fête des Panathénées*. Puis, ayant inventé les chars, il meurt.

Pandion Ier monte après lui sur le trône. Il crée la *fête des Pandies* à la gloire de Jupiter. Mais s'il est heureux comme roi, il est malheureux comme père.

Il a marié sa fille *Philomèle* au fils du roi de Thrace, *Thérée*. Mais Philomèle a bientôt à subir un horrible outrage de son beau-père, qui dans le but de lui imposer silence sur sa honte, lui coupe la langue. Toutefois, à l'aide de sa sœur *Progné*, Philomèle s'échappe du palais, et, pour se venger de la brutalité du roi, elle égorge *Ithys*, fruit de cet indigne amour, et fait servir au prince les membres de cette innocente victime. Les dieux s'émeuvent à ce crime, et Philomèle est changée en rossignol, et Progné en hirondelle.

Erechthée devient ensuite roi d'Athènes à la mort de Pandion, son père, de 1525 à 1460. En guerre avec la ville d'Eleusis, il n'hésite pas à immoler sa fille *Chtomie* pour se rendre les dieux favorables. Mais il est foudroyé pour avoir tué *Eumolpe*, fils de Neptune.

Cécrops II prend le sceptre à sa place : son nom seul signale son passage sur le trône.

Pandion II le remplace en 1405. Mais il est presqu'aussitôt chassé par les Méonides, descendants d'Erechthée.

Egée vient alors, de 1361 à 1323.

Ce prince est à peine roi d'Athènes, que Minos, roi de l'île de Crète, fils de Jupiter et d'Europe, fille elle-même d'*Agénor*, roi de Phénicie, et sœur de Cadmus, le fondateur de Thèbes, ayant épousé Pasiphaë, fille d'Apollon et de la nymphe *Perséide*, en eut un fils nommé *Androgée*. Ce jeune prince concourut un jour pour les prix des Panathénées, et les ayant gagnés tous, fut tué par les Athéniens jaloux. Grande colère de Minos. Envahissement de l'Attique, victoire des Crétois, et impôt annuel de sept jeunes filles et de sept jeunes garçons, qui devront être conduits en Crète, au profit du *Minotaure,* monstre moitié homme moitié taureau, né d'un taureau et de la reine Pasiphaë. Minos a enfermé ce terrible animal dans un labyrinthe construit par un Athénien du nom de Dédale. Or, depuis longtemps déjà Athènes paie chaque année ce fatal tribut au Minotaure, qui se nourrit des victimes humaines qu'on lui envoie.

Heureusement Egée a un fils, et ce fils est *Thésée*.

Thésée doit le jour au roi d'Athènes, Egée, et à *Ethra*,, fille de Piltée, roi de Trézène, dans l'Argolide. Elevé secrètement par Piltée, qui le dit fils de Neptune, Thésée montre un courage d'enfant qui présage sa vaillance d'homme.

Un jour Hercule vient voir le roi de Trézène, et, pour entrer au palais, dépose à terre sa peau de lion. A la vue de cette dépouille, tous les compagnons de Thésée de s'enfuir. Seul, Thésée reste, et croyant avoir affaire à un lion, le voici qui se dresse de toute sa petite taille, saisit une hache, s'élance... et ne trouve qu'une peau sans vie...

Mais il devient grand, et alors l'ambition se glisse dans son cœur. Il sait que son père, avant de quitter Ethra, sa mère, a caché son épée sous un énorme rocher. Il va droit à cette masse de granit, la soulève seul, tire le glaive, et lit sur la lame : Egée.

Aussitôt il chevauche vers Athènes, et court se faire reconnaître de celui qui lui doit son trône. Mais sa route, de Trézène à Mégare et de Mégare à Athènes, est semée de mille aventures. Je vous signale celles qui suivent.

A l'entrée de l'isthme de Corinthe, sous les hauts arbres d'une forêt qui s'étend le long du golfe Saronique, et du milieu de laquelle bruit le sourd murmure du vent mêlé aux rauques mugissements du ressac de la mer, il trouve *Sinnis*, un brigand fameux par ses crimes. Après avoir dépouillé les voyageurs, ce bandit tantôt les assomme de sa massue, tantôt les précipite dans les flots, tantôt les écartelle à l'aide de deux pins dont il abaisse les cimes jusqu'à terre et qu'il laisse se redresser ensuite, après y avoir attaché les membres de ses victimes. Vous comprenez que Thésée délivre la Grèce de ce monstre.

Près de Mégare, dans ces rochers qui forment falaise au-dessus de la mer, et que nous vous avons montrés sous le nom de *Scyronia Saxa*, se cache un autre brigand tout aussi fameux : *Sciron*, fils d'Eaque, roi de l'île d'Egine, et frère de Pélée et de Télamon, dont nous avons parlé comme amis et compagnons de Jason. Vainement Eaque, fils de Jupiter et de la nymphe Egine, à raison de sa justice est fait juge des Enfers; vainement Pélée et Télamon pratiquent la vertu, Sciron s'est fait voleur de grand chemin, et désole la route de Mégare, dépouillant les voyageurs, ou les faisant dévorer par des tortues qu'il tient enfermées dans un vivier pour en faire sa nourriture. L'heure de la vengeance divine sonne, et Thésée le livre à la dent des bêtes fauves, après l'avoir égorgé.

Le héros fait subir le même châtiment à *Cercyon*, autre bandit qui a fixé à Eleusis le siége de ses déprédations, et qui de là fait des incursions dans tous les sens et détrousse les passants, qu'il rançonne sans merci.

Enfin, dans le voisinage d'Athènes, il punit encore par une mort cruelle *Procuste,* un affreux géant qui fait étendre ses hôtes sur un lit de fer, leur coupe l'extrémité des jambes lorsqu'elles dépassent le lit, et, à l'aide de crampons, allonge les jambes de ceux qui les ont plus courtes, jusqu'à ce qu'elles atteignent la longueur du lit.

Cependant la terrible Médée, que vous connaissez, règne dans Athènes, sous le nom d'Egée qu'elle a épousé, après l'avoir séduit par ses philtres. Cette reine farouche, au cœur brûlé par la haine, au bras rouge du sang de ses ennemis, prépare des poisons aussitôt qu'elle voit Thésée se présenter à Egée, et qu'elle l'entend se dire le fils d'Egée. Egée l'encourage à se défaire de cet importun. En effet, voici que l'on présente la coupe fatale à Thésée, qui se livre aux plaisirs du festin. Mais à ce moment suprême, son épée sort du fourreau, et le roi d'Athènes peut lire sur l'acier ce mot flamboyant : *Egée!* Il se rappelle cette circonstance de sa fuite. Son fils seul peut avoir enlevé à sa cachette cette arme sacrée.

Il écarte donc le breuvage mortel des lèvres de Thésée, et le pressant sur son cœur, il s'écrie :

— Oui, tu es l'enfant de mon Ethra, tu es mon fils !

Le lendemain on apprend que, pendant la nuit, Médée a pris la fuite et qu'elle vogue vers la Colchide, sa patrie.

Il est inutile de vous dire que Thésée met à mort les *Pallantides,* fils de *Pallas,* frère d'Egée, qui, furieux de se voir dépossédés de l'espoir du trône par la présence de ce fils d'Egée, lui tendent des pièges et mettent sa vie en péril.

Je ne vous dirai pas non plus qu'il signale sa venue à Athènes en délivrant l'Attique du *taureau de Marathon,* monstre sauvage qui désole le village de ce nom et les plaines qui l'entourent.

Mais j'ai bonheur à vous apprendre que Thésée médite le noble projet d'affranchir Athènes de l'horrible tribut qu'elle paie chaque année au Minotaure de l'île de Crète. Pour atteindre son but, notre vaillant héros s'offre de lui-même pour faire partie du contingent envoyé à Gnosse. Encouragé par l'oracle de Delphes, il monte sur le navire qui transporte à sa destination le sinistre convoi des infortunées victimes, sept beaux jeunes hommes, sept des plus belles vierges, la fleur des Athéniennes. Ce vaisseau, peint en noir, a ses voiles noires, ses agrès noirs, et ses matelots sont vêtus de noir. A son départ, voyez toute la population d'Athènes accompagner jusqu'au rivage les innocentes familles dont les membres sont voués au plus affreux trépas. Alors on suit des yeux le lugubre esquif, qui sillonne comme à regret les vagues bleues de la riante mer de Grèce, toute semée d'îles blanches et gracieuses. On se fait de la mer et de terre des signes d'amour, des signes d'adieux. Disons aussi que cette fois on se donne des marques de bonne espérance. Oui, cette année, l'espérance émeut tout les cœurs, car Thésée part, s'éloigne avec les victimes, victime lui-même. Si Egée a causé le malheur de cet inique tribut, Thésée saura le racheter. Que ne pourra pas la vaillance de son bras... Espoir ! espoir !

Un mois se passe : mois bien long, mois bien lent à s'écouler. On en calcule toutes les heures, les minutes ne s'égrainent qu'avec peine. Chaque jour Egée, le peuple, les familles se rendent sur les hauteurs de l'acropole, et de là on regarde, on attend. Le navire ne peut tarder à paraître. Thésée vaincu, les voiles seront noires, hélas ! et noirs les agrès, noires les tuniques des matelots. Thésée vainqueur, les voiles seront blanches, blancs les agrès, blanches les tuniques des nautoniers.

Enfin, loin, bien loin à l'horizon, sur la ligne bleue de la mer, apparaît un bâtiment. On ne peut juger encore sa couleur. Il approche, il vient, il grossit. Par le Styx ! les voiles, les agrès, les tuniques, tout est noir, noir comme l'Erèbe ! A cette vue, les cœurs se serrent. Plus de doute, Thésée a péri, les jeunes filles d'Athènes ont été dévorées par le Minotaure de Gnosse. Alors, sur l'acropole, ce ne sont plus que larmes et sanglots. Egée, désolé, désespéré, descend, l'œil sec, vers la plaine. On respecte sa douleur. Il va droit au rivage, s'arrête, regarde encore. C'en est fait. L'illusion n'est plus possible, rien de blanc sur le navire. Aussitôt, l'âme brisée, le vieux roi se précipite dans les flots et meurt englouti dans l'abîme.

De ce moment fatal, la mer qui sépare l'Europe de l'Asie cesse de se nommer mer de Grèce; on l'appelle *mer Egée*, d'un consentement tacite et unanime.

Fatal empressement du père! Le fils a la victoire... Thésée a tué le Minotaure; il a rendu libres les victimes qui l'accompagnaient : Athènes est affranchie du joug. Aidé d'un peloton de fil qu'il a déroulé en pénétrant dans le Labyrinthe, il a pu retrouver son chemin pour en sortir. C'est *Ariadne*, fille de Minos et de Pasiphaë, éprise de Thésée, qui lui a donné ce moyen d'échapper aux difficultés inextricables du palais. Aussi s'enfuit-elle avec le héros sur le navire, qui cingle en toute hâte vers Athènes. Mais pendant que l'équipage se ravitaille à *Naxos*, cette île fleurie que vous savez, Thésée, l'ingrat Thésée, abandonne sur le rivage la Crétoise, sa libératrice. Aussi, les dieux de le punir aussitôt. Troublé dans ses pensées, il oublie de métamorphoser le deuil du vaisseau en ornements de triomphe, et à peine met-il le pied sur le rivage qu'il apprend que son cruel oubli a tué son père!

— A l'occasion du Labyrinthe, dit Arthur en interrompant le narrateur, laissez-moi rappeler à votre cousin, Mademoiselle, que ce monument porte aussi le nom de Dédale, du nom de son architecte. *Dédale* était un Athénien très habile dans la mécanique, tout aussi célèbre statuaire, qui ayant tué par jalousie son neveu *Talus*, menaçant de le surpasser un jour dans son art, fut exilé par les Athéniens et se retira à Gnosse, dans l'île de Crète. Là, il offrit à Minos de construire le Labyrinthe, pour y enfermer le Minotaure, et dans les rochers qui en formeraient la base creuser la sépulture des rois. Minos accepta, et le Labyrinthe fut élevé. Mais Dédale ayant favorisé

Pasiphaë dans ses désordres, Minos enferma Dédale, et avec lui son fils *Icare*, dans l'édifice même, composé de tant d'issues, de galeries, de couloirs et de corridors, qu'une fois entré dans ce palais il devenait impossible d'en sortir. Alors Dédale, désireux de recouvrer sa liberté, imagine de fabriquer des ailes avec de la cire et des plumes d'oiseaux : il les adapte à ses épaules et à celles d'Icare ; puis, recommandant sur toutes choses à son fils de ne pas s'élever trop haut afin d'éviter la chaleur du soleil, les voilà qui s'élancent dans les airs. Mais Icare, sans souci des avis paternels, s'approche du soleil et tombe dans la mer Egée, près de l'île d'Icarie, qui reçoit son nom de cette chute. Quant à Dédale, heureusement arrivé à *Cumes*, en Italie, il est bientôt sacrifié par *Cocalus*, roi de la contrée, qui redoute la colère de Minos.

— Je reprends l'histoire de mon héros, dit Even, alors qu'Arthur cesse son récit sur Dédale.

Devenu roi d'Athènes par la mort d'Egée, voici Thésée qui se montre monarque habile autant que législateur éclairé. Il réunit en une seule nation les diverses tribus de l'Attique, décide qu'Athènes sera la capitale de leurs bourgades, et agrandit et décore de temples et de monuments cette ville déjà belle.

Le cap Sunium, à la pointe de l'Attique qui s'avance dans la mer, a son chef couronné d'un temple de Minerve. Sur les hauteurs de Munychie, non loin de là, il fait élever le *temple de Diane*. Et comme sous le regard et à proximité d'Athènes, le golfe Saronique forme trois anses naturelles, il crée là trois *ports*, nomme *Munychie* celui qui se trouve au-dessous du temple et de la bourgade, appelle *Phalère* le second, qu'il destine aux petits navires, et prépare le troisième à devenir le *Pirée*, à l'embouchure du Céphise, à deux lieues d'Athènes, et à contenir quatre cents gros vaisseaux.

Puis, enfin, il établit un gouvernement républicain fondé sur les bases les plus sages, et abdique la royauté.

Les *jeux Isthmiques* sont institués à cette occasion et doivent rappeler à la postérité la mémoire de cet événement. C'est sur la longueur de l'isthme de Corinthe que les peuples de la Grèce seront conviés à venir célébrer ces fêtes magnifiques qui offrent des prix à tous les genres de talents. L'idée de ces jeux est empruntée du reste à Sisyphe, roi de Corinthe, dont voici l'histoire rapide :

Tout les brigands de l'isthme de Corinthe n'avaient pas encore été tués par Thésée. Un prince, *Sisyphe,* roi de l'antique Ephyre, renouvelle les cruautés de Sinnus, de Crecyon, de Sciron et de Procuste. Comme la ville de Corinthe est voisine de l'île d'Ithaque, qu'il peut facilement visiter en traversant la petite mer des Alcyons, Sisyphe, dédaignant sa femme *Mérope,* une des filles d'Atlas, roi d'Afrique, détourne de ses devoirs la femme de *Laërte,* roi de cette île, et rend *Anticlée* mère d'Ulysse.

Puis, ayant agrandi Ephyre-Corinthe, Sisyphe ferme son isthme par des murailles, et se posant en nouveau brigand de la contrée, il se met à rançonner impitoyablement les voyageurs qui lui demandent le passage.

Sisyphe a un frère, *Salmonée,* qui règne à Elis, dans l'Elide, à l'ouest du Péloponèse, non loin de laquelle il bâtit une ville qui porte son nom, *Salmonée.* Fier de sa puissance, ce frère de Sisyphe voulut passer pour l'égal de Jupiter, dans l'esprit des habitants d'Elis. Dans ce but, il faisait rouler avec fracas, sur un pont d'airain, un char de cuivre du haut duquel il lançait des torches enflammées, images du tonnerre. Pour le punir de sa témérité, Jupiter le foudroya. Mais alors qu'il vivait encore, Sisyphe, pour insulter son frère, séduit sa fille *Tyro,* qui du reste n'en fut pas moins aimée de Neptune, dont elle eut Pélias, l'oncle de Jason, et Nélée, roi de Pylos et père de Nestor.

Sisyphe, coupable de tant de crimes, devait exciter la colère de Thésée, son voisin. Aussi ce prince lui prend la bonne idée des jeux Isthmiques, puis, pour mettre un terme à ses déprédations, le tue et livre son cadavre aux corbeaux du chemin. L'âme de Sisyphe descend alors aux enfers. Mais astucieuse toujours, n'obtient-elle pas de Pluton la faveur de revenir un seul jour sur la terre pour faire inhumer son corps ! Une fois rendue à la lumière de la vie, voilà cette âme méchante qui s'insurge contre la mort et ne veut plus retourner dans la nuit du trépas. Il faut toute l'énergie de Mercure qui, en vrai dieu des voleurs, enferme l'âme récalcitrante dans un sac, charge le sac sur ses épaules et la porte de force au centre du Tartare. Alors, comme punition de ses crimes, Sisyphe est condamné à rouler sans cesse un bloc énorme de granit au sommet d'un rocher escarpé d'où le bloc retombe sans cesse.

— Que se passe-t-il donc là, sur les hauteurs du mont Parnasse, m'écrié-je en interrompant Even. Voici des tourbillons de fumée, voici des flammes dévorantes qui s'élèvent vers le ciel : c'est un incendie qui se déclare... Et, en vérité, le beau temple de Delphes ne serait-il pas la proie de cet affreux sinistre?

— Oui, me répond le comte : l'auteur de ce crime est le roi d'une petite bicoque de Béotie, *Phlégyade*, non loin d'Orchomène. *Phlégyas* doit le jour au dieu Mars. Or, il avait une fille, la douce *Çaronès*, qu'Apollon eut le tort de tromper. Aussi, pour venger sa fille et lui-même, Phlégyas vient de jeter un brandon enflammé dans le temple du dieu, que le feu dévore. Mais comment lutter contre un dieu? D'abord Apollon tue le coupable à coups de flèches, sur la terre ; puis, dans les Enfers, Phlégyas voit sans cesse pendre au-dessus de sa tête un rocher toujours prêt à l'écraser.

Un autre spectacle attire heureusement mes regards vers Athènes, et comme la nuit approche, c'est aux derniers rayons du soir que je vois sortir des temples d'immenses processions qui se réunissent et s'avancent majestueusement dans les rues de la ville. Toutes les jeunes Athéniennes, vêtues du peplum blanc, accompagnent la statue de Minerve, que l'on porte triomphalement en grande pompe, couverte elle-même du peplum le plus riche que puisse rêver l'imagination. Ce peplum est une tunique courte, qui se drape sur la chlamyde ou robe serrée à la taille, et qui s'attache sur l'épaule à l'aide d'une agrafe. Rien n'est gracieux comme ce peplum, qui est d'une couleur qui tranche sur la robe longue.

Cette procession est le début de la *fête des Panathénées*, à laquelle Thésée veut donner un lustre sans pareil, afin de jeter des semences religieuses dans l'esprit du peuple en faveur de Minerve, sa patronne favorite.

Après la procession commence un divertissement très curieux, surtout à la tombée de la nuit. On l'appelle en grec *Lampadodromie*, ce qui veut dire *course aux flambeaux*. Figurez-vous toute la population d'Athènes, hommes, femmes, adolescents, jeunes filles, enfants, courant en désordre du point culminant de l'Acropole dans toutes les rues, et autour de la ville, montant les uns, descendant les autres, tous armés de torches en feu. On ne peut se rendre ce qu'un pareil coup d'œil a de saisissant, de fééerique et d'original.

Enfin la fête se termine par des exercices d'adresse et de force, des représentations dramatiques, et par une danse fort curieuse appelée *la Grue*, et inventée en l'honneur du triomphe de Thésée sur le Minotaure. Les quadrilles sont composés de sept jeunes garçons et de sept jeunes filles. Ceux qui conduisent la danse représentent Thésée et Ariadne. Une écharpe brodée que présente la danseuse à son partner figure le peloton de fil qu'Ariadne remit à Thésée à l'entrée du labyrinthe, et les passes, qui sont fort compliquées, indiquent les tours et les détours de l'inextricable palais imaginé par Dédale.

Je parlais du spectacle magique que m'offrait Athènes, tout-à-l'heure : en voici un autre, horrible cette fois, qui se montre à Trézène, dans l'Argolide.

Un charmant jeune homme, un prince, car il est vêtu des plus somptueux habits grecs que portent les rois, chlamyde de pourpre, cothurnes brodés d'or, bandeau royal au front, un prince monté sur un char splendide que tirent d'ardents coursiers de Thessalie, se promène sur le rivage du golfe Argolique, et suit le chemin qui conduit à Mycènes. Tout-à-coup, des vagues du golfe s'élève comme une montagne d'eau, qui roule jusque sur la grève, et il en sort un monstre horrible qui vomit la flamme, lance des flots de noire fumée, se dirige vers les chevaux et le char du jeune prince, et... Oh! c'est affreux à dire! voici de nobles animaux qui s'effraient, courent au milieu des rochers qui bordent la mer, font voler le char en mille éclats... Le beau jeune homme tombe, il est brisé dans sa chute, il meurt (1).... Son cadavre, souillé de sang, reste sur le sol, déchiré en lambeaux, inanimé... Quelle est cette victime infortunée?...

Arthur, à mon regard, a deviné la question que je veux faire.

— Thésée a épousé *Phèdre*, fille du roi de Crète, Minos, et de Pasiphaë, sœur de l'infortunée Ariadne, me dit-il. Mais ayant battu par deux fois les Amazones qui de l'Asie-Mineure avaient fait une invasion dans l'Attique, et leur reine *Antiope* étant devenue sa prisonnière, le prince l'épousa et en eut un fils, du nom d'*Hippolyte*.

Ce prince aime la chasse par-dessus toutes choses. Phèdre, sa belle-mère, le calomnie près de Thésée. Ainsi trompé, le roi d'Athènes appelle sur son fils la vengeance de Neptune. En même temps, il envoie Hippolyte en exil à Trézène.

Mais, un jour, Neptune, pour punir l'infortuné jeune prince, fait sortir de la mer un monstre affreux qui effraie les chevaux et entraîne le char au milieu des rochers, où le malheureux jeune homme perd la vie. On place la scène de cet événement sur le chemin de Mycènes, près de la mer.

— Heureusement, continue mon narrateur, Thésée reconnaît plus tard son erreur! C'est alors qu'Esculape est mandé près de lui en toute hâte. On lui montre les restes mutilés du corps qui fut le bel Hippolyte. Esculape se met à l'œuvre, il rapproche les débris du ca-

---

(1) *Euripide* a écrit une tragédie fameuse sur ce drame horrible. Il lui donne le titre de *Hippolyte*.

Notre *Racine* a magnifiquement imité l'auteur grec dans une tragédie non moins fameuse : *Phèdre*.

davre, et voici qu'il ressuscite le jeune prince. Seulement il lui impose un nom nouveau. Hippolyte s'appelle désormais *Virbius*, c'est-à-dire *Vir bis, deux fois fait homme.*

Généreux Esculape! il paie cher la vie qu'il vient de rendre. Jupiter le foudroie, comme vous avez vu, Théobald, pour avoir usurpé un droit qui n'appartient qu'au maître du monde.

Quant à Hippolyte, vous pouvez voir que depuis son retour à la vie, la forêt d'Aricie, dans la péninsule Italique, devient sa résidence, et il y passe ses jours près de Diane, à raison de son grand amour pour la chasse.

Enfin, comme dénoûment du drame, ajoutons que la reine téméraire, Phèdre, se pend de désespoir.

— Un dernier mot sur Thésée, et deux sur *Ixion*... reprend le comte. L'Ixion dont je parle est roi des *Lapithes*, peuple de Thessalie. Dans un mouvement maladroit, ce prince ayant tué son beau-père, *Déïopé*, fut chassé de ses Etats. Nulle part l'hospitalité n'est accordée à l'exilé. Jupiter seul lui ouvre sa cour, à savoir le brillant Olympe. Mais là Ixion se permet d'insulter la fière Junon! Le roi des dieux le pousse du pied comme un misérable, et le précipite dans le Tartare. Là, le coupable est condamné à tourner sans relâche, pendant l'éternité, sur une roue qui étreint ses membres dans ses jantes de fer...

D'une Junon faite de nuages, pour éprouver Ixion, était née toute une nombreuse couvée de petits centaures, qui grandissent, et bientôt peuplent la Thessalie. Tu les as vu habiter le voisinage du Pélion.

Mais de cet Ixion, et de *Dia*, sa femme, était né précédemment *Pirithoüs*.

A la disparition de son père, Pirithoüs monte sur le trône et règne sur les Lapithes.

Mais une chose empêche de dormir ce Pirithoüs. Il entend perpétuellement parler de Thésée, exalter sa bravoure, vanter sa noblesse, chanter sa grandeur d'âme, et il veut savoir à quoi s'en tenir. Pour ce, le vois-tu pousser une pointe en Attique avec toute une armée? Thésée vient incontinent à sa rencontre avec une autre armée. Ne crains rien : ces deux vaillantes cohortes n'en viennent aux mains que pour s'embrasser à qui mieux mieux, à l'exemple de Pirithoüs et de Thésée, qui, à première vue, épris l'un pour l'autre d'une mutuelle admiration et d'une sympathie irrésistible, se donnent le baiser d'une éternelle amitié.

Comme gage de cette liaison nouvelle, Pirithoüs veut que Thésée assiste à son mariage avec *Hippodamie*, fille d'Adraste, roi d'Argos. Les Lapithes ne sont pas seuls à se divertir aux noces grandioses qui ont lieu. Les centaures, eux aussi, viennent prendre part aux joies des danses et des banquets. Fâcheusement les Lapithes voient de mauvais œil les centaures, et leur adressent des railleries. Des injures sont répandues. Querelles, rixes et bataille ; alors Thésée tire son épée : mais une fois tirée, le terrible capitaine ne la remet plus dans le fourreau qu'après avoir arrosé du sang des centaures le théâtre des jeux et des plaisirs.

Bientôt nos héros courent ensemble à des exploits d'un autre genre. Ils ont vu un jour, dans le temple de Diane, à Sparte, une jeune fille de la côte, exécutant des danses avec une grâce sans pareille. Ils s'informent de sa condition? C'est la fille de Tyndare, roi de Sparte. Ils demandent son nom? Elle s'appelle *Hélène*. Aussitôt Pirithoüs et Thésée tirent leurs glaives : ils écartent les curieux Lacédémoniens ; ils arrachent la jeune vierge du milieu de ses compagnes, et se dérobent, par une fuite précipitée, au châtiment qui les attend. Mais ce châtiment les atteint en Epire, où ils se rendent ensuite pour s'emparer de *Proserpine*, fille d'*Aïdonée*, roi des *Molosses*. Ce roi, bientôt instruit de leurs desseins, livre Pirithoüs à ses dogues, qui le dévorent, et précipite Thésée dans une prison, d'où l'influence et la valeur d'Hercule, son ami, réussissent à grand'peine à le faire sortir (1).

(1) Les Grecs ont poétisé ce fait, en disant que Pirithoüs voulut enlever Proserpine

Mais vois combien léger et frivole est le caractère des Athéniens ! On accueille froidement Thésée lorsqu'il rentre dans sa capitale. Cependant Athènes devrait être fière de la gloire qu'il lui donne, des monuments dont il la décore, et des services qu'il lui rend. Aussi prend-il le parti de s'éloigner pour toujours. Il se hâte de voguer vers l'île de Crète. Mais un coup de vent le fait aborder à Scyros, et là le trépas l'attend ; là notre héros meurt, loin de ses amis, loin du peuple qu'il a tant aimé (1) !

à Pluton. Jouant sur le nom de Proserpine, ils disent que le héros voulut faire acte de justice et rendre la déesse à Cérès, sa mère, qui la cherchait toujours. Mais comme l'Enfer est bien défendu, Pirithoüs fut tué, et Thésée, son complice, fut enchaîné dans les profondeurs du Ténare. Il ne fallut rien moins que l'intervention d'Hercule pour arracher le roi d'Athènes à l'Erèbe et le rendre à la lumière du jour.

(1) Longtemps après la mort de Thésée, le général athénien Cimon trouva le tombeau du roi d'Athènes au milieu de ruines, dans l'île de Scyros. Alors, dans le but de réparer l'oubli de son ingrate patrie, ce généreux soldat rapporta en grande pompe dans Athènes ces restes précieux, et les fit inhumer avec honneur.

CE QUE CHANTE LA LYRE DES POÈTES.

Départ de l'atelier. — Le monde au XIIe siècle avant J.-C. — Etrusques et Lucumonies. — La Grèce et ses îles. — Montagnes. — Lac. — Antre de Trophonius. — Ce qu'est un Béotien. — Description de la Béotie. — Voyageur à cheval et voyageur à pied. — Lutte suivie de mort. — Laïus et Jocaste. — Le Sphinx et ses énigmes. — Un mariage. — Le récit d'Agathocle — Œdipe. — Où la jeune Antigone conduit son père par la main. — Guerre de Thèbes. — Étéocle et Polynice, ou les frères ennemis. — Histoire des Epigones. — Pélops et le Péloponèse. — Où les dieux voyagent. — Comment ils dînent chez Tantale, roi de Phrygie. — Ce que signifie la Fable. — Hébé et Ganymède. — Guerre de Tros, roi de Troie, contre Tantale. — Les Pélopides. — Atrée et Thyeste. — Egiste et Pélopée. — Les drames des Atrides. — Asie-Mineure et colonies grecques. — La Mysie et la Troade. — Teucer, fondateur de Troie. — Description de la Teucrie. — Pergame, TROIE ou Ilion. — Les perfidies de Laomédon. — Hésione livrée à un monstre marin. — Priam et ses fils. — Hécube et ses filles. — Hector et Andromaque. — Palais, porte de Scée, temples, etc. — Un enfant exposé sur les rampes de l'Ida. — Le berger Alexandre. — Message de Mercure. — Rivalité de Minerve, Vénus et Junon. — Où un simple pâtre donne le prix de la beauté à Vénus. — Comment un berger devient fils de roi. — Le beau Pâris. — Apparition de SPARTE ou LACÉDÉMONE. — Rois de Laconie. — Tyndare et Léda. — Agamemnon et Clytemnestre. — Où Ménélas épouse la belle Hélène. — Hermione. — Voyage de Pâris en Grèce. — Comment on le reçoit à Sparte. — Trahison du jeune étranger. — Second enlèvement d'Hélène. — Fuite des deux coupables. — Les oracles du vieux Nérée. — Pourquoi la Grèce se soulève contre Troie. — Agamemnon chef de l'expédition. — Ménélas et Nestor. — Ulysse et Achille. — Les deux Ajax. — Diomède et Télamon. — Réunion de la flotte à Aulis. — Le devin Calchas. — Sacrifice d'Iphigénie. — Départ. — En Troade. — Guerre et siège de Troie. — Lutte de géants. — Briséïs. — Colère d'Achille. — Mort de Patrocle. — Achille à la rescousse. — Meurtre d'Hector. — Prise de Troie. — Incendie. — Profanations. — Sanglante boucherie. — Mort de Pâris. — Hélène rendue à son époux. — Calamités qui frappent les vainqueurs. — Oreste et Pylade. — Electre. — Histoire de Midas.

Il était nuit, nuit pleine de silence, toute parfumée de douces senteurs, et, par les fenêtres de la galerie ouverte et permettant de porter le regard sur toute l'étendue des jardins de l'hôtel du comte de Froley, je remarquais que le ciel, déjà constellé de ses plus brillantes étoiles, avait une hauteur démesurée.

Je me trouvais remis des fatigues de mes voyages précédents, dont je cherchais en vain à découvrir les mystères, mystères auxquels tous ceux qui m'entouraient semblaient parfaitement étrangers.

Ma cousine Even venait de nous verser à tous, au comte, à Marius, à Arthur et à moi, un délicieux moka dont la vapeur m'enivrait, lorsque, tout-à-coup je sentis, à un doux battement qui me fut imprimé, que je m'élançais vers les hauteurs du firmament.

Donc, je partais encore, mais, comme toujours, je ne partais pas seul pour les régions de l'empyrée. Je me voyais entouré, cette fois encore, dans mon essor aérien, des amis de mon oncle qui plongeaient leurs regards sur les terres, et me montraient divers objets un peu voilés par les ténèbres, tandis que le comte, assis sur un fauteuil, recevait les baisers de sa fille, debout, mais appuyée négligemment sur l'épaule de son bon père. Nous étions emportés dans l'espace par une sorte de litière octogone, à colonnettes d'or, au nombre de huit, une à chaque angle, auxquelles se rattachaient des courtines de pourpre maintenues ouvertes par des torsades de perles blanches. Des touffes de plumes d'autruche décoraient les huit angles du baldaquin en forme de coupole également octogone, en velours bleu, à crépines d'or, qui couvrait la litière. Mais du centre de la coupole, sortait une chaîne de bronze, dont le dernier anneau était porté dans les airs par les serres crispées d'un aigle colossal, les ailes déployées, qui planait sous le firmament.

Ne me demandez pas raison de ce genre de locomotion : je ne saurais vous rien répondre. Cela était, je le voyais, je le sentais, voilà tout ce que je puis vous dire. Ce qui vous semble sans doute une hallucination, était pour moi une réalité....

D'ailleurs, pareille chose ne vous est-elle pas arrivée, à peu près, dans le feu d'une fièvre, ou dans le délire d'un songe?

Je le répète, pour moi, ce n'était ni hallucination, ni feu de la fièvre, ni délire d'un songe. C'était une réalité des plus incontestables.

Mais, dans ce nouveau voyage, je n'avais plus besoin que mes guides me signalassent tel océan, telle mer, une contrée, ses fleuves, ses montagnes, ses plaines, et m'apprissent ou tout au moins me répétassent le nom des races, des peuples, des tribus et des hordes : j'étais le premier à les désigner, et, quoique dans la pénombre de la nuit, nuit transparente, il est vrai, je citais, à la grande satisfaction d'Even, qui me souriait alors, tout ce qui frappait mon regard.

Ainsi, je reconnaissais parfaitement que nous ne suivions pas la route déjà parcourue, avec mes amis, dans de précédentes excursions, à savoir la Méditerranée, les côtes occidentales de l'Italie, celles de la Sardaigne, de la Sicile, et les caps et promontoires de l'Afrique septentrionale dessinés vaguement dans les profondeurs du midi. Mais je voyais que nous planions au-dessus des Alpes, dont les dentelures gigantesques, blanches de frimas, nous menaçaient de leurs pics et de leurs aiguilles : de loin, je distinguais sur la péninsule Italique les feux de campements qui brillaient comme des étoiles perdues, et je disais avec une sorte d'orgueil :

— Voici les Etrusques, frères des Pélasges, nouveau-venus en Italie, qui commencent à fonder leurs lucumonies....

— Eh bien! tu t'arrêtes là, me dit mon oncle, et cette vaillante nation des Etrusques ne t'occupe pas davantage?

Ne sais-tu donc pas que tu as là sous les yeux les premiers rameaux de l'un des plus grands peuples, celui qui sera le précepteur de la grande Rome, celui qui éduquera les Romains, et en fera les maîtres du monde?

Oui, voilà cette Etrurie, la mère des religions, des arts et des sciences. Les flots bleus de la Méditerranée étincellent au soleil : les champs d'asphodèles aux pâles couleurs de ses côtes se courbent à peine sous le souffle léger du vent de mer; des bois de chênes-liéges, d'yeuses, de caroubiers, de lentisques s'avancent sur leurs promontoires, ou déploient leur verdure foncée sur les premières ondulations de leurs plaines; des rivières au cours insensible forment à leurs embouchures de vastes estuaires. Mais là aussi, un jour, seront les maremmes, et la transparence que leurs émanations donneront à l'atmosphère, nuancera les montagnes qui bordent l'horizon des teintes les plus harmonieuses.

Tel est le sol, telle est l'origine des Etrusques.

Laissons-les élever tour à tour *Tarquinies*, dont plus tard, malgré les halliers épais et les marais immenses de l'Etrurie, on retrouvera, pour les admirer, les hypogées peintes, les nécropoles ouvragées, et la sarcophages et les vases admirables; puis *Vulsinies, Corneto, Cervétri, Populonie, Soana, Cosa,* etc., qui fourniront dans l'avenir leur contingent d'antiquités, parure de prêtre aux ornements d'aspect assyrien et égyptien en même temps, canopes à tête humaine, scarabées couverts d'hiéroglyphes, etc., toutes choses qui démontrent que les Etrusques viennent en effet de l'Asie.

L'un des premiers peuples véritablement civilisés, leur douze cités florissantes, unies par une forte confédération, auront depuis longtemps leur religion, leurs lois et leurs arts, quand Romulus groupera autour de lui, sur le mont Palatin, son peuple sauvage de pâtre et de bandits.

Cette Etrurie, que nous voyons se former à peine en ce moment, voisine puissante de la jeune bourgade des berges d'Albe-la-Longue, exercera une large influence sur cette Rome future. Elle la prendra à son berceau et la nourrira pour ainsi dire du lait de sa civilisation féconde. Elle lui inoculera l'esprit de ses institutions politiques et religieuses, à ce point que la ville de Numa, la ville sabine, deviendra plus qu'à moitié étrusque.

Sur les sept rois que Rome comptera à l'origine de son histoire, trois seront étrusques, et ceux-là contribueront plus que leurs prédécesseurs à l'agrandissement de la cité romaine. Au premier des

Tarquins, Rome devra son premier cirque, l'enceinte qui enfermera les sept collines, et sa cloaca maxima. A Servius Tullius, à ce *Masterna*, aventurier qui viendra de je ne sais quel point de l'Etrurie, Rome devra aussi la création des centuries. A Tarquin-le-Superbe, elle devra l'influence au-dehors, au-dedans la splendeur, la construction de grands édifices, le premier mouvement vers la vie commerciale. A tous les trois, elle sera redevable de l'organisation de l'impôt, de l'élection, de la magistrature et de l'armée, et enfin de ce Capitole qui résume en un seul mot toute sa grandeur future.

Quand Rome agrandie, mais opprimée, aura chassé de son sein ces maîtres étrangers, elle n'aura garde, en se séparant des lucumons, de s'isoler de leur Etrurie : elle la laissera venir à elle et ne continuera pas moins à puiser aux sources vives de cette civilisation. Il faudra voir tous les emprunts qu'elle fera à la religion, aux arts et aux usages des villes étrusques.

Sans parler de ce collége d'aruspices, de ce corps d'enseignement où les jeunes Romains iront étudier l'art augural dans le vol des oiseaux, dans les entrailles des victimes, dans les contemplations du ciel et par l'observation de la foudre; sans nommer cette science des arpenteurs et des constructeurs qui reviendra tout entière à l'Etrurie; sans parler de ce Masterna organisateur de l'armée, qui équipera à la grecque le soldat romain, lui donnant la longue lance hellénique, le bouclier rond des Argiens, le casque aux ailes rabattues sur les joues, les jambards pareils aux cnémides, apprends que d'emprunts de détail Rome fera du pays situé en face d'elle, de l'autre côté du Tibre, sur ces collines encore à l'état sauvage.

L'art de découvrir les sources, les moulins à bras, l'usage des cloches, les jeux publics, les combats de gladiateurs, le costume des magistrats de la république, le sceptre d'ivoire, la chaise curule, la robe brodée d'or et de pourpre, la toge des licteurs, le laticlave, les sandales de pourpre, le galerus, la *bulla*, cette petite boule d'or qui distinguera les jeunes patriciens, c'est l'Etrurie qui les donnera à Rome.

Quant aux arts, c'est elle encore qui les introduira dans la capitale du monde.

Grecque d'origine, l'Etrurie porte en elle ce génie qui fera la Grèce si grande. Ainsi, au temps de Périclès, nous verrons Athènes admirer les lampes d'Etrurie; sous Caton, tout sera étrusque dans les maisons romaines. Nous apprendrons de Pline que les vases et les statues étrusques seront alors répandues sur toute la terre. Les premières statues que Rome élèvera à ses dieux, à ses héros, à ses triomphateurs, statues en terre cuite pour la plupart, seront l'œuvre d'artistes étrusques.

En effet, ces habiles sculpteurs modèleront la terre et couleront le bronze avec une rare perfection.

Ce peuple, vraiment né pour les arts, sera musicien et poète à la fois.

Il conservera au sein de Rome, où se perpétuera une colonie importante de l'Etrurie, ce goût du luxe qui le distingue à son origine. Au temps d'Horace, le *vicus Tuscus* sera le quartier élégant et corrompu de la cité. Les savants de Rome connaîtront sa langue; Cicéron ne manquera pas de s'instruire dans ses livres, et l'empereur Claude puisera aux sources de ses annales pour écrire son histoire.

Pour tout dire, et arriver jusqu'à notre temps, à cette heure que, Etrusques et Romains ne sont plus, retiens bien ceci, Théobald : la terre d'Etrurie ne s'est pas entièrement refermée sur elle-même. Fouillée dans ses décombres, sur son littoral, au sein de ses montagnes, elle nous rend chaque jour le cadavre de ses villes enfouies; elle ouvre ses hypogées, ses nécropoles, et nous exhile sa Tarquinies, la plus importante de toutes ses cités.

En 1828, le pas d'un bœuf, traçant son sillon, n'enfonça-t-il pas la voûte d'une chambre sépulcrale où se trouvaient quelques vases brisés, dont la forme et le dessin excitèrent par leur perfection l'admiration des antiquaires auxquels on les montra. Cette heureuse découverte en fit tenter d'autres. On sonda le terrain, et, dès la fin du printemps, une collection de vases peints avait passé en Angleterre.

En même temps, le prince Lucien Bonaparte, l'un des propriétaires de la plaine immense connue sous le nom de *Piano di voce*, fit entasser dans son manoir de Musignano plus de 2,000 vases extraits d'une superficie de deux hectares tout au plus.

A la même époque, monsieur Campanari, fermier limitrophe, composait de ses trouvailles la collection qui est devenue maintenant celle du musée Grégorien du Vatican.

Les grottes de Corneto amenèrent de pareils résultats. On y a trouvé de nombreuses peintures qui nous donnent une représentation complète des mœurs et des usages étrusques. Ainsi, la grotte de la *Querciola* a pour décoration une chasse au sanglier, des danses, des festins, etc. Il en est de même des grottes du *Triclinium*, de *Francesca* et de la *Scrofanera*. Les apprêts funéraires sont représentés sur les murs de la *Camera del morto*. L'artiste étrusque, dans une autre chambre dite *delle bighe*, a peint le sujet si fréquent des courses en char et des exercices de la palestre. Dans d'autres, des combats d'athlètes, des danses, des processions équestres, des bacchanales, des figures de divinités chtoniennes, typhons et géants anguipèdes, des hippocampes, des monstres marins.

Enfin, dans la grotte *del Cardinale*, se montre une composition singulière.

Le passage des âmes dans le monde infernal est dirigé par un bon et mauvais génie, le premier blanc, l'autre noir. Ici nous nous éloignons des mythes de la Grèce, que nous avons retrouvés sur bien des monuments étrusques : une doctrine étrangère a inspiré cette représentation, qui rappelle les croyances de la Perse.

Ce rapport de l'Etrurie avec l'Orient n'est pas le seul qui doive nous frapper. L'oiseau à tête humaine figurant, ainsi qu'en Egypte, l'image de l'âme, certains tombeaux étrusques semblables aux sépultures des rois de Lydie, fortifient dans l'idée de l'origine orientale des Etrusques. Il n'est pas jusqu'à un magnifique groupe en terre cuite de la collection Campana qui ne nous porte vers cette pensée. On y voit, couchés sur un tombeau, un homme et une femme. A leur accoutrement, à leurs traits, à leur coiffure, il est impossible de ne pas être frappé de l'analogie de ces statuettes avec celles que nous a laissées l'Orient.

Salue donc les Etrusques, Théobald, car l'Etrurie est la mère des arts et des sciences.

Avant d'aller plus loin, ami lecteur, n'oubliez pas ceci, que j'ai répété déjà plusieurs fois dans mon premier voyage, qu'au fur et à mesure que me parlent mes interlocuteurs, je vois les choses dont il est question entre nous comme absolument présentes.

C'est ainsi que pendant le discours du comte de Froley, nous planons au-dessus de l'Etrurie, et nous en voyons, ou du moins j'en vois fonder les premières lucumonies.

Bientôt, au moment même où le ciel se colore des premières teintes du jour, comme ces peuples épars autour des montagnes et des mers de la Germanie se trouvent trop à l'étroit dans les limites de leurs territoires, et qu'ils ne peuvent s'élargir qu'en faisant la guerre à leurs voisins, nous trouvons en marche, sur plusieurs points, de nombreuses armées. Les lances des turmes et les piques des phalanges blanchissent dans les plaines comme les épis des moissons avant leur maturité. Ils ressemblent à de haut brins d'herbes qui hérissent des vallées. Aux lueurs des épées nues d'innombrables cavaliers, aux éclaboussures de sang qui montent des cnémides de bronze de leurs pieds à leurs armures de poitrine et de tête, nous devinons qu'ils ont livré bataille, comme au rictus joyeux de leurs lèvres et aux menaces de leur front, nous jugeons qu'ils ont remporté la victoire. Hoplites, vélites, frondeurs s'avancent en faisant sonner sur le sol leurs lourds cothurnes. Des couffes de peau de bêtes fauves chargent leur dos et renferment leurs provisions. Après eux, suit la cohue des bagages et des bêtes de somme. Enfin, toutes ces cohortes luisantes s'éclipsent et se perdent dans une longue traînée de poussière. On ne distingue plus que des chefs qui chevauchent à l'arrière, le corps serré dans des cuirasses étincelantes tailladées en petites écailles, et à peine entend-on le fracas des clairons qui accélèrent la marche, et le rhythme des flûtes qui la règlent.

Ailleurs, ce sont des villes qui blanchissent sur les crêtes et autour des assises de collines pittoresques. Des coupoles en cuivre de temples, des toits coniques de monuments angulaires, des tours, des môles, des terrasses, des remparts se découpent sur la pourpre de l'aurore, et, près des mers, le long des côtes, se balance et oscille au remous de la grève une blanche ceinture d'écume, tandis que le vaste bassin des eaux de couleur émeraude demeure comme figé par la fraîcheur de l'aube.

Cependant les immenses contreforts des Alpes s'enfoncent en ramifications puissantes, vers le sud, entre deux mers qui les captivent de leurs étreintes. Derrière les montagnes surgissent d'autres montagnes; mais les mers qui les ceignent de leurs grandes nappes blondes en font une vaste presqu'île, autour de laquelle, au loin, la mer Adriatique, la mer Ionienne, la mer de Crète et la mer Egée, plates comme un dallage de lapis-lazuli, montent insensiblement jusqu'au bord du ciel. Mais des milliers d'îles, dans un vaste pourtour, enveloppent cette péninsule et capitonnent les mers de leurs nefs verdoyantes, où çà et là blanchissent les marbres de nombreux édifices.

Cette presqu'île, c'est la GRÈCE ; et ces îles, ce sont les Cyclades, ce sont les Sporades, ce sont les îles Ioniennes.

Oui, je reconnais cette terre brillante aux innombrables et glorieuses élévations dont elle est hérissée.

Voici d'abord le mont *Ossa*, qu'ont habité les centaures; l'Ossa, l'un des géants de rochers que les Titans entassèrent pour escalader le ciel et lutter contre les dieux ;

Voici venir ensuite l'*Olympe,* dont le plateau silvestre, planant dans les nuages, est regardé par les Hellènes comme le séjour des divinités qu'ils adorent. En leur honneur sans doute, les premiers rayons du soleil semblent inonder les hauteurs de l'Olympe d'une clarté rose irisée d'opale, qui charme nos regards.

Entre l'Olympe et l'Ossa, voici la délicieuse *vallée de Tempé,* qu'arrose le *Pénée,* bordé de lauriers en fleurs dans tout son cours.

Voici le *Pélion,* qui a fourni ses plus beaux sapins pour construire la carène du navire destiné au voyage des Argonautes allant à la conquête de la Toison d'Or;

Voici le *Piérus,* consacré aux neuf muses et au dieu de la lyre, Apollon, qui en ont fait leur séjour sous le nom de *Piérides;*

Voici le *Pinde,* autre mont des muses, qui sépare l'Epire de la Thessalie aux vastes plaines;

Voici le mont *OEta,* sur lequel fume encore le bûcher qui vit mourir Hercule, avant d'aller épouser, dans l'Olympe, la belle Hébé, déesse de la jeunesse;

Voici le mont *Parnasse,* autre demeure d'Apollon, dieu des vers. Le Parnasse a deux sommets, plongeant leurs crêtes dans les profondeurs du firmament, et une source fraîche et pure, *Castalie,* qui s'échappe des rochers de sa base afin d'inspirer les poètes qui viennent y boire son onde précieuse;

Voici, dans un horizon plus lointain, le *Cithéron,* qui ne montre que des mamelons bas et onduleux, mais s'élève peu à peu vers le golfe de Corinthe, au-dessus duquel il forme un escarpement à pic. C'est une montagne aux rampes brumeuses, sauvages, inhospitalières, aux pins noirs et aux cyprès en deuil, rappelant le souvenir des Bacchantes, qui souvent y font retentir les gorges abruptes de leurs cris frénétiques. Ce fut dans ces rochers du Cithéron que Penthée, roi des Thébains, épiant les orgies de ces Bacchantes, fut mis en pièces par sa mère et ses sœurs. Ce fut sous ces arbres du Cithéron que le chasseur Actéon fut couronné d'une haute ramure de cerf et dévoré par ses chiens, pour avoir surpris indiscrètement au bain la chaste Diane.

Voici l'*Hélicon*, le voisin, le frère du Cithéron, car ils sont entés sur la même base, celui-ci à l'ouest de celui-là ; voici l'Hélicon élevant dans une mystérieuse vapeur sa cime droite et verdoyante. Les hauts arbres de ses grands bois frémissent sous les brises du matin, et on voit serpenter, comme un filet d'argent, sur les lits de roches de ses talus, la source d'*Hippocrène*, que le cheval Pégase fit jaillir du sol d'un violent coup de pied.

Derrière tous ces monts s'estompant sur les fonds d'or du ciel, s'élance peu à peu l'orbe du soleil gravissant la voûte éthérée, rouge comme le bouclier de bronze qui sert de couche funèbre au jeune Spartiate que les combats rendent sans vie à sa mère désolée.

Je vois aussi le *lac Copaïs*, qui brille dans les grandes plaines de Béotie comme un canthare d'argent placé sur la verdure. Le *Céphise* et le poétique *Permesse* qui arrosent la Phocide, et l'*Asope* qui sillonne Platée, viennent se jeter dans ses eaux, et forment les anses du canthare auquel je compare le lac qui resplendit au centre d'une belle plaine.

Enfin, non loin de *Lébadée*, située au pied d'une montagne d'où sort la petite rivière d'*Hercyne*, qui forme dans sa chute des cascades sans nombre, ma cousine Even me fait remarquer, dans le flanc d'une colline ardue, l'entrée d'une caverne creusée dans le rocher par la nature, un peu au-dessus d'un bois sacré que peuplent de nombreuses statues et de petits temples élevés à la gloire des dieux. C'est l'*antre de Trophonius*. Trophonius était un architecte qui construisit le temple de Delphes. Pourquoi les Grecs en firent-ils un dieu ? Nul ne saurait le dire. Toujours est-il que, devenu oracle des plus célèbres, Trophonius écoute les vœux des mortels dans cet antre, dont les prêtres font subir aux curieux et aux dévots des épreuves épouvantables. On entre dans la grotte par un vestibule entouré de marbre blanc en forme de balustrade, supportant des obélisques de bronze. On pénètre ensuite dans des souterrains à l'aide d'une échelle. Parvenu à une certaine profondeur, on ne rencontre plus qu'une ouverture excessivement étroite. Il faut y passer les pieds, et quand avec bien de la peine on y a introduit le reste du corps, on se sent entraîner avec la rapidité d'un torrent au fond d'un autre souterrain. Est-il question d'en sortir ? on est relancé, la tête en bas, avec la même force et la même vitesse. Des gâteaux de miel qu'on est obligé de tenir ne permettent pas de porter la main sur les ressorts employés pour accélérer la descente ou le retour.

Heureux celui qui revient sans encombre de consulter Trophonius dans les profondeurs de son antre, où l'on passe près de deux jours !

Nous sommes en pleine *Béotie*. Le peuple de Béotie passe, vous le savez, pour être passablement crédule et niais : aussi traite-t-on de *Béotien* tout homme peu spirituel. Toute la contrée est brumeuse et l'air y est lourd. C'est peut-être là la cause de la faiblesse d'esprit du Béotien, du reste généreux, hospitalier, bon.

Les montagnes de la Béotie, l'Hélicon, le Cithéron, lieux solitaires, où les peintres de la nature, entourés des plus riantes images, éprouvent la chaleur de l'inspiration, ce qui porte les Grecs à les croire habités par les muses, etc., appartiennent à la Béotie.

Mais, hélas ! dans toutes ces belles contrées de Grèce, comme dans l'Asie-Mineure, dont je voyais au loin, par-dessus la mer Egée, ses jeunes colonies s'éparpiller sur le littoral, comme des essaims échappés à leurs ruches, comme dans l'Assyrie, comme dans la Babylonie, ce n'était pas encore l'heure de la civilisation douce, bienveillante et pacifique

C'était, au contraire, le temps des violences, de l'oppression, du choc impétueux des rois contre les rois, des peuples contre les peuples.

Aussi m'apparaissaient sans fin, là plus qu'ailleurs encore, des hordes de fantassins, des turmes de cavaliers, des bandes d'archers, de frondeurs, tous soldats mercenaires allant offrir leur sang et leurs épées à qui voudrait les payer. Il y avait également des troupes de pillards détroussant et rançonnant ceux qu'une mauvaise chance mettait sur leur chemin.

Ici, des clinabares assyriens, aux cuirasses à écailles d'airain ou d'acier, la plume de leurs casques retombant à l'arrière, chevauchant sur des dextriers efflanqués par le jeûne et la fatigue ;

Des Mèdes, montagnards enveloppés de l'épaisse fourrure de bêtes fauves, et balançant sans effort de lourdes massues dont ils faisaient leurs armes de guerre et avec lesquelles ils écrasaient les ennemis en faisant jaillir la cervelle de leurs crânes ;

Des Perses, vêtus de longues simarres verdâtres, coiffés de la tiare militaire et vibrant des sabres ébréchés comme des scies ;

Des Babyloniens en dalmatiques violettes sans manches et serrées aux reins par une ceinture d'acier, tous la pique à la main droite, et au bras gauche des boucliers formés de cuirs superposés.

Là, des Grecs rasés, à mine railleuse, à taille mince et grêle ;

Lacédémoniens qu'il était facile de reconnaître à leur manteau de laine rouge et à leur calotte de fer ;

Athéniens, que signalaient un long peplum bleu, des lances acérées, des cnémides de bronze, et surtout leur folle gaîté, leurs chants et leurs rires ;

Ligures à tunique dépenaillée et aux armes de fer ;

Lusitaniens à peau brunie, dont le corselet de cuivre troué et le heaume bossué révélaient qu'ils étaient ardents à la bataille ;

Cantabres aux membres nerveux à peine couverts d'une légère chlamyde, et aux larges mollets entourés de bandelettes brunes, pour mieux fixer leurs sandales ;

Baléares en jaquette jaune, ayant le haubert au dos, le carquois au flanc, au bras l'arc de guerre, et sur la tête un épais casque de cuir.

Ailleurs encore, c'étaient des Egyptiens à demi-noirs, dont l'épaule remontée faisait grimacer la robe brune collée à la taille et s'arrêtant aux genoux;

Des Lydiens vêtus de cuir et des Cariens au rude dialecte;

Des plumes rouges se balançaient sur l'armet des Cariens;

Et les archers cappadociens, sanglés dans leur ceinturon de fer, portaient sur l'épaule leurs javelots et leurs flèches, dont chaque pointe d'acier luisait comme des étoiles.

A côté de cavaliers numides barbus, enveloppés de blancs burnous, les Arabes du désert d'Afrique, et du Libyen indolent, noirci par les feux des sables, et de Nègres venus d'Abyssinie et d'Éthiopie, je retrouvais la race blanche et la fière allure du Celte grivois, du Gaulois astucieux, mais intrépide, et du Germain rêveur.

Celte, Gaulois et Germain, en plus petit nombre, avaient tous les cheveux relevés sur le sommet de la tête, le visage fardé de vermillon, et la casaque de peau de mouton enserrant leur buste à en crever. Des haches en silex, des coutelas et des massues composaient leurs armes redoutables, et jusque dans les jambières qui protégeaient le bas de leur corps, ils plaçaient des dards et des poignards. Presque tous étaient coiffés de mufles de bêtes féroces qu'ils avaient tuées à la chasse.

Quelques chefs marchaient avec toutes ces phalanges cherchant curée, aventures, batailles et banquets. On reconnaissait ces capitaines à la plume d'aigle, d'autruche ou de paon qu'ils portaient sur leurs casques, ou le feutre conique, ou la tiare qui les coiffait. On voyait aussi briller sur leurs poitrines des colliers de verre de couleur, des pendants d'oreilles larges comme des palets, et ils s'appuyaient sur leurs lances pour marcher plus à l'aise. Plusieurs se distinguaient par un cercle d'or ou des bandelettes cramoisies ceignant leurs tempes afin de captiver leurs longs cheveux retombant sur leurs épaules en boucles épaisses ou en nattes tressées avec des lanières d'étoffes aux vives couleurs.

Bon nombre de ces barbares avaient larronné des onagres, des ânes, des cavales, dans les clairières des bois ou les prairies, et ils s'avançaient ainsi indolemment campés sur leurs montures. Il y en avait même qui étaient juchés sur des chameaux, et à califourchon sur des dromadaires. Je remarquai même un éléphant enfourché par un vieux chef à barbe grise.

Ces bandes étranges, fantastiques d'allures, de costume, d'attitudes et de débraillé, s'avançaient ainsi en sens divers, le long des vallées, ou autour des rampes des collines, dans des chemins creux et sur le flanc de grands bois, comme de gigantesques serpents aux écailles mordorées, reflétant au soleil de vives couleurs grises, ardoisées, rouges, bleuâtres, vertes et jaunes, ou encore comme des tourbillons de sable soulevés par le vent du midi.

Quand ces phalanges se rencontraient, inconnues les unes aux autres, elles hurlaient ainsi que des loups, clamaient comme des chacals, grognaient comme des ours en fureur, et souvent semblaient prêtes à s'entre-dévorer. Mais on parlementait, on s'entendait, et, dans une halte commune, sur des tapis de verdure, on étalait canthares, coupes, patères; on égorgeait un buffle, une cavale, et on se livrait aux joies d'un festin d'autant plus bruyant et curieux à contempler, que l'heure du soir venue, et le crépuscule se faisant, les feux allumés ici et là se reflétaient sur l'acier des armes, le fer des piques, les visages blancs jaunes, noirs, tout luisants, de ces hommes de guerre repus de chairs sanglantes et ivres de vin de vigne ou de boissons fermentées.

Parfois aussi je voyais faire le siège de villes en rébellion contre les rois de contrées éloignées qui prétendaient remettre sous le joug les effrontés citoyens trop envieux de liberté. Alors, tout à l'entour des murailles de ces cités hardies, c'étaient comme des mâts dressés que l'on courbait avec effort dans un sens opposé aux remparts assiégés, que l'on chargeait de fer, de pièces de bois, de masses de pierres, à leurs extrémités, puis qu'on lâchait soudain en abandonnant les cordages qui les tenaient inclinés. Aussitôt les mâts se redressaient avec violence et lançaient sur les maisons, les édifices et les temples, leurs terribles projectiles de feu, de bois et de rochers. Ensuite des balistes battaient les redoutes de leurs têtes de bronze, les catapultes projetaient des quartiers de roches, des onagres et des scorpions de fer y faisaient de larges brèches, et l'assaut se préparait.

Du haut des murs, d'autre part, hommes et femmes, vieillards et enfants, versaient sur les assiégeants des couffes en cuivre remplies d'huile de pétrole bouillante; ils jetaient du sable rougi au feu; du plomb fondu tombait en cascades... On précipitait des meules de moulin, des pierres de taille, des solives, des arbres entiers... Alors les meules et les pierres écrasaient les assiégeants; les arbres gênaient leurs manœuvres; le sable de feu s'éparpillait et entrait, par le joint des armures, dans le cou et jusque dans le dos; l'huile dévorante saisissait les vêtements et couvrait la chair d'affreuses brûlures; le plomb sautillait sur les casques, éclaboussait le visage, crevait les yeux...

C'était une affreuse scène, que suivait une horrible boucherie...

Donc, nos regards plongeaient sur la Béotie, en Grèce, et nous les appliquions particulièrement sur la Phocide, qui se trouve à l'ouest.

Or, je remarquai bientôt, près de Delphes, le point culminant de cette Phocide, sur la route de Daulis, un sentier resserré entre deux rochers à pic. Creusé par la nature sur les dernières ondulations du Parnasse, ce sentier descend vers les plaines de la Béotie, et offre, à celui qui le suit, le plus bel horizon. Sur la gauche, Elatée, le long et formidable rideau de l'Œta et son défilé des Thermopyles; en face Orchomène et le détroit de l'Euripe, large écharpe d'argent entourant la verte Eubée; à droite le lac Copaïs, Chéronée, Haliarte; et, vers l'Attique, Eleusis et Platée nagent dans une brume d'or resplendissante.

Mon oncle nous signala en ce moment, venant de Thèbes, l'une des beautés de ce panorama, et gravissant le sentier de la montagne, un voyageur dans la maturité de l'âge, monté sur un char et entouré d'une escorte de cinq hommes. A peine le véhicule a-t-il atteint le point le plus étroit du sentier, que se présente au voyageur un jeune homme qui descend ce même sentier, dans un sens contraire. Ce dernier est à pied, mais il se fait remarquer par une beauté frappante. Une bandelette de pourpre lui ceint le front et captive ses longs cheveux livrés à eux-mêmes. Il est vêtu d'une chlamyde courte serrée à la taille, et ses cnémides sont souillées de poussière. Son bras vigoureux s'appuie sur un bâton noueux.

L'étranger du char, dont le riche peplum soulevé par la brise découvre un costume royal, et que son cortége, monté sur d'ardents coursiers, peut faire passer pour un prince, voit avec dépit le modeste voyageur lui barrer le chemin. La route se divise en trois branches en cet endroit, et certes le char pourrait éviter le voyageur pédestre. Mais voici que le héraut de l'escorte s'avance et veut le faire retirer par force. Transporté de fureur, le jeune homme frappe l'insolent qui l'insulte. Alors l'étranger du char, d'une voix révélant l'habitude du commandement, lui ordonne de vider la place. En même temps, mesurant l'espace, il lui porte deux coups d'aiguillon sur le milieu de la tête. Saisir les rênes des chevaux, s'élancer sur l'orgueilleux étranger, le frapper et l'étendre mort entre les pieds de l'attelage cabré de frayeur, est l'espace d'un éclair. Du même bâton noueux, tomber tour à tour sur les autres personnages de la suite et les mettre à mort, est la conséquence du premier crime. Un seul homme de l'escorte survit et s'échappe. Le vainqueur reste seul et s'éloigne, après avoir un instant contemplé le champ de bataille, et essuyé le bâton maculé de sang qui lui a servi de massue.

A quelque temps de là, le jeune voyageur entre dans Thèbes, dans Thèbes doublement désolée. Dabord elle vient de perdre son roi, son roi qu'elle aimait, *Laïus*, le prince populaire. Ensuite un terrible pirate, du nom de Sphinge, porte la désolation dans les parages de la Béotie. Le nouveau-venu ne peut rien à la mort du roi, mais il se sent capable de repousser l'agression du pirate et ses déprédations. D'ailleurs *Créon*, père de la veuve du prince défunt, qui s'est adjugé le trône depuis la mort de son gendre, promet ce même trône et la main de la belle *Jocaste*, la veuve désolée, à celui qui délivrera la Béotie du fléau qui la décime. Notre jeune héros se présente, reçoit des hommes qui doivent le seconder dans son entreprise, monte sur un navire, et fait une telle chasse à l'écumeur de mer, qu'il en purge complètement les rivages de l'Hellade.

Or, voyez ici comme les Grecs ont besoin de tout poétiser. Pour consigner ce fait dans leurs annales, ils racontent qu'un monstre exécrable ravage le territoire de Thèbes. Cette bête horrible, disent-ils, a la tête d'un lion, le sein d'une femme, le corps d'un dogue, les griffes d'une hyène, la queue d'un dragon, et des ailes d'une immense envergure.

— Je suis le *Sphinx*, dit le monstre à ceux qui osent traverser la plaine où il erre à l'aventure, réponds... ou meurs : Quel est l'animal qui a quatre pieds le matin, deux à midi, et trois le soir?

Et comme nul ne peut résoudre l'énigme, le Sphinx se précipite sur ses victimes, les déchire, les dévore et jonche le sol de leurs membres palpitants et de leurs débris sanglants.

Alors se présente un jeune étranger, bouillant, audacieux, qui va droit au monstre, en écoute l'énigme, et lui répond :

— L'animal que tu dis est l'homme, l'homme qui, dans son enfance, matin de la vie, se traîne sur les pieds et les mains, vers midi, force de l'âge, marche sur les deux jambes; et le soir, qui est la vieillesse, a besoin d'un bâton pour assurer ses pas chancelants.

Le jeune étranger achève à peine la solution de l'énigme, que, d'après la volonté des destins, le Sphinx, devant périr quand on expliquera le mystère qu'il propose, déployant ses ailes, s'envole et va se briser la tête contre les rochers de l'isthme, voisin de cette scène.

Voilà comment l'imagination grecque dénature, pour les embellir, les faits les plus simples.

Cependant le héros, vainqueur du pirate, reçoit la noble récompense promise à sa valeur, et à la grande joie des Thébains, notre aventurier conduit aux pieds des autels Jocaste, qui devient son épouse. Bientôt même elle donne le jour à deux fils, le sombre *Etéocle* et le fier *Polynice*, et à deux filles, la pieuse *Antigone* et la douce *Ismène*.

Mais voici qu'une horible peste fondant sur la Béotie, dépeuple la belle cité de Cadmus. C'est Junon, qui poursuit de sa haine, et par les cruautés du Sphinx et par cette affreuse contagion, la descendance de Sémélé, la fille de ce Cadmus, celle que Jupiter rendit mère de Bacchus. Aussitôt le sinistre oracle de Delphes est consulté.

— Tant que la mort de Laïus ne sera pas vengée le fléau ne cessera pas.

Comme prince du pays et comme juge, le nouveau roi, qui a pris à cœur de venger le meurtre de Laïus, ordonne une enquête. Mais pendant que ses ministres exécutent ses ordres, un soir que les causeries sont plus intimes, Jocaste, avec son jeune époux, passe en revue les rois qui ont occupé le trône de Thèbes.

Cadmus, le fondateur de Cadmée;

Zéthus, qui change ce nom de Cadmée en celui de Thèbes;

Amphion, dont la lyre harmonieuse déplace les pierres des remparts et élargit les murailles de son enceinte;

Labdacus, qu'un fer meurtrier précipite avant l'âge dans la tombe;

Et *Laïus* son fils, dont la mère, *Nyctis*, semble par son nom, signifiant la *femme des ténèbres*, présager le trépas fatal.

Or, c'est une lamentable histoire que celle de Laïus!

Ce prince épouse *Jocaste*. Ils ont pour fils *Œdipe*. Cet enfant est exposé dès sa naissance, parce qu'un oracle a prédit qu'il serait le meurtrier de son père et l'époux de sa mère. Mais il est arraché à la mort par un berger de Polybe, roi de Corinthe, qui le trouve sur une montagne, pendu par les pieds, d'où lui vient son nom d'Œdipe, *pieds gonflés*. Œdipe est élevé à la cour de Corinthe, comme le propre fils de Polybe. Devenu grand, il apprend le fatal oracle, et, pour y échapper, il s'éloigne de celui qu'il croit être son père. Mais le destin lui ayant fait rencontrer Laïus dans un chemin creux de la Phocide, il se prend de querelle avec lui et le tue, sans le connaître.

En arrivant à Thèbes, Œdipe délivre cette ville, sa patrie, du Sphynx qui dévorait les passants, après avoir deviné l'énigme que proposait ce monstre. En récompense, il reçut le trône de Thèbes et la main de la reine Jocaste.

Etéocle et Polynice, Antigone et Ismène naquirent de cette union malheureuse. Mais ensuite, instruit de ces fatales méprises, Œdipe se creva les yeux de désespoir et vécut caché dans son palais. Il en fut alors chassé par ses fils...

Mais alors le ciel donne à ce grand coupable un ange païen avec la mission de verser un baume égal par sa vertu aux horribles blessures qu'il doit guérir. C'est *Antigone*, fille d'Œdipe, et modèle de la plus pure piété filiale. Elle part avec son père pour l'exil, guide de son bras la marche chancelante de l'infortuné, et l'accompagne dans ses pérégrinations expiatoires, sans le quitter jamais. Enfin, vient un jour où, brisé par les douleurs, les privations et les douleurs, Œdipe meurt à Colone, bourgade assise sur la lisière d'un bois consacré aux Euménides, non loin d'Athènes (1).

Lorsque le dénoûment de ce drame est connu, Etéocle et Polynice, fils bien ingrats! conviennent qu'ils régneront alternativement sur Thèbes, chacun pendant un an. Comme l'aîné, Etéocle monte le premier sur le trône. Mais il prend goût au commandement et ne veut plus céder le sceptre à son frère, quand celui-ci se présente pour régner à son tour.

(1) *Sophocle*, chez les Grecs, et chez les Français *Corneille*, *Voltaire*, *Ducis et Gaillard* ont écrit sur ce drame de fameuses tragédies, et le dernier un opéra mis en musique par Sacchini, sous les titres : *Œdipe roi*, — *Œdipe à Colone*, — *Œdipe chez Admète*.

Alors éclate la *guerre de Thèbes*, l'une des plus célèbres des temps héroïques, et que l'on nomme aussi la *guerre des sept chefs*.

Ce nom lui est donné de ce que sept guerriers fameux prennent le parti de Polynice et viennent combattre Etéocle, en mettant le siége devant Thèbes.

C'est d'abord *Adraste*, roi d'Argos, qui a succédé à Eurysthée, le cousin d'Hercule. Adraste, qui a reçu à sa cour Polynice et lui a fait épouser sa fille *Argie*, se hâte de venir à son secours.

C'est ensuite *Amphiaraüs*, devin grec, fils d'*Oïlée* et d'*Hypermnestre*. Naguère il disputait le trône à Adraste, maintenant il le partage avec lui. Epoux d'*Eryphile*, sœur d'Adraste, il en a cinq enfants. Instruit par les dieux qu'il périra s'il prête son bras à Polynice, il se cache pour éviter le sort qui le menace. Mais Eryphile, séduite par le don d'un collier de diamants, découvre à Polynice le lieu de sa retraite. Forcé de marcher contre Thèbes, en partant Amphiaraüs fait promettre à son fils *Alcméon* de le venger, en faisant périr Eryphile.

C'est aussi *Tydée*, fils d'*OEnée*, roi de Calydon, qui, ayant tué involontairement son frère *Ménalippe*, s'exile de sa patrie et trouve un refuge à la cour d'Argos, où il épouse Déïphile, une des filles d'Adraste.

Je ne nomme pas les autres : mais ils sont tous braves et généreux.

On est en 1315.

Aussitôt cette armée, qui voit à sa tête sept vaillants capitaines, pleine d'ardeur et de courage, traverse l'isthme de Corinthe et s'empresse de mettre le siége devant Thèbes.

Vous en avez souvenance : Thèbes est renfermée dans une enceinte percée de sept portes, auxquelles Amphion donna jadis le nom de sept filles que Niobé eut de lui. Aussi lui donne-t-on le surnom d'Heptapyle. Elle a soixante-dix stades de circuit. De la hauteur que domine la forteresse de Cadmée, qui lui a donné naissance jaillit une source qui, par des conduits souterrains, alimente les rues et les places. Des temples magnifiques, des édifices splendides, des statues la décorent. Ses alentours sont ornés de prairies et de jardins délicieux. A l'est de la ville coule une fontaine que l'on nomme Œdipodia, parce que ce fut dans ses eaux qu'Œdipe vint se purifier après le meurtre de Laïus avant d'entrer dans la ville.

L'armée argienne se divise en sept corps, qui, dirigés par chacun des sept chefs, attaquent chacune des sept portes de Thèbes.

Pour la première fois, ces chefs portent tous des boucliers ornés de figures et de devises, origine des armoiries.

Voici que les assiégés, sous les ordres d'Etéocle, font une sortie vigoureuse. Soudain, dans la mêlée, Polynice se présente à Etéocle, et les deux fils d'Œdipe se lancent le défi au visage. La haine est peinte dans leurs traits. De leurs yeux s'échappent des éclairs. Les deux armées se rangent autour d'eux. Dabord les deux frères combattent avec la lance. Mais dans leurs mains furieuses cette arme vole en éclats. Blessés tous les deux, les fils d'Œdipe et de Jocaste saisissent leurs épées. Etéocle, plus adroit, traverse de la sienne le corps de Polynice, qui tombe sur le sable. Le vainqueur va lâchement dépouiller le vaincu, quand Polynice, recueillant ses forces, lui plonge son glaive dans le flanc gauche, et alors Etéocle, dont le nom signifie *gloire d'une année*, à son tour tombe, roule sur le sable dans une dernière convulsion, à côté de son frère, et par la fin de sa vie justifie son nom. Après leur mort, les visages de ces deux frères ennemis conservent encore toute l'expression de la plus violente aversion (1).

A peine les deux combattants ont-ils rendu le dernier soupir, que la bataille recommence sous les murs de Thèbes. Mais l'armée de Polynice est taillée en pièces. En voyant la déroute des siens qui

---

(1) Notre immortel *Racine* nous a laissé sur Etéocle et Polynice une tragédie qui a pour titre les *Frères ennemis*.

Avant lui *Eschyle* et *Euripide* avaient traité ce sujet.

commence, Amphiaraüs veut sortir de la mêlée : hélas ! au moment où il pique son cheval, la terre s'entr'ouvre sous ses pas et il est englouti tout vivant, passant ainsi de la lumière du jour aux ténèbres du trépas. Des sept chefs, Amphiaraüs étant mort, cinq autres sont passés au fil de l'épée. Seul, Adraste survit.

Alors Créon, frère de Jocaste, monte de nouveau sur le trône. Cependant les cadavres des morts jonchent encore le champ de bataille. Aussi Créon signale-t-il son autorité en défendant d'accorder la sépulture aux Argiens, et surtout à Polynice.

Mais Antigone, l'ange tutélaire d'Œdipe, veut remplir l'œuvre de la piété filiale en ensevelissant son frère et en disputant son corps aux oiseaux de proie. Alors Créon la fait saisir par ses satellites. On creuse une fosse sur le lieu même où périt Polynice, et le tyran ordonne de jeter la jeune fille, vivante et résignée, dans cette horrible tombe, qui se referme pour jamais sur une vierge toute entière vouée à l'amour des siens (1).

A la nouvelle de ce nouveau crime, Thésée, qui vit encore à cette époque, se hâte de marcher contre Créon, et pour le punir de son infamie, il lui enlève le trône et la vie.

Puis il force les Thébains à donner aux Argiens la sépulture qu'ils leur avaient refusée. Il était temps. Figurez-vous ces milliers de cadavres couvrant la plaine de leurs débris impurs, de leurs membres putréfiés ; voyez, comme moi, le sol rougi de sang, l'herbe flétrie sous les corps des coursiers que les corbeaux et les vautours des montagnes déchiquètent avec avidité. C'est un affreux spectacle. Mais enfin il s'efface à l'œil...

Aussi place-t-on sur un même bûcher les restes inanimés des deux frères, Etéocle et Polynice. On espère que leur haine n'aura pas sur-

(1) *Sophocle* a illustré la mémoire de cette noble jeune fille, en choisissant sa mort pour sujet de sa belle tragédie *Antigone*, et les Athéniens furent si satisfaits de cette œuvre, qu'ils récompensèrent l'auteur en lui donnant le gouvernement de Samos.

vécu au trépas, et que dans la tombe les corps ennemis s'embrasseront du baiser de la mort. Trop vaine illusion ! A peine la flamme jaillit-elle du bûcher, qu'elle se divise en deux tourbillons fort distincts qui semblent se quereller en s'écartant l'un de l'autre. Et quand le feu s'éteint et que les cendres des deux cadavres sont refroidies, ne se séparent-elles pas d'elles-mêmes, comme odieuses l'une à l'autre, et ayant horreur de se confondre?

Cependant *Léodamas*, fils d'Etéocle, prend le sceptre et règne à Thèbes. Mais son gouvernement ne jouit pas longtemps de la paix. Autour de lui veillent de nombreuses inimitiés.

Les *Epigones* n'ont-ils pas à venger la mort des sept chefs égorgés pendant la guerre. *Epigones* veut dire *descendants*. Ce sont les fils et les petits-fils des généraux de l'armée argienne. Comme ces chefs, ils sont au nombre de sept. Les principaux sont *Thersandre*, fils de Polynice, *Egialée*, fils d'Adraste, *Alcméon*, fils d'Amphiaraüs, et *Diomède*, fils de Tydée. Or, les voici, vers 1300, qui mettent à leur tête Thersandre et Alcméon, s'avancent contre Thèbes, en font de nouveau le siége, s'en emparent, la détruisent sans pitié pour ses monuments, sa richesse et sa beauté. Ils vont même jusqu'à égorger l'infortuné Léodamas.

Aussi c'est à grand'peine que la capitale de la Béotie se relève de ses ruines. Toutefois elle sort de ses décombres. Mais son dernier roi, appelé à un combat singulier par le roi d'Athènes, Mélanthus, périt, et voici que Thèbes, comme Athènes et comme Sparte, adopte le gouvernement démocratique et cherche par mille efforts la prééminence sur tous les peuples de la Grèce.

Je viens de vous dire tous les faits qui se passent sous mes yeux, mais je vois notre savant Marius qui va prendre la parole. Ecoutez ses récits et voyez, comme moi, les tableaux qui sans doute, sous sa parole, se succèderont sous nos regards empressés.

— Vous vous rappelez, me dit-il, que nous avons vu Niobé présider en reine à l'élévation des murs de Thèbes, que la lyre d'Amphion, son époux, faisait surgir par ses accords de la terre charmée, et dont les sept portes prirent le nom des sept filles de ce roi-poète et de cette reine de beauté? Vous vous rappelez de même que nous vous avons fait pressentir qu'un frère de Niobé, Pélops, viendrait dans le Péloponèse, auquel il donnerait son nom. Or, *Pélops* et *Niobé*, fils de *Tantale*, roi de *Sipyle*, dans la *Phrygie*, se détachant de la cour de leur père pour aller coloniser la Grèce, ont dû allumer l'imagination grecque. Il en est sorti la fable que voici :

Un jour il prend fantaisie à Jupiter de se travestir en simple mortel et de descendre sur la terre. Il se fait suivre de quelques autres dieux, et notamment de Cérès et de Minerve, déguisées comme lui. Ils vont droit chez Tantale, roi de Sipyle, dans l'Asie-Mineure. Ce prince s'est rendu odieux au maître de l'Olympe pour avoir dérobé le nectar et l'ambroisie à la table des dieux, afin de les faire goûter à ses heureux amis : puis, grand-prêtre du maître du tonnerre, il lui a volé un chien d'or, gardien de son temple de Crète. Et puis, au roi de Troie, Tros, il a enlevé son fils, le beau Ganymède, pour en faire son échanson. Tous ces crimes doivent être punis. Jupiter vient donc dans ce but à la cour de Phrygie. Mais Tantale n'est pas un roi commode, il flaire la divinité de ses hôtes, et pour les éprouver lui-même, ne s'avise-t-il pas d'égorger le pauvre petit Pélops, de composer un ragoût savoureux de ses membres délicats, et de le faire manger aux dieux? Cérès, d'autres disent Minerve, plus pressée que les autres, s'empresse de s'administrer une épaule de l'infortunée victime, et la dévore. Quant à Jupin, moins affamé, il réunit les membres épars du petit Pélops, et lui rend la vie. Mais comme il manque une épaule, il lui substitue une épaule d'ivoire.

Reste à punir la barbarie de Tantale. Jupiter le précipite dans les Enfers, et, dans les Enfers, le condamne à une faim et à une soif perpétuelles. Puis, pour ajouter à l'horreur du supplice, Tantale est plongé jusqu'à mi-corps dans un lac aux ondes pures, et là, chaque fois qu'il se baisse pour éteindre sa soif et rafraîchir ses lèvres, l'eau limpide se baisse comme lui et ne se laisse jamais atteindre ; enfin, au-dessus de sa tête se balance un arbre du rivage dont les branches portent les fruits les plus mûrs et les mieux dorés. Mais chaque fois qu'il relève la tête et veut cueillir l'un de ces fruits, l'arbre relève ses branches impitoyablement et ne se laisse jamais atteindre.

Vous comprenez le sens de la fable, n'est-ce pas Théobald ? continue Marius. Ces membres d'un fils, dispersés par ce père prétendu dénaturé, représentent les membres de sa famille que, dans son royal orgueil, Tantale disperse sur les continents voisins pour les coloniser. Minerve ou Cérès, l'une protectrice d'Athènes, l'autre d'Eleusis, centres communs de la civilisation grecque, dévorant une épaule de Pélops, ne sont-elles pas le symbole de la célèbre péninsule Hellénique, qui s'alimente des sages lois de Pélops et recueille ses cendres héroïques ?

Chose étrange et digne de remarque, car elle montre la relation de l'histoire avec la fable, mais l'histoire obscurcie par la fable, ce Tantale que les Grecs disent fils de Jupiter et de la nymphe *Pluto*, qui signifie *richesse*, n'est qu'un des multiples Jupiter ou rois qui civilisent l'Asie-Mineure et l'Europe orientale. Tantale et Jupiter sont un même personnage. Voyez comme ils se touchent : dans la fable, on raconte qu'Hébé, au moment de présenter aux dieux la coupe immortelle, ayant fait une chute maladroite qui provoque chez les dieux un rire inextinguible, Jupiter, malgré les prières de Junon, mère d'Hébé, ravit à cette déesse de la jeunesse le ministère qu'elle avait rempli jusqu'alors avec tant de grâce, et que s'étant mis à planer sur le mont Ida, et apercevant Ganymède, il descend sous la forme d'un aigle, enlève le pauvre adolescent éperdu, qui, transporté dans l'Olympe, verse désormais le nectar à l'assemblée divine. Dans l'histoire, on lit que Tros, roi de Troie, ayant envoyé en Lydie son fils Ganymède offrir des sacrifices à Jupiter, Tantale, roi du pays, qui a le même surnom que le dieu, prend les Troyens pour des espions et retient le prince pour en faire son échanson. Comme Jupiter,

Tantale boit le nectar et mange l'ambroisie. Ce nectar et cette ambroisie ne sont autre chose que ces raisins délicieux, ce safran parfumé dont le *Tmolus*, montagne de la Lydie, et le second Olympe, par sa hauteur, enrichit la cour de Tantale. Bien plus, encore aujourd'hui, les Turcs nomment cet antique Tmolus la *montagne de joie, Boz-dagh*, et le *Pactole*, qui y avait sa source, pailletait alors de ses fragments d'or pur ses roches festonnées de pampres. Est-il donc étonnant que Tantale soit fils de *Jupiter* et de la nymphe *Pluto, richesse*, un Jupiter lui-même? Non. Tous ces mythes grecs, si frivoles en apparence, sont des voiles diaphanes qui laissent entrevoir des vérités historiques incontestables.

Quant à la fin de Tantale, l'histoire dit qu'il fut vénéré après sa mort. On l'inhuma dans la ville de Sipyle, où, peu de temps après, Niobé revint de Thèbes, pleurer ses enfants moissonnés par une épidémie terrible. On y montre, et vous la verrez, la roche larmoyante en laquelle nous avons dit qu'avait été changée cette princesse par la crédulité païenne, ainsi que le tombeau de son père, qui en est voisin. Mais la jalousie d'abord, et puis la calomnie, sa sœur, ternirent bientôt la mémoire du civilisateur, et on mit Tantale au nombre des criminels sur terre et des damnés dans les enfers.

Quoi qu'il en soit, par suite de l'enlèvement de Ganymède, une guerre sans fin éclate entre Tros et Tantale. Pélops alors s'échappe du grand continent de l'Asie, pour venir à travers les flots dans la Grèce encore sauvage, aux rives dentelées, et toute peuplée d'îlots et d'îles consacrés à Neptune. Aussi Pélops, par une allégorie charmante, devient, dans l'imagination des Grecs, l'échanson du dieu des mers. En tout cas, il apporte avec lui la civilisation de la cour de Tantale.

A Pise, dans l'Elide, sur l'Alphée, règne en ce moment *OEnomaüs*. OEnomaüs a une fille, *Hippodamie*, dont la beauté réunit autour d'elle beaucoup de prétendants. Pélops vient en grossir le nombre. Mais comme un oracle a révélé à OEnomaüs que c'est au prix de sa propre vie que sa fille se mariera jamais, le prince éloigne-t-il tous les adorateurs d'Hippodamie, ou plutôt il répète à tous qu'il ne la donnera qu'à ceux qui auront l'adresse de le surpasser à la course, eux à pied, lui sur un char traîné par de fougueux étalons. Il ajoute qu'il se réserve de tuer tous ceux qu'il aura vaincus. Hélas! treize déjà ont perdu la vie à ce jeu difficile.

L'affection profonde de Pélops pour Hippodamie ne lui permet pas de refuser le combat : au contraire, il le demande à grands cris. Mais secrètement il gagne *Myrtile*, cocher d'Œnomaüs, qui met les roues du char en si mauvais état, qu'au moment où le quadrige est lancé avec la rapidité de la foudre, ses roues se détachent, le char vole en éclats et le prince est tué dans sa chute et expire au milieu des débris.

Pélops épouse donc Hippodamie, et à un crime joignant un autre crime, pour récompenser Myrtile, il le fait jeter dans la mer Egée, à l'endroit qui se nomme depuis *mer de Myrtos*.

De cette union naissent bientôt *Atrée*, *Thyeste*, *Pittée*, et *Trœzen*. Que de choses à voir sur ces princes! Vous allez contempler les drames que je vous annonce après que je vous aurai dit que Pélops devient le civilisateur et le législateur de toute la péninsule Hellénique, à laquelle il donne son nom de Pélops, dans celui de *Péloponèse*, qui vivra dans les siècles futurs (1).

Voyez maintenant ce que font ces *Pélopides*, les fils de Pélops que je vous nommais il n'y a qu'un instant.

Nous voguons au-dessus du Péloponèse. Nous retrouvons les horizons aimés de Tirynthe, d'Argos, de Mycènes. Mais là ne règnent

---

(1) Quatre mille ans se seront écoulés bientôt depuis que la péninsule grecque a reçu le nom de *Péloponèse*, et les échos de le Morée n'ont pas oublié ce nom, car ce fut de cette douce appellation que les Français à *Navarin*, en 1827, saluèrent cette terre antique, quand leurs vaisseaux libérateurs y firent tomber dans la mer, à coups de foudre, les chaînes que le Turc avait rivées au cou des descendants de Nestor et de Léonidas.

plus les Héraclides, descendants d'Hercule. Voici les Pélopides qui prennent leurs sceptres et s'assoient sur leurs trônes.

Atrée règne à Mycènes,

Thyeste gouverne Argos,

Pittée commande à Trézène, et nous avons parlé de lui à l'occasion de sa fille Ethra, mère de Thésée,

Enfin *Trœzen*, qui agrandit la ville de son frère Pittée, jusque-là simple bourgade, et ne joue qu'un rôle bientôt effacé par la mort.

Puisque Marius garde le silence, laissez-moi vous raconter ce dont je suis témoin, et vous communiquer mes impressions. Elles sont lugubres comme les drames effroyables qui frappent mes yeux. Mais je vous dois toute la vérité : elle porte avec elle ses enseignements.

Atrée, dont le nom signifie *celui qui ne tremble pas*, épouse *Erope*, jeune princesse de la contrée, dont la beauté séduit tous les regards. Et bientôt je vois errer dans le palais et les jardins de Mycènes un charmant enfant blond, qui reçoit souvent les caresses de son père, qui le nomme *Plisthène*, mais dont sa mère évite les baisers et les douces caresses. Erope serait-elle donc moins bonne que belle?

Thyeste, au contraire, dont le nom veut dire *celui qui tue*, ne met pas son bonheur dans les joies d'une union légitime : hélas! c'est à la félicité même de son frère Atrée qu'il prépare des abîmes qui doivent l'engloutir. Il tend des piéges de séduction à sa belle-sœur Erope, et la fait tomber dans les filets du crime. Erope succombe et devient mère successivement de deux enfants qui n'appartiennent pas à Atrée, quoiqu'ils habitent son palais.

Vainement Erope a son fils Plisthène à élever et à chérir; vainement Thyeste a de son mariage régulier une fille, *Pélopée*, qu'il doit protéger et aimer : l'un et l'autre, oublieux de leurs devoirs, sacrifient tout à leur folle passion.

Mais un jour, un jour néfaste pour eux! Atrée découvre l'horrible secret qui lui révèle que son honneur est souillé et son bonheur à jamais perdu, foulé aux pieds, détruit. Une indicible colère s'empare de lui. Il s'arme d'un glaive, s'enveloppe d'un manteau sombre comme la nuit qui règne, et va trouver les coupables au lieu même qui lui est désigné. Il les trouve. Un délire s'empare de lui : son glaive est tiré... La raison triomphe. Atrée jette au loin son épée : mais il chasse honteusement les coupables loin de sa présence, et leur voue une éternelle haine.

C'est à Sicyone que se retirent Thyeste et l'infidèle Erope.

A quelque temps de là, poursuivi par les sinistres pensées que lui inspire la haine d'Atrée, Thyeste consulte un oracle du voisinage et il en entend cette terrible réponse :

— Tu seras vengé par ton propre fils, dont la mère sera ta fille !

A cette sinistre prophétie, Thyeste frémit d'horreur. Le crime que lui annonce la Pythie l'épouvante. Il veut le prévenir, et, dans ce but, il consacre sa fille Pélopée à Minerve, la déesse de la chasteté, et en fait une vierge de ses autels.

Cependant une joie nouvelle semble lui être réservée. Voici qu'Atrée, son frère, inexorable jusque-là, lui envoie un courrier, le convie à une réconciliation, lui promet d'ouvrir ses bras et son cœur, et annonce le pardon de ses fautes. Thyeste, heureux d'un tel changement, se rend aussitôt à Mycènes, arrive au palais de son frère, trouve le plaisir préparant toutes ses surprises et ses banquets leurs orgies, et, conduit par la main d'Atrée, qui serre la sienne, s'assied à la table du festin. Le voyage l'a mis en appétit, l'accueil du roi le met en joie. Il boit de tous les vins, il mange de tous les mets.... Dieux de l'Olympe ! frémissez sur vos siéges d'ivoire et cachez-vous le visage comme le fait le soleil, qui s'arrête dans sa marche et recule épouvanté ! Ces mets.... ne sont autres que les membres des pauvres petites créatures qu'enfanta l'incestueuse Erope, ses propres enfants à lui, qu'Atrée n'a pas craint d'égorger ! Atrée le déclare à Thyeste avec la satisfaction d'une atroce vengeance assouvie.... Et Thyeste, d'abord glacé par l'épouvante, s'enfuit bientôt comme une des Furies du Tartare, l'horreur et la haine dans la poitrine !

A cette même époque, le fils d'Atrée, Plisthène, qui dans une heureuse union a vu naître deux fils, *Agamemnon* et *Ménélas*, descend bientôt vers la tombe. Mais en mourant, il recommande ses deux fils à son père. Atrée lui jure de les élever comme ses propres fils, et tient parole. Agamemnon et Ménélas grandissent sous ses yeux, et à cause d'Atrée, leur aïeul, reçoivent le nom d'Atrides.

Alors Atrée, qui n'a plus d'épouse à aimer et d'enfant à chérir, songe à contracter une nouvelle alliance. Qui donc voudra bien associer sa vie à la vie de ce terrible meurtrier ?

C'est Pélopée, la fille de Thyeste, Pélopée, qui abandonne les autels de la chaste Minerve pour partager la couche de son oncle, Pélopée qui, de prêtresse devient reine de Mycènes. Mais elle n'arrive pas seule dans le palais d'Atrée.

Elle y conduit avec elle un jeune prince, un mystérieux enfant qu'elle adopta sans doute, après l'avoir trouvé, abandonné sous une chèvre qui l'allaitait. Aussi lui donne-t-on le nom d'*Egisthe, celui qui se tient sous une chèvre*. Atrée les reçoit l'un et l'autre avec bonheur. Et s'il aime Pélopée, il aime à l'égal le jeune Egisthe. Il faut dire qu'en élevant avec soin ce prince, en l'entourant de ses bienfaits, sans s'inquiéter même de son origine, peut-être le roi de Mycènes a-t-il une espérance contenue et quelque pensée secrète.

Un jour, le voici qui aborde Egisthe dans la partie la plus reculée des jardins, à l'endroit où les oiseaux du ciel peuvent seuls l'entendre, et lui dit :

— Tu sais tenir l'épée à cette heure, cher Egisthe, et dans ta main le fer ne perd rien de sa force. Prouve-moi la vigueur de ton bras, et alors à toi mon royaume. Rends-toi vers Thyeste, plonge ce glaive dans son cœur, et...

Egisthe est déjà loin. Il court embrasser Pélopée, qui pâlit en apprenant quelle mission lui est confiée, et veut lui donner elle-même l'épée qui doit consommer le meurtre. Egisthe disparaît alors. On dirait que l'amour du sang lui donne des ailes.

Il arrive près de Thyeste, l'aborde, se met face à face avec l'ennemi qu'on lui a désigné, non pas dans les ténèbres, mais en plein jour, fait briller l'éclair de l'épée, va frapper...

— Arrête! s'écrie Thyeste, arrête, car c'est ton père que tu veux tuer!

— Mon père? répond Egisthe stupéfait.

Thyeste raconte alors à Egisthe sa naissance coupable, et celui-ci tombe dans ses bras, en s'écriant :

— Je devine maintenant que Pélopée, ma mère, a voulu vous sauver, toute épouse d'Atrée qu'elle soit. Quand je lui annonçai le meurtre que son mari m'envoyait commettre, elle pâlit.... me serra dans ses bras, et me remit ce glaive, après m'avoir fait jurer de le laisser briller à vos yeux... avant de frapper. Elle pressentait qu'à sa vue le mystère qui nous lie s'expliquerait. Ah! j'ai donc une mère, j'ai donc un père! Non, non, je ne donnerai pas la mort à celui qui me donna la vie. Mais malheur, malheur à celui qui voulait me rendre parricide!

Egisthe reprend aussitôt le chemin de Mycènes, et avec la même épée, l'épée de Thyeste, à Atrée qui lui sourit croyant entendre de sa bouche le récit de son exploit, il perce le flanc et éteint dans le sang une vie odieuse et coupable.

Alors il rétablit Thyeste, son père, sur le trône d'Argos, qu'Atrée lui avait enlevé.

Ensuite il force Agamemnon et Ménélas, petits-fils d'Atrée, à chercher un asile à la cour de *Polyphidus*, roi de Sicyone.

Mais que se passe-t-il donc, Seigneur? Voici que les horizons qui m'entourent s'agrandissent, se développent, se montrent incommensurables, sans limites. Ce n'est plus seulement le Péloponèse et ses provinces qui s'offrent à nos regards : c'est aussi l'Hellade au nord, la mer d'Ionie à l'ouest, la mer Méditerranée au sud, et à l'est la mer Egée, la mer de Myrtos, la mer d'Icarie, et les côtes de l'Asie-Mineure.

Et tout cet ensemble d'un seul et vaste coup d'œil.

— Oui, me dit le comte, notre géographe ordinaire, et dont j'ai admiré le silence au milieu des scènes d'horreur qui nous ont entouré depuis un certain temps ; oui, voici l'Asie-Mineure avec ses rivages aussi pittoresques, aussi dentelés que ceux de la Grèce ; avec ses îles de *Rhodes*, de *Cos*, de *Samos*, de *Chio*, de *Lesbos* et de *Ténédos*, qui semblent les vedettes et les sentinelles avancées de son continent.

Voici l'Asie-Mineure avec ses colonies grecques, ses villes asiatiques, ses montagnes et ses fleuves, qui se profilent sur le firmament ou brodent de leurs fils d'argent les terres verdoyantes de cette vaste presqu'île, l'épaule de la grande Asie.

N'admires-tu pas quel bel encadrement d'or et d'émeraudes forment autour de cette petite partie du vieux monde la *mer Caspienne*, le *Caucase* et le *Pont-Euxin* au nord, puis à l'ouest la belle *mer de Propontide* étendant ses deux bras pour donner la main au Pont-Euxin d'un côté, et de l'autre à la mer Egée qui borde ses côtes ; enfin au sud la mer Méditerranée ?

Fleuves, montagnes, provinces, villes, tout est grand, tout est noble dans cette petite Asie, car les fleuves verront des batailles fameuses, les montagnes entendront les entretiens des dieux ou les métamorphoses qu'ils imposent aux mortels, les provinces ont été tracées par des héros, et les villes auront toutes leurs titres de gloire dans les siéges qu'elles auront à soutenir, les hauts faits dont elles seront témoins, les grands hommes qu'elles produiront, et les merveilleux monuments dont on les décorera.

En veux-tu la preuve ?

Adoptons d'abord cette première province qui forme l'angle nord-ouest de l'Asie-Mineure, là, en face de nous.

C'est la *Mysie*, qui prend son nom des hêtres innombrables qui couvrent ses montagnes, et que l'on nomme *Mœsi*.

Elle compte quatre divisions, la *Mysie*, l'*Eolide*, la *petite Mysie* et la *Troade*. C'est une colonie grecque des fils d'*Eole*, descendant de

Deucalion, qui habite l'Éolide. Mais la Troade est habitée par des Lélèges, des Pélasges, des Crétois et des Thraces, qui ont pris le nom de *Teucriens* ou *Dardaniens*.

Teucer, prince crétois, vint fonder une colonie dans la partie la plus voisine de la mer, et régna le premier sur ses habitants. Le pays s'appela d'abord *Teucrie*, de son nom. Mais *Dardanus*, prince étrusque, ayant tué son frère Jasion pour s'emparer du trône, et forcé de quitter l'Italie, vint trouver Teucer, qui le purifia de son crime, lui donna en mariage sa fille *Battée* ou *Arisbe*, et lui légua l'empire à sa mort, en 1568. Dès lors la contrée prit le nom de *Dardanie*, et le peuple s'appela Teucriens ou Dardaniens.

Après lui régna *Tros*, fils d'*Erichtonius* et de la nymphe *Calliroë*, fille du fleuve Scamandre. Tros eut pour fils d'abord le Ganymède dont nous avons parlé, et qui fut cause d'une longue guerre entre son père et Tantale, roi de Lydie, puis de *Ilus* et d'*Assaracus*. Tros changea les noms de Teucrie et Dardanie donnés à la région, en celui de *Troade*, le sien propre.

Mais en outre, sur le revers occidental du *mont Ida*, cette petite chaîne de montagnes qui court du sud au nord de la Troade, séparée de la mer par une plaine d'environ deux lieues, que sillonnent le *Scamandre* ou *Xanthe*, et le *Simoïs*, qui, comme le *Granique* et le *Rhésus*, prennent leurs sources dans ce mont Ida, il construisit une citadelle qui reçut le nom de *Pergame*.

Bientôt une quantité de maisons s'éparpillèrent dans le voisinage de la citadelle, et formant une vaste circonférence, furent appelées *Troie*, du nom du roi, toujours.

Enfin Ilus ayant pris la place de son père, construisit une véritable cité au pied même de la citadelle, avec rues droites, places, temples, palais, remparts, portes et fossés, et de son nom aussi cette ville devint *Ilion* (1).

(1) D'après le comte de Choiseul-Gouffier et M. Le Chevalier, qui ont fait de longues et savantes recherches en Troade, l'ancien *Ilium* aurait été situé là où l'on voit

Or, Pergame, Troie et Ilion ne sont du reste qu'une seule et même ville, et tu peux prendre leurs trois noms l'un pour l'autre.

Ce promontoire qui lui fait face est le *cap Sigée*.

Ces premiers détails fixés, je dois t'apprendre que la prospérité de Troie s'étend à ses dernières limites dès son début, grâce à son heureuse position d'abord, mais surtout grâce à son *Palladium*. Le Palladium n'est autre chose qu'une statue de Pallas, et Pallas ou Minerve, c'est absolument la même chose. Or, cette idole n'est pas une idole ordinaire ; elle est tombée du ciel. Aussi, juge avec quel amour et quelle vigilance les Troyens la conservent. On lui a bâti un temple tout exprès. Le sort de la ville est attaché à cette statue. Gloire, fortune et bonheur à Ilion avec son Palladium! Malheur et ruine à Troie si jamais elle le perd.

Or, Ilus vit encore quand un horrible incendie dévore le *temple de Minerve*. Ilus va droit au théâtre du sinistre, se précipite dans les flammes, arrache le Palladium, et Troie est sauvée, mais sauvée aux dépens de la vie d'Ilus.

Laomédon monte alors sur le trône. Mais nous t'avons déjà fait connaître la mauvaise foi de ce fils d'Ilus. Neptune et Apollon, chassés du ciel, comme tu sais, avaient consenti, moyennant une somme d'argent, à dresser les murs d'Ilion. Mais l'ouvrage terminé, Laomédon refuse de tenir sa parole. Apollon punit sa perfidie par la peste, et Neptune par une inondation. Alors l'oracle consulté répond que les dieux ne peuvent être apaisés qu'en exposant à un monstre marin la fille du roi, *Hésione*. Le monstre s'empare d'Hésione, pauvre vierge sacrifiée. Survient Hercule. Le demi-dieu promet à son tour de délivrer Hésioné et de tuer le monstre, à la condition que Laomé-

---

aujourd'hui *Bonnar-Bachi, source de la Fontaine*. Les fragments de colonnes, de bas-reliefs, et les autres restes d'antiquités qui entourent ce village, portent à croire qu'il occupe une partie de l'ancienne *Troie*. Il est connu par un grand nombre de sources chaudes, que les Turcs appellent *les quarante yeux*. Ces eaux jaillissent avec force de la terre et se jettent par deux canaux dans le Scamandre.

(C. L., *Dict. de la Conv.*)

don lui donnera douze de ses plus beaux chevaux. Victoire d'Hercule, autre perfide refus de Laomédon. Alors siége de Troie par Hercule, siége horrible, car le héros prend la ville et tue le roi avec tous ses fils. Un seul échappe à la mort par bonté d'âme du vainqueur, qui en fait son captif, puis son ami.

C'est *Priam*. Il reçoit le sceptre d'Hercule, en l'année 1311.

Priam épouse bientôt *Hécube,* princesse charmante qui lui donne un grand nombre d'enfants. Cinquante fils et filles, dont dix-neuf ont Hécube pour mère, et les trente et un autres sont enfants des femmes illégitimes de Priam. Aussi quel mouvement et quelle vie dans ces magnifiques palais qu'habite cette nombreuse famille, parmi ces jardins qu'arrose le Scamandre, sous les figuiers, les nopals et les orangers qui décorent les cours, les portiques, les galeries!

C'est d'abord *Anchise*, prince troyen, fils de Capys et arrière-petit-fils de Tros. Vénus, la déesse, s'est montrée faible pour Anchise, et il en a un fils, *Enée*, le sage Enée, modèle de piété filiale.

Enée est l'époux de *Créüse*, l'une des filles d'Hécube, et de leur union vient de naître *Ascagne*, que l'on surnomme aussi *Iule*.

C'est ensuite *Hector*, le plus ardent des fils de Priam et d'Hécube. Il a pris pour compagne *Andromaque*, fille d'Ection, roi de Cilicie, et met tout son bonheur dans le tendre amour de sa femme, qui lui a donné un fils aimé, le frêle *Astyanax*.

Puis c'est *Hélénus*, autre fils d'Hécube, qu'un dieu rendit habile dans l'art de la divination.

Viennent ensuite *Polyxène* et *Cassandre*, charmantes filles de la meilleure des mères, qui entourent sans cesse Hécube de leurs jeux, de leurs tendresses et de leurs causeries innocentes.

Enfin c'est *Polydore,* le plus jeune des enfants qu'Hécube met au **jour.**

De combien d'autres princes et princesses ne te parlé-je pas ici? Mais j'aurais trop à dire, et il me suffit de te présenter cet entourage du roi Priam, dont les cheveux blanchissent, et d'Hécube, dont le sourire mélancolique a encore toute la fraîcheur de la jeunesse.

Le palais de Priam domine la longue série des autres palais qu'habite sa cour. Situé non loin de la *porte de Scée*, il a vue sur la plaine qui s'étend entre Ilion et la mer : de ses terrasses on découvre une colline que couronnent des figuiers sauvages; on voit les rampes de l'Ida monter du palais vers les cieux; on suit du regard les ondulations argentées du Scamandre, et plus loin du Simoïs, qui s'échappent des flancs de la montagne. Cette demeure de Priam est un édifice pompeux, que le prince lui-même a construit à l'aide des artistes les plus célèbres que Troie renferme dans son sein. Tout à l'entour règnent de superbes portiques. Cinquante pavillons l'environnent. Là les fils de Priam habitent avec leurs épouses. Plus loin, douze autres pavillons s'élèvent, où les gendres du monarque reposent avec leurs filles. Non loin des palais d'Anchise et d'Hector, ce monument orgueilleux commande Ilion, ses tours, et toute la cité troyenne (1).

Il faut voir cette nombreuse et royale famille dans les joies de son intérieur. L'un des princes, une pique dans la main, s'exerce au combat, et le fer, qu'attache au bois un cercle d'or, étincelle devant lui. Un autre polit son armure. Son arc, son bouclier, sa cuirasse reprennent sous la main leur éclat et leur lustre. Les princesses, dans leurs gynécées, se livrent, au milieu de leurs suivantes, à mille travaux d'adresse, et, sous leurs doigts, brillent les voiles de pourpre et des tissus qui, comme des astres, reflétent l'or et la lumière (2).

Pourtant cette vie calme et paisible a été troublée un jour. Hécube porte un nouvel enfant dans son sein. Or, elle a un songe, et, dans ce songe, il lui semble mettre au monde une torche flamboyante. Consultation de devins. Les oracles de *Zélia* sont fameux dans la contrée. Zélia est sise au pied du mont Ida, et tu peux la voir luire comme un point blanc sur les tapis de verdure de la montagne.

(1-2) *Homère :* Iliade, édition Lefèvre.

Prédiction que l'enfant d'Hécube sera cause de l'embrasement et de la ruine du royaume de Priam. Grande terreur. La mort de l'enfant est résolue d'avance. Cependant Hécube ne tarde pas à donner le jour à un fils d'une beauté merveilleuse. Hélas! innocence, grâces exquises, rien ne le sauve des rigueurs du sort. Toutefois Hécube et Priam ne peuvent se résoudre à faire mourir la jolie petite créature. On se contente, après l'avoir enveloppé dans des langes magnifiques, comme signes de reconnaissance, d'exposer le nouveau-né dans les solitudes du mont Ida. Là, bientôt des pâtres trouvent l'enfant, l'admirent, le recueillent et le nourrissent du lait de leurs chèvres. L'enfant croît en force comme en beauté (1). Sa valeur naturelle lui fait donner par les bergers le nom d'*Alexandre*, formé de deux mots grecs, *chasseur d'homme*. Une jeune nymphe de la montagne, OEnone, déjà chérie d'Apollon, ne trouve pas le royal berger moins beau que le dieu du jour, et devient sa femme bien-aimée.

Maintenant je dois te dire qu'aux noces de Thétis, une des néréïdes, avec Pélée, roi de Phthié, en Thessalie, la déesse *la Discorde* n'ayant pas été invitée au banquet, comme les autres dieux, jeta, au milieu de la table du festin, une pomme fatale sur laquelle était écrit : A la plus belle! et qu'aussitôt il y eut de grands débats parmi les immortelles. Trois grandes déesses, Junon, Pallas et Vénus se disputèrent la pomme d'or. Tous les dieux, jusqu'à Jupiter même, se refusèrent à être les juges de la beauté des concurrentes. A qui le jugement de cette lutte terrible fut-il référé?

A notre jeune pâtre du mont Ida! au bel Alexandre!

Mercure conduit donc les trois déesses dans un mystérieux bocage du mont Ida, et les présente à notre Alexandre, lui signifie l'objet de son message, puis reprend son vol dans les cieux. Les déesses emploient chacune tous les artifices imaginables pour séduire leur juge. Mais il reste inflexible, et après un long et sérieux examen de toutes

---

(1) *Deune-Baron*, Dictionnaire de la Conversation.

ces perfections divines, Alexandre remet la pomme d'or à l'incomparable Vénus.

De là une haine implacable de Junon et de Minerve contre notre pâtre, le fils de Priam, le prince sorti de Troie, haine qui s'adresse à toute la famille de l'un et à la cité de l'autre.

Bientôt une circonstance fatale vient détacher Alexandre de la tendre Œnone et rompre ses destinées. Des jeux funèbres en honneur d'un prince troyen mort à Ilion, sont annoncés jusque dans les solitudes de l'Ida. Un taureau superbe doit en être le prix. Alexandre descend de la montagne que jamais plus il ne devait revoir avec les yeux du bonheur.

Arrivé à Troie, notre jeune pâtre descend dans l'arène et dispute aux fils mêmes de Priam l'animal mugissant dont les cornes dorées rutilent au soleil. Il triomphe d'eux l'un après l'autre. Déjà le vainqueur emmène le prix de sa valeur, quand *Déïphobe*, l'un des fils de Priam et d'Hécube, se jette sur lui l'épée à la main.

Soudain le pâtre va se précipiter aux pieds de Priam et d'Hécube, et ne leur demande pas vengeance, mais il explique qu'il ne peut lutter contre Déïphobe, parce qu'il est son frère. Et à l'appui de sa parole, tirant tout-à-coup de sa poitrine les langes précieux dans lesquels il a été abandonné sur l'Ida, il prouve qu'il n'est pâtre que par hasard, et que le titre de prince lui appartient.

Les larmes de couler de tous les yeux. Alexandre de recevoir les plus tendres embrassements de son père et de sa mère déjà vieux, de ses frères qui l'accueillent avec bonheur, de toute la cour qui ne craint plus rien de lui, car Alexandre a trente ans, époque où le sens du fatal oracle doit être nul, d'après l'oracle lui-même.

Voici donc l'enfant abandonné reçu dans le somptueux palais de Priam, et là il change son nom de pâtre en celui de *Pâris*.

Pâris! nom fatal qui va incendier l'Asie et l'Europe.

Regarde de ce côté, dans la sauvage Laconie, au sud du Péloponèse, Sparte, la ville de Sparton, mollement endormie au pied du

Taygète, aux doux murmures de l'Eurotas dont les ondes s'écoulent à l'ombre de ses lauriers-roses et sous les flottilles blanches de ses cygnes gracieux.

Tu te rappelles que c'est en 1880 que ses fondements ont été posés par *Sparton*, fils de Phoronée.

Lelex y a régné ensuite en 1740.

Eurotas lui a succédé.

Puis *Lacédémon* agrandit la ville, lui donna son nom, de sorte que l'on dit indifféremment Sparte ou Lacédémone, ou au moins bâtit à côté de Sparte un faubourg qui prit le nom de Lacédémone (1).

OEbalus y tint le sceptre vers 1500.

Tyndare, son fils, après qu'Hercule eut tué Hippocoon, son frère et son compétiteur, y porta le sceptre. Nous savons, à l'occasion de l'expédition des Argonautes, que sa femme, *Léda*, fille de Thestius, roi d'Etolie, accoucha de deux œufs. Du premier sortirent Pollux et Hélène, et du second Castor et Clytemnestre. Note bien que cette fable des œufs merveilleux s'explique par la chambre haute et ovale qui fait partie des maisons chez les Hellènes, et que l'on nomme *Oov*, *œuf*, dans laquelle Léda fut rendu mère.

Tu connais le sort de Castor et de Pollux, mais tu ignores ce qui advint à Hélène et à Clytemnestre.

Nous avons laissé, il y a peu de temps encore, les Atrides, Agamemnon et Ménélas, chassés d'Argos à la mort d'Atrée, par Egisthe, cherchant un asile à la cour de Polyphidus, roi de Sicyone. Là, peu après, Thyeste, père d'Egisthe, étant mort, Agamemnon et Ménélas se réconcilient avec Egisthe à ce point que le trône d'Argos est rendu à Agamemnon. Ce prince y fait monter avec lui, après l'avoir épousée, l'une des filles de Tyndare et de Léda, *Clytemnestre*.

Ménélas, de son côté, désirant épouser *Hélène*, sa sœur, prête avidement l'oreille à tout ce qu'on raconte de la jeune princesse.

---

(1) *Homère*, Iliade.

Il court à Sparte, se présente à Hélène, demande sa main, plaît à Tyndare, et épousant la princesse, succède au père.

Ainsi, à cette heure, 1340, Ménélas règne à Sparte, et Hélène est assise à ses côtés sur le trône. Voici même que, comme gage sacré de leur union, vient de leur naître une fille, **Hermione**, qui promet d'être aussi belle que sa mère.

Rien n'est donc plus inconstant que le bonheur sur la terre? Il faut le croire, hélas! car tous les événements le prouvent.

A cette époque même, notre pâtre du mont Ida, le héros troyen, Pâris, le beau Pâris, s'embarque pour venir en Grèce consulter l'oracle daphnéen, et recueillir la succession de sa tante, cette Hésione, fille de Laomédon, roi de Troie, arrachée par Hercule au monstre marin envoyé par Neptune, et donnée par le même Hercule, comme épouse, à son ami *Télamon*, roi d'Egine. Dans son voyage, Pâris visite la Grèce et le Péloponèse, et se présente bientôt à la cour de Ménélas et d'Hélène. Ménélas le reçoit dans son palais avec l'hospitalité recommandée par Jupiter, et les honneurs dûs au rang d'un tel hôte.

Hélène, elle aussi, accueille l'étranger avec une courtoisie charmante.

Or, les fêtes de l'hymen royal cessent à peine, que Ménélas entreprend un voyage en Crète, laissant son hôte aux soins de sa jeune épouse et aux distractions de Sparte.

Hélas! à son retour il ne trouve plus ni son hôte ni cette jeune épouse. Pâris a disparu enlevant Hélène, et Hélène s'est enfuie, abandonnant son mari.

Le ravisseur perfide et la femme infidèle font voile vers l'Asie.

Nous ne les suivrons pas dans leur course imprudente sur la surface des eaux; mais je ne te cacherai pas que le voyage des deux fugitifs est cruellement attristé. Au sein même des vagues de la mer Egée, ce délicieux archipel de la Grèce, tout parsemé d'îles verdoyantes, de roches pittoresques, de grottes marines, de palais de cristal, il est un dieu qu'invoquent les navigateurs. C'est *Nérée*, époux de *Doris*, un des dieux subalternes de Neptune. Ce bon vieillard porte une robe vert-de-mer ainsi que son fier suzerain ; mais au lieu du trident, signe du commandement, il se contente de la conque d'un triton, trompette vibrante, avec laquelle il se fait obéir des néréides, ses filles. Les chants, les jeux, les danses de ces néréides charment la douce oisiveté de ce dieu pacifique et débonnaire. Comme Neptune, comme *Protée*, autre dieu marin qui prend toutes les formes : eau, feu, crinière de lion, hure de sanglier, mufle irrité du tigre, peau visqueuse et dorée du serpent, afin d'échapper aux questions de ceux qui veulent savoir de lui la connaissance de l'avenir, car il est devin, comme Achéloüs dont nous avons parlé, Nérée, quand on le consulte, évite de répondre. Toutefois un jour, interrogé par Hercule sur la contrée qui produisait les pommes d'or, il voulut se soustraire au fils d'Alcmène : mais Alcide l'étreignit si fortement dans ses bras robustes, que le dieu ne put avoir recours à ses ruses accoutumées. Il advint donc qu'Hélène et Pâris, ayant oublié d'offrir un sacrifice à Nérée en s'embarquant sur la mer où il règne, le vénérable dieu se présente à eux sur cette mer de l'Archipel où le flux et le reflux sont presqu'insensibles. Les deux voyageurs saluent le vieillard à barbe blanche, qui d'ordinaire aime à faire entendre des mots agréables à ceux qu'il rencontre. Cette fois, à la vue de Pâris et d'Hélène, ses traits se contractent, et au ravisseur humilié sa voix sinistre prédit une mort de sang qui doit souiller, dans la poussière d'Ilion, sa chevelure blonde et parfumée (1).

A peine les deux coupables ont-ils mis le pied sur le sol de la Troade, que de funestes prévisions de Cassandre, la prophétesse, sœur de Pâris, viennent aussi répandre leur poison sur les illusions de leur félicité. Néanmoins la famille et la cité de Priam les

---

(1) Dans une ode d'*Horace*, qui respire le souffle des dieux, on voit, ou plutôt l'on entend le vénérable devin prédisant à Pâris sa fin déplorable.

accueillent avec des sourires et des fêtes. L'antique Pergame se couvre de fleurs; Ilion se met en joie, et la cour du vieux roi prépare ses banquets et ses pompes les plus splendides.

Je te laisse à juger quelle ire furibonde brûle l'âme du prince outragé, de Ménélas, trahi dans son honneur et dans son amour.

En ce temps-là règnent en Grèce, tu le sais,

Dans la ville d'Argos, Agamemnon, frère de Ménélas;

Ménélas, le prince offensé, à Sparte, en Laconie;

A Mycènes, Egysthe, fils de Thyeste;

Nestor, fils de Nélée, à Pylos;

A Athènes, *Ménesthée*, successeur de

Thersandre, fils de Polynice, à Thèbes;

Dans la Thessalie, *Achille*, fils de Pélée;

Philoctète, ami d'Hercule et le possesseur de ses flèches, sur le mont Œta;

En Locride, *Ajax*, fils d'Oïlée;

Dans l'île d'Eubée, *Palamède*, fils de Nauplius;

Ajax, fils de Télamon, à Salamine;

A Egine, *Télamon*, fils d'Eaque;

Diomède, fils de Tidée, à Calydon, en Etolie;

A Ithaque, *Ulysse*, fils de Laërte, ou plutôt de Sisyphe et d'Anticlée;

Alcinoüs, sur les Phéaciens, dans l'île de Corcyre;

En Crète, *Idoménée*, petit-fils de Minos II;

Tlépolème, à Rhodes, etc.

— Quel mouvement, m'écrié-je en interrompant, sans vergogne le tableau légendaire de mon cher oncle, quel mouvement, quelle agitation, quelle colère dans toutes les cours que vous citez, et sur toutes les physionomies de rois que vous nommez! Certes, il y a lieu! car voici Ménélas qui fait sonner de toutes parts la trompette des batailles, envoie des courriers, explique ses malheurs, demande des auxiliaires, prépare en un mot une guerre formidable, dont toute la Grèce se rend solidaire.

Les princes que vous évoquez, ceux même que vous ne désignez pas peut-être, répondent à l'appel de Ménélas et se font devoir d'épouser sa querelle. Vainement les Troyens répandent en Grèce le bruit que Pâris n'a enlevé Hélène que pour venger l'injure faite à Hésione, sa tante, qu'Hercule a enlevée pour la donner à Télamon, roi d'Egine, et que jamais les Grecs n'ont voulu rendre malgré les prières de Priam, son frère. Les rois, les capitaines, les peuples de la Grèce se lèvent en masse, préparent leurs armes, équipent leurs bataillons et font entendre des clameurs de combats.

Aux guerriers qui précèdent je vois en effet se joindre *Teucer*, fils du Télamon et de l'Hésione, prétendue cause de l'enlèvement d'Hélène.

Puis, voici *Machaon*, fils d'Esculape et d'Epione, et *Podalyre*, fils du même Esculape et d'Arsinoë, célèbres médecins et habiles chasseurs, qui se mettent à la tête des guerriers d'Œchalie. Voici de même *Antiloque*, fils de Nestor, et *Calchas*, fils de Thestor, et devin, et sacrificateur, suivis de beaucoup d'autres qui viennent se ranger sous les bannières de l'expédition.

Toutefois certains héros fameux hésitent à quitter leur patrie. Ainsi Ulysse, le plus rusé des Grecs, et, parmi les rois, le plus avisé, feint la folie, et veut rester. Mais Palamède imagine de placer devant un sillon que laboure le prétendu fou son jeune fils Télémaque, qu'allaite la fidèle *Pénélope*, femme d'Ulysse, et celui-ci arrête soudain son attelage et le soc de sa charrue.

De même Achille, fils de Pélée, roi des Myrmidons, en Thessalie, et de Thétis, fille du vieux Nérée; Achille, que nous avons vu élever par le centaure Chiron, dans l'antre-école du mont Pélion, veut éviter de prendre part à la guerre.

En le voyant, je me rappelle la fameuse querelle de la pomme d'or, jetée par la Discorde sur la table des déesses assistant aux noces de

Thétis et de Pélée, avec cette inscription : *A la plus belle !* et le jugement que porta Pâris en faveur de Vénus.

Je me souviens aussi que quand Achille fut né, Thétis, sa mère, le plongea dans les eaux du Styx, ce qui le rendit invulnérable, excepté au talon par lequel elle le tenait, et qui ne trempa point dans le fleuve. Aussi je m'étonne de la répugnance du jeune héros.

Les oracles lui ont prédit cependant une gloire immortelle sous les murs de Troie. Il est vrai que les même oracles ajoutent, et sa mère seule le sait, qu'il y trouvera la mort.

Aussi Thétis, pour le soustraire, l'habille en fille, et sous le nom de Pyrrha, le conduit à la cour de Lycomède, roi de Scyros, qui le tient confondu parmi ses filles.

Mais l'armée des Grecs est réunie et prête à s'embarquer. La voici qui choisit à l'unanimité le roi d'Argos, Agamemnon, pour général suprême. Ce titre lui convient, car son nom signifie roi des rois. Dès lors on pourrait mettre à la voile. Qui donc arrête le départ? Le devin Calchas. Il annonce aux Grecs que sans un guerrier qui ne s'est pas présenté encore, jamais ils ne pourront s'emparer de Troie. Ainsi le veulent les Destins. Ce guerrier, c'est Achille. Avec quel empressement alors on cherche le lieu de sa retraite !

Voyez-vous ce marchand grec qui cingle vers Scyros dans un frêle esquif? Il se rend chez Lycomède, et sollicite la faveur de montrer à ses filles les merveilles qu'il apporte d'Asie, d'Europe, d'Athènes, et qui seront dignes de leur beauté. Il étale alors ses richesses. Quelles merveilles! Etoffes splendides, bijoux précieux, armes étincelantes... Des armes à des jeunes filles ! Niobé se jette sur les tissus, qui la mettent en extase; Eldna choisit des colliers et des diadèmes qu'elle place avec bonheur sur ses blanches épaules, sur sa noire chevelure... Mais Pyrrha s'empare des armes...

— Des armes entre vos jolies mains! Une cuirasse pour votre belle poitrine! Un casque d'acier pour votre tête charmante! Allons, ma blonde enfant, cessons la supercherie! Si vous vous jetez ainsi sur l'armure du soldat, c'est que vous n'êtes pas une jeune fille, c'est que Pyrrha n'est pas votre nom. Vous êtes Achille, fils de Thétis et de Pélée, et moi je suis Ulysse, le plus fin, le plus rusé des Grecs. Je vous ai pris dans mes piéges, je vous tiens, je vous garde, vous allez me suivre, car j'étais venu tout exprès vous chercher!

Ainsi parle l'astucieux colporteur, qui, en effet, n'est autre qu'Ulysse. Dès lors le jeune héros ne résiste plus. Plein de feu, plein d'amour pour la gloire, l'élève de Chiron se hâte d'aller s'unir aux princes grecs pour combattre les Troyens. *Phénix*, fils d'Amyntor, roi des Dolopes, qui eut les yeux crevés par ordre de son père, sur une fausse imputation, et à qui Chiron rendit la vue, Phénix qui, avec le centaure, fut l'un des précepteurs d'Achille, se met à la disposition du prince pour le suivre en Asie.

Arrivé au camp des Grecs, Achille fait venir et offre, pour le transport des troupes, quarante vaisseaux montés déjà par des Myrmidons, des Achéens et des Hellènes.

De son côté, Agamemnon livre cent navires pour le même usage.

Quel aspect curieux, étrange et beau, présente *Aulis*, la petite ville de Béotie, située en face de Chalcis, en Eubée, avec ses nombreux vaisseaux de toutes formes, toutes les tentes qui couvrent le rivage, et les innombrables guerriers qui arrivent de toutes les provinces de l'Hellade, équipages de rois, légions, cohortes, phalanges, escadrons. Cette fois enfin le port regorge de galères : tous les soldats en remplissent les cavités. Et cependant, alors que les vœux sollicitent le départ, la flotte ne met pas encore à la voile. C'est que la mer est calme : le vent ne souffle pas, et vainement on attend, les voiles tombent le long des mâts, sans que nulle brise cherche à les gonfler et donne le mouvement aux masses énormes qu'elles sont chargées de conduire sur d'autres rivages.

Mais voici Calchas encore, le devin Calchas. Il déclare aux rois assemblés que Diane, irritée contre Agamemnon, ne peut être apaisée que par le sang d'une princesse de sa famille. Certes, Agamemnon lutte longtemps contre un pareil oracle! Il faut céder cependant, et il cède. Afin de ne pas confiner plus longtemps l'armée en Aulide, il accorde sa fille aux sollicitations des princes ligués. Le bûcher se dresse, les torches s'allument, le glaive acéré brille entre les mains des prêtres (1). Voyez venir la victime, dont la tête est ceinte de bandelettes sacrées... C'est *Iphigénie*, la fille même d'Agamemnon et de Clytemnestre. Pâle, résignée, la jeune vierge à la fleur de ses ans s'avance vers le trépas, et présente avec courage sa poitrine au fer homicide. Oh bonheur! Diane, apaisée sans doute par cette première expiation, celle des terreurs de la mort, à la blanche Iphigénie substitue une biche qui est aussitôt immolée à sa place. En même temps Iphigénie disparaît à tous les regards, et la déesse la transporte dans la Tauride (2) et la fait prêtresse d'un temple où la chasseresse reçoit et exauce les vœux des mortels.

Enfin rien ne s'oppose plus au départ. Onze cent quatre-vingt-six navires font passer l'armée grecque, forte de cent mille hommes, de l'Aulide dans la Troade. On est bien arrêté encore à Lemnos par une blessure que se fait au pied Philoctète, avec une des flèches empoisonnées d'Hercule. Mais il s'échappe de la plaie une odeur si nauséabonde, que les Grecs sont obligés d'abandonner dans l'île le héros malade. Alors la flotte achève la traversée de la mer Egée et aborde en face même de Troie. Malgré la résistance des Troyens, les Grecs débarquent aussitôt, et forment un camp retranché avec leurs vaisseaux mêmes, qu'ils mettent à sec et tirent sur le rivage. Jugez alors du coup d'œil qu'offre la scène. Au pied du mont Ida, c'est une grande cité avec ses bastions et ses remparts formidables. Sur la côte, c'est toute une ville de bois. Mais comme les Grecs ne connaissent aucune des machines de guerre que révèlera la stratégie future pour forcer

---

(1) Les poëtes ont mis ce drame sur la scène. *Racine* a écrit spécialement une fameuse tragédie sous le titre d'*Iphigénie en Aulide*.

(2) Maintenant la *Crimée*, rendue si fameuse par l'admirable attaque et la non moins belle défense de Sébastopol.

les murailles des villes assiégées, les assaillants sont contraints, pour combattre leurs ennemis, d'attendre qu'il leur plaise de sortir de leur ville close et de descendre dans la vaste plaine qui s'étend entre la citadelle de pierre et l'enceinte de bois.

Tour à tour vainqueurs et vaincus, les assiégeants et les assiégés passent ainsi neuf années dans des combats stériles. Mais alors l'imagination des Grecs les dédommage de leur non-succès. Ils se figurent que les dieux, partagés aussi en deux camps, épousent la cause qui divise les partis. Ils voient les divinités de l'Olympe quitter la Grèce pour venir dans la Troade habiter l'Ida et veiller de plus près sur les intérêts de leurs protégés, ou nuire à ceux qu'ils repoussent. D'après leurs idées poétiques, les dieux ne dédaignent pas de descendre parmi les soldats et de s'exposer aux glaives des mortels. Ainsi Apollon, Mars, Vénus favorisent Troie. Pallas et Junon, la rancuneuse Junon, qui ne pardonne pas à Pâris sa préférence pour Vénus, combattent contre elle. Il n'est pas jusqu'à Jupiter qui pèse dans sa balance les destinées de cette ville illustre (1).

(1) Dans le IXe siècle avant J.-C., d'une jeune fille nommée *Crithéïs*, orpheline sous la domination d'un tuteur, naquit un enfant qui reçut le nom d'*Homère*. Sept villes se disputèrent l'honneur de lui avoir donné le jour :

Smyrna, Chios, Colophon, Salamis, Rhodos, Argos, Athenæ,
Orbis de patriâ certat, Homere, tuâ.

Smyrne et Chios sont celles dont les prétentions sont les moins fondées. On raconte que séduite par son tuteur, Crithéïs donna naissance à Homère, sur les bords du fleuve *Mélès*, qui arrose Smyrne, d'où il prit le surnom de *Mélégisène*. On ajoute que *Phémius*, qui tenait à Smyrne une école de musique et de belles-lettres, ayant épousé Crithéïs, laissa son école à Homère. Mais le poète ayant conçu le projet de retracer dans ses vers la guerre de Troie, voyagea pour connaître les lieux et les hommes. Il fit alors un chef-d'œuvre en vingt-quatre chants, l'*Iliade*, *Ilion ôdé, chants sur Ilion*. Il y chante en effet la colère d'Achille, les malheurs des Grecs au siège de Troie pendant l'absence du héros, et la vengeance terrible que celui-ci tira du meurtre de Patrocle. A ce poème il joignit un autre ouvrage non moins chef-d'œuvre, également en vingt-quatre chants, l'*Odyssée*, *ôdé Ulysseos, chant d'Ulysse*. Il y raconte les voyages d'Ulysse errant de contrée en contrée après la ruine de Troie, et le retour de ce prince dans le royaume d'Ithaque. Enfin, il composa un dernier petit poème héroï-comique, la *Batrachomiomachie*, ou *Combat des rats et des grenouilles*. Tous ces ouvrages sont écrits dans le dialecte ionien. L'*Iliade* et l'*Odyssée* brillent

Aussi la plaine, qui n'a pas moins d'une lieue de largeur, devient le théâtre d'une multitude de combats. Les troupes s'approchent sans ordre. On se lance d'abord des flèches et des javelots, on se mêle ensuite pour combattre corps à corps. Tantôt les princes montent sur des chars, tantôt ils sont à pied. Souvent ils s'accablent réciproquement d'injures. Un chef vient-il à tomber, la mêlée se rend furieuse autour de lui. Les vainqueurs cherchent à le dépouiller de ses armes, les vaincus s'efforcent de défendre son corps. La nuit seule peut séparer les combattants. Mais la prochaine aurore éclaire de nouvelles batailles. Sans tactique militaire étudiée, réfléchie, expérimentée, on ne sait ni préparer la victoire, ni en profiter par d'heureuses manœuvres. Les luttes n'amènent aucun résultat; les défaites ne coûtent que du sang, et le triomphe ne procure qu'une gloire inutile.

Le fameux Hector, fils de Priam;

Le pieux Énée, Déïphobe, Troïlus, Pâris;

Puis *Sarpédon*, fils de Jupiter et d'Europe, frère de Minos II, ancien roi de Crète;

Rhésus, roi de Thrace, qui doit sauver la ville, d'après un oracle, si ses coursiers peuvent atteindre malgré les ennemis le fleuve de Xanthe, qui coule dans la plaine, et boire de ses eaux;

Memnon, neveu de Pâris (1);

---

par des mérites fort divers. Dans celle-là on admire la grandeur des conceptions, la beauté et la simplicité du plan, la hardiesse de l'imagination, la richesse et la sublimité des images. Dans celle-ci, on trouve un plan moins régulier, une imagination moins éclatante, mais on se sent attaché par un vif intérêt et par une séduisante naïveté.

Mal accueilli de ses compatriotes à son retour, Homère abandonna son ingrate patrie, et alla s'établir à Chios, où il ouvrit une école. Mais, dans sa vieillesse, étant devenu aveugle, il tomba dans l'indigence et fut réduit à errer de ville en ville, récitant ses vers et mendiant son pain. Enfin il mourut dans la petite île d'*Ios*, une des Cyclades.

(*M. N. Bouillet.*)

(1) Au chapitre 3 de cet ouvrage, nous avons dit, et nous répétons ici que les Grecs ont voulu attribuer l'honneur d'avoir eu ce *Pharaon d'Egypte*, *Aménof III Memnon* pour adversaire. Ils racontent donc que le bruit du siége de Troie l'émut et lui donna le désir de porter secours à la ville assiégée. Alors Memnon se rendit vers Priam,

Beaucoup d'autres guerriers se distinguent du côté des Troyens.

Mais, du côté des Grecs, Achille porte de tous côtés le fer et la flamme. Chaque fois qu'il prend ses armes, il revient dans le camp avec un immense butin et une foule d'esclaves, prix de sa valeur, mais objet de la convoitise et des querelles des princes confédérés. Ainsi *Briséïs*, la fille de *Brisès*, prêtre de *Lyrnesse*, en *Cilicie*, précieuse esclave qu'il chérit, lui est enlevée par Agamemnon, le roi des rois. Aussitôt, irrité de cet affront, Achille se retire dans sa tente et refuse de combattre désormais.

Diomède, de son côté, se rencontre avec Hector, avec Enée, blesse Mars et Vénus, qui viennent secourir ce dernier. Puis, dirigé par Pallas, il enlève le fameux Palladium du temple de la déesse et s'empare des chevaux de Rhésus.

Si les Grecs ont leurs succès, ils ont aussi leurs revers. Voici Nestor, qui a vécu trois âges d'homme, gémissant de douleur de voir tuer son fils Antiloque, sous ses yeux, par l'Égyptien Memnon, Aménof III.

Bientôt, fatigués de la guerre, Ulysse et Ménélas vont en ambassade à Troie, et demandent à Priam de rendre Hélène et de conclure la paix. Le conseil des Troyens veut que l'on acquiesce à cette demande. Mais le vieux roi, touché des larmes d'Hélène et de Pâris, n'écoute que sa haine contre les Pélopides, et rompt toutes les négociations.

Alors Ulysse se rend à Lemnos et en ramène Philoctète, guéri. La présence de ce héros va changer la face des événements, car, pos-

suivi de 20,000 soldats. Il se distingua par sa bravoure dans la défense de la cité, tua *Antiloque*, fils de Nestor, combattit Ajax, et tomba lui-même sous les coups d'Achille. A l'heure de ses funérailles, alors qu'on le plaçait sur son bûcher, ô prodige ! on vit sortir de ses cendres une troupe d'oiseaux qui, pour honorer ses obsèques, se partagèrent en deux bandes et se combattirent avec fureur. Au désespoir de sa mort, l'Aurore versa des larmes abondantes qui se transformèrent en rosée.

Malheureusement pour cette fiction toute à la gloire des Grecs, Aménof III Memnon vivait longtemps avant la guerre de Troie.

sesseur des flèches d'Hercule, qui les lui a laissées à sa mort, ce talisman, d'après un oracle, doit donner enfin la victoire aux Grecs.

Voici maintenant Ménélas qui livre un combat singulier avec Pâris : mais le lâche ravisseur prend la fuite en reconnaissant la valeur de l'époux outragé de la belle Hélène, la cause de la guerre.

Un incident se produit sur ces entrefaites. Ulysse, l'artificieux Ulysse, par jalousie vis-à-vis de Palamède, fait cacher dans la tente de ce héros une forte somme d'argent, et affectant de la trouver en présence des autres généraux qu'il conduit près de Palamède, il l'accuse de vendre à Priam la trahison de son parti. Alors Palamède est condamné. Il meurt injustement lapidé; et il advient qu'aux désastres de la guerre se joignent des calamités intestines.

Ajax, le plus vaillant des Grecs après Achille, Ajax, fils de Télamon, combat à son tour le brave Hector pendant une journée entière, sans pouvoir décider la victoire. Il dispute ensuite à Ulysse les armes d'Achille, et, furieux de ne pouvoir l'emporter sur ce compétiteur, le héros tombe dans un violent délire pendant lequel il égorge un troupeau de moutons, croyant immoler des Grecs à sa vengeance. Puis, reconnaissant son erreur, il en est si honteux qu'il se perce de son épée (1).

Patrocle, à son tour, revêtu des glorieuses armes d'Achille, tant enviées, se rend sur le champ de bataille, pour remplacer le héros, son ami, qui pleure toujours Briséïs dans sa tente, et qui maudit encore Agamemnon. Mais, hélas! si le vaillant capitaine tue le grand Sarpédon, il est tué lui-même par le bouillant Hector, qui le rencontre dans la mêlée. On l'ensevelit sur le bord de la mer.

A cette affreuse nouvelle de la mort de son frère d'armes, le fils de Pélée, Achille, pour venger le funeste trépas de celui qu'il chérit comme lui-même, reparaît dans la lice. Thétis, sa mère, lui apporte elle-même des armes magnifiques que Vulcain a forgées. Le bou-

(1) *Sophocle* s'est inspiré de ce beau sujet pour composer la magnifique tragédie intitulée *Ajax furieux*.

clier surtout est d'un admirable travail. D'abord le héros se réconcilie avec Agamemnon et accepte les présents d'amitié que lui offre le roi des rois. Mais ensuite, fortifié par le nectar et l'ambroisie que lui donne Minerve, il court au combat. A son approche, les Troyens fuient. Une partie de leurs cohortes se précipitent dans le Xanthe, où Achille les poursuit et en fait une hécatombe : les autres gagnent la ville. Là, devant la porte de Scée, Hector se présente pour arrêter la course du lion furieux. Achille l'attaque, Hector recule. Achille se précipite, Hector lâche les rênes de ses coursiers, qui se dérobent et fuient à l'entour des murailles de la ville. Achille le suit, le presse, l'atteint, le force à se battre et le tient devant son épée.

Hector succombe alors (1), et le voici tombant dans la poussière, qu'il rougit de son sang. Aussitôt Achille s'empare de sa proie, perce les pieds du cadavre, et à l'aide d'une courroie l'attache à son char retentissant, et traîne autour des remparts sur lesquels se tient le roi, d'où la reine, ses filles, et même les princes examinent en pleurs le cruel spectacle, le beau corps du jeune guerrier, souillé de sang, couvert de fange et bientôt défiguré. En dernier lieu il rentre dans son camp, rapportant avec lui les armes et la dépouille du vaincu.

Là bientôt son âme généreuse est attendrie par les sanglots et à la vue des cheveux blancs de Priam, qui vient humblement, avec un cortége suppliant, demander les restes de son fils, et il fait avec grâce honneur à sa triste requête.

Alors Achille fait faire de magnifiques obsèques à Patrocle : il immole même douze prisonniers sur son tombeau, et, pour apaiser ses mânes, il tue sur le champ de bataille Troïlus, un autre fils de Priam, à la vie duquel, d'après l'oracle, les dieux ont attaché le salut de Troie.

Mais voilà qu'épris de Polyxène, fille de Priam, Achille la demande

(1) *Luce de Lancival* a mis ce terrible drame sur la scène, dans une tragédie qui a nom *Hector*.

en mariage, l'obtient pour femme, et s'engage alors à défendre Troie. Notre héros se rend alors dans le *temple d'Apollon* pour y célébrer son alliance désirée... Hélas! à peine touche-t-il le seuil du sanctuaire, qu'il est frappé par le traître Pâris. La flèche que lui décoche le ravisseur d'Hélène atteint Achille au talon, seule partie de son corps qui soit vulnérable.

On pleure dans les deux armées le triste destin de l'illustre capitaine. On lui fait de splendides funérailles, et on enferme son corps couvert de ses armes dans un tombeau élevé non loin de la mer. A l'avenir, les générations qui vont se succéder pourront contempler le monticule qui toujours aura nom tombeau d'Achille (1), assez près de celui qui renferme les dépouilles de Patrocle.

Ainsi les deux armées perdent leurs plus vaillants guerriers.

Cependant, après dix ans de combats stériles, Troie succombe, et,

---

(1) Le long de la côte occidentale de l'Asie-Mineure, on trouve *Bournar-Bachi*, village qui indique l'emplacement présumé de Troie, l'ancienne *Ilion*, qu'il ne faut pas confondre avec la nouvelle Ilion, qui se trouve à quelques milles de distance.

Il ne reste aucun vestige de la première ville. Seulement, sur un rocher voisin et qu'on croit être la citadelle appelée *Pergame*, on reconnaît des débris de constructions en polygones irréguliers, une citerne taillée dans le roc, et trois tombeaux.

(*A. Mazure.*)

Lorsque l'on vint me dire que nous allions doubler le château des Dardanelles, la fièvre qui me possédait fut alors chassée par les souvenirs de Troie. Je me traînai sur le pont. Mes premiers regards tombèrent sur un haut promontoire couronné par neuf moulins. C'était le *cap Sigée*. Au pied du cap je distinguais deux *tumulus*, les *tombeaux d'Achille et de Patrocle*. L'embouchure du *Simoïs* était à la gauche du château neuf d'Asie : plus loin, derrière nous, en remontant vers l'Hellespont, paraissaient le *cap Rhétée* et le *tombeau d'Ajax*. Dans l'enfoncement s'élevait la chaîne du *mont Ida*, dont les pentes, vues de loin, paraissaient douces et d'une couleur harmonieuse. *Ténédos* était devant la proue de notre vaisseau.... Les Pyramides d'Égypte sont peu de chose comparées à la gloire de cette tombe de gazon que chanta *Homère*, et autour de laquelle courut *Alexandre*. Pour moi, s'il ne m'a pas été permis de visiter cette terre sacrée, heureux encore j'ai pu la saluer, j'ai pu voir les flots qui la baignent, j'ai pu répéter les vers du poète : (*Châteaubriand.*)

« L'armée des Grecs belliqueux élève sur le rivage un monument vaste et admiré :
» monument que l'on aperçoit de loin en passant sur la mer, et qui fixera les regards
» des races futures. »

Le poète a dit vrai, de nos jours encore, les touristes visitent le tombeau d'Achille.

en succombant, elle remplit d'effroi l'Europe et l'Asie, à ce point que le bruit de sa chute retentira dans les âges les plus reculés. Les poètes (1) nous disent que les Grecs, usant d'artifice, se cachèrent dans les flancs creux d'un immense cheval de bois consacré à Minerve, et qu'introduits dans la ville par les Troyens eux-mêmes qui, pour faire hommage de cet *ex-voto* à leurs dieux, le font entrer dans leur cité par une brèche pratiquée tout exprès ; à l'aide d'une nuit obscure, ils ouvrirent les portes à leur armée, qui avait mis à la voile en apparence, mais qui, en réalité, se tenait cachée derrière l'île de Ténédos, en face d'Ilion. Mais, rien de tout cela ne se passe sous mes yeux, et cette fable est due certainement à l'apparition de cette première machine de guerre que je vois inventée par Ulysse, et qui, sous la forme d'un cheval colossal, bat les remparts, fait brèche à la muraille, prépare un assaut général et livre Pergame aux Grecs. En effet, l'assaut est terrible : les murs sont escaladés, les maisons et les palais deviennent la proie des flammes ; les temples sont profanés, et la ville n'offre plus que l'image des ruines.

Alors, toutes les horreurs d'une place prise de vive force frappe les regards.

Le premier, percé d'une flèche empoisonnée que lui lance Philoctète, et qui vient d'Hercule, Pâris s'échappe et va rendre le dernier soupir sur le mont Ida, dans les bras d'Œnone, sa première et fidèle épouse.

Pâris mort, c'est à Déïphobe, un autre fils de Priam, qu'Hélène confie sa personne et sa vie. Mais survient Ménélas, qui égorge Déïphobe dans les bras d'Hélène, et se rend enfin maître de la misérable femme auteur de tant de calamités.

---

(1) *Virgile*, le prince des poètes latins, né 70 ans avant J.-C., au village d'*Andes*, près de *Mantoue*, puis élevé à Crémone et à Naples, outre de magnifiques églogues et de superbes Géorgiques, dans son *Enéïde* fait raconter à Didon, reine de Carthage, par Enée, prince troyen, le *siége de Troie* et les épisodes les plus émouvants... C'est lui qui met en scène le cheval de bois, etc.

Alors Priam, le vieux Priam périt au pied des autels, massacré par Pyrrhus, après avoir vu périr tous ses fils.

Alors ce même Pyrrhus, le terrible fils du vaillant Achille, s'empare de Polyxène, sous les yeux d'Hécube, sa mère désolée, et la traînant jusque sur le tombeau d'Achille, son époux, il l'immole aux mânes du héros en tranchant sans pitié les jours de cette jeune femme, veuve avant d'être épouse.

Alors Pyrrhus encore, l'impitoyable Pyrrhus, sous les yeux d'Hécube toujours, arrache à la veuve d'Hector, Andromaque, son tendre Astyanax, le fruit du plus fidèle amour. Insatiable dans sa vengeance, Pyrrhus écrase contre le mur d'une tour la tête de cette frêle créature, et s'emparant d'Andromaque, qui ne peut le contempler sans frémir, il la conduit dans sa tente, où désormais elle sera son esclave (1).

Alors Cassandre se réfugie dans le temple de Pallas, espérant échapper aux crimes de cette horrible nuit : mais Ajax, fils d'Oïlée, survient, s'en saisit, et lui fait éprouver le plus sanglant des outrages. Prise ensuite par les Grecs, elle devient l'esclave d'Agamemnon (2).

Alors Hécube, la veuve désolée de l'infortuné Priam, brisée par la douleur d'avoir vu périr tous ceux qu'elle aime, Hécube à son tour devient la proie des ennemis et tombe aux mains d'Ulysse, qui en fait aussi son esclave.

Alors Enée, les épaules chargées de son vieux père Anchise, s'échappe en tenant par la main son cher Ascagne. Créuse, sa femme, marche à ses côtés. Mais dans le désordre de ce drame indescriptible Créuse s'égare et devient sans doute la victime du vainqueur (3).

Alors enfin, et tableau que je ne puis rendre, les Troyens sont

---

(1) L'un de nos poètes, *Racine*, a mis sur la scène les malheurs de la veuve d'Hector sous le titre d'*Andromaque*.

(2) Lycophron a fait un poème très obscur dont *Cassandre* est l'héroïne.

(3) *Virgile*, dans son *Enéide*, a peint admirablement la guerre de Troie, ses malheurs et sa ruine.

égorgés sans pitié, ensevelis sous les ruines fumantes de leur grande cité qui flamboie dans les ténèbres, et toutes les Troyennes sont chargées de fers et vont terminer leurs jours dans l'esclavage (1).

(1) Malgré les investigations incessantes des voyageurs dont la plaine de Troie a été l'objet, on est encore dans l'incertitude sur l'emplacement qu'occupait autrefois l'antique capitale de la Troade. Cependant les chants d'Homère décrivent avec précision les lieux renommés où la question d'Orient, posée pour la première fois, a été résolue, il y a 3,000 ans, par le sort des armes. Depuis ces temps héroïques, les grandes lignes tracées par l'*Iliade* n'ont pas changé, la géologie le démontre. La mer Égée baigne les mêmes rivages ; l'aspect des côtes est resté le même. Les flots du large viennent mourir sur les mêmes bas-fonds, au pied des tombeaux d'Achille et de Patrocle, ou bien se briser contre les rochers des mêmes promontoires. Le cap Sigée, l'embouchure du Scamandre, dans la mer de Hellé, un peu plus loin le cap Rhétée et le tombeau d'Ajax sont autant de points de repère fixes, qui circonscrivent invariablement à l'ouest et au nord le théâtre des combats décrits par Homère.

À l'est et au sud, de hautes montagnes couvertes de forêts verdoyantes, que dominent, à l'horizon, les cimes neigeuses du mont Ida, forment les limites de la vaste plaine où fut Troie. Ces champs, autrefois si fertiles, où la fièvre décime aujourd'hui une population pauvre et clair-semée, sont traversés par de nombreux cours d'eau errant sur un sol marécageux. Quelques pins et des bosquets de chênes rompent seuls l'uniformité de ces solitudes, où des myriades de tortues et de reptiles pullulent dans la vase des eaux stagnantes.

La situation de la Troade est donc déterminée avec certitude.

Comment se fait-il que quand il s'agit de reconnaître l'emplacement de la ville antique, Troie, les difficultés les plus sérieuses commencent pour l'explorateur?

Deux archéologues, MM. Nicolaïdès et Schliêman, s'accordent sur le cours du Scamandre, mais ils diffèrent d'opinion à l'endroit du Simoïs.

D'après le premier, l'antique Ilion n'a pu être située ailleurs qu'à Bounar-Baschi ; d'après le second, il faut reporter cette ville à Hissarlick, sur l'emplacement qu'occupent encore les immenses ruines d'*Ilium-Novum*.

« Si Troie avait réellement existé sur les hauteurs de Bounar-Baschi, dit M. Schliêman, on devrait y retrouver ses ruines, c'est-à-dire les murailles cyclopéennes qui servaient de base à sa citadelle, à ses palais. » Or, on n'y trouve rien.

Ces ruines, les retrouve-t-on à Hissarlick ? Oui. Là, on rencontre les restes d'une grande ville : colonnes renversées, pans de murailles, marbres, poteries, débris de toute sorte mêlés à cette poussière atmosphérique, qui forme comme le linceul des siècles, couvrent le sol à la profondeur de plusieurs mètres, et attestent les splendeurs passées d'une grande cité morte.

L'histoire d'Hissarlick ou Ilium-Novum est bien connue, et tous les témoignages de l'antiquité semblent prouver que l'ancien Ilion n'a pas subi une complète destruction ; que bien que déchue, cette ville a conservé, après la guerre de Troie, une partie de ses habitants, et que, avec le temps, elle a pu se relever de ses ruines, aux lieux mêmes qu'elle avait occupés primitivement. Ainsi, Ilium-Novum ou Hissarlick existerait sur les débris mêmes de l'illustre cité dont il continuait le nom.

Tel est le dénoûment de cette guerre cruelle, qui satisfait la vengeance des Grecs, assurément, mais qui devient aussi le terme de

C'est ainsi que toute l'antiquité l'avait compris.

« Xerxès, dit Hérodote, arriva au Scamandre et monta à la *Pergame de Priam*. Il y sacrifia 1,000 bœufs à la Minerve Ilienne, et fit des libations aux mânes des héros. »

Cent trente ans plus tard, quand l'Asie subit à son tour l'invasion de l'Europe, Alexandre, après la victoire du Granique, visita Ilion, fit des sacrifices à la déesse, suspendit son armure aux colonnes du temple, et prit en échange quelques-unes des armes conservées depuis le siège de Troie.

Après la mort d'Alexandre, un de ses successeurs, Lysimaque, entoura la ville d'une muraille longue de 40 stades, y bâtit un nouveau temple et en augmenta la population en y amenant les habitants des villes voisines tombées en décadence.

Lorsque les Romains firent la conquête de l'Asie, Ilion avait beaucoup souffert. Il y avait à peine des tuiles sur le toit des maisons. Sylla, et plus tard Jules César, y firent de grandes améliorations, et, comme au temps d'Alexandre, Ilion fut déclarée exempte d'impôts.

Que reste-t-il aujourd'hui de ces grands souvenirs ? Sur la poussière foulée par tant de générations, où tant d'illustres personnages ont passé, pas même un nom n'a survécu ! Car, qui soupçonnerait Troie, la fameuse, l'héroïque cité chantée par Homère, sous cette nouvelle dénomination d'Hissarlick, la *Ville des palais*, des palais détruits ?...

Et cependant, paraît-il, ce serait ce pauvre village turc, inconnu, sans gloire, qui couvrirait de ses masures les ruines ensevelies de la demeure des rois troyens, ancêtres de Priam, et qui, seul, maintiendrait un reste de vie humaine sur les foyers abandonnés d'un grand peuple !

D'autre part, M. Schliémann a constaté par des fouilles très complètes qu'il n'a jamais existé d'habitations humaines à Bounar-Baschi. Indépendamment de l'absence de ruines, la nature même du rocher, resté vierge de tout travail des hommes, en donne la preuve.

D'ailleurs, dans l'hypothèse qui place Troie sur les versants de l'Ida, à Bounar-Baschi, cette ville aurait été séparée par une distance de 14 kilomètres du camp des Grecs. Or l'*Iliade* rapporte que dans une même journée, de 10 heures du matin à 7 du soir, les Grecs et les Troyens, tour à tour victorieux et vaincus, ont, au moins six fois traversé la plaine depuis le pied des remparts d'Ilion jusqu'à l'enceinte des vaisseaux, ce qui suppose que deux armées engagées dans un combat acharné, défendant le terrain pied à pied et ne reculant que le plus lentement possible, auraient, en *neuf* heures, parcouru plus de 84 kilomètres.

Enfin, voici une autre objection qui nous ramène à l'un des passages les plus célèbres de l'*Iliade*.

Hector est poursuivi par Achille. Trois fois il fait en courant le tour d'Ilion avant de tomber sous les coups de son agile ennemi. Or, les hauteurs de Bounar-Baschi descendent au lit du Scamandre par des pentes tellement abruptes et de tels précipices, qu'il ne serait jamais possible à deux hommes armés de les franchir. Les deux guerriers n'auraient donc jamais pu faire le tour de Troie.

leurs prospérités, et le commencement des malheurs qui les attendent à leur retour.

Ainsi Ménesthée, roi d'Athènes, meurt dans l'île de Mélos.

Ajax, le profanateur de la vertu dans les temples, le fils d'Oïlée, est englouti dans la mer Egée, avec sa flotte tout entière.

Après le livre de monsieur Schliémann, il faudrait être doué d'une foi bien robuste pour aller encore à Bounar-Baschi chercher les ruines de Troie. Et cependant tant de récits l'ont placée là, derrière ces rochers que baigne le Scamandre, à côté de ces sources pures qui, suivant la tradition, servaient de lavoir aux Troyennes; nous sommes si bien habitués à nous représenter, sur cette colline, et le figuier sauvage, et le tombeau d'Ilus, et ces remparts, et ces portes de Scée, témoins des derniers adieux d'Andromaque et d'Hector, que nous ne pouvons, sans regrets, dépeupler ces lieux de tant de poésie.

Il faut pourtant s'y résigner. Oui, il est nécessaire de déménager tous nos souvenirs, et de les installer à Hissarlick !

Mais au moins ces souvenirs pourront-ils s'y établir avec plus de sécurité qu'à Bounar-Baschi ?

Hélas ! *chi lo sa ?*

Quand je vous disais que les villes les plus fameuses de l'antiquité ont été tellement balayées par le vent de l'inconstance romaine, que tout en a disparu, jusqu'à leur cendre !... *Cecidis flos capitis mei !*

Avouons-le : le système de monsieur Schliémann soulève, lui aussi, de graves objections.

D'abord, monsieur Schliémann, par cela même qu'il change la position de la ville assiégée, se trouve dans la nécessité de changer aussi la position des assiégeants.

Homère nous représente le camp des Grecs sur le rivage de l'Hellespont.

Monsieur Schliémann le transporte au sud, sur le rivage de la mer Egée, au pied du cap Sigée.

A cet égard, il ne s'appuie sur aucune autorité et semble démenti par les textes les plus formels. Tous les passages de l'*Iliade* s'appliquent parfaitement à la plage qui s'étend du cap Rhétée à la pointe du château d'Asie. Dans l'hypothèse de monsieur Schliémann, ils sont inexplicables.

Remarquons, par exemple, que s'il est admis que le camp des Grecs était placé sur l'Hellespont, ainsi que le dit Homère, il faut renoncer à rencontrer les ruines de Troie sur l'emplacement d'Ilium-Novum, parce que la ligne du Scamandre aurait été en-dehors du champ de bataille, et que ni les Grecs ni les Troyens, pour en venir aux mains, n'auraient eu à le traverser. Il n'y aurait plus moyen de rien comprendre aux mouvements des deux armées.

Que deviendrait alors cette exactitude tant de fois constatée des poèmes homériques, et cette science stratégique qui faisait dire à Napoléon :

« Lorsqu'on lit l'*Iliade*, on sent à chaque instant qu'Homère a fait la guerre, et n'a point passé sa vie uniquement dans les écoles de Chios. »

Philoctète, chassé de son royaume, passe en Calabre, où il fonde *Péthilie* et *Thurium* (1).

Teucer, mal accueilli par son père, s'exile et va fonder la ville de *Salamine*, en Cypre.

Diomède, à son retour, se voit trahi par son épouse Egialée, et, s'éloignant de sa patrie, se rend en Italie, où il jette les fondements de *Arpi* et de *Bénévent*.

Idoménée, victime d'une violente tempête, fait vœu, s'il échappe, de sacrifier à Neptune le premier être vivant qui se montrera devant lui sur le rivage. A peine aborde-t-il que son fils se présente à lui. Esclave de son serment, Idoménée l'immole. Mais ce meurtre impie le rend si odieux à ses sujets, qu'il est forcé de s'enfuir. Alors il se dirige vers la Calabre, se fixe à Salente, et y meurt dans un âge très avancé (2).

Pyrrhus, le meurtrier de Priam, de Polyxène, d'Astyanax et du jeune *Polyte*, un des fils du vieux roi de Troie, rendu dans sa capitale de l'Epire, veut épouser Hermione, la fille de Ménélas et d'Hélène, qui lui a été promise. Mais la jeune princesse, jalouse à l'excès en voyant que le guerrier la néglige pour Andromaque, sa captive, le fait assassiner à Delphes, par Oreste, fils d'Agamemnon, frère d'Iphigénie, son cousin (3).

Ulysse, suivi d'Hécube, aborde d'abord en Thrace, chez le roi *Polymnestor*, à qui Priam a confié le plus jeune de ses enfants, *Polydore*. Mais ce prince cruel a fait lâchement périr l'innocente victime, en apprenant la chute de Troie. A la nouvelle de cette mort sacrilége, Hécube, dans sa fureur, crève les yeux au prince parjure

---

(1) Les infortunes de *Philoctète* ont fourni à *Sophocle* le sujet d'une tragédie qui a été imitée par notre *Laharpe*.

(2) *Crébillon* a composé une tragédie intitulée *le Sacrifice d'Idoménée*.

(3) Les fureurs jalouses d'Hermione sont admirablement rendues dans la **tragédie d'*Hermione*,** par *Euripide*, et dans celle d'*Andromaque*, par *Racine*.

et poignarde ses deux enfants (1). Ainsi vengée, la mère abreuvée de douleurs reprend son rôle d'esclave et suit Ulysse, qui cingle vers Ithaque. Mais il erre au gré des vents, successivement poussé chez les *Cicones*, qui ont fait périr Orphée; au cap Malée; sur les côtes de Salamine; dans l'île africaine des Lotophages; entre les écueils de Charybde et de Scylla; sur les mers des Sirènes; à l'île d'Ea, domaine de la magicienne Circé; à l'île d'*Ogygie*, où la nymphe *Calypso*, fille d'Atlas ou de l'Océan, emploie tous les moyens de séduction pour le retenir; en Sicile, dont le fameux *cyclope* Polyphème, fils de Neptune et de la *nymphe Thoosa*, possesseur de nombreux troupeaux, l'enferme avec ses compagnons dans son antre pour les dévorer. Heureusement Ulysse est rusé. Voici qu'il enivre le cyclope, lui crève son œil unique avec un pieu, et s'échappe de l'antre après avoir fait sortir ses compagnons attachés sous le ventre des brebis. Enfin, l'artificieux capitaine aborde à Corcyre, île des Phéaciens, où Alcinoüs, revenu de Troie depuis longtemps, l'accueille avec amitié, et dont *Nausicaa*, sa fille, lui fait les honneurs de jardins magnifiques et de palais non moins merveilleux (2). Peu de temps après, à l'aide des navires d'Alcinoüs, Ulysse gagne Ithaque, lorsqu'il y a dix ans qu'il erre sur l'Océan et vingt qu'il a quitté sa patrie. Son chien seul le reconnaît. Pendant sa longue absence, Pénélope, sa fidèle épouse, a été circonvenue par une foule de prétendants, et ses biens ont été mis au pillage. Alors, aidé de Télémaque (3), le héros perce de ses flèches les prétendants, et comprime la révolte d'un peuple qui veut venger leur mort.

Enfin, un oracle ayant prédit qu'Ulysse mourrait de la main de son fils, le roi d'Ithaque exile l'innocent Télémaque. Mais un autre fils,

---

(1) *Euripide* a mis *Hécube* sur la scène, dans une de ses plus belles tragédies.

(2) *Homère*, dans son *Odyssée*, a fait Ulysse son héros. Ce poète sublime chante les aventures d'Ulysse et vante la beauté de Nausicaa et les jardins d'Alcinoüs.

(3) Dans une admirable fiction, les *Aventures de Télémaque*, un de nos auteurs les plus fameux, **Fénelon**, nous raconte les péripéties des recherches faites de son père, **par ce jeune héros, sous la conduite de Mentor.**

Télégone, né de Circé l'enchanteresse, aborde dans l'île, et, sans le savoir, accomplit l'oracle redouté (1).

(1) Des plaines de Troie, où tout-à-l'heure nous avons trouvé l'habile critique monsieur Schliémann et étudié l'*Iliade* avec lui, étudions de même avec lui l'île d'Ithaque et l'*Odyssée*, l'autre poème écrit sur Ulysse par l'immortel Homère.

Entre Céphalonie, la plus grande des îles Ioniennes, et la côte d'Acarnanie, sur une longueur de 29 kilomètres, du nord-ouest au sud-est, s'étend une île fameuse, que les Grecs modernes nomment *Thiaki*. A l'orient, un golfe profond la coupe en deux parties, reliées par un isthme de 900 mètres de large, qui sert d'amphithéâtre naturel au golfe, domine la mer d'environ 500 pieds, et se continue au nord et au sud par deux montagnes formant une crête géologique.

C'est *Ithaque*, la patrie du sage Ulysse, immortalisé lui aussi par les chants d'Homère, Ithaque, dont l'aimable Fénelon nous a tant parlé, dans ses pages admirables à l'égal de celles d'Homère, des *Aventures de Télémaque*.

L'isthme est composé de trois hauteurs : l'Aigle ou Aetos, le Palœa-Moschata et le Sella, qui s'abaissent graduellement. Au nord l'Anoge, appelé Néritos par Homère, jadis couvert de forêts, élève aujourd'hui vers le ciel ses cimes dénudées. Au sud, le Néïon incline vers les flots ses pentes plus douces, mais aussi arides.

Le chêne a disparu d'Ithaque, et, avec lui, la rosée féconde. Il n'y a plus ni glands doux ni prairies verdoyantes pour nourrir les troupeaux de porcs et de bœufs. Au temps d'Ulysse, sa chère Ithaque lui apparaissait semblable à un immense bouquet de verdure nageant sur les flots bleus de la mer Ionienne : à nos yeux, ce n'est plus que deux blocs pierreux, rougeâtres, échoués aux rivages de l'Acarnanie.

Le port actuel de l'île est Vathy, nom qui signifie profondeur. Il est situé dans une anfractuosité du golfe, à l'extrémité d'une petite plaine couverte de vignes et d'oliviers. Vathy, village de 3,000 habitants, ceint d'une ligne de maisons blanches le cirque dessiné par la côte.

En suivant les sinuosités du golfe, et en se dirigeant vers l'isthme, on rencontre le petit port de Phorcys. Le voilà bien tel que le montre Homère, avec ses deux rochers à l'entrée, pareils à deux môles. L'olivier touffu, planté à l'extrémité du port, sous lequel les Phéaciens déposèrent les présents d'Ulysse endormi, n'est plus là : mais la grotte merveilleuse consacrée aux naïades n'a point changé.

« On y voit, dit le poète, des urnes et des amphores de pierre ; les abeilles y déposent leur miel. On y voit aussi des métiers de tisserand en pierre : les nymphes tissent des draperies de pourpre de mer d'un aspect admirable. »

La caverne est ronde ; elle a 17 mètres de diamètre. Du plafond tombent des masses de stalactites aux formes bizarres, dans lesquelles l'imagination, aidée par les jeux mobiles de la flamme des torches, reconnaît les urnes, les amphores et les métiers des belles naïades du poète.

Nous arrivons au pied de l'Aetos. La montagne vient, par une pente assez douce, mourir sur les bords d'une anse qui jadis était fière de la capitale de l'île, assise sur son rivage. On en voit encore des vestiges.

Les flancs raides et rocailleux de l'Aetos une fois gravis, nous atteignons une

Avant son départ pour Troie, Agamemnon, le roi d'Argos, si sage et si prudent, a pourtant l'imprudence de confier ses États, sa femme et

crête étroite qui s'élargit et s'élève vers le nord. De cette hauteur un panorama splendide s'offre aux regards.

Au couchant, les montagnes de Céphalonie s'élancent fièrement à pic du sein des flots.

Au nord voici Sainte-Maure, avec le promontoire Ducato, si célèbre dans l'antiquité par le fameux rocher appelé le *saut de Leucade*, d'où se précipita la belle Sapho, et d'où, à son exemple, se précipitaient dans l'onde les amants infortunés, persuadés que ce saut téméraire les guérirait de leur passion.

A l'orient, des pics grandioses dentellent l'azur du ciel : ce sont les chaînes de l'Acarnanie.

Au sud s'étendent les monts du Péloponèse, qui font pressentir ces horizons magnifiques, harmonieux, savamment conbinés de la Grèce.

A nos pieds, partout la mer, comme un miroir d'acier bleu, scintille sous les rayons du soleil. La chaleur est vive, mais une brise salutaire, venue des profondeurs de la Méditerranée, rafraîchit et souffle je ne sais quoi de doux et de fortifiant.

La crête de l'Aetos se termine, au nord, par une plate-forme rectangulaire, large de 27 mètres, et longue de 37.

C'est le sol qui porta jadis le *palais d'Ulysse*.

Des constructions cyclopéennes qui le composaient, appartenant à l'âge héroïque, il ne reste plus qu'une enceinte de murs garnis de tours, fermés de grandes pierres superposées sans ciment. Ces murs, vénérables témoins des scènes touchantes ou terribles de l'*Odyssée*, semblent défier l'effort des siècles.

La tradition du pays leur a conservé le nom de *Kastron Odysseos*, le château d'Ulysse.

Sur ce plateau de l'Aetos, il n'est pas resté un endroit grand comme la main qui n'ait été sondé par monsieur Schliémann. Inutiles recherches. A une profondeur de 60 centimètres, le rocher calcaire apparaît, et, dans le sol, on ne rencontre que des débris insignifiants de tuiles et de poteries.

La seule trouvaille intéressante a été celle d'un petit cimetière domestique très ancien, dont notre archéologue a retiré intacts cinq petits vases de formes diverses, remplis de cendres de corps humains brûlés... Deux de ces vases, quand on les a extraits du sol, avaient d'assez belles peintures d'hommes, que la lumière du soleil a fait disparaître, mais que l'on espère faire revenir par des procédés chimiques. Il est impossible d'assigner avec certitude un âge à ces objets. Ils paraissent toutefois remonter plus loin que les anciens vases de Cumes, qui sont au musée de Naples.

Un chemin, taillé dans le roc, et flanqué par intervalles de petites tours, descend de l'Aetos et rampe sur le versant occidental de l'isthme jusqu'à l'endroit où gît le terrain spécial, bien connu des archéologues, et qui est comme la poussière des cités disparues. C'est l'antique capitale de l'île. Ce chemin conduirait donc du palais du roi à la ville, et c'est par ce chemin qu'Ulysse et Télémaque descendaient au champ de Laerte. C'est aujourd'hui un lieu planté de vignes sur le bord de la mer. On y

ses enfants à Égisthe, le fils de Thyeste, l'assassin d'Atrée, devenu son ami, comme il est son parent. Mais, à peine Agamemnon s'est-il

récolte des raisins dits de Corinthe, et quand nous mangeons de ces fruits, peut-être proviennent-ils des domaines de Laërte, d'Ulysse et de Télémaque.

L'extrémité septentrionale de l'île d'Ithaque est traversée par une vallée fertile, ouverte à l'ouest sur un golfe magnifique.

Le golfe et la vallée portent le nom de *Polis*. Des ruines nombreuses et les ruines d'une acropole attestent qu'une ville a existé dans ce lieu. Les plus anciens débris qu'on y rencontre sont des sarcophages, qu'on ne peut faire remonter jusqu'à la guerre de Troie, car dans ce temps-là on brûlait les morts. Des idoles phéniciennes et grecques, des anneaux de provenance tyrienne, des scarabées égyptiens avec hiéroglyphes, que l'on trouve dans ces tombeaux, indiquent que Polis fut une station florissante de la mer Ionienne, où les Phéniciens et les Égyptiens eurent des établissements.

Dans la partie méridionale d'Ithaque, on rencontre le mont Néïon. Là, à 1 kilomètre du rivage oriental, se dresse un rocher auquel la tradition a conservé le nom homérique de *Corax*, corbeau. Il est perpendiculaire et compte 100 pieds de haut.

Les eaux de la fontaine Aréthuse jaillissent du pied du Corax. Au temps où les montagnes boisées imprégnaient de fraîcheur ce sol aujourd'hui desséché, les eaux de la source étaient abondantes et impétueuses. Une ravine profonde de 34 mètres et large de 70, creusée dans le rocher, en fournit la preuve. Combien l'Aréthuse est changée ! A cette heure, elle coule lentement, perdue au fond de ce vaste lit, et tout au plus débite-t-elle 200 litres d'eau par jour.

Au-delà du Corax, à 250 pieds au-dessus du niveau de la mer, est situé un plateau uni et fertile, dans lequel il est facile de reconnaître « *le champ visible à l'entour,* » selon l'expression si juste d'Homère.

C'est là que le célèbre porcher, Eumée, avait ses 12 étables, sa maison, sa cour, etc. Des ruines cyclopéennes occupent la partie nord de ce plateau. Monsieur Schliémann a retrouvé là dix bâtiments ne contenant qu'une pièce. Ils sont construits à côté l'un de l'autre.

A quelques pas, on voit le reste d'un édifice de 15 mètres de long sur autant de large.

A Ithaque, dans chaque famille, on trouve souvent un Télémaque, un Ulysse, une Pénélope. Il est plus rare d'y rencontrer quelqu'un qui sache lire et écrire. Comme jadis, l'histoire du grand roi passe de bouche en bouche, et se conserve aussi sûrement que si elle était écrite sur les rochers du Corax.

Ainsi qu'au temps d'Ulysse, les maisons se dressent sur les hauteurs. Le mur classique de grosses pierres, surmonté d'une haie d'épines sèches et de la palissade homérique, les entoure encore. Une meute est toujours préposée à la garde de la demeure. Elle connaît et respecte les voisins et amis, mais elle ne manque pas de faire à l'étranger la réception menaçante que les chiens d'Eumée firent à Ulysse.

Un jour, nous nous trouvâmes dans la situation critique du héros. Comme Ulysse, nous dûmes avoir recours à la ressource unique, qui est de s'asseoir à terre : cette attitude humiliée de l'homme en impose toujours à la gent aboyante.

Les naturels de l'île d'Ithaque sont aussi fervents adorateurs de Jésus-Christ qu'ils

éloigné, qu'Egisthe jette le masque et manifeste ce qu'il y a de criminel dans le sang des Pélopides.

Il commence par écarter l'un de ces chantres sublimes, que le roi des rois avait mis aux côtés de Clytemnestre, son épouse, pour tenir sans relâche le caractère de la princesse à la hauteur des régions de la vertu. Mais le misérable Egisthe séduit la reine d'Argos. Alors l'un et l'autre poussent le cynisme jusqu'à persécuter, aux yeux de tout Argos, les enfants d'Agamemnon, qui, pendant dix années, sacrifie sa tendresse et sa famille à la gloire de la Grèce.

Aussi, quand Agamemnon arrive du siége de Troie, l'impudique Clytemnestre, que le délire de la passion et les instances d'Egisthe poussent au crime, a bien vite préparé l'horrible réception qui doit assurer son impunité. A peine le roi des rois sort-il de son navire, que cette épouse impudente le conduit au bain parfumé qui doit reposer ses membres fatigués. Mais, alors que le malheureux prince,

---

l'ont été jadis de Jupiter. Ils observent le jeûne avec une rigueur toute primitive. Ces jours-là, il est impossible de se procurer dans l'île beurre ou poisson : le beurre est réputé aliment gras, et les pêcheurs chôment le vendredi.

Au temps de la guerre de Troie, la population d'Ithaque devait être dix fois plus considérable : de nos jours, elle est réduite à 13,000 âmes. Le déboisement, en appauvrissant le sol, a nécessairement diminué le nombre d'individus que l'île peut nourrir.

Le costume des Ithaciens est celui de l'Albanie : veste traditionnelle, blanche fustanelle, pieds nus. A sa taille svelte, à ses yeux intelligents et vifs, à son nez aquilin, on reconnaît la race élégante et forte par excellence. Qu'on leur dise, à ces Grecs fameux :

— De quelle partie de l'Europe êtes-vous ?

Ils vous répondent avec un legitime orgueil :

— *Ithakésios eimêi, ma ton Thœon!* D'Ithaque, par Dieu !

Ils ont au plus haut degré l'instinct merveilleux de cette sublime race grecque pour les arts et la poésie, car ils pleurent et s'enthousiasment à la lecture d'Homère.

O puissance et immortalité du génie! Nous aussi, nous étions émus en songeant que là où nous mettions le pied, Laërte, Ulysse, Pénélope, Télémaque et Homère avaient passé, qu'ils avaient bu de cette eau de la fontaine Aréthuse, qu'ils s'étaient assis à l'ombre du Corax, qu'ils avaient suivi le même sentier taillé dans le rocher qui du palais conduit à la ville, qu'ils avaient séjourné dans les cours et sous les toits d'Eumée, qu'ils avaient foulé aux pieds le même *champ visible à l'entour*, contemplant les mêmes horizons et admirant la poétique Ithaque... A. D***

frais et dispos, quitte sa baignoire, l'adultère Clytemnestre lui passe une tunique qu'elle a faite elle-même, avec beaucoup d'art, et dont le col est fermé part le haut. Enfermé dans cette sorte de sac, Agamemnon repousse le perfide vêtement. Aussitôt survient Egisthe qui étouffe sa victime, pendant que sa complice lui plonge un poignard dans la poitrine (1).

Alors les deux coupables n'ont pas honte de ceindre leurs fronts d'une double couronne, celle fleurie de l'hyménée, et celle d'or des royaumes d'Argos et de Mycènes. Puis ils règnent sept années sur leur trône acheté par le sang...

Heureusement le ciel punit toujours les forfaits.

Au moment où Agamemnon périssait par le fer et le lacet d'Egisthe et de Clytemnestre, Oreste, le fils d'Agamemnon et de l'odieuse Clytemnestre, était sur le point de mourir sous le glaive d'Egisthe.

Mais sa sœur, Electre, l'arrache secrètement aux embûches du tyran et le fait conduire à la cour de *Strophius*, roi de Phocide, son oncle. Là, Oreste est élevé en cachette avec *Pylade*, son cousin, fils de Strophius : là aussi, ces deux jeunes hommes commencent cette sainte et forte amitié dont le modèle deviendra proverbial et dont le souvenir sera toujours vivant.

Puis, vient un jour où le jeune héros sent poindre la lumière de l'intelligence, se rend compte du meurtre de son père, juge les crimes de sa mère, devine ses forces et veut courir à la vengeance.

— Vengez-vous, mais sans bruit! que l'adresse et le silence vous tiennent lieu d'armes et de troupes! lui dit l'oracle qu'il consulte...

Sur la foi des dieux, Oreste et son ami Pylade se rendent à Argos, s'arrêtent au tombeau d'Agamemnon, y rencontrent Electre, avec elle pleurent le trépas inique du monarque, par elle pénètrent cauteleusement dans le palais, trouvent Egisthe livré aux soins d'un sacrifice, et, sans délai, Oreste, saisissant le couteau qui a égorgé

---

(1) L'*Agamemnon*, d'*Eschyle*, et ceux d'*Alfieri* et de *Népomucène Lemercier*, ont épuisé tout ce qu'il y a d'affreux et de pathétique dans cette triste famille des Atrides.

la victime, le plonge tout entier dans la poitrine du monstre, au pied de l'autel.

En même temps, le héros va droit à Clytemnestre éperdue... Mais il hésite à ce moment suprême... Tuer sa mère !... donner la mort à celle qui lui donna la vie !... cette fatale pensée l'arrête. Aussitôt le souvenir, l'ombre son père peut-être passe devant ses yeux, et soudain son bras se lève et retombe... Clytemnestre expire !

Mais, à peine le parricide s'est-il éloigné du cadavre qui se tord dans les convulsions de l'agonie, que déjà les Furies vengeresses pénètrent dans l'âme d'Oreste. Il voit leurs bras agiter des poignards... Il entend leurs serpents siffler sur leurs têtes... L'amitié la plus généreuse, la justice de sa cause, rien ne peut calmer ses terreurs. Dans Athènes où l'Aréopage et Minerve l'absolvent ; à Trézène, où il expie sa faute dans l'exil ; en Tauride même, où le jettent les fureurs d'un naufrage, partout il promène sa démence et ses remords. Il est même heureux de mourir, car voici que les Taures s'emparent de lui, et selon leur usage d'immoler à Diane tout naufragé qui atteint leurs côtes, ils le placent sous le fer sacré que tient une jeune prêtresse. Oreste va périr, et les dernières paroles que prononce sa bouche sont les noms d'Agamemnon et de Clytemnestre. A sa voix, la vierge du sanctuaire laisse tomber le glaive... Elle regarde, elle reconnaît son frère... La prêtresse n'est autre qu'Iphigénie, l'autre sœur d'Oreste, que nous avons vue en Aulide, sur le point d'être égorgée, elle aussi, lorsque Calchas exigea d'Agamemnon la mort de sa fille afin d'obtenir des dieux un vent favorable pour gagner Troie.

Le frère est délivré par sa sœur, et alors Oreste et Iphigénie s'embarquent pour la Grèce.

A son retour, calmé dans ses agitations et paisible possesseur des royaumes d'Argos et de Mycènes, Oreste marie sa sœur Electre à son ami Pylade (1). Ensuite, il écoute la voix de l'amour et tue Pyrrhus,

---

(1) L'*Oreste* et l'*Electre* d'*Euripide* offrent les scènes les plus émouvantes et les plus sinistres de la tragédie grecque.

sous l'inspiration de la jalouse et de la terrible Hermione, qu'il épouse. Mais Hermione meurt bientôt, et Oreste prend pour seconde femme *Erigone*, sa sœur utérine, la fille d'Egisthe et de Clytemnestre, dont il a un fils, *Penthile*, qui doit régner après lui (1). Enfin, il meurt en Arcadie de la piqûre d'un serpent.

Tous ces drames atteignent leur fin vers 1200 ans avant Jésus-Christ.

Et d'Hélène, d'Hélène cause de cette guerre si fatale aux deux partis, ne dirai-je rien? Non certes! car alors l'ombre manquerait au tableau. Or, à peine rendu à son foyer, le roi de Sparte Ménélas meurt bientôt. Mais aussitôt Hélène est chassée de Lacédémone par deux bâtards de son mari. Alors elle se réfugie à Rhodes, près de la reine *Polyxo*, veuve de *Tlépolème*, qui a été tué sous les murs de Troie. Hélas! à peine arrivée, Polyxo, princesse aux passions vives, s'empare d'Hélène, que les chagrins et les malheurs ont bien vieillie, et la fait pendre à un arbre par deux de ses femmes, dans la pensée de venger ainsi la mort de son mari.

Ainsi finit cette héroïne qui ébranla le monde et causa la ruine et la mort de tant de guerriers magnanimes.

Il ne reste d'elle que son collier, de l'or le plus pur. La Grèce en fit hommage au dieu du jour Apollon, et on le voit parmi les trésors du temple de Delphes.

— Eh bien! me dit le comte, au moment où je laissais tomber ma tête comme pour m'abandonner à mes réflexions, avais-je raison de te dire que cette petite Asie, l'Asie-Mineure, valait à elle seule tout un monde par les hauts faits dont elle a été témoin, et la gloire dont elle a fait moisson? Et encore ne t'ai-je montré que la Mysie... Que sera-ce quand nous te mettrons en face de la *Bithynie*, de la *Paphlagonie*, du *Pont*, de la *Lydie*, de la *Phrygie*, de la *Galatie*, de la *Cappadoce*, de la *Carie*, de la *Lycie*, de la *Phamphylie*, et de la *Cilicie* ?

(1) *Denne-Baron* et *A. Genevay*, Dict. de la Conv.

Mais ces diverses contrées de l'Asie-Mineure ne sont encore qu'à l'état de naissance. Laissons-les se former des colonies qui lui arrivent de toutes parts, et grandir pour les événements qui s'y passeront. Alors nous reviendrons assister aux drames et aux grandes scènes dont elles seront le théâtre... Peut-être...

Ah! je devine à ton geste que tu veux savoir au moins le nom de ces montagnes qui bordent la Troade et font un si bel effet de perspective dans le paysage, n'est-ce pas? Sache que l'un est le *mont Olympe*, celui du nord, dans la Prhygie, et le *mont Tmolus*, celui du sud, dans la Lydie.

Le premier est couvert d'un manteau de roi, à savoir des forêts séculaires, et ses pitons servent souvent de retraite aux brigands de la contrée.

Le second nous montre les rampes fécondes qui fournissent ce raisin savoureux dont les Grecs ont fait le nectar des dieux, et ce délectable safran qu'ils appellent l'ambroisie.

Quant au rayon d'or qui s'échappe de ses flancs comme une épée flamboyante, ce n'est autre chose que le *Pactole*. Mais le Pactole est un fleuve qui roule des paillettes d'or. Aussi les Grecs ont-ils à raconter, sur cette heureuse contrée, l'histoire que voici :

Naguère, sur les rives du Pactole régnait *Midas* (1), fils de *Gordius* et de *Cybèle*. Lorsqu'il était encore au berceau, des fourmis vinrent mettre des grains de blé dans la bouche de l'enfant. On en conclut qu'il serait fort riche et très ménager. Or Bacchus et son illustre précepteur Silène étant venus visiter les coteaux du Tmolus et s'y livrer à l'orgie, chose dont ils sont coutumiers, Silène s'égara et fut rencontré, ivre, par des paysans. Ceux-ci le parent de guirlandes et de fleurs, et l'amènent devant Midas, qu'Orphée venait d'initier aux mystères de Bacchus. Le prince reconnaît Silène, le reçoit magnifiquement, et l'ayant retenu dix jours au milieu des festins, il le reconduit au dieu des vendanges. Charmé de revoir son père nourricier,

(1) *V. Ratier*, Dict. de la Conv. *Ovide*, Métamorphoses, liv. ix.

Bacchus demande à Midas ce qu'il peut désirer pour sa récompense. Celui-ci souhaite de pouvoir convertir en or tout ce qu'il touchera. Le dieu exauce ses vœux. Mais il ne tarde pas à se repentir d'un pouvoir si funeste, car, après quelques épreuves qui le transportent de joie, lorsqu'il veut se mettre à table, il ne peut porter à sa bouche que des mets changés en or. Ainsi l'avarice du pauvre roi devient-elle la cause de son supplice. Alors Midas sollicite Bacchus de le délivrer d'un si cruel privilége. Bacchus y consent et lui ordonne d'aller se laver dans le Pactole, qui, depuis ce temps-là, roule des parcelles d'or.

Je te laisse à penser si Midas prit les richesses en horreur. Il ne s'occupe plus que des plaisirs de la vie champêtre. Il devient l'inséparable compagnon du dieu Pan. Mais Midas est bonhomme, il faut l'avouer, et sa niaiserie lui devient fatale.

Fier de son talent sur la flûte à sept tuyaux, Pan ose un jour défier Apollon. Le vieux Tmolus, pris pour juge, prononce en faveur du fils de Latone. Midas, au contraire, déclare Pan vainqueur dans la lutte. Apollon, en revanche, change les oreilles de Midas en oreilles d'âne. Juge de l'embarras du niais personnage! Il cache vainement cet affreux appendice sous une tiare magnifique : son barbier découvre bientôt la nouvelle décoration du roi. Mais défense lui est faite d'en rien dire. Un jour pourtant, comme ce secret lui pesait trop, et tu vois que ce n'est pas d'aujourd'hui qu'un secret pèse aux barbiers, notre homme se rend dans un lieu écarté, fait un trou dans la terre, se courbe dessus et dit d'une voix ironique le secret en question. Puis il rebouche le trou et se retire. A quelque temps de là, voilà qu'un taillis de roseaux s'élève de la terre fraîchement remuée, et quand souffle la moindre brise, les roseaux de crier :

— Midas, le roi Midas a des oreilles d'âne!

Midas survécut peu à cette indiscrétion. Il se donna la mort en buvant du sang de taureau.

— J'imagine, me dit Even, que sous la fable, vous voyez l'histoire. Le roi Midas fut le premier qui recueillit l'or que l'on trouve dans le

Pactole, d'une part : de l'autre, ou Midas avait l'oreille fine ou il tenait à sa disposition l'oreille de nombreux espions, ou enfin on lui prête des oreilles d'âne parce qu'il résidait à *Onou ôta, Oreilles d'Ane*. Choisissez : la mythologie est comme les nuages, on y voit tout ce qu'on veut.

Je vous avoue qu'à ces mots d'Even je ne choisis pas du tout. La tête lourde et fatiguée, je... m'endors... Oui, j'en fais ma coulpe, je m'endors... Et, chose étrange ! tout en dormant, d'un taillis de roseaux qui s'élève de la terre fraîchement remuée sur laquelle je me figure reposer, se fait entendre une voix douce comme le souffle d'une brise, et cette voix murmure à mon oreille, non pas le nom de Midas, mais bien un nom qui m'est plus connu :

— Théobald, mons Théobald a des oreilles d'âne.

A ce mot sanglant, à cette parole outrageante, j'ouvre les yeux, et les poings fermés en avant, je...

LE MONDE A VOL D'OISEAU.

Où le mystère entoure notre voyageur. — Encore l'Asie. — Aspects merveilleux. — Paysages hyperboréens. — Descriptions. — Liban. — Anti-Liban. — Le Carmel. — Cœlé-Syrie ou Syrie-Creuse. — Le fleuve Oronte. — Les cèdres. — Phénicie. — Les plages de la Méditerranée. — Thammus ou Adonis. — *Aradus*. — *Tripoli*. — *Bérythe*. — *Sarepta*. — SIDON. — Les dieux Moloch et Astaroth. — TYR. — Le commerce en Phénicie. — Caractère des Phéniciens. — Les Araméens. — *Samosate*. — *Bérée* ou *Alep*. — SÉLEUCIE. — *Apamée*. — ANTIOCHE. — *Laodicée*. — *Emèse*. — THADMOR ou PALMYRE. — DAMAS ou le sac du sang. — Grandeurs et merveilles. — De Damas à Jérusalem. — Conversion de Saul. — Ananie. — *Acco*, ou *Ptolémaïs*, ou *Saint-Jean d'Acre*. — Abila, ou tombeau d'Abel. — HÉLIOPOLIS ou BALBECK. — La Syrie des Rivières. — La Mésopotamie. — *Ur*. — *Haran*. — Du sabéisme ou culte du feu. — *Edesse*. — *Thapsaque*. — Mont Ararat. — Caucase. — *Harmozica*. — Hyrcanie. — Syringis. — *Bactres* et la Bactriane. — Pays des Parthes. — *Hécatompyle*. — Lac Oxien. — Sogdiane. — *Maracanda*. — Contrée des Massagètes. — Daces et Saces. — Huns. — Alains. — Méotes. — Hérules. — Fennes. — Taures. — Roxolans. — Médie. — *Ecbatane*. — Perse et Susiane. — SUSE. — Paropamise. — Carmanie. — Gédrosie. — Orites. — *Pura*. — Inde. — Gange et Indus. — La Chersonnèse d'or. — Inde transgangétique. — Théogonie indoue. — Trimourti. — Epouvantable vision. — Portraits de trois dieux. — Ce qu'est le Brahmanisme. — Brahma, Vischnou et Shiva. — Origine de ces dieux. — Bhavani. — Où s'explique le Védas. — La parole des quatre bouches. — Soudras. — Les parias. — Kalki ou le cheval exterminateur. — Lakchmi. — La fête de Djaggernath. — Le bûcher du sacrifice. — Comment meurent les femmes indoues. — Les trois Arabies. — Le simoun. — Le mont Sinaï. — L'Horeb. — Encens, perles et coraux. — *Saba*. — *Mariaba*. — *Iatripa*. — *Petra*. — *Gaza*. — *Ascalon*. — *Accaron*. — Décerto et Béelzebud. — Iduméens. — *Asiongaber*. — Amalécites. — Madianites. — Ismaélites. — Déserts de Bersabée et de Pharan. — Ammonites et Madianites.

Donc je... me dispose à luttter contre l'insolent, et je fais entendre des paroles décousues qui provoquent le rire de mes compagnons de voyage. Mais alors mon oncle me dit :

— Allons! voilà que tu parles comme la Pythonisse de Delphes, par énigmes...

— Silence! fait Evenor. Soyez donc recueillis en présence du spectacle qui appelle vos regards.

En effet, l'Asie, je la reconnais maintenant, l'Asie, l'opulente Asie se montre à nous.

Les contrées que j'ai laissées calmes et solitaires dans mon premier voyage, sont à présent peuplées, pleines de mouvement et de vie. Au fur et à mesure que nous en approchons, les horizons, qui s'agrandissent, nous font voir des villes nouvelles, des peuples nouveaux. Et comme nous sommes à une hauteur qui permet à l'Asie de se développer dans des proportions incommensurables, du nord au sud, de l'orient à l'occident, quatre lignes blanches se dessinent à perte de vue, formant l'encadrement de ce vaste continent, et nous montrent les quatre points cardinaux dentelés, ciselés, brodés, se creusant en trèfles, se prolongeant en pointes, s'épanouissant en capricieuses arabesques comme les festons d'une immense guipûre.

— Au nord, me dit Even, vous voyez les *mers glacées* du *Pôle boréal;*

Au levant, la ligne blanche du *grand Océan du pays des Sines ou Chinois;*

Au sud, les vagues d'or, capitonnées de vertes émeraudes de ses îles, de la mer de l'Inde;

Enfin, au sud-ouest, la *mer Erythrée*, avec ses deux grands bras, l'un la *mer Rouge*, séparant l'Asie de l'Afrique, l'autre le *golfe Persique*, qui fait de l'Arabie une vaste péninsule.

Puis, à l'ouest, le long cordon égrené, qui s'arrondit du sud-ouest au nord-est en remontant vers le nord, de la *Méditerranée* ou *mer Intérieure*, de la *mer Egée*, de l'*Hellespont*, de la *Propontide*, du *Bosphore de Thrace*, du *Pont-Euxin*, des *Palus-Mœotides*, de la *mer Caspienne* ou d'*Hyrcanie*, et du *lac Oxien.*

Or, en même temps qu'elle prononce chaque nom, Evenor me désigne du doigt, le bras tendu, le lieu qu'elle me signale.

Excepté dans les profondeurs des régions voisines des mers glacées du pôle, toujours couvertes de frimas, steppes brumeuses où courent seuls les ours, les élans et les rennes, toutes les autres parties de cette enceinte d'étendue formidable appelée Asie, nous montrent partout des peuples se mouvant dans une vie fébrile d'énergie barbare, de puissance sauvage et d'activité merveilleuse, apanage natif d'un monde à son origine.

Ça et là, endormis sur des éminences verdoyantes, mollement couchés le long de fleuves argentés, se baignant dans les lagunes de mers ou souriant dans les vagues bleues de lacs paisibles, des chaumières groupées sans art, des camps composés de huttes de feuillages ou de tentes, des villes construites de pierres massives grandes comme la nature primitive les fournit, se montent, s'élèvent de toutes parts et nous apparaissent comme des corbeilles de granit ou des nids creusés aux flancs des montagnes ou cachés dans le bassin des vallées.

Aussi Even, qui juge de mon admiration à l'étonnement de mon regard, me dit-elle du ton d'une Pythonisse inspirée :

— C'est que depuis la dispersion des peuples, les familles se sont changées en tribus, les tribus en peuplades, les peuplades en nations, et familles, tribus, peuplades et nations pullulent à cette heure sur le sol de l'Asie, théâtre de mémorables événements dans le passé, théâtres futurs de plus grands événements dans l'avenir. Car, en même temps que Babylone et Ninive s'illustrent ou s'obscurcissent; en même temps que l'Egypte taille ses villes, ses obélisques, ses sphinx, ses pyramides et toutes ses merveilles dans le granit de ses rocs Arabiques; en même temps que la Grèce sort des langes de son enfance héroïque, le reste de la grande famille humaine jetée par la main de Dieu sur la surface de la terre ne reste pas dans l'inaction et le repos.

— Je connais déjà le centre de cette belle Asie, l'Assyrie et la Babylonie, dis-je à Even en l'interrompant : mais voici venir à nous sur les côtes de la Méditerranée, depuis l'Asie-Mineure jusqu'à la terre de Chanaan, deux chaînes parallèles de montagnes dont les cimes neigeuses dentellent le firmament avec un charme si poétique et des aspects tellement pittoresques, qu'il m'est impossible de ne pas vous prier de nous arrêter là pour les connaître, les étudier et les admirer.

— C'est le *Liban* d'abord, puis l'*Anti-Liban*, dont le nom signifie *montagnes Blanches*, à raison des neiges qui couvrent leurs sommets; elles sont la ramification du Taurus, que vous voyez remonter par l'Asie-Mineure jusqu'à la mer Caspienne... me répond Evenor (1).

(1) De Beyrouth au *Liban*, l'horizon s'étend fort au large.

« Il commence, dit monsieur de Lamartine, par courir sur une plaine de champs admirablement cultivés, jalonnés d'arbres qui cachent entièrement le sol, et ensuite il se rétrécit entre une longue et gracieuse colline au sommet de laquelle un couvent grec montre ses murailles blanches et ses dômes bleus ; quelques cimes de pins parasols planent un peu plus haut, sur les dômes mêmes du couvent.

» Cette plaine ne se termine qu'aux flancs dorés des montagnes. Ces montagnes ne s'élèvent pas d'un seul jet ; elles commencent par d'énormes collines semblables à des blocs immenses, les uns arrondis, les autres presque carrés ; un peu de végétation couvre les sommets de ces collines, et chacune d'elles porte ou un monastère ou un village qui réfléchit la lueur du soleil et attire les regards. Les pans des collines brillent comme de l'or ; ce sont des murailles de grès jaunâtre, concassé par les tremblements de terre, et dont chaque parcelle réfléchit et darde la lumière.

» Au-dessus de ces premiers monticules, les degrés du Liban s'élargissent ; il y a des plateaux d'une ou deux lieues ; plateaux inégaux, creusés, sillonnés, labourés de ravins, de lits profonds des torrents, de gorges obscures où le regard se perd. Après ces plateaux, les hautes montagnes recommencent à se dresser presque perpendiculairement ; cependant on voit les taches noires des cèdres et des sapins qui les garnissent, et quelques couvents inaccessibles, quelques villages inconnus qui semblent penchés sur leurs précipices. Au sommet le plus aigu de cette seconde chaîne, des arbres qui semblent gigantesques forment comme une chevelure rare sur un front chauve...

» Derrière ces secondes chaînes, le vrai Liban s'élève enfin ; on ne peut distinguer si ses flancs sont rapides et adoucis, s'ils sont nus ou couverts de végétation ; la distance est trop grande, ses flancs se confondent, dans la transparence de l'air, avec l'air même, dont ils semblent faire partie ; on ne voit que la réverbération ambiante de la lumière du soleil qui les enveloppe, et leurs crêtes enflammées, qui se confon-

A la hauteur de Damas, à peu près, la chaîne du Liban se bifurque. Le point de départ de cette bifurcation est l'*Hermon*, la montagne la plus élevée du Liban.

La chaîne occidentale, *Liban proprement dit,* a pour sommets remarquables :

Le *Carmel*, qui baigne sa base dans la Méditerranée, et d'où le prophète Elie, un jour, s'élèvera dans les cieux sur un char de feu (1).

Le *Thabor*, au sud-ouest du lac de Tibériade, dans la terre de Chanaan, à trois lieues de Nazareth : et c'est de son sommet, à trois mille mètres de hauteur, qu'aura lieu le miracle de la transfiguration de Jésus Christ (2).

---

dent avec les nuages pourpres du matin, et qui planent comme des îles inaccessibles dans les vagues du firmament.

. . . .

» Après deux heures de marche, nous arrivâmes à une vallée profonde. A droite et à gauche s'élevaient, comme deux remparts perpendiculaires, deux chaînes de montagne, qui semblaient avoir été séparées récemment l'une de l'autre par un coup de marteau du fabricateur des mondes, ou peut-être par le tremblement de terre qui secoua le Liban jusque dans ses fondements, quand le fils de l'homme rendit son âme à Dieu. Non loin de ces mêmes montagnes, des blocs gigantesques, détachés des deux flancs des montagnes, semés comme des cailloux par la main des enfants dans le lit d'un ruisseau, formaient ce lit horrible, profond, immense, hérissé, de ce torrent à sec : quelques-unes de ces pierres étaient des masses plus élevées et plus longues que de hautes maisons... Pas une herbe, une tige, une plante grimpante ni dans le torrent, ni sur les pentes crénelées et ardues des deux côtés de l'abîme ; c'était un océan de pierres, une cataracte de rochers, à laquelle la diversité de leurs poses, la bizarrerie de leurs chutes, le jeu des ombres et des lumières sur leurs flancs ou sur leur surface, semblaient prêter le mouvement et la fluidité.

» Si Dante eût voulu peindre, dans un des cercles de son Enfer, l'Enfer des pierres, etc., il n'aurait jamais pu mieux choisir.

» Toutes les images de la poésie biblique sont gravées en lettres majuscules sur la face sillonnée du Liban et de ses cimes dorées, de ses vallées ruisselantes et de ses vallées muettes et mortes... »

(1-2) « Le *mont Carmel*, chaîne élevée de montagnes qui part du cours du Jourdain et vient finir à pic sur la mer, commence à se dessiner. Sa ligne, d'un vert sombre, se détache sur un ciel d'un bleu foncé, tout ondoyant de vapeurs chaudes. Ses flancs ardus sont semés d'une forte et mâle végétation.

» Le Carmel jette un rideau sombre, à grands plis, sur un des côtés de notre route,

Les monts *Ebal* et *Garizim*, dans la partie nord de la terre de Chanaan ;

et le regard, en le suivant, arrive jusqu'à la mer, qui termine tout, comme le ciel dans les beaux paysages. Cette montagne est un mur gigantesque et presque à pic, revêtu partout d'un lit d'arbustes et d'herbes odoriférantes. Nulle part la roche n'y est à nu.

» Le mont Carmel commence à s'élever à quelques minutes de marche de Kaïpha. Nous le gravîmes par une route assez belle, taillée dans le rocher. Chaque pas que nous faisions nous découvrait un horizon nouveau sur la mer, sur les collines de la Palestine, et sur les rivages de l'Idumée. A moitié chemin, nous rencontrâmes un religieux du Carmel, qui depuis 40 ans habite une maisonnette qui sert d'hospice aux pauvres de la ville de Kaïffa.

» Journée de repos passée au monastère du Carmel, ou à parcourir les sites de la montagne et les *grottes d'Elie* ou des prophètes. La principale de ces grottes, évidemment taillée de main d'homme dans le roc le plus dur, est une salle d'une prodigieuse élévation. Elle n'a d'autre vue que la mer sans limites. Les traditions disent que c'était là l'école où Elie enseignait la science des mystères et des hautes poésies.

» Enfin, au lever du soleil, nous avons quitté les montagnes, et nous nous sommes acheminés par des sentiers escarpés qui descendent du cap vers la mer. Là, nous sommes entrés dans le désert. Il règne entre la mer de Syrie, dont les côtes sont plates, sablonneuses et découpées, et les montagnes qui font suite au mont Carmel. Ces montagnes s'abaissent en se rapprochant de la Galilée. Elles sont noires et nues, leur aspect est sombre et morne.. » (*Lamartine,* Voyage en Orient.)

Le *mont Thabor* est situé à l'est de Nazareth. Vu d'en-bas, il paraît se terminer à pic. Mais arrivé à son sommet, on y trouve une plate-forme ovale d'un mille de circonférence. De ce point on jouit d'un spectacle magnifique. On découvre, à l'est, le *lac de Nazareth,* la *montagne du Sermon,* la *plaine de la multiplication des Pains, Cana,* et, au loin, la Méditerranée ; un peu au-dessous, la *vallée du Jourdain;* au sud, l'immense *plaine d'Esdrelon,* dans la direction de Jérusalem ; au sud-ouest, le *mont Carmel* ; au nord-est l'*Hermon,* le sommet le plus élevé de l'Anti-Liban.

Les Arabes nomment cette belle montagne, toute de pierre calcaire, *Jebel-el-Tûr.* Elle n'a que 1,000 pieds d'altitude.

Les débris de constructions que l'on voit à son sommet appartiennent à différents âges, et la plupart sont d'anciennes forteresses. Au sud-est, au point le plus élevé parmi les ruines, est une petite voûte sous laquelle les moines latins de Nazareth viennent, tous les ans, célébrer une messe, en mémoire de la *Transfiguration de N.-S. J.-C.*

Les moines grecs célèbrent le même événement dans les restes d'une église au nord de la plate-forme.

C'est dans les écrits de Cyrille de Jérusalem, au VIe siècle, que le mont Thabor est indiqué pour la première fois, d'une manière explicite, comme le lieu de la transfiguration du Sauveur. Saint Jérôme mentionne le fait.

Bonaparte et Kléber, avec 4,000 hommes, battirent 30,000 Turcs près du mont Thabor, ce qui devint la bataille du mont Thabor, en 1795.

Et le *Golgotha* ou *Calvaire*, au sud de Jérusalem et y attenant, témoin sacré de la rédemption du monde.

La chaîne orientale ou *Anti-Liban*, borde les plaines de Damas et la vallée de l'Oronte, et regarde le grand désert de Syrie.

Les sommets les plus remarquables de cette seconde chaîne sont les monts *Galaad*, *Aburim* et *Moab*, à l'est de la mer Morte.

Le versant qui regarde le désert ne présente qu'aspérités et roches abruptes, tandis que le versant opposé, d'un caractère indéfinissable de beautés, arrosé de nombreuses sources, réunit la fertilité du sol à la douceur du climat.

Le plateau à l'est de l'anti-Liban, séparé des montagnes par l'*Oronte* au nord et le *Jourdain* au sud, et borné à l'orient par le désert, forme la *Syrie* proprement dite.

Ensuite le large et surtout très long ruban plat qui forme vallée entre les deux longues chaînes du Liban à l'ouest et de l'anti-Liban à l'est, c'est la *Cœlé-Syrie*, nom qui signifie *Syrie-Creuse*.

Enfin, la lisière étroite qui, au sud de la Syrie propre, s'étend le long des côtes de la Méditerranée, c'est la *Phénicie*. Or, ce nom de Phénicie lui vient de *Phénix*, frère de Cadmus, fils d'Agénor, roi de cette contrée, que tu as vu fonder Thèbes, en Béotie; ou peut-être du mot phénicien *phéni*, qui signifie *palmier*, arbre très commun dans le pays.

Even parle encore et je ne l'écoute plus. Mes yeux et mon âme sont absorbés dans une contemplation muette par la vue de ces montagnes grandioses dont les merveilles et le nom jadis ont si fort occupé mon imagination d'enfant. Aussi je plonge un regard avide sur les crêtes élevées, les glaciers, les neiges, les vallons et les vallées formés par des contreforts, les forêts et les cèdres de ces montagnes bibliques. Je vois ces chaînes prendre naissance au nord, sur la rive gauche du *fleuve Oronte*, et, dans un développement de plus de cent vingt lieues, courir du nord au sud en élevant plusieurs de leurs cônes à une hauteur de quatre cent vingt mètres. Du versant oriental du Liban se détache, au nord, la chaîne de l'Anti-Liban, qui descend parallèlement à la première d'abord, et s'en écarte un peu plus au sud, pour se prolonger jusqu'à la mer Morte. Certains plateaux de leurs sommets sont couverts de bois d'oliviers et portent jusqu'aux limites de l'horizon leurs cimes grises et mobiles. Des plants de mûriers et de vignes varient et animent leurs rampes. Ici, des montées douces et vertes semblent devoir faciliter l'ascension des pics. Là, des sentiers tracés par des torrents desséchés se montrent si abruptes, si perpendiculaires, qu'il doit être difficile de s'y tenir en équilibre. Ailleurs on ne voit que blocs de basalte affectant mille formes sauvages et pittoresques. Alors, pour peu que le terrain se trouve plus chargé d'humus végétal, dans leur voisinage, de charmantes oasis se révèlent, bouquets verdoyants sur des croupes nues, semblables à des massifs de myrtes que l'on grouperait sur des plates-formes. Puis, tantôt ce sont des forêts ombreuses que sillonnent des cascades, tantôt les arêtes des divers plans de la montagne qui descendent jusque dans la plaine. A certains endroits, les points de vue s'agrandissent et revêtent la forme splendide et la majesté sublime qui les font célébrer par les livres saints. Enfin, il n'est pas jusqu'à l'ombre du tableau qui ne lui prête de nouveaux charmes, car au-dessus de ces admirables chaînes se dressent des croupes gigantesques de roches nues, stériles, qui les dominent comme ferait un cordon de sombres et fiers donjons de la féodalité. Le versant inférieur est semé de fragments de roches que détachent de la crête les vents et les pluies d'hiver. En dernier lieu, partout où un sol plus gras le permet, croissent des bouquets de mûriers, de pins, de figuiers, de chênes, de lauriers et de cyprès.

Une forêt, immense, merveilleuse, toute de cèdres séculaires, qui s'étale plus au loin, frappe surtout ma curieuse attention. Voici donc le cèdre du Liban, *gloria Libani*, comme dit Isaïe, ce roi des arbres qui se plaît si parfaitement dans les lieux élevés. Aucune autre végétation ne se produit dans le voisinage de cet arbre, qui semble ne vouloir nul rival de sa verdure. Le terrain qui environne la forêt est sec, aride et sauvage. Beaucoup de ces vieux enfants de la montagne s'élèvent sur des sommets dont les régions sont si froides qu'un manteau de givre s'étale sur leurs feuilles en parasol. Leur tige se dresse de soixante à cent pieds. Leur tronc est d'une telle circonférence que les bras tendus de huit hommes l'étreindraient à grand'-peine. Quand elles ne sont pas glacées par les frimas, les branches des cèdres sont vertes, plates, touffues, horizontales, et les feuilles courtes. Les fruits ressemblent à ceux du sapin. Le bois de cet arbre est incorruptible et son grain blanchâtre et peu compact. Avec sa sciure on embaume les corps, même en Egypte, et sa gomme produit la résine et la térébenthine.

Au-desssus de ces chaînes orgueilleuses, aux glaciers inabordables et à l'entour de leurs chauves pitons, planent des aigles et des vautours à immense envergure.

— Que dis-tu de ce magique spectacle? me demande mon oncle.

— Son silence répond plus éloquemment que ses paroles... dit Marius, qui, lui aussi, prend une pose toute de contemplation.

— Dites-moi maintenant, me hasardé-je à balbutier, comme quelqu'un qui craint de rompre le silence de la méditation, quelles sont ces villes qui bordent les rivages de la mer?

— Nous vous avons dit tout-à-l'heure, fit Marius, que cette langue de terre, resserrée entre la mer et le Liban, se nomme la Phénicie. Les contreforts de la montagne la font toute hérissée de collines abruptes qui vont baigner leurs pieds jusque dans les vagues de la Méditerranée. Leurs forêts centenaires fournissent des bois précieux pour la construction des navires, des temples, des palais et des villes. Mais si peu longue et si étroite que soit la Phénicie, quelle grandeur et quelle puissance dans ce monde qui s'y livre tout entier au commerce et à l'industrie. Ecoutez la longue série de ses villes.

Alors, tour à tour le Pirate me signale et me détaille les noms et les titres de puissance et de force des cités nombreuses qui décorent ces plages de la Méditerranée, magnifiquement brodées de caps, de promontoires, de môles montagneux, de vallons et de forêts.

C'est *Byblos*, que domine son fameux *temple de Vénus*, où l'on célèbre les grandes fête de *Thammuz*, dont les Grecs ont fait *Adonis*. Adonis était fils de *Cinyras*,-roi de Syrie, et de *Myrrha*. Un jour qu'il chassait dans les forêts du Liban, malgré la défense de Vénus, le dieu Mars, travesti en sanglier, le blessa mortellement. Alors Jupiter, cédant aux larmes de Vénus, permit qu'Adonis revît la lumière pendant une moitié de l'année, à condition qu'il passerait l'autre moitié auprès de Proserpine. En résumé, d'après Marius, Adonis n'est autre chose qu'une figure du soleil. Et le temps qu'il passe successivement sur la terre ou dans les enfers représente les six mois d'été et les six mois d'hiver. Or Adonis, chez les Grecs, est Thammuz chez les Phéniciens. Ses fêtes durent deux jours : le premier est consacré au deuil, le second à la joie.

C'est *Aradus*, bâtie sur une petite île, et développant avec orgueil ses magnifiques maisons qui mirent dans les vagues leurs cinq et six étages, constructions sans nombre, port où cent galères vont et viennent avec splendeur, immense population aux riches costumes d'Orient. Les Aradiens ont découvert au plus profond de l'Océan une source d'eau potable, et je les vois avec surprise se servir de cette eau salutaire en la tirant au moyen d'une cloche en plomb et d'un tuyau de cuir qui s'y adapte.

C'est *Tripoli*, *treis polèis*, qui, comme son nom l'indique, se compose de trois cités, l'une perchée sur une charmante colline à l'orient; l'autre couchée au pied des montagnes et dormant aux rayons du soleil; la troisième plongeant sa base dans les galets du rivage : chacune d'elles fondée par des colonies de Tyr, de Sidon et d'Aradus. Aussi ces trois fleurs des eaux, de la plaine et de la montagne semblent-elles trois sœurs qui s'épanouissent avec bonheur au milieu de bosquets d'orangers qui les entourent, les parfument et les enivrent.

Puis, sur un verdoyant et délicieux mamelon qui va mourir à la mer, flanquée à droite et à gauche de petits promontoires rocheux de l'effet le plus romantique, c'est *Bérythe* (1), noyée sous des massifs de verdure fraîche et lustrée, que des terrasses blanches, disposées par étages et chargées de mûriers touffus ou de sombres caroubiers.

Pour toile de fond, à une lieue de là, représentez-vous le Liban qui hérisse les sommets anguleux de ses chaînes ou arrondit ses flèches aiguës, tantôt se déchirant les flancs pour ouvrir une percée de vue, tantôt doublant et triplant ses ramifications.

Bérythe est la patrie de *Sanchoniaton,* hiérophante qui y vivait

---

(1) Aujourd'hui *Beyrouth*, évêché grec, évêché maronite, avec consuls européens. Hautes tours. Port comblé par ces sables. Baie, etc.

Bérythe fut érigée en colonie romaine et nommée *Juliâ-Félix*, par l'empereur Auguste, en mémoire de sa fille Julie, et à cause des avantages naturels que cette ville retirait de sa position. En effet, c'est une heureuse situation que celle de Beyrouth. Assise gracieusement sur la partie septentrionale d'une langue de terre formant le prolongement du pied du Liban, entre les ondes transparentes de la mer de Syrie, ceinte d'une charmante bordure de jardins toujours verts, rafraîchie par les molles brises des montagnes environnantes; riche en fleurs et en fruits, Beyrouth est aux yeux du voyageur un séjour digne d'envie.

Cette ville est de forme irrégulière. Ouverte du côté de la mer, elle a trois autres côtés tournés vers les terres, qui sont entourés d'une pierre tendre et friable, dans laquelle le boulet du canon pénètre sans le faire éclater. Un vieux château crénelé, debout à l'entrée du port, et muni pour toute artillerie de 6 pièces, en commande l'arrivage. Çà et là, des débris et des fûts de colonnes, misérables restes de l'antique cité, servent à amarrer les bâtiments.

Le *Nahr-el-Salib* ou *Nahr-Beyrouth* vient déverser ses eaux dans la rade de la ville. C'est sur les bords de ce fleuve, selon la tradition, que périt le bel Adonis, jadis fort honoré dans la contrée.

A en juger par les ruines gisant hors des murs, vers l'ouest, il y a tout lieu de croire que Beyrouth a dû être très considérable.

Monsieur de Saulcy signale un édifice de forme quadrilatère, terminé par une sorte d'abside circulaire, avec une mosaïque grossière, qui a dû être une sorte de *Bourse*, édifice fort à sa place chez un peuple de marchands.

Enfin, outre les églises grecques, maronites et schismatiques, il y a, à Beyrouth quatre églises catholiques et trois superbes mosquées, avec leurs minarets, leurs moucharabiés, leurs fontaines jaillissantes, etc. Vers le milieu de la ville, s'élève majestueusement la grande mosquée, qui complète l'aspect pittoresque de ce séjour très recherché des étrangers.

au temps de Sémiramis, et y écrivait les plus anciens faits des annales des peuples.

C'est aussi *Sarepta*, où mon oncle me signale une maisonnette cachée sous des massifs de figuiers, en me disant :

— Le jour vient où Dieu fera des prodiges dans cette humble retraite, en faveur d'une veuve qui accueillera son prophète Elisée... Mais ne devançons pas les temps, et regarde cette grande cité qui domine la terre de ses palais orgueilleux,et qui couvre les mers de ses innombrables navires.

Sidon, la belle, la puissante, l'opulente Sidon! Tel est le nom de cette reine du commerce et de l'industrie...(1)

Fondée en 1900 par *Syrus*, fils d'Agénor, premier roi de la contrée, et père de Cadmus, le fondateur de Thèbes, en Béotie, et d'Europe, qui donna son nom à notre continent, pour y avoir été transportée à travers les mers sur le dos de Jupiter déguisé en... taureau; ou bien, bâtie par *Sidon*, fils aîné de Chanaan; cette ville est admirablement située sur la mer. La nature lui a creusé un port magnifique. Le Liban lui fournit le bois nécessaire pour construire les plus formidables galères. Aussi depuis longtemps déjà, les fils de Sidon sillonnent-ils tous les océans, portant sans fin dans l'univers connu, côtes d'Afrique, d'Europe et d'Asie, les richesses artistiques les plus merveilleuses, et les produits les plus estimés. Les Sidoniens, industrieux et inventifs en mille sortes d'ouvrages, excellent surtout dans l'art de

---

(1) *Sidon*, maintenant *Saïde* ou *Sayde*, mère de toutes les villes de Phénicie, est encore assez vaste, mais malpropre, mal bâtie, et remplie de décombres modernes. On n'y trouve aucun vestige de l'ancienne Sidon, si ce n'est peut-être un certain nombre de colonnes de granit à demi brisées qu'on remarque sur le port. On voit aussi, vers le nord de la ville, au bord de la mer, une belle mosaïque en marbre de diverses couleurs, représentant un cheval entouré de festons.

Nous devons signaler aussi la petite mosquée de Nebbi-Sidon, bâtie, dit-on, au lieu même où le Christ, passant par le pays des Sidoniens, guérit la fille de la Chananéenne.

Voilà tout ce qui reste de l'opulente Sidon, si renommée par son impiété et ses débauches.

fabriquer les toiles de lin et les teindre d'une pourpre éclatante que le hasard leur révéla.

Un jour le chien d'un berger, ayant brisé de sa dent affamée des coquillages, jetés sur la grève par le remous des vagues, se montra la gueule empourprée de cette splendide couleur. Dès lors la pourpre fit la fortune de Sidon.

L'art de composer le verre et l'invention des caractères alphabétiques appartiennent aussi aux Sidoniens.

Mais je dois te dire, hélas ! que Sidon, l'atelier des magnificences orientales, rassemble à cette heure dans son enceinte l'écume impure de toutes les nations, et, corrompue dans ses mœurs, immonde dans ses œuvres, elle adore Baal, le dieu de Ninive : elle adore *Molock*, sous la forme monstrueuse d'un homme ayant une tête de veau ou de taureau, et dont le nom veut dire *dieu* ; à cette horrible parodie de la divinité elle sacrifie les enfants de son peuple, en les faisant passer au travers des flammes d'immenses bûchers qu'ils allument autour de cette idole; enfin elle adore Vénus, sous le nom d'*Astharoth* ou d'*Astarté*, et d'autres dieux farouches qu'ils croient se rendre favorables en leur immolant des victimes humaines.

— Assez, cher oncle, sur ces déplorables erreurs de l'aveugle humanité, dis-je au comte de Froley : réservez toute votre verve pour me parler de cette autre cité qui, plus au sud, me paraît être au moins la rivale de Sidon.

— *Tyr* est mieux que la rivale de Sidon, elle est sa sœur... me répond mon guide, et pendant que Sidon est saluée du titre de reine du commerce, on salue Tyr de celui de reine des mers (1).

(1) *Tyr* se nomme actuellement *Tsour* ou *Sour*.
Cette reine du monde commercial, que fondèrent les Sidoniens, 240 ans avant la construction du temple de Jérusalem, Tyr, tant de fois maudite par les prophètes, à cause de ses désordres et de son orgueil, Tyr n'est plus qu'un misérable village, situé sur une presqu'île qui saille du rivage et s'avance dans la mer, sous forme d'un marteau à tête ovale. Sour n'a plus ni monuments, ni navires, ni ports, ni marchandises, ni population.

A dix lieues au sud de Sidon, et, comme, elle, assise sur le rivage de la Méditerranée, Tyr a été fondée dans les temps les plus reculés

Elle est misérable, chétive, sans aspects poétiques, sans verdure, comme toutes les cités tant vantées jadis où l'on sacrifiait aux impures divinités. Baïa, Gnide, Amathonte, Pœstum, Cythère, etc, ne sont plus, comme Sour, que des semis de ruines sans nom ; et là où les hommes se sont vautrés dans ces plaisirs infâmes, on pleure maintenant, on a faim, on souffre ! *Justus es, Domine, et rectum judicium tuum.....*

Deux magnifiques colonnes de granit et les arcades ruinées d'un antique aqueduc, voilà tout ce qui reste de la superbe capitale de la fameuse Phénicie.

Dans l'Asie-Mineure actuelle, non loin de Koutaieh, — l'antique *Kotyœum*, — on a trouvé un monument phrygien très remarquable, sur lequel on lit ces mots : « Au roi Midas ! » C'est un tombeau taillé dans le roc et couvert de sculptures dans le genre de celles de Mycènes. On l'attribue à un des rois phygiens de la dynastie de Midas...

Tout le pays contenu dans le voisinage de Smyrne est également rempli de débris des anciennes cités grecques :

Ephèse, si célèbre par son *temple de Diane*, dont on voit encore les immenses voûtes souterraines qui le soutenaient ;

Sardes, résidence antique des monarques de la Lydie, qui n'est plus qu'un misérable village.

Telmessus, *Patara*, fameuse par son oracle d'Apollon, *Mégiste*, etc., tous lieux remarquables par des tombeaux taillés dans le roc, d'énormes sarcophages, des murailles, des portes, portiques etc. On y admire surtout des théâtres, tels que ceux de *Mira*, *Phaselis*, *Sidé*, *Sagalassus*, et surtout la ville d'Esculape, *Gnide*, la ville de Vénus ;

Tarse, la belle et puissante ville de la Cilicie, rivale d'Alexandrie et d'Athènes, ville encore considérable ;

Enfin l'*île de Rhodes*, célèbre par les roses qui lui donnent son nom et par le fameux *colosse d'Apollon*, une des sept merveilles du monde.

Ainsi, l'Asie-Mineure est entièrement couverte des souvenirs d'une triple antiquité grecque, romaine et chrétienne, ces trois grandes phases de la société primitive.

A ce sujet, nous devons signaler *Smyrne*, lieu de naissance d'Homère, qui y reçut le surnom de *Mélésigène*, pour y avoir vu le jour sur les bords du fleuve Mélès qui l'arrose, de Chrythéïs, pauvre jeune fille séduite par un inconnu.

Smyrne fut détruite par un tremblement de terre, sous Tibère. Tous ses monuments furent ruinés, et la nouvelle cité en a effacé les vestiges. Toutefois, en 1860, alors que l'on travaillait à un chemin de fer qui relie Smyrne à Aïddin, on a trouvé des sarcophages, indices d'un temple, et ensuite le temple, dans lequel on put lire que c'était l'*Homéréon*, c'est-à-dire un édifice consacré au poète Homère.

L'existence de cet Homéréon est attestée par les anciens, et spécialement par Strabon, et les voyageurs modernes Spon et de Tournefort, qui en ont vu les restes, enfouis depuis.

par une race impure, chassée de l'Inde par *Tarak'hya*, chassée de l'Egypte, chassée de partout, à cause de ses vices infâmes. Elle possède un port qui peut renfermer d'innombrables navires. Une immense enceinte de murailles renferme une non moins immense quantité de maisons qui comptent jusqu'à sept étages. Son peuple fourmille sur cette étroite plage que domine le Liban, et ses infatigables marins battent toutes les mers des ailes de leurs puissants et nombreux vaisseaux.

Vois comme l'Océan disparaît sous leurs flottes! voici qu'elles s'élancent, toutes voiles au vent, et vont offrir à tous les marchés de l'univers les sapins de *Sanir*, les peupliers de *Bisan*, les buis de Chypre, les pavillons du plus beau lin d'Egypte, les tuniques teintes d'hyacinthe de Grèce ; elles ont à leur solde le Perse, le Lydien, l'Egyptien ; *Tarse* lui envoie l'argent, le fer, le plomb et l'étain de la Cilicie ; l'Arménie lui cède ses mulets et ses chevaux ; l'Inde lui expédie ses ivoires et son ébène ; la Gédrosie le rubis, le corail et le jaspe ; Chanaan le froment, le baume, la myrrhe, l'aloës, l'huile et la résine ; Damas ses vins de *Halboun* et ses laines ; l'Arabie la cannelle, les aromates et d'incomparables tapis. Or, avec ces mille objets précieux dont elle fait trafic, Tyr s'empare de l'or des nations.

Les Phéniciens sont ardents, aventureux, savants même. Ils étudient les astres, et les astres leur apprennent à parcourir les mers les plus éloignées, sans s'égarer jamais. Tu as vu leurs colonies s'établir sur divers points de la Grèce : ce sont eux qui ont peuplé les îles de Chypre, de Rhodes, de Sicile, la Sardaigne. Bientôt encore ils enverront leurs enfants s'établir sur les plages de l'Afrique. Ils ont déjà visité l'Espagne et ils tirent chaque jour de grandes richesses de ses contrées méridionales. C'est aux Phéniciens que Cadès devra d'être

---

Un chemin de fer, résumé de notre civilisation présente, rencontrant les restes d'une époque qui a eu aussi son éclat, et les reliant par des souvenirs de 30 siècles, quel singulier jeu du hasard...
Homère et un rail-way !...

un jour l'entrepôt de leur commerce et le comptoir de leur négoce universel. Aussi sont-ils opulents à ce point, qu'aux ancres de leurs navires, au lieu de plomb, c'est de l'or qu'ils attachent.

Assurément ce que tu vois de merveilles et de magnificence à Tyr et à Sidon frappe ton imagination, Théobald, continue le comte d'un ton de voix lugubre : mais ce que tu ne vois pas, ce que ces deux villes dissimulent sous les lambris de leurs demeures te révolterait en appelant la honte sur ton visage. Aussi l'on se demande comment le Seigneur qui a puni Sodome, Gomorrhe, Séboïm, Ségor et Adama, certes bien criminelles, oublie Tyr et Sidon, plus criminelles encore! Viendra l'heure sans doute où la patience du ciel se lassera : et alors malheur à Tyr et à Sidon !

Evenor, en voyant son père courber la tête sous le poids de ses pensées amères, prend alors la parole à son tour :

— Il vous souvient, j'imagine, dit-elle, d'avoir vu Aram, le cinquième fils de Sem, venir poser ses tentes là, au nord des deux chaînes du Liban et de l'Anti-Liban. Son nom fut donné au pays, car *Aram* veut dire *Syrie*. Toutefois il est des auteurs qui prétendent que ce nom de Syrie vient de Syrus, ce fils d'Agénor et roi de Sidon.

Les Araméens, descendants d'Aram, se sont bien vite divisés en plusieurs peuplades, les *Arvadiens*, les *Aracéens*, les *Samaréens*, et les *Sinéens*, qui habitent les rives de ce fleuve *Eleutheros*, sur les bords de la mer. Mais tous ces peuples, confondus sous le nom de Syriens, ont abandonné le vrai Dieu depuis longtemps et se rendent fameux par le débordement excentrique de leurs mœurs, ainsi qu'il arrive quand on refuse la lumière de la vérité pour rester assis dans les ténèbres. La religion toute sensuelle des Syriens les livre à l'appétit désordonné de leurs passions, les rend sans énergie; et les richesses faciles dont leurs pays abonde les amollit et les énerve.

En parlant ainsi de l'Aram, Even me montre du doigt un territoire immense et fertile qui d'un vaste désert qui va se perdre à l'horizon à l'est, s'étend le long du flanc oriental de l'Anti-Liban, tourne à sa racine septentrionale, passe devant la base du Liban, et va se prolonger jusqu'à la mer. Et alors, dans le coude que fait ce territoire en décrivant une parabole autour de la naissance des deux montagnes, elle me signale une vallée pleine de fraîcheur et de poésie, plane d'abord, plus encaissée ensuite, sillonnée du ruban d'or d'un fleuve et décorée d'un lac, qui a nom *vallée de l'Oronte*. Oronte est aussi le nom du fleuve et celui du lac. Rien n'est pittoresque comme cette contrée.

L'horizon est coupé par l'Euphrate, qui coule à l'est du nord au sud, et va traverser le désert dont je parle, le *grand désert de Syrie*.

— Sur les rives de l'Euphrate, là, au nord, voyez-vous cette petite ville qui se cache parmi les saules, comme un alcyon dans les glaïeuls? me demande Even : c'est *Samosate*, qui donnera la vie au poète satyrique Lucien.

Et sur la crête de cette colline servant de marchepied au *mont Amanus*, distinguez-vous cette antique forteresse au pied de laquelle sont dispersées les maisons d'une bourgade qui dort? C'est *Pendenisse*, qu'un jour Cicéron, déjà soldat, mais pas encore rhéteur, détruira après un siége de deux mois.

Enfin, dans cette oasis de terres fécondes que sillonne l'harmonieux Oronte, ne devinez-vous pas une ville dans cette gerbe de maisons blanches assises sous les platanes et les lauriers? C'est *Bérée*, qu'un jour on nommera la belle *Alep*. Bérée a sa petite rivière qui, à sa source, roule entre deux murs de rochers nus, descend en cascades des montagnes, près de la ville, couvre ses rives d'un dépôt rougeâtre sur lequel croissent de délicieux vergers, et enfin va se perdre au loin des marécages peuplés de sangliers et de pélicans. L'eau de cette rivière a la propriété de tremper fortement le fer et de le convertir en un excellent acier. Aussi cette vertu de ses eaux mérite-t-elle à Bérée le surnom de Chalydon (1).

Bientôt, dans cette même partie de la Syrie la plus voisine de la mer, d'autres villes seront fondées, après le passage d'Alexandre-le-Grand. Ainsi sera formée une tétrapole composée de *Séleucie, Apamée, Antioche* et *Laodicée* (2). Ajoutons-y *Emèse*. Plus prochainement encore une grande et merveilleuse cité, celle de *Palmyre*, viendra s'asseoir entre le désert de l'Anti-Liban, au sud de la province. Mais n'anticipons pas et attendons l'avenir.

— Occupons-nous enfin de la Cœlé-Syrie, de ce magnifique entre-deux du Liban et de l'Anti-Liban! m'écrié-je. J'ai toute ma curiosité en réserve pour son large tapis de verdure, et j'éprouve un attrait particulier pour cette importante cité sise à son midi. Voyez comme, dans son voisinage, se dirigeant vers son enceinte, ou sortant de ses murs, vont et viennent des caravanes chargées de marchandises; des chariots tirés par des buffles noirs; des mulets et des hémippes de Syrie (3) conduits par des Arabes armés de longues lances et couverts de manteaux blancs; des groupes de trafiquants à cheval; des soldats, des pasteurs, des pérégrinateurs à pied; des femmes en litières, et toute cette cohue de gens affairés qui annoncent une ville de premier ordre.

---

(1) Alep est le chef-lieu du pachalick actuel de ce nom.

(2) *Tétrapole, quatre villes.*

(3) A l'embouchure de l'Oronte, et sur la rive septentrionale, le roi macédonien Séleucus-Nicator avait bâti une ville forte, à laquelle il donna le nom de *Séleucie*. Aujourd'hui ce serait en vain que l'on chercherait cette cité. A peine y découvre-t-on quelques décombres sur un rocher, et les traces de deux jetées. Ce point se nomme *Souadié*.

En remontant le même Oronte, on s'engage dans un terrain marécageux au milieu duquel s'élève l'antique *Apamée*, fondée par Antiochus-Soter, et que Strabon cite comme la pépinière et l'école de la cavalerie des Séleucides. Que ces temps sont changés! *Famieh* a remplacé la belle Apamée, dont on ne voit pas de ruines, et au lieu de 30,000 cavales, de 300 étalons, et de 500 éléphants, à peine voit-on dans ces vastes pâturages, devenus marais, quelques buffles épars et des bandes de moutons.

Parmi les villes du pachalick de Tripoli, toujours sur la côte de la Syrie, il faut

— C'est *Damas*, me répond Arthur, la fameuse Damas, qui forme aujourd'hui un puissant royaume fondé par *Résom* ou Rason, naguères esclave, à présent souverain du pays.

Damas, vous vous le rappelez, est la plus ancienne ville du monde. Sa position entre les chaînes libaniques est tellement agréable que

citer *Laodice* ou *Laodicée*, fondée par Séleucus-Nicator, sur la rive méridionale d'une langue de terre qui saille en mer d'une demi-lieue. Son port pouvait contenir trente vaisseaux. De nos jours, cinq navires turcs y sont mal à l'aise, tant on a laissé ensabler ce pauvre port. *Latakié* remplace Laodicée ; c'est une ville sans ruines, sans murailles, sans canons, dont un pirate ferait la conquête.

Emèse, située un peu au-dessus du lac Kades, sur la rive orientale de l'Oronte, et à l'est de l'Anti-Liban, sur la limite du désert, n'est plus qu'un gros bourg ruiné, *Hooms*.

A quatre cents pas de cette ville, vers l'occident, se trouve un cénotaphe de l'effet le plus pittoresque, car il est placé en face d'une plaine découverte. Au fond, et dans toute l'étendue de l'horizon, les montagnes du Liban, surmontées de leurs glaciers diamantés et de leurs crêtes de neige ; tout autour, une nature sèche et dépouillée : tel est l'aspect de ce lieu, que viennent animer de temps en temps les caravanes dans leurs haltes.

Ce cénotaphe, paraît-il, serait le *tombeau de Caïus César*, car ce nom se lit encore sur la partie supérieure du monument. Le reste de l'inscription, fort longue, est effacé. Ce sépulcre affecte la forme pyramidale. Chaque face de cette pyramide est losangée. On arrivait sous une première colonnade par plusieurs marches, maintenant brisées. La hauteur du monument est de quatre-vingt-deux pieds.

Il existait un monument semblable du côté du nord, et les deux tombeaux étaient réunis par une chaîne de fer. Ce second édifice était dédié, par les Emésiens, au souvenir de Lucius César, frère de Caïus.

Sur l'Oronte encore, on rencontre les ruines de la splendide ville antique d'*Antioche*, fondée par Séleucus-Nicator, trois cents ans avant J.-C., sur les débris d'une autre ville, *Antigonia*, qu'Antigone avait édifiée, et que Séleucus détruisit. Ce prince engloba trois villes voisines dans l'enceinte d'Antioche, ce qui constitua dès lors une tétrapole. Chacune de ces villes était environnée de ses propres murailles. Sur tout l'espace qu'occupait Antioche, à peine rencontre-t-on quelques chétifs villages.

Les remparts d'Antioche, dont cependant une partie subsiste encore, s'étendaient sur la croupe de deux montagnes. Bâtis en pierre de taille, ils n'ont pas moins de soixante-dix à quatre-vingts pieds de haut. On y compte cinquante tours de cent trente pieds d'altitude.

Des aqueducs magnifiques sont encore debout.

Antioche était au rang des plus belles villes du monde : son luxe était si célèbre, qu'il caractérisait ses habitants.

Dans le livre des Machabées, il est question de *Daphné*, l'un des bourgs de son voisinage.

son territoire passe pour avoir été le siége du paradis terrestre. Elle est bâtie au lieu même où Caïn tua son frère Abel, vous en avez souvenance, et son nom de Damas signifie *sac du sang*.

Hus, son fondateur, petit-fils de Sem, la plaça non loin de la Méditerranée et entre le dernier versant méridional de la chaîne antilibanique et du grand désert. Entourée à huit ou dix lieues à la ronde de beaux arbres à fruits entremêlés de jardins et de bosquets, tous les genres d'agréments lui sont réservés. C'est là qu'on voit les plus magnifiques hémippes (1).

Damas n'est pas exactement placée dans l'entre-deux du Liban et de l'Anti-Liban, mais bien sur les dernières rampes du versant oriental de l'Anti-Liban. Ainsi adossée à la montagne et enveloppée de verdure, elle ressemble à une urne de marbre qui surgirait du sein d'une mer de fleurs. Placée entre la nature la plus pittoresque et le monotone grand désert, elle est le caravansérail du voyageur africain, asiatique ou européen. Aussi Abraham se rendant de la Mésopotamie en Chanaan, par l'ordre de Dieu, après une première station à Haran, où il vit mourir son père Tharé, fait-il à Damas la seconde station de son pèlerinage. Rien n'est merveilleux comme le spectacle qui s'offre de ses demeures en terrasses. A l'occident, la mer ; au nord, les deux chaînes de montagnes sur lesquelles repose la ville ; à l'est, les fleuves d'Assyrie, et à l'est-sud, comme au sud même, le désert dont les sables étincelant au soleil ainsi qu'une poussière de diamants, vont se perdre dans les profondeurs flamboyantes d'un ciel de feu. Et puis les deux branches de son fleuve, *Pharphar* et *Abana*, comme les nomme l'Ecriture, qui coupent les vues de leurs eaux frémissantes; les temples; les bazars aux longs portiques; les maisons généralement basses dont les plates-formes reproduisent toutes l'image de jardins suspendus, tant on les couvre de fleurs et de plantes; les

(1) L'hémippe est un animal originaire de Syrie, qui tient le milieu entre le cheval et le mulet. Le Jardin des Plantes de Paris en possède deux, offerts à la France par le khédive.

quais ; la foule bigarrée sous ses robes à splendides ceintures, en turbans de pourpre, aux armes damasquinées (1) ; tout étonne, tout éblouit. Mais, hélas! quelle corruption déjà dans ses murs! Oui, déjà, au grand soleil de Dieu, au centre des marchés, on vend la créature humaine comme le plus vil bétail. Depuis l'homme réduit à l'esclavage, depuis la femme et la jeune fille humiliées dans leur beauté et livrées à la plus sauvage curiosité, jusqu'aux bêtes de somme, tous les objets de la création, tous les arts, toutes les industries, tous les produits, mais aussi tous les crimes, s'y trouvent représentés.

Le Seigneur est patient, il est vrai. Mais s'il attend longtemps, le jour de sa vengeance n'en vient pas moins. Ainsi j'entends dans l'avenir les prophètes Isaïe, Amos, Jérémie, prédire à Damas de grandes calamités. Ainsi je vois les rois d'Assyrie la prendre et la ruiner : Alexandre s'en emparer à son tour; Pompée la subjuguer ; les Musulmans la spolier, et Tamerlan la couvrir de ruines et de cadavres.

Cependant c'est sur cette route qui va de Damas à Jérusalem qu'un rayon du ciel fera de *Saul* païen l'apôtre *Paul*. C'est dans cette rue droite, *via rectâ*, l'une des plus belles de Damas, que demeurera *Jude*, et non loin de Jude, *Ananie*, qui contribueront à faire du persécuteur de Jésus le plus ardent de ses disciples. Mais si la grâce parle à certains cœurs qui s'ouvrent à son inspiration, combien n'en trouve-t-on pas de fermés auxquels vainement elle s'adresse!

Au sud de la Phénicie, à l'ouest de la Cœlé-Syrie et au nord-ouest de la terre de Chanaan, dominant les rivages de la Méditerranée de trois cents toises au moins, voici un pic rocailleux et écrasé, composé de plusieurs montagnes boisées, entrecoupées de vallées fertiles, qui se montre à nous et qui se termine en une plaine agréable vers la côte méridionale d'un golfe sur lequel apparaît une ville d'aspect

---

(1) L'art de damasquiner les armes, l'acier, etc., en les gravant et en les ornant de desins d'or, etc., est originaire de Damas, qui, à cet art, a donné son nom *damasquiner*.

antique et grave, étroite, resserrée, entassant ses maisons sur une langue de terre qui fait saillie dans la mer. Cette montagne est le *Carmel*, le célèbre Carmel, d'où le prophète Elie s'enlèvera un jour vers le ciel dans un char de feu.

Et la ville est *Acco*, nom phénicien qui signifie *resserrée*.

Assise au pied du Carmel, Acco est peut-être et même certainement la plus ancienne ville du monde, une cité plus vieille que Jérusalem et que Damas. Elle doit son origine à Adam lui-même qui, allant ensevelir ses remords sur la montagne de Moriah, s'arrêta là, après y avoir découvert la source que vous voyez au centre de la ville, et à laquelle il se désaltéra...

Un jour, lorsque règneront les Séleucides, Acco recevra le nom de *Ptolémaïs*.

Et plus tard encore, lorsqu'elle aura été assiégée par les Croisés, puis enlevée d'assaut par Napoléon-le-Grand, elle ne sera plus ni Acco, ni Ptolémaïs, mais la forte cité de *Saint-Jean-d'Acre*.

Even, elle aussi, sans doute inspirée par la grandeur du spectacle, me dit à son tour :

— Si Damas a été le théâtre du meurtre d'Abel, voici le lieu où Adam et Eve ont déposé la dépouille mortelle de leur fils bien-aimé! Au couchant, un peu vers le sud de Damas, voyez-vous cette petite bourgade à mi-côte de la colline? C'est *Abila*, tombeau d'Abel. Mais un jour Abila s'agrandira, et, dans un avenir peu éloigné, deviendra la *tétrarchie d'Abilène*.

Enfin dans cette plaine, entre l'Anti-Liban et le désert, un peu au nord de Damas, bientôt, dans quelques siècles à peine, surgira une somptueuse cité qui aura nom *Héliopolis*, la *ville du Soleil*.

Je ne vous dirai rien de ces magnifiques splendeurs, ni de l'admirable *temple du Soleil* (1), qui en fera la gloire. Que ses merveilles

---

(1) Le R. P. Laorty-Hadji s'exprime ainsi, à l'occasion de ce *temple du Soleil*, à Héliopolis, devenue *Balbeck* :

seront tellement surprenantes que les âges futurs la contempleront

« Tous les voyageurs ont parlé de ce grand temple d'Héliopolis, et toutes les voix ont été unanimes pour exprimer l'admiration qu'il inspire. On ne peut en effet se défendre d'un vif sentiment d'enthousiasme en présence de cet édifice, l'un des plus gigantesques du monde. De tous les monuments dont il reste encore des vestiges, à Balbeck, celui-ci est le plus vaste, le plus majestueux. Il était digne, par ses proportions et par la richesse de son architecture, d'être appelé le temple du Soleil.

» Sa direction s'étend de l'est à l'ouest, et l'œil peut à peine embrasser l'immensité de son enceinte. Quoique le portique soit déparé par les masses peu gracieuses de deux tours de construction moderne qui en flanquent l'entrée de chaque côté, il n'en est pas moins encore d'une grande beauté.

» L'édifice est élevé, dans cette partie, sur une esplanade.

» Des deux cours que l'on rencontre après avoir traversé le portique, la première est de forme hexagone. Quelques voyageurs lui donnent 200 pieds de diamètre. Elle est semée de fûts brisés, de chapiteaux frustes, de débris de pilastres, d'entablements et de corniches. Tout autour, et sur chaque face, on avait pratiqué une série de cellules uniformes, avec une toiture en voûte, supportée par des colonnes distribuées en nombre égal et d'une manière symétrique. Ces cellules avaient toutes leur ouverture à l'intérieur. Leurs voûtes n'existent plus aujourd'hui.

» La seconde cour, de forme carrée, est beaucoup plus spacieuse que la précédente, laquelle n'en est pour ainsi dire que le vestibule. Elle se trouve aussi plus élevée, et l'avenue qui y conduit est légèrement en pente. Le mur d'enceinte de cette cour n'a pas moins de 600 pieds de long. Son élévation, du côté du nord, est prodigieuse. Ce côté est assez bien conservé. Là, on voit des blocs de 60 pieds de long, sur 16 de haut et 12 de large. De chaque côté des galeries latérales, on voit aussi des chambres.... et des niches en saillie, où étaient placées sans doute les images des divinités adorées par les Cœlé-Syriens.

» En s'avançant vers l'occident, à partir du milieu de la cour, on pénètre dans le sanctuaire, qui est le véritable temple, auquel les autres édifices se rattachent comme accessoires.

» Dans cette partie, on trouve six gigantesques colonnes restées seules debout et dominant au loin, comme pour indiquer à l'explorateur le chemin des ruines. Composées de deux ou trois blocs seulement, d'une teinte jaune légèrement dorée qui resplendit au soleil, elles produisent, à une certaine heure du jour, l'effet le plus magique. Leur circonférence est de 29 pieds, et leur hauteur de 58. La première pensée est toute d'étonnement à la vue de cette ruine solide que rien ne semble soutenir. Mais, en examinant bien le terrain, on reconnaît toute une longue série de bases qui forment un carré long de 268 pieds sur 146, et l'on reconnaît le péristyle d'un grand temple.

» Le second temple existe dans presque tout son entier. Situé au sud-ouest du grand, sur un terrain sensiblement plus bas, c'est le plus magnifique des deux. Sa forme est quadrangulaire. Un superbe rang de colonnes tourne tout autour et lui compose un beau portique de 9 pieds de largeur. Toutes les colonnes sont d'ordre corinthien. Elles ont environ 45 pieds de fût, et 5 de diamètre. Une élégante architrave.

avec enthousiasme, même dans ses ruines, sous le nom de *Balbeck* (1).

surmontée d'une corniche richement travaillée, est posée sur les chapiteaux. On trouve encore des sculptures de scènes mythologiques. La façade, dans laquelle s'ouvre une porte de 22 pieds de large, est tournée vers l'Orient, ce qui existe pour tous les anciens temples de la Syrie.

» L'ensemble des monuments qui composent les ruines d'Héliopolis ou Balbeck, produit l'effet le plus pittoresque. »

(1) Monsieur de Lamartine, dans son *Voyage en Orient*, peint de la sorte les ruines actuelles de *Balbeck*. Quand on rencontre des pages aussi éloquentes, lire, c'est... voir.

« J'avais traversé les sommets du Sannin, couverts de neiges éternelles, et j'étais descendu du Liban, couronné de son désert de cèdres, dans le désert nu et stérile d'Héliopolis, à la fin d'une journée longue et pénible.

» A l'horizon encore éloigné devant nous, sur les derniers degrés des montagnes noires de l'Anti-Liban, un groupe immense de ruines jaunes, dorées par le soleil couchant, se détachait de l'ombre des montagnes. Nos guides nous les montraient du doigt, et s'écriaient :

» Balbeck ! Balbeck !

» C'était en effet la merveille du désert, la fabuleuse Balbeck, qui sortait tout éclatante de son sépulcre inconnu, pour nous raconter les âges dont l'histoire a perdu le souvenir.

» Nous avancions lentement au pas de nos chevaux fatigués, les yeux attachés sur les murs gigantesques, sur les colonnes éblouissantes et colossales qui semblaient s'étendre, grandir, s'allonger, à mesure que nous approchions. Enfin nous touchâmes aux premiers tronçons de colonnes, aux premiers blocs de marbre que les tremblements de terre ont secoués jusqu'à plus d'un mille des monuments mêmes, comme les feuilles sèches jetées et roulées loin de l'arbre, après l'ouragan. Les profondes et larges carrières qui fendent, comme des gorges de vallées, les flancs noirs de l'Anti-Liban, ouvraient déjà leurs abîmes sous les pas de nos chevaux. On y voyait encore quelques blocs énormes à demi détachés de leurs bases, et d'autres taillés sur leurs faces semblant n'attendre que les bras des générations de géants pour les mouvoir. Un seul de ces moellons de Balbeck avait soixante-deux pieds de long, sur vingt-quatre de large et seize d'épaisseur.

» Nous suivîmes notre route entre le désert, à gauche, et les ondulations de l'Anti-Liban, à droite, en longeant quelques petits champs cultivés par les Arabes pasteurs, et le lit d'un large torrent qui serpente entre les ruines, et au bord duquel s'élèvent quelques beaux noyers.

» L'*Acropolis* ou la colline artificielle qui porte tous les grands monuments d'Héliopolis, nous apparaissait, çà et là, entre les rameaux et au-dessus des grands arbres. Enfin nous la découvrîmes tout entière, et toute la caravane s'arrêta par un instinct électrique. Aucune plume, aucun pinceau ne pourrait décrire l'impression que ce seul regard donnait à l'œil et à l'âme. Sous nos pas, dans le lit du torrent, au milieu des champs, autour de tous les troncs d'arbres, des blocs immenses de granit

— Reconnais-tu bien, cher neveu, me demande alors le comte, le pays qui s'étend au-delà de ce grand désert de Syrie, et vers lequel nous dirigeons notre vol?

— Assurément, répondé-je aussitôt avec une certaine superbe qui ne manque pas d'effet : c'est un pays de connaissance déjà, en un mot c'est la *plaine de Sennahar*, devenue la *Chaldée*, puis de Chaldée faite *Assyrie* et *Babylonie*. Mais, qu'elle a déjà changé d'aspect depuis notre premier voyage !

Au nord-est de la Syrie, entre les deux fleuves de l'Euphrate et du Tigre, je reconnais de même la *Mésopotamie*, laissée par nous presque

rouge ou gris, de porphyre sanguin, de marbre blanc, de pierre jaune aussi éclatante que le marbre de Paros, tronçons de colonnes, chapiteaux ciselés, architraves, volutes, corniches, entablements, piédestaux, membres épars et qui semblent palpitants de statues tombées, la face contre terre ; tout cela confus, groupé en monceaux, disséminé en mille fragments, et ruisselant de toutes parts, comme les laves d'un volcan qui vomirait les débris d'un grand empire. A peine un sentier pour se glisser à travers ces balayures des arts...

» Sur l'immense plateau de l'Acropole, l'extrémité des grands temples se montrait à nous, détachée de l'horizon bleu et rosé, en couleur d'or. Quelques-uns de ces monuments déserts semblaient intacts et sortis d'hier des mains de l'ouvrier. L'œil se perdait dans les avenues étincelantes des colonnades de ces divers édifices, et l'horizon trop élevé nous empêchait de voir où finissait ce peuple de pierre.

» Les sept colonnes gigantesques du temple du Soleil, portant encore avec majesté leur riche et colossal entablement, dominaient toute cette scène, et se perdaient dans le ciel bleu du désert, comme un autel aérien dressé pour le sacrifice des géants.

» Nous nous remîmes en marche. Nous laissâmes à gauche la montagne de ruines et une vaste plage toute blanche de débris. Comme le jour était tombé, les ombres s'étendaient sur la plaine. Nous nous retournâmes pour jeter un second regard sur les monuments qui nous environnaient.

» Les grands temples étaient devant nous, comme des statues sur leur piédestal. Le soleil les frappait d'un dernier rayon qui se retirait lentement d'une colline à l'autre, comme les lueurs d'une lampe que le prêtre emporte au fond du sanctuaire. Les mille ombres des portiques, des piliers, des colonnades, des autels, se répandaient mourantes sous la vaste forêt de pierre, et remplaçaient peu à peu sur l'Acropole les éclatantes lueurs du marbre et du travertin. Plus loin, dans la plaine, c'était un océan de ruines qui ne se perdait qu'à l'horizon. On eût dit des vagues de pierre brisées contre un écueil, et couvrant une immense plage de leur blancheur et de leur écume. Rien ne s'élevait au-dessus de cette mer de débris, et la nuit qui tombait des hauteurs déjà grises d'une chaîne de montagnes les ensevelissait successivement de son ombre. »

à l'état de solitude, et à cette heure très peuplée déjà. L'Ecriture la nomme *Aran-Nanaraïm,* ce qui veut dire *Syrie des Rivières*. Sa partie septentrionale me paraît fertile et riche en arbres de toutes sortes. Voici d'immenses forêts de toutes les essences : elles peuvent fournir de superbes bois de construction pour les flottes, et j'entends Evenor qui m'anonce qu'elles en fourniront en effet au grand Alexandre, à Trajan, et à d'autres empereurs sans doute. Quant au sud, il est encore à l'état de landes et de steppes, fort serrées par le Tigre et l'Euphrate qui se rapprochent...

— De telle sorte que Sémiramis a fait construire entre les deux fleuves cette muraille qui va de l'un à l'autre pour séparer la Mésopotamie de la Babylonie... ajoute mon oncle, qui m'enlève la parole pour la prendre à son tour.

L'Ecriture sainte a poétisé la Mésopotamie par le fait seul que, d'après son récit, c'est sur son territoire que sont nés Abraham, Sarah, Rebecca, Lia, Rachel, Jacob, Esaü, Laban, Loth, et les douze fils de Jacob.

Ainsi vois-tu cette petite bourgade modestement assise sur les rives orientales de l'Euphrate? C'est *Ur,* où peu après le déluge se fixa le vénérable patriarche Tharé, issu de la race de Sem, par Saleh, à la neuvième génération, et qui donna le jour à Abraham, et lui apprit à aimer le vrai Dieu et à le servir.

Plus au sud, voici *Haran,* où le même Abraham vint planter sa tente après avoir quitté Ur, pour se rendre en Chanaan. Ce fut là que mourut Tharé, son père ; là que Laban, son beau-frère, vint s'établir près de la tombe de Tharé. C'est de là que le père du peuple de Dieu partit pour Damas. C'est là qu'Eliézer vint chercher Rebecca pour en faire l'épouse d'Isaac, et que Jacob, son fils, à son tour trouve un asile contre la colère d'Esaü, en se faisant berger et en épousant Lia et Rachel. A cette heure, cette bourgade se nomme *Charræ*. Mais l'avenir lui rendra, pour le conserver toujours, son vieux et vénérable nom d'Haran.

— Avec Tharé et Abraham s'en est allé de Haran le culte du vrai Dieu, paraît-il, dis-je au Pirate, car je vois ses habitants actuels se livrer au culte des idoles. Les voici qui entretiennent un feu sacré en l'honneur du soleil, et se prosternent devant des urnes flamboyantes, images de cet astre. Et quel temple magnifique ne lui ont-ils pas élevé! Il y a loin de ce sanctuaire païen au culte simple et primitif que nos patriarches rendaient à Dieu en face d'un autel de terre couvert de gazon ou composé de quelques pierres!

— Progrès de la civilisation, mon cher! dit-il avec ironie. Les habitants d'Haran sont Sabéens (1), et quelques Arabes du sud, ou quelque Indien voyageur leur ont révélé cette façon d'honorer Dieu. Dieu, pour eux, comme pour la généralité des peuples, c'est le soleil, ce fécondateur de la nature. Ils ne voient pas que le soleil n'est que l'instrument, la créature; et, pour eux, la créature visible l'emporte sur le Créateur invisible.

Jette aussi un coup d'œil sur cette ville d'*Achab*, l'un des siéges de l'empire fondé par Nemrod. Ce nom d'Achab sera changé plus tard en celui de *Nisibe*, et les Grecs lui donneront encore celui d'*Antioche de Meygdonie*. Un jour le roi *Sapor*, à la tête d'une armée perse, en fera le siége. Mais son pieux évêque, *Jacques de Nisibe*, dirigera contre les éléphants et la cavalerie de Sapor un simple essaim de moucherons, et la violence de leurs piqûres mettra toute l'armée en déroute. C'est ainsi que souvent Dieu rend faible ce qui est fort, et fort ce qui est faible.

Voici encore *Edesse*, également fondée par Nemrod, aussi ardent fondateur de villes que violent chasseur.

Puis *Néharda*, dans cette île de l'Euphrate, près du mur de Sémiramis;

---

(1) *Sabéisme* vient de l'hébreu *Zaba*, troupeau, d'où Dieu est appelé *Zebaoth*, *Sabaoth*, souverain des armées célestes, parce que les astres ou les puissances célestes sont appelées *armées de Dieu*. Les *Sabéens* sont les sectateurs de la religion du sabéisme, qui adore comme dieux les corps célestes, et en particulier le *soleil* et la *lune*.

Circesium, au confluent de ce fleuve et du *Caboras* ;

Et enfin **Thapsaque**, sur la rive droite de l'Euphrate, à l'endroit même où dans quelques siècles Alexandre franchira ce fleuve pour aller chercher Darius dans le cœur de ses États.

— En continuant notre mouvement de rotation autour de l'Assyrie, reprend alors Marius, vous aurez sous vos yeux l'*Arménie*, et sa longue chaîne du *mont Ararat*, sur la cime duquel vous avez vu s'arrêter l'arche de Noé. Les ramifications de cette montagne courent et se croisent dans tous les sens, offrant les sites les plus opposés. Tel versant est nu, stérile, décharné, tandis que l'autre montre de profondes et ravissantes vallées, où la fécondité du sol ne le cède en rien à la beauté du paysage. C'est dans ces gorges que le Tigre, l'Euphrate, le *Cyrus* et l'*Araxe* prennent leurs sources.

L'Arménie n'a d'autres villes que *Naxuana*, la première cité construite après le déluge, à l'endroit où fut dressé par Noé l'autel de la reconnaissance, en face de l'arc-en-ciel, et près du coteau sur lequel il planta la vigne.

L'*Araxe* en est voisin et roule ses eaux avec un fracas effroyable au fond d'étroits ravins et de vallées sinueuses. Mais bientôt vous verrez d'autres villes couvrir cette province et gagner peu à peu quelque importance.

— Au pied du Caucase, ces montagnes couvertes de neiges ont mérité à la province le nom d'*Albanie*, dit aussi Arthur. Ce n'est du reste qu'un pays de chasses.

— Oui, ajouté-je, à en juger par ces troupes de chiens errants à l'aventure que mon œil rencontre partout.

— On ne les laisse pas toujours libres ainsi, reprend Arthur, et les Albanais savent parfaitement les utiliser à toutes sortes de travaux.

Les habitants de ce pays sont Sabéens. Seulement, au lieu du soleil, c'est la lune que l'on y adore. Et cette innocente divinité est assez tolérante pour permettre que chaque année on égorge des jeunes filles en son honneur.

Albana, et un peu plus loin *Cabalaca*, deux villes qui servent de collier à la mer Caspienne, appartiennent à l'Albanie.

— Entre le Pont-Euxin et la mer Caspienne, continue Even, cette contrée toute livrée à l'agriculture, peuplée de nombreux villages et comptant déjà quelques bourgades, c'est l'*Ibérie*.

— Au lieu de bourgades, dites cités, objecté-je : car je vois dans leurs murailles des monuments vraiment dignes de fixer l'attention.

— De ces villes, la plus belle est *Harmozica*, fait Even, et, après elle, vient *Zalessa*. L'une et l'autre sont arrosées par le Cyrus, que nous avons vu tout-à-l'heure sortir du mont Ararat.

Je ne vais pas vous dire tout ce que j'entends de détails géographiques sortis de la bouche de mes savants amis de voyage. J'aime mieux vous raconter à ma façon, et d'après les enseignements qu'ils me donnent, tout ce que je vois passer de contrées diverses sous mes yeux d'observateur attentif.

Ainsi passe d'abord, comme un nuage qu'un vent lourd charrie péniblement, au sud de la mer Caspienne, l'*Hircanie*, qui donne parfois son nom à ce lac immense. Des vignobles aux pampres luxuriants, des moissons aux blonds épis, des massifs d'arbres émaillés de fruits, me révèlent toute sa fertilité : mais aussi des serpents fort dangereux et d'affreuses bêtes féroces me montrent son état sauvage encore.

Syringis est la cité qui mérite le plus d'être nommée.

Plus au nord, et sur la côte orientale de la mer Caspienne, passe à son tour la *Bactriane*, avec trois divisions, la *Margiane*, la *Barbacène* et la *Gesrie*, qui ont les *Tocharès* pour peuplade principale.

Bactres, que nous avons vu assiégée par Ninus et prise par Sémiramis, est sa riche et belle capitale. Elle est située sur le *Bactrus*, petit affluent de l'*Oxus*.

Passe ensuite la *Parthie*, contrée sauvage, monstrueuse. Naguère encore les Parthes formaient l'une des tribus des Scythes, placés plus au nord. Mais ils se montraient si remuants, si farouches, qu'ils furent chassés par leurs frères. C'est alors qu'ils se réfugièrent dans les vastes solitudes que nous dominons et qu'ils disputent aux bêtes féroces. A présent même ils ne sont tolérés par les Assyriens qu'à la condition de leur payer un tribut. Naturellement belliqueux, les Parthes excellent dans l'art de manier le cheval. Il est curieux de voir leur cavalerie dans un combat. Ils se précipitent comme de véritables avalanches, puis se prennent à fuir aussi vite. Trompé par cette manœuvre, l'ennemi les poursuit-il? tout en courant ils décochent par derrière des flèches acérées qui manquent rarement leur but. Aussi dit-on que leur fuite est plus redoutable que leur attaque. Le mensonge et l'ivrognerie les rendent odieux à tous leurs voisins.

Hécatompyle est une ville qu'ils construisent en ce moment, et qui est loin de mériter son nom de *ville aux cent portes*. Cependant elle sera un jour la capitale de l'empire des Parthes.

Ils ont aussi la bourgade de Nisée, dont ils feront la sépulture de leurs monarques.

Passe le *lac Oxien*, qu'alimentent deux fleuves parallèles, venant de l'est l'un et l'autre, l'*Oxus* et l'*Iaxarte*. Autour de ce lac, à l'orient de la mer Caspienne toujours, s'étend le *pays des Chorasmiens*, qui donnent aussi au lac le nom de *Chorasmias*. On appelle cette contrée *Sogdiane*.

Sa capitale est *Maracanda*.

Entre la Sogdiane et la mer Caspienne, habitent les tribus des *Massayètes*, gens barbares et cruels. Adorateurs du feu et du soleil, ils leur sacrifient leurs cavales. Ils ont des mines d'or, à en juger par les ornements décorés de ce métal, ceintures, mors de chevaux, arcs même, qu'on voit assez communément chez eux. Hélas! cette peuplade farouche tue de sang-froid ses vieillards afin de leur éviter la décrépitude, et découpe leurs membres pour les manger pêle-mêle avec la chair de leurs brebis.

A côté d'eux, plus au nord, je vois aussi les *Dahes*, qui laisseront leur souvenir dans le nom de Dahghestan que portera ce pays dans l'avenir des siècles.

Voici de même les *Saces*, dont le nom vivra également attaché à un siècle futur qui s'appellera fastueusement l'*ère des Saces* (1).

Sur l'Iaxarte, je vois encore les *Abiens*, qui boivent avec délices le lait de leurs juments.

Et sur l'Oxus, les *Scordisques*, les *Agathyrses* et les *Hénioques*, qui formeront bientôt la nation des Tartares ou Tatars.

Mais voici venir en face, à droite et à gauche de nous, trois immenses régions ; vastes landes, steppes incommensurables toutes trois ; toutes trois arrosées par des fleuves larges, profonds, d'une longueur incalculable ; et toutes trois sillonnées par de colossales chaînes de montagnes qui semblent porter le ciel, tant est massive leur construction et grandiose leur développement.

La première de ces régions, celle de gauche, est la *Sarmatie*.

Ses fleuves sont le *Borysthène* et le *Tanaïs*.

Ses montagnes se nomment les *Poyas*, mot qui signifie *ceinture*, et qui séparent en effet l'Asie et l'Europe.

La seconde, celle du milieu, en face, est la *Scythie en-deçà de l'Imaüs*.

Elle a pour fleuves le *Rha* et le *Daix*.

L'*Imaüs* est la chaîne de montagnes qui divise le pays en le brodant de ses croupes gigantesques s'arrondissant et se tordant comme un serpent blessé à mort.

La troisième, celle de droite, est la *Scythie au-delà de l'Imaüs*.

Mais cette troisième région, peu ou mal connue, forme la limite du vieux monde.

Dans ces trois contrées, sont enveloppés dans les langes de leur barbarie naissante, les *Huns* (2), les *Alains*, les *Méotes* (3), les

---

(1) L'*ère des Saces* commence à l'an 78 après J.-C.
(2) Les *Huns* formeront l'*Hungarie*, qui sera ensuite la *Hongrie*.
(3) *Méotes*, sur les rives du *Palus-Mœotide*, maintenant *mer d'Azoff*.

Hérules, les *Achéens*, les *Fennes* (1), les *Taures*, les *Iaziges*, et les *Roxolans* (2).

Ces peuples joueront un grand rôle dans l'histoire et joueront leur rôle dans ce grand drame qui s'appellera l'invasion des Barbares. Jusque-là disons d'eux seulement qu'ils sont cruels, sanguinaires, pillards, laids à faire peur, camards, basanés, affreusement sales, se nourrissant de sang de cheval mêlé au laitage de leurs brebis, vivant sous des tentes de peaux ou sur des chars qui les promènent de pacage en pacage. Plusieurs d'entre eux, les Scythes proprement dits, sont d'une férocité révoltante : ils mangent de la chair humaine, s'abreuvent du sang de leurs ennemis, boivent dans des coupes faites de crânes d'hommes, placent les chairs dont ils veulent se repaître sous la selle de leurs coursiers, afin de la faisander en la meurtrissant par le poids de leur corps dans une longue course ; enfin, lorsqu'ils font un traité, remplissant de vin un grand vase de terre, et les deux parties contractantes, après s'être incisé le bras avec un couteau, y faisant couler leur sang, ils trempent alors leurs bras dans cette boisson, puis ils l'avalent en faisant des imprécations contre quiconque violera le traité.

Mais assez pour le nord. Tout en laissant notre observatoire planer toujours au-dessus de l'Assyrie, comme point central, je porte mon regard vers l'orient, dans la partie la plus limitrophe de l'Assyrie.

Passe d'abord la *Médie*, avec ses montagnes, ses riches plaines, son climat délicieux, ses belles rivières, et ses peuples sauvages encore, les *Sapures*, les *Gétes*, les *Mardes*, les *Pausiques*.

Ecbatane, la seule bourgade qui mérite que nous la nommions, est encore à l'état d'embryon :

Passe ensuite, plus au sud, la *Perse*, la grande Perse, avec ses

---

(1) *Fennes*, plus tard *Finnois*, habitants de la *Finlande*.

(2. *Roxolans*, qui deviendront les *Russes*.

hautes et nombreuses montagnes, ses vastes déserts arides et sans eaux, ses troupes de chevaux, de dromadaires, de buffles, ses moutons à grosse laine, ses chèvres innombrables, mais aussi ses lions, ses tigres, ses hyènes, ses ours. Mais nous aurons bientôt tant de choses à en dire que nous pouvons la laisser bien vite remplacer par

La *Susiane*, dont le joli nom lui vient du mot hébreu *Sus*, qui signifie *lis*, et qui, en effet, est une région toute parfumée de cette belle fleur. Autant est brûlant son climat, autant il est fertile.

Suse est sa capitale, et je puis dire qu'elle promet pour l'avenir de grandes beautés, quoiqu'à peine sortie de l'enfance. On me dit qu'elle sera la résidence d'hiver des rois perses, et je le comprends. Cette jeune cité doit jouir d'hivers assez tièdes, car ses cités sont tellement torrides que les lézards ne peuvent traverser ses rues au soleil sans périr asphyxiés, et que l'orge répandue sur le sol scintille comme fait celle que l'on torréfie dans un four.

Elle compte parmi ses tribus principales les *Cosséens*, qui habitent le *mont Zagrus*; les *Cissiens*, possesseurs de Suse; les *Uxiens*, dont le brigandage occupe l'existence; et les *Elymiens*, qui doivent leur nom à Elam, fils aîné de Sem.

Leur principale ville est *Elymaüs*, renommée dans tout l'Orient par les trésors que renferme son fameux *temple de Diane*.

Derrière la Médie, passe la *Paropamise*, que les *monts Paropamises* dont elle est hérissée rendent très froide.

Puis vient l'*Arie*, que traverse aussi la chaîne prolongée des Paropamises.

Aria est la principale ville de la contrée.

Passe encore la *Carmanie*, qui a des mines d'or, d'argent, de cuivre, de cinabre, et une montagne de sel fossile. De grands arbres, des vignes aux grappes énormes décorent ses collines. Le Carmanien a pour monture spéciale l'âne, quadrupède fort commun dans le pays. L'âne est l'ordinaire coursier du soldat carmanien, même dans la mêlée des batailles. Le climat est délicieux en Carmanie, et si j'y trouve beaucoup de déserts, j'y rencontre davantage encore de charmantes oasis. Aussi me produit-elle l'effet d'une nappe d'or, sur laquelle la main de Dieu aurait semé les plus riches émeraudes.

Vu sud, et sur les rivages de la mer Erythrée, voici qu'un sol brûlé, aux teintes roussâtres, nous annonce la *Gédrosie*. C'est le pays le plus chaud de l'Asie. Il est privé d'arbres, à moins de compter quelques palmiers et de maigres arbrisseaux qui ressemblent à des chardons. Mais, en revanche, le sol produit beaucoup d'aromates, surtout de la myrrhe. Vous ne serez pas surpris d'apprendre dès-lors que les armées de Sémiramis venues en ces contrées pour les soumettre, y périrent de faim, de soif et de fatigue, car l'eau y manque complètement. Nous verrons plus tard y périr de même les soldats de Cyrus et d'Alexandre, décimés par la chaleur et la morsure des serpents. Comme les cadavres des Babyloniens, dont les squelettes jonchent les arènes, jouets des vents et des bêtes fauves, les Perses et les Macédoniens viendront blanchir de leurs ossements ces terribles solitudes.

Les *Ichtyophages*, peuple de la Gédrosie, se nourrissent de poissons, ainsi que l'indique leur nom. Habitant sur les côtes, ils se livrent constamment à la pêche, et avec les os de poissons cétacés et d'écailles de coquillages, ils se construisent des maisonnettes qui ne laissent pas d'être gracieuses à l'œil. Les côtes des cétacés forment les piliers et les poutres, les mâchoires deviennent portes, et les écailles deviennent briques.

A l'est de la Gédrosie, je vois une autre peuplade, celle des *Orites*, qui recueillent les aromates dont leur pays abonde, mais dont l'usage, d'autre part, est d'empoisonner leurs flèches, de sorte que chaque blessure qu'elles font devient mortelle.

Pura, ce point noir au milieu des sables qui rutilent ainsi que de l'or en fusion, est la capitale de la Gédrosie.

En remontant un peu vers le nord, nous voyons passer encore la *Drangiane* ou *Zarangiane*.

Outre les *Dranges,* peuple principal du pays, les *Oriaspes* habitent aussi ces contrées. On les dit bons et hospitaliers.

Vers l'est, voici l'*Arachosie.*

Arachotos, qui doit sa fondation à la grande reine Sémiramis, est la ville principale de cette région.

Je me tais. Voici notre Even qui se lève, prend sa pose de Pythonisse, et tendant le bras, et l'index ouvert sur les régions qu'éclaire le soleil à son lever, me dit d'une voix solennelle :

— Un dernier regard sur cette *forteresse des Issédons,* là, au sud des monts Imaüs ;

Un dernier regard sur la plaine qui s'étend au-dessous, province de *Sérique,* pays de la soie, futur *Thibet,* dont la capitale,

Serinda, que vous voyez s'agiter dans le mirage de la brume, envoie dans le monde entier les riches tissus qui font l'ornement des femmes et la richesse de son peuple.

Et maintenant, arrière, mesquines contrées de l'Asie ; arrière, chétives productions de ce monde nouveau; arrière, petits fleuves, montagnes rétrécies, forêts rabougries du continent sémitique; faites place et saluez, voici votre reine qui se montre, et devant ses richesses splendides pâlissent vos merveilleux trésors.

Oui, voici l'*Inde* avec sa formidable nature changeant les fleurs en arbres et les arbres en géants;

L'Inde avec ses fleuves de l'*Hydaspe,* de l'*Indus* et du *Gange,* dont les rives produisent des roseaux remplis d'un miel aussi doux que celui de l'abeille (1);

L'Inde avec ses *monts Emodes,* colosses des colosses, montagnes des montagnes (2);

L'Inde, où l'homme est un ciron perdu dans l'infini des largesses du créateur; l'Inde, où la terre donne trois moissons par année; l'Inde, où

---

(1) La canne à sucre. Récits de *Strabon.*

(2) L'*Himalaya,* la plus grande chaîne de l'Asie, qui fait partie de l'*Imaüs,* et la plus haute du globe. Le sommet *Dhawalagiri* a 8,600 mètres, et le *Chamalari* 9,000.

les richesses éclosent à fleur du sol, pêle-mêle avec les plantes, les serpents, les tigres et les lions.

L'Inde avec ses deux grands bassins, le *Trans-Gangétique* ou *Chersonnèse d'or*, qui forme sa première province, limitée par le Gange de notre côté; et le *Cis-Gangétique*, qui forme la seconde division limitée par l'Indus, plus près de nous.

Si la nature merveilleusement féconde de l'Inde produit des géants de ce qui n'est que bruyères dans les autres contrées, elle fait aussi naître sur sa surface des hommes pleins de génie, de savoir et de force. Ils devinent les secrets des sphères, mesurent les distances des mondes, jugent et prédisent les phénomènes des cieux, se donnent des lois dont la sagesse guidera les nations les plus illustres (1), et font éclore des œuvres de poésie qu'admireront les peuples futurs. Leur langue sera regardée dans l'avenir comme la première des langues (2).

C'est une admirable et grandiose perspective que nous offrent ces splendides bassins de l'Inde, fleuves d'argent aux rives d'émeraudes; montagnes étendant au loin leurs envergures effrayantes, et portant vers le firmament des crêtes, des aiguilles et des dômes de neuf mille mètres, la plus haute élévation du globe; vallées ravissantes qu'arrosent des lacs aux îles flottantes et toutes bordées de monts blanchis par la neige et sillonnés de glaciers; forêts enfin où les arbres séculaires étendent leurs rameaux de façon à couvrir tout un peuple, dont chaque branche en retombant à terre prend racine et produit un autre arbre, de sorte que les cent mille arceaux formés par ces arbres donnent aux forêts l'aspect féerique de palais enchantés.

Un jour, dans ces belles et opulentes contrées, et ce jour n'est pas éloigné, les Indiens se donneront pour dieux la *Trimourti*, trinité

---

(1) Les Grecs et les Romains ont emprunté leur code aux Indiens.

(2) Le *sanskrit*, plus parfait que le grec, plus riche que le latin, plus poétique que le français.

suprême qui exercera sur le monde un pouvoir infini par le secours d'une infinité de dieux subalternes.

Que dis-je? un jour! mais ce jour est venu... Regardez ce qui se passe....

Je regarde... En effet, une horrible vision me passe sous les yeux : c'est comme un affreux cauchemar qui pèse sur ma poitrine. Voici que m'apparaît, sur le plateau d'une colline, un monstre si horrible à voir qu'un frémissement nerveux s'empare de moi. Ce monstre est suivi de deux autres plus abominables encore. Or, ces monstres sont placés sur des chars, et ces chars sont traînés par des chevaux caparaçonnés avec luxe. Une foule énorme d'Indiens, hommes et femmes, dans les costumes les plus variés et les plus pittoresques, entourent le trône triomphal de ces monstres. Mais ce qui surpasse toute horreur, c'est qu'un nombre considérable de ces hommes, de ces femmes, voire même des adolescents et des jeunes filles, se précipitent sous les roues de ces chars. Aussitôt ces roues coupent leurs membres, les écrasent, les broient, les mutilent. Têtes, bras, jambes, troncs sanglants épars sur le sol, forment par derrière une longue traînée de débris humains et de sang qui fume. Et plus les victimes sont nombreuses, jeunes, richement parées, plus les témoins de cet indigne spectacle éclatent et se manifestent par des trépignements de joie et des clameurs de fêtes. Ce cortége forme une immense procession qui sort d'un temple construit au centre d'une clairière, à l'entrée d'un bois, et paraît devoir parcourir la vallée située entre des montagnes dont les rampes sont décorées de quantité de maisons ombragées de mûriers, de platanes, de lentisques, de palmiers et de cèdres.

Maintenant, le portrait des trois monstres.

Figurez-vous une sorte de statue gigantesque dont la tête est un soleil flamboyant entouré d'un triangle d'or, sortant à demi d'un œuf d'or énorme, brisé par le milieu, et derrière le soleil, qui n'est que le masque, allongeant cinq têtes appartenant à un seul cou. Voilà le premier monstre.

Représentez-vous une autre statue, sans voiles, à moitié plongée dans des flots et couchée sur un grand serpent qui promène sept têtes sur la tête de la statue. Du nombril de cette statue s'élancent deux corps à têtes de soleil l'un, l'autre à cinq têtes grimaçantes, enveloppées à leur sortie du nombril de larges feuilles de lotus. La statue couchée a quatre bras et quatre mains. La première de ces mains tient une massue, la seconde un disque ou roue magique, la troisième une conque, et la quatrième un lotus. Sa tête est ornée d'une magnifique couronne à triple étage. Voilà le second monstre.

Enfin, imaginez un grand Nicodème poussant un taureau devant lui. Ce mannequin a cinq têtes, porte un trident à la main, un *padma* des Indes sur l'épaule, et un *tchakra* avec un cerf nain sous le bras. Il se tient à califourchon sur un tigre énorme. Il ouvre une bouche énorme, et on voit que ses gencives, gencives inimaginables! sont armées de dents aiguës longues comme des rasoirs. Des serpents entourent ses bras et sa taille, et son cou est chargé d'un collier de crânes humains. Voilà le troisième monstre (1).

Dites-moi si le frisson qui court dans mes veines et me glisse le long du dos est le frisson d'un petit-maître? Aussi Even et mes compagnons sourient de l'expression de ma physionomie. Toutefois, pour me rassurer, Evenor me dit :

— Malgré la science des Indiens, les malheureux adorent ces affreuses idoles, mon cher cousin. Sachez quelle est leur religion :

Le *Brahmanisme*, c'est le nom de cette religion, reconnaît un Etre suprême, *Para-Brahma*, qui reste éternellement immobile, n'agissant que par l'intermédiaire de *Brahma*, de *Vischnou* et de *Shiva*, triple manifestation de l'Etre suprême; espèce de trinité qui ne forme elle-même qu'un seul dieu.

Quelle est l'origine de ces dieux? La voici :

---

(1) Le *padma* est l'arbuste connu sous le nom de *lotus*, et le *tchakra* est une roue magique en usage dans l'Inde.

Une charmante fille, un jour, surgit subitement à la surface des flots de la mer. Elle se trouve si fort effrayée du mouvement de l'Océan, à la merci duquel elle se trouve, qu'elle s'abandonne aux pleurs. Mais peu à peu s'habituant aux remous des vagues, elle sourit avec une grâce charmante d'abord, puis, se livrant avec une délicieuse naïveté à la joie la plus folle, elle se met à danser. Alors, dans ses cabrioles enfantines ne lui tombe-t-il pas du sein trois œufs, trois œufs blancs, trois œufs des plus curieux à voir? Ces œufs se brisent bien vite, et voici que de leurs coquilles éparses sortent trois beaux jeunes hommes... qui ne sont autres que Brahma, Vischnou et Shiva.

La jeune fille, elle, se nomme *Bhavani*.

Brahma, c'est la puissance, le créateur, la matière. Il représente le *passé* et a pour emblème le soleil.

— Mon premier monstre! dis-je à Even.

— Vischnou, c'est la sagesse, le conservateur, l'espace. Il figure le *présent*, et l'eau est son emblème...

— Mon second monstre! ajouté-je.

— Shiva, c'est le feu, le destructeur. Il représente l'*avenir*.

— Mon troisième monstre!

— Ces trois dieux composent la Trimourti, trinité suprême.

Or, continue Even, un jour Brahma se décide à tirer de sa tête un homme qui reçoit le nom de *Brahmann*, c'est-à-dire *prêtre*, et aussitôt Brahma lui donne quatre livres appelés *Védas*. Védas signifie *parole des quatre bouches*. Mais, avec l'existence, le nouveau-venu, Brahmann, reçoit l'ordre d'étudier Védas jusqu'à la fin du monde.

En disposition de produire, Brahma s'adresse à son bras, qui lui donne un autre homme. Celui-ci est un guerrier, *Chastryas*, et à celui-ci appartient la mission de défendre le prêtre.

Brahma se frappe ensuite la cuisse, et il en sort *Waïshias*, dont il fait un agriculteur chargé de nourrir le prêtre et le guerrier.

Puis vient le tour du pied, qui produit *Soudras*, artisan qui devra se livrer à tous les travaux de mille métiers.

Vous concevez dès lors, cher cousin, que le prêtre, le guerrier, l'agriculteur et l'artisan donnent aussi naissance à autant de *castes* ou classes qui composent le peuple de l'Inde. Seulement, comme parmi ces castes surviennent quelques enfants basanés, mal conformés, chétifs, on en forme une classe à part, celle des *parias*. Ce sont ces infortunés que vous voyez errer dans les solitudes, car les Indiens fuient leur contact comme celui d'un être immonde. Aussi habitent-ils les déserts ou se livrent-ils aux fonctions les plus dégradantes, s'ils restent dans la société de leurs frères.

Quant à Vischnou, sachez qu'il prend parfois une forme visible pour visiter la terre. Neuf fois déjà ce dieu s'est incarné, et s'est fait tour à tour poisson, tortue, lion, sanglier, brahme-nain, brahme-soldat, prince Rama, Krichna-le-bon-Pasteur, et Bouddha-le-saint. Ces métamorphoses ont eu lieu dans les tout premiers âges. Mais quand il se transformera pour la dixième fois, il sera Kalki, le cheval exterminateur qui, d'un coup de pied, réduira le monde en poussière. Apprenez du reste qu'il a pour femme *Lakchmi*.

Shiva a épousé Bhavani, quoique dieu de la destruction. Quand je dis destruction, c'est à tort, peut-être. Shiva modifie plutôt qu'il ne détruit. Il crée à l'aide de la mort; il dissout ou tue pour reformer. C'est vous dire que Shiva est le dieu de la métempsycose.

La fête que voyez célébrer en ce moment est celle de *Djaggernath*. Elle offre un dénoûment sans pareil. Si vos nerfs n'en souffrent pas trop, regardez encore...

Je regarde, et voici le terrible tableau qui se révèle à moi :

Un immense bûcher flamboie sur une colline. Une multitude innombrable l'entoure. Il n'est pas jusqu'aux parias, qui, majestueusement drapés dans leurs guenilles, ne cherchent les crêtes des rochers pour avoir leur part du spectacle. Alors, quand les prêtres ont chanté quelques versets du Védas, sur un ton monotone et lent, voici que se détachent d'un rang de soldats qui les entourent six femmes d'une beauté frappante. Leur longue chevelure noire flottant au vent fait ressortir davantage la pâleur de leur visage. Elles sont vêtues de robes blanches qui traînent jusqu'à terre et qu'une riche ceinture de pierreries serre à leur taille. Une sombre et muette douleur s'exhale de leurs visages, et, dans leurs grands yeux qui contemplent avec effroi le ciel, la terre, l'horizon, la belle nature, comme si elles en attendaient un libérateur ou leur disaient adieu, on lit le plus sombre désespoir. Elles s'avancent en fléchissant, et plus elles approchent du bûcher qui pétille et dont la fumée tourbillonne, plus leur effroi semble comprimer leurs mouvements. Toutefois les soldats, dont les piques brillent aux lueurs du brasier, les pressent par derrière. La mort les entoure : le fer, ou le feu... Enfin elles montent sur une sorte de plate-forme qui domine le brasier... Là elles s'arrêtent encore... et regardent !... Nul espoir ! Il faut mourir... Soudain elles se précipitent dans l'abîme de flammes...

Hélas ! on n'entend plus que le feu qui crépite, et des chairs vives qui grésillent...

Et la foule clame de bonheur et se pâme... de plaisir !

— Quel est le crime de ces infortunées ? demandé-je brusquement.

— Elles sont veuves !... me répond le Pirate. Leur crime est d'avoir laissé leurs maris mourir avant elles, et, d'après Védas, quand le mari meurt avant la femme, la femme doit mourir avec lui, en se brûlant de... désespoir de l'avoir perdu...

— Et si c'est la femme qui meurt la première ?

— Alors l'époux mange bien, boit bien, se remarie autant de fois que bon lui semble. Ainsi le veulent le *Rig*, le *Sama*, le *Vadjour* et l'*Atharvan*, les quatre livres du Védas.

— Honte au Védas, alors ! Car c'est d'un affreux égoïsme de la part de l'homme de mettre la pauvre femme dans une aussi horrible alternative !... fait Even.

— Mais, ce qu'il y a de plus abominable, ma fille, reprend le

Pirate, c'est que, de notre temps (1), en 1854, je crois, on a pu se fixer sur le sens du Védas, jusqu'alors mal compris. Une société de savants interprètes, après un long examen de la matière, a démontré, prouvé, texte en main, que tout au contraire le Védas veut que ce soient les maris qui se brûlent sur le tombeau de leurs femmes, et cela de désespoir, parce que la femme est la source de tous les biens dans la vie.

— A la bonne heure et bravo, bravo! s'écrie Evenor. Je vote la mort de tous les maris futurs, pour expier la mort de toutes les femmes trépassées dans les flammes. A leur tour!

— Cousine, le pardon des injures et la grandeur d'âme vous siéent trop bien pour que vous gardiez désir de pareilles représailles... dis-je à Even.

Ma cousine sourit, et, comme moi, détourne la tête du drame, qui touche à sa fin. D'ailleurs le Pirate attirant nos regards sur certaines contrées de l'Inde au-dessus desquelles nous promène notre observatoire aérien, nous dit :

— Les peuples de l'Inde sont d'abord les *Daones*, dans la Chersonnèse d'or, sur les limites orientales du monde connu.

Puis voici les *Aspiens*, dont *Arigée*, la capitale, est située sur l'*Enasples*.

Ensuite voyez les *Assacènes*, tribu puissante, ainsi que les *Guerréens*. Leur capitale est *Massagha*, et leurs villes principales *Aornos*, cette forteresse imposante fièrement campée sur son rocher, et *Nysa* ou *Dionysopolis*, fondée par Bacchus lorsqu'il vint planter la vigne dans sa conquête de l'Inde.

Enfin voici le pays et la ville des *Oxydraques*, non loin du fleuve de l'Hydaspe, et près du petit royaume dont Porus (2) sera roi, au jour des conquêtes d'Alexandre.

---

(1) Souvenirs d'une lecture du *Constitutionnel*, vers 1854 ou 1855.
(2) Actuellement *Lahore*.

— Je réclame votre attention pour le sud, dit alors Marius. Certes, ce que nous avons à y voir n'a pas le grandiose et le sublime de l'Inde : mais quelle poésie cependant dans cette vaste presqu'île formée par la mer Rouge, la mer Erythrée et son golfe Arabique. Couverte de montagnes chargées d'une végétation luxuriante et de plaines que vous voyez arrosées par de nombreux cours d'eaux, sur les côtes de la mer Rouge, l'*Arabie*, prend le nom d'*Yémen*, ou d'*Heureuse*.

A son centre, ces immenses déserts qui blanchissent et dorent le littoral du golfe Persique la font désigner sous le nom d'*Arabie Déserte*. Souvent ces solitudes sablonneuses sont tourmentées par le souffle ardent du *simoun*, horrible vent, chaud comme la flamme d'une fournaise, qui engloutit dans les sables de feu qu'il charrie les caravanes, hommes et chameaux, ainsi que feraient les vagues d'un océan.

Enfin, dans la partie la plus voisine de la terre de Chanaan, ce ne sont que roches grises qui parsèment le sol, fragments concassés, épars, sol pierreux sans végétation, terrain stérile, toutes choses qui méritent à ces côtes le surnom d'Arabie Pétrée.

Toutefois, dans cette autre presqu'île plus petite formée à l'occident par les deux bras que jettent en avant les deux golfes de la mer Rouge, golfe Elanitique à l'est, golfe Héropolite à l'ouest, voici deux montagnes, sœurs jumelles, qui s'élèvent en cônes majestueux...

— Je les reconnais, m'écrié-je, je les ai vues déjà, admirées, vénérées même, car c'est sur l'une d'elles que Moïse reçut de Dieu l'ordre d'aller délivrer son peuple captif en Egypte...

La première est le *Sinaï*, à l'orient...

La seconde est l'*Horeb*, à l'occident...

— Parfaitement, reprend Marius. Remarquez que le Sinaï a deux sommets, dont le plus élevé n'a pas moins de deux mille huit cent quatorze mètres de haut. Mais nous n'avons rien à ajouter en paroles.

Le Sinaï sera tout-à-l'heure le théâtre sacré sur lequel le peuple israélite verra des prodiges de la part de son Dieu.

L'Horeb, le second, dont les anneaux font suite à ceux du Sinaï, a été l'autre théâtre sur lequel flamboya le buisson ardent qui recélait le Seigneur. Nous le reverrons également.

En vérité, Marius a raison : Heureuse, Déserte ou Pétrée, l'Arabie revêt un cachet de poésie sacrée qui parfume ses horizons roussâtres, vaporeux, son ciel bleu sans nuages, ses collines et ses déserts.

Ici, là, partout, je vois ses peuples recueillir une sorte de résine d'un jaune pâle qui s'écoule des arbres : c'est l'encens destiné à parfumer les temples ; ou faire descendre dans la mer une espèce de drague formée de branches de fer, disposée en croix horizontale, qui, accrochant au sein des eaux des ramifications qu'on sait y trouver, rapporte un petit arbre dépouillé de feuilles, d'une substance calcaire dure formée de couches concentriques, striée, d'un rouge vif, ou d'un rose pâle : c'est le *corail*, arbuste revêtu d'une chair vivante, mince, évidemment organisée et formant un des anneaux de la chaîne non interrompue qui lie toutes les productions des trois règnes de la nature. Ailleurs, des nautoniers s'avancent en bateau parmi les récifs et les îlots de la mer. Alors, plusieurs d'entre eux mettant le pied dans un étrier en pierre attaché au bout d'une corde fixée à la nacelle, et munis d'une autre corde à laquelle tient un filet, plongent soudain dans l'abîme. Parvenus à environ dix ou douze brasses, ils rencontrent le fond. Aussitôt ils se hâtent de remplir leur filet de tout ce qui s'offre à eux, puis ils se font remonter à fleur d'eau. Généralement ce sont des coquillages qu'ils rapportent de leur excursion sous-marine. Mais ces coquillages renferment une substance calcaire, liée par un ciment albumino-glutineux et figurée sous forme plus ou moins globuleuse ou ovale. C'est la perle, trésor précieux qui fait la richesse de l'homme et la joie de la femme. Enfin, dans les montagnes, parmi les rochers, c'est l'or, l'argent, la topaze, l'émeraude, ce sont les pierres précieuses que l'on recueille à grand'-

peine, et qui sont ensuite portés aux bazars de Damas, aux marchés de Tyr et de Sidon, pour décorer les tiares, les diadèmes et les chlamydes des monarques du monde.

Ces peuples sont les *Sachalites*, les *Amanites*, les *Adramites*, les *Homérites*, les *Cassanithes*, les *Nabathéens*, tribus actives, turbulentes, pillardes, voleuses. Les hommes sont couverts d'un manteau sans couture, d'une étoffe lourde, zébrée de noir et de blanc. Jambes, bras, poitrine nus, ils vont au travers de leurs arènes brûlantes sans s'inquiéter du simoun, sans souci du soleil. Les femmes restent dans le voisinage des tentes. Leurs lèvres sont teintes de bleu, ainsi que le tour des paupières. Une chemise bleue nouée d'une ceinture blanche au-dessus des hanches forme leur seul vêtement.

— Leurs villes sont *Omanum*, sur le golfe Persique, me dit Marius, qui me les désigne du doigt ;

Asichon, *Cane*, *Musa*, qui sera plus tard *Moka*, *Aphar*, *Sabatha*, sont assises sur les côtes, ou dans le voisinage.

Voici *Ophir*, où vous verrez bientôt stationner les flottes de Salomon, et d'où elles partiront pour aller chercher l'or destiné à produire les merveilleux ornements du temple du vrai Dieu, à Jérusalem.

Dans le *pays des Sabéens*, adorateurs du feu, comme vous savez, et doués d'une taille de géants, au pied des montagnes de l'Arabie-Heureuse, voici de même

Saba, dont la fondation remonte à Sem, et qui verra bientôt régner la reine illustre désireuse de proposer des énigmes, pour éprouver sa sagesse, au grand roi Salomon, qu'elle enrichira de ses présents.

Voici *Mariaba* et *Iatripa*, dont les maisons blanches en terrasse brillent au soleil comme des plaques de métal.

Plus près de la terre de Chanaan, et lui formant comme une ceinture de peuples désireux de la posséder, en remontant du sud au nord laissez-moi vous signaler

Les *Sarracènes*, la tribu d'Arabes la plus vaillante de ceux qui combattront un jour nos ancêtres, sous le nom de *Sarrasins* ;

Pétra, qui tire son nom de la roche sur laquelle elle est assise, à quinze lieues du lac Asphaltite, est leur ville principale ;

Les *Philistins*, sur la Méditerranée, peuple nombreux, méchant et perfide, dont *Samson* punira les crimes ;

Une pentapole (1) formée de cinq villes puissantes, s'étend sur leur territoire ;

Gaza, nom hébreu qui veut dire *forte*, est la première. En effet, vous voyez Gaza entourée de puissantes murailles et de bastions avec portes dont Samson fera des hochets ;

Azoth, avec un temple qui renferme la fameuse *idole de Dagon*, représentée sous la figure d'un monstre demi-homme et demi-poisson, auquel on attribue l'invention de la charrue, est la seconde ;

Ascalon, qui honore dans un temple l'*idole de Décerto*, fille de Vénus, représentée sous la forme d'une femme dont la partie basse se termine également en poisson, est la troisième ;

Accaron, qui a pour dieu *Beelzebud*, le prince des démons, d'après la Bible, et dont le nom signifie *dieu chasse-mouches*, est la quatrième.

Enfin, la cinquième est *Anthédon*, à peu près sans importance.

Les *Iduméens* ou *Edomites*, descendants d'Esaü, appelé aussi Edom ou le *roux*, de la couleur de ses cheveux.

Leurs villes sont *Arga*, *Phœnicon*, *Maguse*, *Océlis*, *Elath* ou *Elana*, sur le golfe Elanitique, et dont le port, comme celui d'Ophir, recevra les vaisseaux de Salomon allant chercher les pierres précieuses de l'Asie et de l'Afrique pour en décorer ses palais de Jérusalem et de Thadmor (2).

Et *Asiongaber*, sur le même golfe qu'Elana.

---

(1) *Pentapole*, de *pente poleis, cinq villes*.

(2) *Thadmor*, ou *Palmyre*, ville fondée par Salomon, sur les limites de la vallée de l'Oronte et du grand désert de Syrie.

Il n'y a pas si loin, du nom de Thadmor à celui de Palmyre, qu'on pourrait croire à première vue. C'est affaire de prononciation.

Les *Amalécites*, sortis d'Amalec, petit-fils d'Esaü :

Bala et *Ségor* leur appartiennent, et c'est dans cette dernière ville que demeurera Agag, leur roi, dont la vie sauvée, contrairement aux ordres de Dieu, causera la ruine de Saül.

Les *Madianites*, issus de Madian, fils d'Abraham et de Céthura :

Voici leur ville principale, *Madian*, au sud, et c'est à Madian que demeure Jéthro, dont nous avons vu Moïse épouser l'une des sept filles, Séphora, avant de retourner en Egypte pour délivrer le peuple hébreu.

Une autre tribu de Madianites stationne là, sur les frontières méridionales de Chanaan, et maintes fois, par leur beauté, les femmes de cette tribu tendront des piéges aux Israélites.

Les *Ismaélites*, descendants d'Ismaël, fils d'Abraham et d'Agar... Qu'elle est touchante, cette histoire d'Agar ! Laissez-moi vous en rafraîchir le souvenir.

Dans le temps où Agar était enceinte, un ange lui avait dit :

— Tu as conçu et tu enfanteras un fils auquel tu donneras le nom d'Ismaël, parce que le Seigneur a pris en pitié ton affliction. Il sera vaillant et sauvage. Sa main se lèvera contre tous, et les mains de tous se lèveront contre lui. Il fixera ses tentes en présence de tous ses frères.

Ces brillantes espérances ont rendu Agar orgueilleuse. Elle ose même insulter Sarah, sa maîtresse, qui conserve contre elle un secret ressentiment. Il se réveille plus fort lorsqu'à son tour elle devient mère contre toute espérance. Ayant vu Isaac, son fils, jouer avec Ismaël, le fils d'Agar, le dépit entre dans son cœur. Elle supplie Abraham d'éloigner l'enfant de l'étrangère. Abraham cède, sous l'inspiration de Dieu.

Ayant pris dès le matin ce qui est nécessaire au voyage du fils et de la mère, il les en charge, et leur ordonne de s'éloigner. Seule désormais pour protéger son fils, l'infortunée Agar se dirige vers ce désert du sud de Chanaan, le *désert de Bersabée*. Mais l'eau lui manque avant d'arriver au terme de son voyage, et Ismaël haletant, épuisé, ne peut plus marcher. La malheureuse mère cherche de tout côté et ne trouvant pas une seule goutte d'eau pour rafraîchir le palais brûlant de son fils, elle s'éloigne de lui pour ne pas être témoin de ses souffrances et de sa mort. Le désespoir est près d'entrer dans son âme, lorsqu'un envoyé du ciel lui indique une source qu'Agar n'avait pas aperçue, et relève son courage par des paroles consolantes. Elle s'avance alors dans le *désert de Pharan*, dans lequel Ismaël grandit et devint très habile à tirer de l'arc. Quelque temps après il épousa une femme égyptienne qui le rendit père de douze enfants. Aussi les Arabes le regardent-ils comme le chef de leur race.

Bersabée, que voici au sud, appartient aux Ismaélites.

Enfin les *Ammonites* et les *Moabites*, sortis d'Ammon et de Moab, fils de Loth, neveu d'Abraham.

Les Ammonites possèdent *Rabbath-Ammon*, ce nid caché parmi des collines chargées de vignobles, non loin du *bois d'Ephraïm*, que vous voyez près des montagnes de *Galaad*, en Chanaan, au nord-est.

Les Moabites ont à eux *Rabbath-Moab* ou *Ar*, cette corbeille de pierres entourée de prairies qui s'étale au sud-est, au pied du *mont Abarim*.

Or, tous ces peuples sont fort à l'étroit et se pressent l'un contre l'autre sur les limites du désert. Mais voici venir l'heure de leur ruine.....

Entendez-vous ce chant de triomphe qui retentit sur les rivages de la mer Rouge, dans cette petite presqu'île qui ceint de toutes parts l'eau du golfe Héropolite et du golfe Elanitique? C'est là que nous avons laissé Israël sortant d'Egypte et du lit de la mer, qui s'est ouverte miraculeusement devant lui.

OU SE PRÉCIPITE LE FLEUVE DU TEMPS.

Nouveau départ du voyageur. — Babylone et sa décadence. — La reine Atossa et ses crimes. — Révolution, comme toujours et partout. — Où l'on passe en Afrique. — Encore la verte Egypte. — Nubie et Ethiopie. — Une ville mystérieuse. — Méroe. — Ce que c'est qu'un *Typhonium*. — *Latopolis*. — Zodiaque d'Esneh. — Vision de cérémonies égyptiennes. — Les mammisii. — Sisitis. — Grottes de la Thébaïde. — Sculptures souterraines. — Les Troglodytes chrétiens. — Souvenir de Marie l'Egyptienne. — Grottes de Phapé. — Sites et paysages. — Aspects encore inconnus. — *Syène*. — Ses carrières. — Limites de l'Egypte. — *Eléphantine* ou *l'île fleurie*. — Un puits où se mire le soleil. — *Philœ* ou *l'île du Temple*. — Edifices grandioses. — Mystères. — Séthos. — Rhamsinit. — Une légende de l'époque. — Le voleur volé. — Ruses égyptiennes. — Navigation sur le Nil. — Curieux spectacle. — Voyages d'hommes et de femmes. — Usages singuliers. — Fêtes de *Bubaste*. — Le temple d'Isis, à Busiris. — La fête de Neith ou Minerve, à Saïs. — La fête des Lampes. — La fête du Soleil, à *Héliopolis*. — Merveilles architecturales. — *Hermopolis magna*. — La mort d'un personnage. — Comment on embaume. — Castes égyptiennes. — Dominations des prêtres. — Pourquoi les Pharaons sont les premiers sujets de l'Egypte. — Leur vie intime. — Leur rôle public. — Guerriers et artisans. — Laboureurs et prolétaires. — Les trois épanchements de la civilisation égyptienne. — Lois égyptiennes. — La médecine en Egypte. — Les pêcheurs du Nil. — Apparition de crocodiles. — Comment on s'empare de ces amphibies.

Notre équipage aérien s'élance vers de nouvelles contrées, mais il ne s'éloigne pas si vite de l'Asie que je n'aie le temps de jeter un coup d'œil rapide sur ses deux grandes cités, Babylone et Ninive.

Or, pendant tout ce que j'ai raconté d'événements dans ce qui précède, à Babylone et à Ninive a régné *Bel-Hoch*, ce dernier des descendants de la grande Sémiramis.

Ce prince n'ayant pas craint d'associer à son trône sa fille *Atossa*, l'impudique Atossa, Atossa, nom plein de hontes et d'infamies, a tenu le sceptre, à son tour, vers 1550. Hélas! déjà les peuples, dégradés par l'idolâtrie sensuelle qui rend les mœurs dissolues, ont vu avec calme, ont imité même les désordres dont les palais de leurs rois sont devenus le théâtre.

Ce qui le prouve, c'est que Ninivites et Babyloniens, les Assyriens en un mot, si fiers jusque-là, ne rougissent pas de donner le surnom de Sémiramis II à cette ignoble Atossa.

Sémiramis!... une Atossa-Pasiphaë....

Atossa néanmoins a conservé le trône, douze ans après la mort de son père. Mais, ce terme expiré, l'intendant des palais de Babylone, *Balétorès*, indigné des turpitudes monstrueuses dont il est le témoin, forme une conspiration, soulève les provinces contre la reine, fait rougir les grands de leur avilissement, et précipitant Atossa du trône, y monte à sa place.

Mais laissons régner Balétorès et ses successeurs. A peine ai-je le temps d'entrevoir que ces peuples, soumis aux rois d'Assyrie, secouent successivement le joug que font peser sur eux les rois abâtardis.

Nous sommes emportés dans les airs comme par une tourmente. Mais tout en glissant dans l'éther, au-dessus du Liban, je suis saisi d'un frisson d'enthousiasme en découvrant tout autour de nous des beautés indescriptibles : ici, la vaste mer Méditerranée étincelante de lumière, l'île de Chypre, qui flotte comme un nuage, la délicieuse vallée de la Cœlé-Syrie, formant une longue zone verdoyante entre ses deux chaînes de montagnes, la plaine où sera Héliopolis-Balbeck, la cité de Damas se baignant dans l'Oronte, et le désert de Syrie au sable d'or; là, le mont Carmel si fleuri, sa plaine faisant ceinture à l'antique Acco, les collines si poétiques de la Galilée, les lacs de Tibériade et Asphaltite, le cours du Jourdain encaissé dans les rochers; puis, les chauves sommets de Jébus-Salem, sa montagne des Oliviers, son futur Golgotha ; enfin l'antique *mer de Saph* ou des Joncs, la mer Rouge si vous comprenez mieux, et.... l'Afrique.

Oui, l'Afrique, car voici que nous passons sur l'Egypte, cette Egypte que je connais déjà bien, mais qui a tant à m'apprendre encore!

Salut à Memphis! Nous voilà tout près du Puits des Oiseaux dont dont je vous ai parlé, ami lecteur, et alors en avant, sur la gauche du fleuve, du côté du roc Libyque, je vois venir comme un animal gigantesque dont la stature domine la vallée du Nil, et qui semble épier le passage des voyageurs.

— Rassurez-vous, Théobald, me dit Evenor. Ce que vous voyez là n'est qu'un rocher monstrueux, dont un artiste égyptien a eu la fantaisie d'utiliser la singularité, en le taillant en forme de sphinx. On le nomme le *Sphinx du Désert*. Son nez est écrasé ; ses lèvres sont lippues, mais l'expression de l'ensemble est douce, gracieuse et paisible. Ce monolithe accuse le type éthiopien, parce que c'est, dit-on, le portrait d'un Pharaon venu de cette contrée pour s'emparer de l'Egypte, dans les derniers temps de l'époque actuelle que l'Histoire nous montre. Une statue colossale d'Osiris est appuyée contre le flanc droit du monstre. Entre les pieds du Sphinx on a taillé aussi un petit temple qui ne semble qu'un jouet, et cependant on l'habite, ce temple, et l'escalier que vous voyez à la base du rocher y conduit (1).

(1) Au mois de septembre 1853, parut à Londres un opuscule du savant égyptologue Birch. Il avait pour sujet le grand Sphinx des pyramides de Gizeh, et la trouvaille toute récente que venait de faire à Florence un Anglais nommé Cottrell, qui avait recouvré les papiers de Caviglia. On sait que celui-ci fut le premier qui entreprit des fouilles considérables autour du colosse pour en reconnaître la destination primitive. Parmi ces papiers, se trouvait le plan de deux chambres découvertes derrière ce Sphinx, et présentaient des textes hiéroglyphiques. Dans son travail,

— Et au sud-est de ce nouveau monument dont l'Egypte s'est ornée, quel est cet autre sanctuaire?... demandé-je.

— Le temple le plus ancien de l'Egypte, répond Even. Il est antérieur au règne des Hyksos ou rois-pasteurs. Il renferme une foule de chambres et de galeries construites en blocs d'albâtre et de granit, et affecte la forme d'un carré. On y honore Osiris et Horus. Près de là, vous voyez même la statue d'Osiris. Elle est formée de quatorze

monsieur Birch émettait la pensée que si ces deux chambres étaient retrouvées, les inscriptions qu'elles contenaient révéleraient très probablement l'origine véritable de ce merveilleux monument. Monsieur de Rougé en parla à monsieur le duc de Luynes, qu'il suffit de nommer pour désigner le savant le plus sagace et le plus généreux. Monsieur de Luynes comprit toute l'importance d'une semblable recherche, et, de lui-même il offrit de mettre à la disposition de monsieur Mariette les fonds nécessaires pour ces fouilles.

En très peu de temps, et à peu de frais, les deux chambres cherchées furent retrouvées. Elles appartenaient malheureusement à un tombeau particulier creusé en dehors de l'enceinte du Sphinx, et dont les inscriptions hiéroglyphiques avaient été transportées à Londres, par monsieur Salt... Alors monsieur Mariette employa l'argent qui lui restait à déblayer entièrement le pourtour du Sphinx, malgré les soixante pieds de sable qui l'entouraient.

Au sud-est du Sphinx, monsieur Mariette a découvert un temple certainement unique en son genre dans toute l'Egypte, puisqu'il a été, suivant toute apparence, construit à l'époque de la quatrième dynastie, c'est-à-dire au moins quatre cents ans avant l'ère chrétienne. Ce temple consiste en une énorme enceinte carrée, au milieu de laquelle se sont rencontrées une foule de chambres et de galeries entièrement construites en blocs gigantesques d'albâtre et de granit. Ce qui est très remarquable dans la structure de cet édifice, c'est la noble simplicité des lignes. On peut juger de l'immensité des blocs employés, par les dimensions suivantes, qui sont celles d'un granit noir. Il a neuf mètres de longueur, près de quatre mètres de hauteur, et deux mètres d'épaisseur. De plus, ce temple est exactement orienté comme les pyramides, et, comme elles, il est complètement dépourvu d'inscriptions hiéroglyphiques.

Revenons au Sphinx. Il fut déblayé en entier, et monsieur Mariette put ainsi constater que ce monument si célèbre n'était qu'un véritable rocher auquel la nature avait donné la forme grossière d'un Sphinx. Les Egyptiens se sont contentés de lui sculpter la tête avec leur perfection habituelle. Pour le reste du corps, ils ont bouché les grandes cavités naturelles avec de la grosse maçonnerie, et modelé les formes avec de la fine maçonnerie composée de petites pierres; de sorte que le Sphinx n'est en réalité qu'un monument bâti sur un noyau de roc fourni par la nature elle-même...
(*Monsieur de Saulcy, membre de l'Institut.*)

pierres, qui rappellent que son corps fut coupé en quatorze morceaux, comme il doit vous en souvenir, Théobald?

— J'en ai parfaitement souvenance, dis-je à ma cousine. Mais, au-delà de Thèbes, au-dessus de laquelle nous planons en ce moment, bien au-delà des rapides du Nil, au-delà de la Nubie, veuillez donc me dire quels sont ces villes et ces édifices qui capitonnent les rives du fleuve qui en arrose la base?

— Parmi les sites sauvages qu'il ne nous est pas possible de contempler d'aussi loin, il est une ville mystérieuse, que les savants des temps futurs voudront connaître et dont ils rechercheront les ruines au dépens même de leur vie, car elle fut grande et puissante, cette ville, et ce fut d'elle que vinrent les peuples qui ont fait rayonner leurs colonies sur tout le nord de l'Afrique.

Fondée par Cham et ses fils, cette ville a nom *Méroé*, et elle a été la première ville construite en ce climat au ciel de feu (1).

---

(1) *Méroé*, ville et contrée de l'Ethiopie, s'étendait infiniment au sud. Les anciens, qui ne connaissaient que le nord, en faisaient une île.

Ce pays fut, dès la plus haute antiquité, un Etat puissant, et semble avoir précédé l'Egypte elle-même dans la civilisation.

On croit que Thèbes n'était qu'une de ses colonies, conduite par Menès.

Les monuments de Méroé sont aussi nombreux que ceux de l'Egypte, et offrent le même caractère colossal : ce sont, comme en Egypte, des temples, de vastes tombeaux couverts de sculptures remarquables, des pyramides, des obélisques, etc.

Probablement Méroé donna des maîtres à quelques parties de l'Egypte; on pense que la vingt-cinquième dynastie d'Egypte, ou dynastie éthiopienne, était sortie de Méroé; mais il est indubitable que Sésostris — Ramsès III — en fit la conquête.

L'Ethiopie, située au sud de l'Egypte, comprenait la Nubie et l'Abyssinie actuelle, Méroé, et de vastes pays au sud du Niger.

Le mot *Ethiopien* est formé de deux mots grecs. Il avait chez les anciens, dit le docteur Lepsius, des acceptions très diverses ; mais il marquait surtout la séparation d'avec la race nègre. Cependant les Ethiopiens de Méroé avaient la peau d'un rouge brun, semblable à celle des Egyptiens, mais un peu plus foncée, comme encore maintenant. Les anciens Egyptiens étaient représentés peints en jaune. Après la dix-huitième dynastie, paraissent les peaux rouges.

Une des villes de cette contrée de Méroé, Axum, connue par Strabon comme faisant un grand commerce d'ivoire, fut visitée par l'Anglais Bruce, vers 1770. Le 18 janvier de cette année, « nous escaladâmes une des montagnes au pied desquelles nous

Méroé envoya vers le nord de l'Egypte Ménès, le premier roi de la vallée du Nil, et quelques-uns de ses prêtres, qui, tout en se rapprochant de la mer Méditerranée, fondèrent plusieurs villes, auxquelles le grand Sésostris en ajouta d'autres (1).

avions couché. Le chemin en était raboteux et difficile. Il nous conduisit dans une plaine où s'élevait la ville d'Axum, qui fut jadis la capitale de l'Abyssinie.

» Les ruines d'Axum sont très étendues et n'offrent que des restes d'édifices publics. Dans une grande place que je crois avoir été le centre de la ville, je vis quarante obélisques dont pas un seul n'est décoré d'hiéroglyphes. Les deux plus beaux sont renversés ; mais un troisième, un peu moins grand que ces deux là, et plus grand que tous les autres, est encore debout. Ils sont tous d'un seul bloc de granit, et, au haut de celui qui est debout, on voit une patère supérieurement sculptée dans le goût grec... » (*Voyage aux Sources du Nil, en Nubie et Abyssinie*.)

Voici ce que dit, de Méroé, M. *Edmond Combes*, vice-consul de France, et auteur du *Voyage en Egypte, en Nubie et Abyssinie*, etc. :

« C'est dans la Nubie supérieure et non loin de Chensy, que s'élevait jadis la fameuse ville de Méroé, capitale d'un Etat célèbre et puissant. L'île, ou plutôt la presqu'île du même nom, était formée par la rivière Bleue, le Nil et l'Atbarah, l'Astaboras des anciens, et le Tacazé des Abyssiniens, qui vient se jeter dans le grand fleuve, et dont, à mon grand regret, nous dépassâmes l'embouchure pendant la nuit. Le royaume de Méroé, dont la renommée se maintint pendant plusieurs siècles, possédait d'immenses ressources. On y exploitait des mines précieuses et abondantes ; les prêtres, tout-puissants, cultivaient les sciences et répandaient autour d'eux les bienfaits de la civilisation. Ses habitants étaient industrieux, et Pausanias nous apprend que c'étaient les hommes les plus justes de la terre.

» On trouve des restes d'antiquités entre Khartoum et Berber, et il est à présumer que des recherches intelligentes et soutenues, dans un lieu autrefois vénéré, amèneraient d'importantes découvertes. »

(1) Vous savez que les contrées changent peu d'aspect ; quelques-unes toutefois se modifient davantage. Par exemple, la Grèce de nos jours ne ressemble qu'à demi à la Grèce d'autrefois, dont les anciens nous ont laissé des descriptions fidèles et précises. La Gaule, au contraire jadis couverte de forêts vierges, n'avait ni l'aspect ni le climat de notre France moderne. Les modifications, dans la flore, dans la faune et le climat des contrées, sont attestées par l'histoire et reconnues par la science.

Eh bien ! l'Egypte, la plus reculée des contrées dans les récits de la Bible et des annales des peuples, elle aussi a subi quelques métamorphoses : mais on y trouve debout toujours deux régions bien distinctes : la vieille Egypte des Pharaons, avec ses chaînes Libyque et Arabique, son Nil, le tant vieux Hopi-Mou ! ses pyramides, ses sphinx, ses tombeaux, les ruines colossales de Thèbes, etc. ; et l'Egypte moderne du khédive, avec ses maisons de plaisance peintes de vives couleurs, bleu de ciel, rose ou jaune, bariolées de rechampis blancs ; avec ses raffineries de sucre

Nous sommes ici dans la Haute-Egypte, et voici d'abord, du nord au sud, Hermontis, chef-lieu d'un nôme de la contrée. Les temples dont les tuyaux de fonte et les hautes cheminées s'élancent dans l'air comme des minarets ; avec ses villages de fellahs, amas de cahutes en briques crues, à toit plat, parfois surmontées d'une sorte de tourelle plâtrée de chaux pour y loger des pigeons, et une porte basse comme celle d'un tombeau ; et enfin, la foule dantesque de nègres, de cophtes, de barabras, de femmes masquées comme un domino, d'âniers demi-nus poussant devant eux leurs baudets, et de longues files de chameaux s'avançant à pas comptés, et balançant leurs longs cous.

Tout d'abord on s'avance, en Egypte, au milieu d'une contrée tapissée de champs de dourah, de maïs, de cotonniers à divers états de croissance, les uns ouvrant leurs jolies fleurs jaunes, les autres répandant la soie blanche de leurs coques. Des rigoles pleines d'une eau limoneuse tracent sur la terre noire des lignes que la lumière fait briller çà et là, alimentées par des canaux dérivés du Nil. Quelquefois, deux robustes fellahs, nus, fauves et luisants comme des bronzes florentins, debout sur le bord d'un canal, balançant ainsi qu'une escarpolette une corbeille de sparterie suspendue à deux cordes, effleurent la surface de l'eau et l'envoient dans le champ voisin avec une étonnante dextérité. D'autres fellahs, en courte tunique bleue, labourent le sol en tenant le manche d'une charrue primitive, attelée d'un chameau et d'un bœuf à bosse du Soudan. A ce fellah, homme ou femme, convient parfaitement le nom d'*autochthone*, car il sort de cette argile qu'il foule. Il la manipule, il la presse, il la fouille, il la remue, comme un enfant le sein de sa mère. Avec leurs vêtements bleus, ces paysans d'Egypte sont là comme des pontifes présidant à l'hymen de la terre et de l'eau : ils unissent ces deux principes qui, échauffés par le soleil, font éclore la vie.

Partout les femmes chevauchent à califourchon sur le dos de leurs ânes, ânes fort gentils, très vifs, d'humeur gaie, qui n'ont point cette mine piteuse et cet air de résignation mélancolique des ânes de nos pays, mal nourris, roués de coups et méprisés. Ces femmes sont masquées, et portent par dessus leur vêtement une sorte de sac en taffetas noir sous lequel l'air s'engouffre et les rafraîchit, au détriment de la forme. Souvent elles ont devant elles, posé sur l'arçon, un enfant demi-nu, qu'elles maintiennent en équilibre d'une main, tandis que, de l'autre, elles secouent la bride de l'animal. Partout des danseuses jaunes et des danseuses noires ; des derviches agitant leurs sonnettes, et des coptes vous tendant la main.

Partout aussi des vols de pigeons, occupés à picorer ; des bandes d'oiseaux aquatiques qui filent à travers les joncs, les pattes tendues en arrière ; de charmantes bergeronnettes qui sautillent, hochant la queue sur la crête des levées ; et, dans le ciel, à de grandes hauteurs, des éperviers, des milans, des gypaëtes qui planent, en traçant d'immenses cercles ; puis aussi des grues et des ibis, des hérons, et parfois des crocodiles ; puis des buffles qui se vautrent dans la vase, et des troupeaux de moutons noirs, à oreilles pendantes, qui se hâtent sous la verge de leurs pâtres en tuniques blanches, jambes nues, tête couverte d'une calotte de feutre, et le *pedum* recourbé à la main, ce qui rappelle l'antique simplicité des scènes bibliques.

Mais ce qui évoque mieux encore ce doux souvenir, c'est le passage de ce chame-

et les édifices qu'elle possède aujourd'hui sont loin d'avoir la beauté de celui qu'un jour Cléopâtre, reine d'Egypte et fille de Ptolémée-

lier, juché sur la bosse de son dromadaire, aussi majestueux que dut l'être Eliézer, serviteur d'Abraham, allant en Mésopotamie chercher une épouse pour Isaac.

Oui, les scènes de la vie patriarcale se reproduisent fréquemment dans l'Egypte moderne. Ce qui prouve en effet au voyageur que, malgré la civilisation envahissante, il est bien véritablement dans l'Orient rêvé, c'est le chameau, cet animal étrange, qui lui apparaît comme survivant aux créations disparues. Lorsqu'il s'avance avec son dos gibbeux, ses jambes déhanchées, ses larges pieds faits pour s'épanouir dans le sable, son long col rappelant celui de l'autruche, sa tête à la lèvre pendante, aux narines coupées obliquement, dont le grand œil mélancolique exprime la douceur, la tristesse et la résignation, on pense involontairement à la jeunesse du monde, aux temps bibliques, aux patriarches, à Jacob et à ses tentes, aux puits où se rencontraient les jeunes hommes et les jeunes filles, à la vie primitive du désert...

Voici même un tableau tout fait de la *fuite en Egypte*; il ne manque aux personnages que le fin cercle d'or au-dessus de la tête. C'est un groupe charmant qui chemine le long d'un canal. Une jeune femme, enveloppée d'un ample manteau bleu, dont les plis se drapent chastement autour d'elle, est montée sur un âne que guide avec sollicitude un homme vigoureux encore, mais dont la barbe est déjà mélangée de gris et de blanc. Devant la mère, qui le soutient d'une main, est placé un enfant d'une exquise beauté, tout émerveillé du voyage.

Du ciel de l'Egypte, que vous dirai-je? L'ardente lumière du soleil tombe sur l'immense vallée, et y sème des scintillements de paillettes d'un éclat fatigant. Le firmament est pâle, et les touristes qui, sur la foi des peintres, ont rêvé des incendies de couleurs, regardent avec étonnement cette vaste étendue absolument horizontale, d'un ton grisâtre, où rien ne rappelle l'Egypte, telle du moins qu'on se la figure.

Mais où l'on ressent une vive émotion, c'est quand s'étale, aux yeux émerveillés du voyageur, le spectacle magique des Pyramides qui ponctuent l'horizon, du Sphinx colossal vous regardant venir en faisant la grimace, et de la large nappe du Nil qui bouillonne, en glissant avec majesté dans les profondeurs de la vallée.

Au milieu de ces grandioses aspects de l'Egypte, j'ai navigué sur ce Nil, le tant vieux *Hopi-mou*, pour lui donner son antique nom pharaonique; j'ai bu des eaux de cet inépuisable père de tant de générations, de ce fleuve mystérieux dont tant de savants ont inutilement cherché à pénétrer le secret, et voici le tableau qu'il a pour jamais gravé dans mes souvenirs :

Le Nil coulait à pleins bords, largement étalé, comme un torrent de limon, rougeâtre de couleur, ayant à peine l'apparence de l'eau, car on eût dit de la terre liquide. A peine si le reflet du ciel mettait çà et là, sur le luisant de ses vagues tumultueuses, quelques légères touches d'azur. Il faut dire qu'il était alors en pleine crue. Mais ce débordement avait la puissance tranquille d'un phénomène bienfaisant et régulier, et non le désordre convulsif d'un fléau. Cette immense nappe d'eau, chargée de vase féconde, produisait par sa majesté une impression presque religieuse.

(*Théophile Gautier.*)

Aulète, construira sur cette éminence, en souvenir de la naissance de Césarion, l'enfant qu'elle aura de Jules César. Ce temple est de ceux que l'on nomme *Typhonium*.

Que de civilisations évanouies reflétées un instant dans ce flot qui coule toujours !

Je voudrais vous raconter bien des scènes dont je fus témoin, mais il me faudrait un livre à part ; je ne puis vous dire que ceci :

Les ruines de Karnak, par un beau clair de lune, sont d'un aspect féerique.

Le temple d'Edfou est admirablement conservé, et du haut de ses pylônes on jouit d'un panorama splendide.

La vallée des Tombeaux est une des plus belles horreurs qu'on puisse voir.

Je me suis reposé avec délices sous les frais ombrages d'Eléphantine ; j'y ai admiré la grâce des danseuses nubiennes ; j'y ai écouté avec ravissement, le soir, cette note plaintive et douce, un peu nazillarde peut-être, que les pâtres tirent de leur chalumeau.

J'ai traversé le désert pendant que le simoun soufflait, et j'ai eu de la pluie à Assouan, là où finit l'Egypte et où commence la Nubie. Quelle pluie !

L'île de Philœ, avec ses longues colonnades, ses vastes portiques, ses hauts pylônes, m'a vivement impressionné, et je ne me lassais pas de contempler la magnificence des paysages qui l'environnent.

Pendant mon séjour en Egypte, j'ai fait des rêves merveilleux. Tantôt je voyais les bords du Nil éclairés par un rayon de lune, et entre des rochers de granit s'élevaient d'élégants palmiers dont les ombres étaient reflétées par les eaux du fleuve. Sur le sommet des rochers, à moitié caché par le feuillage, se dressait le temple d'Isis, et autour du sanctuaire défilait une procession fantastique d'un effet magique, incomparable, semblable à un long éblouissement. En tête s'avançaient des sonneurs de trompes. Puis venaient des corps de troupes vêtues de dalmatiques jaunes et bleues, ou rouges et blanches, telles que me les avaient montrées les peintures de Bab-el-Molouy, sur le tombeau de Rhamsès III. D'autres troupes avaient la masse d'armes et le bouclier. Suivaient des nègres armés de piques ; enfin, se présentaient des schardana, vêtus de riches costumes tels que nous en font voir de magnifiques bas-reliefs. Les images des divinités symboliques s'avançaient à l'entour, les prêtres portant sur leurs épaules les attributs des dieux. En dernier lieu paraissait un Pharaon quelconque assis sur un palanquin porté par des officiers escortés de gardes nombreux.

Tantôt m'apparaissait une scène divisée en deux étages, comme sont certains temples de la Haute-Egypte : en haut le sanctuaire resplendissant de lumières ; en bas, un souterrain sombre. Une trappe du haut s'ouvrait, et, dans les ténèbres, on enfouissait une jeune Egyptienne, coupable de quelque méfait sans doute. Je la voyais alors errer au milieu de longues files d'arcades se perdant au sein de l'obscurité. Alors on exilait, au-dessus, deux prêtres achevant de sceller la pierre sur la victime destinée à la mort. J'entendais en même temps un orchestre invisible murmurant en sourdine quelques notes vaporeuses, expression d'affreuse douleur, puis tout rentrait dans le repos, et ma vision s'effaçait...

A. D***

Plus au sud, cette autre cité a nom *Latapolis*, et plus tard s'appellera *Esneh*. Elle occupe la rive gauche du Nil, entre la première cataracte du fleuve et Thèbes-la-Grande. Entourée d'une campagne ingrate, elle offre cependant un aspect assez pittoresque, grâce à ce temple dont le portique seul est composé de vingt-quatre colonnes, engagées jusqu'au tiers de leur hauteur, et couvertes, de la base au sommet, d'hiéroglyphes et de sujets religieux taillés en relief.

— Dans nos temps modernes, reprend Marius, on découvrira au plafond de ce temple un zodiaque dont la disposition aura l'avantage de soulever des discussions scientifiques de la part des savants du XIX° siècle. Les uns le croiront antérieur à la fondation de Thèbes; les autres prétendront qu'il dément ce qu'avance la Genèse : mais viendra le jeune Champollion, qui démontrera que la Bible est inattaquable, et que les savants seuls se trompent, car le zodiaque de Latopolis aura été ajouté à la voûte par des mains romaines, et la disposition des figures d'animaux ne prouvera autre chose que l'ignorance de leurs interprètes.

— Sur la rive orientale du Nil, continue Even, voici un autre temple beaucoup moins grand, mais très pittoresque, qui se distingue par la régularité de son plan et la beauté de ses ornements. Il s'appelle *Contra-Latopolis*. C'est l'un des plus vastes édifices de l'Egypte. Il se compose d'un portique formé de quatre colonnes de face, de deux pilastres et de deux colonnes de profondeur. Les deux colonnes du milieu sont surmontées de chapiteaux à tête d'Isis, les deux autres ont des chapiteaux évasés. Une porte est prise dans l'épaisseur du mur latéral, à droite, et sert de petit sanctuaire pour déposer les offrandes. Le grand sanctuaire est au milieu du temple.

Je ne te dirai rien, cher cousin, de cet autre édifice, situé à trois kilomètres au nord d'Esneh, dans la plaine, et à deux cents mètres des bords du Nil. Les colonnes du portique, un zodique au plafond, des cours, et le corps principal de la construction possèdent leur genre de beauté; mais nous n'avons ici que l'embarras du choix, et j'aime mieux te signaler immédiatement cette grande cité dont deux temples magnifiques qui émergent de la verdure nous révèlent *Apollinopolis-Magna*, un jour de l'avenir Edfou.

Admire le charmant effet que ces temples produisent dans le paysage. Le plus grand de ces deux sanctuaires s'élève au-dessus de la ville, de manière à la dominer entièrement. Peu éloignés l'un de l'autre, ces monuments, de proportions toutes différentes, sont désignés l'un par le nom de grand Temple, et l'autre par celui de petit Temple. Le premier, très ancien déjà, est sans contredit le plus complet et le plus riche de tous ces édifices de la vallée du Nil. Il se compose d'un sanctuaire parfaitement isolé tout autour par des corridors, de deux vastes salles et de deux portiques qui précèdent le sanctuaire. Une enceinte générale enferme ces différentes parties. A l'extrémité de l'enceinte est la porte comprise entre deux massifs pyramidaux qui la flanquent de chaque côté. Un grand espace vide, entouré de colonnes, se trouve ainsi entre cette porte et celle du portique : c'est le péristyle. Le temple et l'enceinte ont tous deux la forme d'un T. La cour, sur les quatre côtés, est environnée de colonnes. Celles de la façade du portique sont au nombre de six, et plus grandes que les autres. On en compte dix du côté opposé, et douze sur la face latérale, ce qui ne fait cependant que trente-huit en tout, à cause des angles où la même colonne sert à deux rangées. Une belle galerie couverte est formée par ces colonnades et se continue jusqu'à l'entrée. Ce qu'il y a surtout de remarquable dans cette galerie et dans cette cour, c'est le rapport que l'on observe dans la hauteur des colonnes. Chacune d'elles, en avançant vers le portique, a sa base plus élevée que la précédente, en sorte que tout cet espace, qui est de cent trente-deux pieds, se trouve divisé en douze degrés de la largeur de l'entrecolonnement, c'est-à-dire de douze pieds. Malgré cette étendue, les marches n'ont guère que quatre pouces et demi d'élévation. La dernière supporte le portique et sert de parvis au temple.

— Mais quel but se propose-t-on, en adoptant cette inclinaison? demandé-je.

— D'une pareille inclinaison, dit avec enthousiasme Arthur Bigron, doit résulter, dans ces grandes cérémonies, la plus merveilleuse mise en scène. Restons ici jusqu'à l'heure des sacrifices dans le temple, et vous verrez quel magnifique spectacle offrira le cortége des prêtres escortant le prince, entouré des principaux personnages de sa cour richement vêtus, debout sur ce majestueux perron, tandis que la foule des invités occupe les degrés inférieurs, suivie des guerriers, puis du peuple qui s'agite au bas du péristyle. Certes, rien ne peut être plus solennel et plus beau que toute une multitude partagée de la sorte en douze étages gradués, s'avançant avec lenteur aux accords des hymnes religieux.

— Ne parlons pas du *Typhonium* ou petit temple d'Apollinopolis, reprend mademoiselle de Froley. Sa forme est quadrangulaire, comme tu vois; il a 314 pieds de longueur, 45 pieds de largeur, et 23 de hauteur. Il se compose de deux salles et d'une galerie de colonnes qui l'entoure, ce qui l'a fait nommer périptère. Des piliers massifs en terminent les angles.

Ce nom de Typhonium est donné à nombre de petits temples, parce que, comme dans celui-ci, la figure du dieu Typhon s'y trouve reproduite en mille endroits. Cette statue du dieu est un peu moins grande que nature et presque en ronde-bosse. Son attitude a quelque chose de gêné. Il a les mains appuyées sur les hanches et ses jambes sont écartées. Une ceinture lui fait le tour du corps. En outre, les membres, trop courts, ont une grosseur disproportionnée. Mais où le grotesque se montre davantage, c'est à la tête, excessivement large, presque sans forme, barbue et monstrueuse. Les pieds de Typhon reposent sur le chapiteau qui sert de piédestal.

— Ajoute que ces petits temples se nomment aussi *Mammisii*, et signifient *lieu d'accouchement* ou de *naissance*... fait le comte. Ils sont toujours construits à côté de grands temples où l'on adore une triade, et sont le symbole de l'habitation céleste dans laquelle la déesse a enfanté la troisième personne de la triade, que l'on trouve constamment figurée sous les traits d'un enfant. Ces petits temples sont en général allusifs à la naissance de quelque grand prince de l'Egypte.

— Cette triade de dieux égyptiens me rappelle involontairement notre Trinité, qui, du reste, m'a-t-on dit, se retrouvera ainsi dans la religion de nombre de peuples... osai-je articuler à demi-voix

— A la bonne heure! fit le comte. Voici le raisonnement qui vient, mon cher neveu. Dans toutes les religions, en effet, on retrouve le principe primitif de la nôtre, mais amoindri, mais défiguré.

Le comte allait entamer un long discours sans doute : et déjà sa fille souriait à sa faconde, lorsque mon attention fut appelée sur tout autre chose que la personne de mes compagnons de voyage. Comme nous remontions lentement le cours du Nil, je me vis bientôt en face d'immenses carrières qui s'étendaient sur les deux rives du fleuve, les unes à ciel ouvert, les autres moins considérables, taillées dans le rocher en forme de grottes. Toutefois, le plus grand nombre était béant sur la rive occidentale. Rien de plus curieux que ces excavations, qui se nomment *silsilis*. Aussi Even reprit-elle la parole pour me dire :

— D'immenses souterrains s'étendent de ces orifices jusque dans les entrailles du roc Libyque et du roc Arabique. Quand on pénètre dans ces cavernes gigantesques, par des passages aussi larges que les plus belles rues de notre Paris, et bordées de toutes parts de murailles lisses de 50 ou 60 pieds d'élévation, on est effrayé de l'énorme travail qui s'est opéré dans ces carrières, d'où l'on a extrait les innombrables blocs de grès qui ont servi à construire tous les édifices de la Thébaïde. Si l'on choisit de préférence les galeries qui tournent vers le nord, on arrive à de véritables labyrinthes de sables incommensurables, ornés de colonnades prodigieuses qui courent autour de la base des montagnes. La voûte de ces salles gigantesques se compose de blocs irréguliers que supportent des piliers polygones de 80 à 100 pieds de circonférence. Un fois que l'on est dans la profondeur de ces souterrains, on ne peut se défendre d'un sentiment d'admiration et presque d'épouvante. On se trouve là dans un monde fantastique qui fait que l'imagination se cabre en regard des mille formes qu'ont revêtues ces masses formidables de pierres, tours, môles, clochers, obélisques, pyramides, avenues merveilleuses qui semblent aboutir à des châteaux d'une fantaisie colossale, capricieuse, irréalisable. Nombre de chapelles se montrent à vous, avec leurs statues, leurs galeries, leurs colonnes et des décorations hiéroglyphiques dans tous les sens. Au milieu de l'une de ces galeries, une porte donne accès dans une salle immense, au fond de laquelle se dressent sept figures debout. Plusieurs autres salles renferment aussi d'autres statues. Assis ordinairement en groupes de deux, trois et quatre, ces figures d'hommes et de femmes ont une expression toute particulière. Les hommes ont une barbe étroite et longue, carrée à son extrémité, et le urscheveux descendent jusque sur leurs épaules. La chevelure des femmes, au contraire, retombe en boucles sur leur poitrine; d'une main celles-ci tiennent une fleur de lotus épanouie, et de l'autre elles caressent la figure assise à côté. On voit aussi dans ces grottes des peinture parfaitement conservées, et offrant toujours un spécimen des offrandes que les Egyptiens font à leurs dieux. Mais ces peintures sont monochrones et toujours à teintes plates.

Enfin, à l'entrée principale de ces grottes, je vous signale cette sorte de pilier que surmonte un chapiteau en forme de large champignon. Ce pilier robuste a le privilège de servir d'attache à la longue chaîne que l'on tend d'une rive du Nil à l'autre pour en fermer le passage à de trop hardis navigateurs, dans certaines occasions.

— Je vois avec peine, chère Evenor, interrompit Marius, que vous omettez de dire, à propos de ces grottes, qu'un jour, alors que la loi du Christ sera donnée aux hommes et que les disciples de Jésus se répandront sur la surface de la terre pour y vivre dans la pénitence et l'isolement, ces rives mélancoliques du fleuve de l'Egypte, ces belles solitudes de la Thébaïde, et tout particulièrement ces grottes innombrables et profondes serviront de refuge et d'asile aux nombreux solitaires, aux anachorètes et aux saintes femmes qui fuiront le monde. Oui, c'est ici que viendront les Paul, les Antoine, pieux ermites, Marie l'Egyptienne, et tant d'autres admirables thaumaturges.

— A merveille, bon Marius, fit Even : mais vous oubliez que j'entretiens Théobald de ce que nous voyons, et non de ce qui est caché à nos regards. Aussi, je conduis mon cousin vers ce coude du Nil, que les sables du désert ont forcé à cet endroit de dévier de sa route, et, en face de cette île également formée par l'arène qui envahit tout et dispute même son lit au fleuve, je lui montre la ville d'*Ambos* et son temple, l'une des merveilles de la contrée. Je lui ferai observer seulement que les colonnes de cet édifice sacré sont les plus volumineuses que nous ayons vues encore : leur diamètre est de plus de six pieds. En outre, les chapiteaux sont très variés. Leurs volutes signalent, surtout ceux de la façade, quelle étrange inspiration a eu l'architecte quand il a imaginé cette splendide corniche qui règne d'un bout à l'autre du portique et qui se compose de serpents se dressant sur leurs queues et portant un globe plat sur leurs têtes ! Remarquez comme les plafonds de l'entrecolonnement sont capitonnés de vautours aux ailes déployées se détachant sur un fond bleu. Est-il rien de plus agréable à l'œil que ces figures et ces hiéroglyphes peints en rouge, en vert, en bleu ou en jaune ? Voici le crocodile sacré représenté sur un autel, et voilà l'hiéro-Sphinx coiffé de la mitre symbolique : enfin, reconnaissez ici les dieux qui naviguent en bateau, avec des étoiles à leurs pieds, et la foule des humains qui les vénèrent à leur passage.

— Quelle prodigieuse architecture que celle de l'Egypte! m'écriai-je avec enthousiasme en plongeant un regard avide sur le semis merveilleux d'édifices qui se succédaient l'un à l'autre sur les verts rivages du fleuve.

Mais Even m'interrompit bien vite pour me dire :

— Vous, homme du XIX° siècle, mon cher Théobald, vous vous endormiez dans ce suprême orgueil que donne la pensée de vivre dans le siècle des lumières, n'est-il pas vrai ? et vous ne soupçonniez pas que la terre, à son origine, avait possédé des magnificences d'art et de nature plus belles que celles de notre Paris et de la vallée de la Seine! Mais ici, en face de tous les prodiges qui passent tour à tour sous vos yeux, vous êtes obligé de courber la tête et de reconnaître la suprématie des siècles qui ont précédé votre glorieuse époque. Et cependant nous sommes loin d'en avoir fini avec les merveilles. J'en passe, et des meilleures, et je vous signale ces autres grottes dites de *Phapé*, dont nous approchons.

Après les tombeaux des Pharaons, à Thèbes, ces *Spéos* ou grottes sépulcrales sont les plus grandioses de l'Egypte. Les peintures qui couvrent les murailles de ces hypogées datent des temps d'Ahmosis, de Tolmès I, II et III, d'Aménoph 1 et de Rhamsès-le-Grand. Elles retracent des scènes de la vie privée des Egyptiens : vendanges, moissons, fêtes, danses champêtres, jeux, funérailles y ont une large part. La plus considérable de ces spélanges compte vingt-quatre pieds de long, sur douze de large. On reconnaît à l'inscription qu'elle fut taillée dans le rocher pour servir de sépulture à un hiérogrammate du collége des prêtres de Phapé, la ville que voici.

Evenor se tut en ce moment. Elle comprit qu'elle devait me livrer à moi-même pour observer le grand spectacle que j'avais sous les yeux et jouir des aspects nouveaux qui se révélaient à moi pour la première fois. En effet, nous arrivions en face d'une ville étalée sur le versant du roc Arabique, au sein de la verdure entourée d'un immense encadrement de roches nues. Rien de pittoresque comme cette île émergeant des eaux avec des massifs de nombreux palmiers en parasols, qui s'élancent des jardins et du sein même des blocs de granit en aiguilles, en masses rondes, en angles brisés, qui l'entourent. La puissance de la végétation des rives du Nil et la physionomie sauvage et pourtant romantique que donnait au fleuve tout un archipel d'écueils, faisaient de ce paysage le site le plus pittoresque. Mais ce qui complétait le tableau et lui donnait un dernier charme, c'était la première des cataractes dont, à partir de ce point et en remontant vers sa source, le Nil compte un certain nombre. Figurez-vous l'un des plus beaux fleuves du monde, sillonnant la vallée la plus fertile, la plus verte, et la plus sévèrement bordée, comme contraste, par un gigantesque cadre de rochers sourcilleux; figurez-vous, dis-je, la plus belle nappe d'eau subitement brisée en mille endroits, non point par une déclivité très prononcée du sol, mais par un chapelet de granits hérissés de masses anguleuses, de noirs mamelons dressant leurs crêtes ou leurs arbres au-dessus des flots, et contraignant le Nil à former une quantité de rapides. Refoulées dans leur marche par des obstacles multipliés, les eaux bondissent en arrière, s'amoncellent, retombent de tout leur poids sur la barrière qui les arrête, la franchissent et s'écoulent en très nombreuses cascades, peu volumineuses, mais irritées, mais se redressant en jets lumineux semés de perles, mais charmantes à l'œil.

Telle est la ville de *Syène*, limite de l'Egypte, et telle est la première cascade du Nil. Arthur Bigron s'empresse de me montrer le puits que les Egyptiens ont creusé à Syène, lequel puits, le jour du solstice d'été, à midi précis, est éclairé jusqu'au fond par le soleil, qui lui est alors parfaitement perpendiculaire. Mais le consciencieux Marius Bédrin me fait remarquer que, de notre temps, à raison de la variation de l'écliptique, Syène étant hors de la ligne du tropique, le phénomène ne pourra plus se renouveler. Quant au comte, il me signale une tour basse et ronde, voisine du fleuve, qu'il me dit être le nilomètre, c'est-à-dire le monument destiné à mesurer les crues et les abaissements du Nil.

Mais ce qui ajoute davantage encore au prestige de cette admirable vision, le voici. A Syène commencent les sables étincelants qui composent le sol de la Nubie, succédant alors à l'Egypte. Or, sur ces sables, véritable poussière de diamants pulvérisés, se dessine encadrée dans les eaux du Nil l'île la plus ravissante que l'on puisse rêver. C'est *Eléphantine* ou l'*Ile fleurie*. Certes, elle mérite bien ce nom. Elle est entièrement couverte d'arbres délicieux d'aspect, acacias que signalent des feuilles violettes et des grappes de fruits dorés, asclepias aux pommes vésiculeuses, dourahs, dattiers, napecas, mûriers. Tout autour de l'île, eaux couvertes d'écume, tourbillons, gouffres et abîmes, enfin poétique murmure des vagues imitant le mugissement du ressac de la mer. Du centre d'Eléphantine, l'œil entrevoit le Nil, étroitement serré par les blocs de ces rivages, nombre d'îlots ou rocheux ou couverts de roseaux de tamaris et de grandes herbes, à travers lesquels il se fraie difficilement sa route. Et puis, la ville d'Eléphantine décore l'amphithéâtre d'éminences qui sillonnent l'île, et montre avec amour, dominant l'île, le fleuve, la vallée et les collines, les plus beaux temples que puisse produire la main de l'homme. Je remarque particulièrement une blanche statue d'Osiris qui sort d'un massif de verdure comme un fantôme égaré. Le dieu est assis, les bras croisés sur la poitrine, et tient une crosse d'une main et un sceptre de l'autre.

Je ne dois pas omettre de dire qu'en nous éloignant de Syène pour remonter encore le Nil et aller jusqu'à Philœ, Evenor me fait voir les immenses carrières de granit rose où les Egyptiens taillent d'un bloc leurs obélisques et leurs colosses. Nous voyons les ouvriers à l'œuvre. Ils arrachent du roc Arabique des blocs immenses, dont la postérité visitera les places restées vides; ils ébauchent le travail; ils préparent la réalisation de la pensée de l'artiste. C'est le *Fervet opus* de Virgile dans toute sa vérité.

Enfin nous touchons à *Philœ*, ou l'île du Temple. C'est l'entrée dans la Nubie, et quelle splendide entrée. Philœ égale bien Eléphantine pour la richesse de sa nature : mais elle l'emporte sur elle par la splendeur de la décoration. Philœ est une sainte, une île mystérieuse où s'accomplissent des drames sans nom, cachés aux yeux du vulgaire et accomplis dans les plus profonds souterrains des temples.

Ces temples de Philœ, accompagnés de deux obélisques en grès, offrent une première enceinte de quatorze colonnes que suit une immense colonnade en retour et faisant pendant d'une autre colonnade qui prend une autre direction. Après cette première enceinte vient un grand pylône que précèdent des lions et des obélisques en granit rose. Derrière ce pylône se dresse le péristyle du grand temple, dont les galeries n'ont pas plus de régularité que celles de l'enceinte. Au péristyle succède un autre pylône, puis au pylône un nouveau portique, et enfin à un dernier temple qui se compose de trois stalles majestueuses et d'un sanctuaire avec une cella monolithe. Cette cella est une simple niche de sept pieds, dans laquelle se trouve l'oiseau sacré, emblème d'Isis, patronne de ce temple. Une infinité de petits édifices, engagés sous les colonnades et les galeries, accompagnent ce sanctuaire.

Certainement ce que je vois à Philœ me semble beau, mais j'admire bien davantage une autre construction placée à l'orient de l'île. Une colonnade dans laquelle se joue la lumière appelle mon regard de ce côté. Ce qui me frappe tout d'abord c'est une enceinte de 20 mètres au moins de long sur 15 de large. Elle est composée de quatorze colonnes, hautes, avec des entrecolonnements bâtis au tiers de leur élévation. Deux portes se correspondent perpendiculairement au cours du fleuve. Les colonnes de l'enceinte ont 13 mètres de haut et plus d'un mètre et demi de diamètre. Trois sortes de chapiteaux, placés en face les uns des autres, distinguent ces colonnes; et les murs sont chargés de bas-reliefs représentant des offrandes aux dieux. Enfin, deux autres pylônes d'une riche et élégante proportion, la hauteur étant double de la largeur, décorent le flanc gauche du temple.

Des mystères des souterrains de ces édifices, je ne puis rien dire, n'ayant rien vu moi-même : mais je remarque que mes compagnons de voyage chuchotent ensemble en se les désignant, et affectent, malgré mon regard inquisiteur, de garder à leur endroit le silence le plus absolu (1).

Nous remontons encore le Nil, jusqu'à la hauteur de sa seconde cataracte, près de laquelle nous nous trouvons en face d'*Ipsamboul*, actuellement Assamboul. — Là, sur le rivage même, nous voyons un temple creusé dans le roc vif, et à fleur de terre. Ce monument est dédié au dieu *Phré*, à tête d'épervier. Le portique colossal en est formé par quatre statues gigantesques, assises les mains sur les genoux, coiffées de la tiare, et représentant le pharaon Sésostris, — Rhamsès III. — Ses enfants sont figurés entre ses jambes. Telle est la dimension de ces colosses, que leurs oreilles ont chacune un mètre et demi de hauteur. Au-dessus de la porte d'entrée, une niche contient le dieu du temple, Phré, auquel Rhamsès III, sous deux aspects fait des offrandes (2).

Après avoir contemplé cet édifice, dont l'immensité subjugue, notre

---

(1) « L'aspect de *Philæ*, autrefois vénérée, inspire l'amour de la solitude : c'est là qu'on voudrait faire une halte après de longues fatigues. Cette merveilleuse oasis, dont le calme solennel vous subjugue, semble offrir un refuge contre les douleurs de l'âme et du corps, et cependant ses anciens habitants l'ont délaissée, et les ronces envahissent les abords de ses temples déserts.

» En visitant les temples de *Philæ*, depuis leurs souterrains jusqu'à leurs faîtes, on observe avec curiosité et même avec une sorte de terreur, des salles obscures, communiquant par des trappes, sortes de prisons qui furent les témoins muets de redoutables mystères et dont on avait rêvé en lisant les attachantes descriptions de Séthos, — par l'abbé Terrasson. — » (*Voyage en Égypte*, etc. Ed. Combes.)

(2) Un des quatre colosses, celui qui est à gauche de la porte, est depuis longtemps mutilé : la tête est séparée du corps. On supposait qu'elle avait été brisée par la chute de quelque fragment du rocher supérieur, mais monsieur Ampère a découvert sur l'une des jambes de la statue deux épigraphes antiques en lettres phéniciennes, et monsieur de Saulcy a traduit ainsi la première de ces inscriptions : « Pendant qu'était présent Abd-Phtah, fils d'Itar, ce qui a frappé cette porte est la violence de Phtah, qui lance la foudre. »

Sur la seconde inscription, qui n'est pas entièrement expliquée, se trouve aussi le mot foudre... (M. Charton. *Voyages anciens et modernes*.)

course aérienne change, et nous descendons le fleuve, en repassant devant Philœ, dont je cherche à percer les murailles de mon œil curieux; mais je sens que le vent nous emporte dans les airs, d'où nous revoyons tous les points de l'Egypte que nous venons d'étudier. En même temps le comte, prenant la parole, me dit :

— Après ce règne brillant de Rhamsès-le-Grand, et le départ des Hébreux des villes de la Basse-Egypte, nous n'avons plus rien de grand et de noble à voir dans cette contrée fameuse du vieux monde.

Séthos, premier roi de la XIXᵉ dynastie, fait bien de lointaines conquêtes, laissant en Egypte, pour la gouverner, son frère Armaïs. Mais celui-ci se révolte bientôt, et quand Séthos accourt pour reprendre son trône, Armaïs s'enfuit en Grèce sous le nom de Danaüs. Séthos alors suit l'exemple de ses prédécesseurs, et élève à son tour des monuments qui font la gloire de ce Pharaon, dont le véritable nom est Rhamsès-Méiamoun.

Ce nom de Méiamoun, souvent employé en Egypte, signifie ami du dieu Ammon, la divinité chérie des Egyptiens.

Rhamsinit lui succède, mais son règne est sans gloire. On est en 1190 de la création, et la splendeur des Pharaons s'éteint, l'obscurité se fait autour d'eux, et pour entretenir les peuples dans l'admiration de leur pays, les prêtres égyptiens remplacent l'histoire par des légendes. Voici celle qu'ils se plaisent à raconter à l'endroit de Rhamsinit :

Le premier roi de la XXᵉ dynastie, disent-ils, est Rhamsinit. Ce Pharaon possède de très grandes richesses, et pour les mettre en sûreté, il fait élever un édifice en pierre, dont un des murs est hors de l'enceinte du palais.

L'architecte, qui a de mauvais desseins, arrange une des pierres avec tant d'art, que deux hommes et même un seul peuvent facilement l'ôter. L'édifice achevé, Rhamsinit y fait déposer ses trésors. Quelque temps après, l'architecte, sentant approcher sa fin, mande ses deux fils et leur dit qu'en construisant l'édifice où sont les trésors du Pharaon, il a usé d'adresse, afin de leur procurer les moyens de vivre dans l'abondance. Il leur explique clairement les dimensions de la pierre, la place qu'elle occupe, la manière de l'enlever sans qu'il y paraisse, et il ajoute que s'ils observent exactement ce qu'il leur a dit, ils se trouveront les maîtres de l'argent du prince. L'architecte mort, ses fils se mettent à l'œuvre. Ils vont de nuit au palais, trouvent la pierre désignée, l'arrachent sans effort et enlèvent des sommes considérables. Aussi le Pharaon entrant bientôt dans son palais, est fort étonné de voir son trésor très amoindri. Il ne sait qui en accuser, car il trouve intacts les sceaux qu'il a fait apposer sur la porte. Il revient ainsi plusieurs fois et reconnaît toujours que l'argent a diminué. Les voleurs en effet ne cessent pas de le piller. Il fait alors fabriquer des piéges que l'on dispose autour des vases qui contiennent le trésor. Une nuit, un des fils de l'architecte va droit aux vases, donne dans le piége et s'y prend. Quand il se voit dans cette fâcheuse situation, il appelle son frère, le conjure d'entrer au plus vite et de lui couper la tête, de crainte qu'on ne le reconnaisse et qu'il ne soit la cause de la perte de tous les siens. Le frère obéit, remet la pierre et s'en retourne chez lui. Dès que le jour parait, le Pharaon se rend à son trésor. Quel est son étonnement de voir ce corps sans tête, pris et arrêté dans le piége, et de ne trouver nulle dégradation dans l'édifice, nulle ouverture par où l'on ait pu s'introduire. Pour arriver à pénétrer ce mystère, il fait pendre le cadavre sur la muraille et place des gardes auprès, avec ordre de lui amener celui qu'ils verront pleurer à ce spectacle ou laisser paraître quelque émotion. Quand la mère du voleur sait où est le corps de son fils, elle ordonne à l'autre de mettre tout en œuvre pour le recouvrer et le lui apporter; elle le menace, s'il ne lui donne cette satisfaction, d'aller elle-même le dénoncer. Le jeune homme n'étant point parvenu à fléchir sa mère, quelque chose qu'il pût dire, et craignant ses menaces, imagine un artifice. Il charge sur des ânes quelques outres remplies de vin, et chasse ses animaux devant lui. Lorsqu'il est près de ceux qui gardent le corps de son frère, il délire, sans qu'on le voie, le col de deux ou trois de ses outres, et lorsque le vin se répand à terre, il se frappe la tête comme un homme au désespoir et qui ne sait auquel de ses ânes il doit courir. Les gardes s'empressent pour recueillir le vin qui coule en abondance, comptant que c'est autant de gagné pour eux. Le jeune Égyptien feint d'être en colère et leur dit beaucoup d'injures : puis il cesse peu à peu ses emportements, fait semblant de s'apaiser et détourne ses ânes du chemin pour refermer plus aisément les outres. Il s'entretient ensuite avec les gardes ; et comme ils s'efforcent de l'égayer en lui adressant des plaisanteries, il leur donne une de ses outres. Aussitôt ils s'asseoient dans le lieu où ils se trouvent, et, ne pensant plus qu'à boire, ils pressent l'ânier prétendu de rester et de boire avec eux. Il se laisse persuader, demeure et donne encore une outre. Les gardes boivent avec excès, s'enivrent, puis, vaincus par le sommeil, s'endorment à l'endroit même où ils ont bu. A peine le jeune homme voit-il la nuit avancée, que, par dérision, il rase la joue droite à chacun des gardes, détache le corps de son frère, le charge sur un de ses ânes, et revient chez lui. Alors, quand le Pharaon connaît qu'on a enlevé le corps du voleur, il entre dans une grande colère ; mais comme il tient absolument à savoir qui a fait le coup, il charge un de ses ministres de se rendre déguisé dans un endroit de la ville, et là de faire connaître qu'il donnera une grande récompense à qui lui racontera la plus belle histoire. Le voleur, sachant cette circonstance, devine le piége et veut montrer qu'il est plus habile que le Pharaon. Il coupe, près de l'épaule, le bras d'un homme nouvellement mort, le met sous son manteau et va trouver le ministre. Celui-ci lui adresse toutes les questions qu'il fait aux autres. Le voleur lui raconte ce qu'il a fait, et il finit à peine que le ministre veut l'arrêter. Mais comme ils sont dans un lieu obscur, le voleur lui tend le bras du mort, que l'autre saisit, et s'échappe aussitôt. Le Pharaon, informé de ce qui se passe, est entièrement surpris de la ruse et de la hardiesse de cet homme. Il fait publier dans toutes les villes qui lui sont soumises qu'il lui accorde sa grâce, et que s'il veut se présenter devant lui, il le récompensera magnifiquement. Le voleur se fie cette fois à la parole du Pharaon et se rend au palais. Rhamsinit conçoit pour lui une si grande admiration, qu'il lui donne sa fille en mariage.

— Cette histoire est digne des *Mille et une Nuits...* dis-je à mon oncle : mais on la pardonne aux Egyptiens, car le goût du merveilleux a de tout temps existé en Orient.

— Oh! les prêtres de Memphis vont encore plus loin, me répond le comte de Froley : ils font descendre ce même Rhamsinit tout vivant aux enfers; seulement ils ne disent ni par quel moyen il y est, ni dans quel but. Toutefois, il a l'avantage de rencontrer la dive Cérès, avec laquelle il joue aux dés, tantôt gagnant, tantôt perdant. La déesse, au départ de Rhamsinit, lui fait cadeau d'une serviette d'or, sans doute pour compenser les frais de son voyage.

Après Rhamsinit, continue mon digne oncle, l'Egypte compte sept générations de rois fainéants uniquement occupés de leurs plaisirs. Aussi ne voit-on plus de grandes entreprises. La Haute-Egypte partage la décadence de la maison royale. La grande cité de Thèbes cesse de fournir des Pharaons, et une famille nouvelle, la XXII° dynastie, sort de Bubaste, cette opulente ville qui couvre le bras du Nil appelé Bubastique, de ses temples, de ses palais et de ses demeures, dans la Basse-Egypte ou Delta.

J'interrompis le comte à cet endroit même de son récit, car un spectacle nouveau frappait mes regards. Nombre de grandes barques, très habilement sculptées, richement décorées, de longues banderolles flottant au vent, les poupes et les proues formées de courbes élégantes représentant en bois doré des dieux, des déesses ou des têtes d'animaux, descendaient le fleuve avec une rapidité beaucoup plus grande que celle que nous mettions à voguer dans les airs. Ces esquifs étaient chargés d'hommes et de femmes, confondus les uns avec les autres. Beaucoup de ces femmes jouaient des castagnettes et quelques hommes de la flûte. Les autres chantaient et battaient des mains. Lorsque cette flotte, que diapraient les plus beaux costumes et les plus brillantes toilettes, passait près d'une ville, on faisait approcher du rivage. Alors, de toutes ces femmes les unes continuaient de chanter et de jouer des castagnettes, d'autres criaient de toutes leurs forces et disaient des injures aux femmes de la ville qui s'approchaient. Celles-ci, de leur côté, se mettaient en joie, elles dansaient, elles se livraient à des pantomimes indescriptibles. J'étais fort désireux de savoir ce que signifiait cette façon de voyager et le but de ce voyage. Marius le devina, car il me dit aussitôt :

— Les Egyptiens célèbrent tous les ans un grand nombre de fêtes. La principale se fait dans la ville de Bubaste, dont monsieur le comte vous parlait tout-à-l'heure. Bubastis, dont les Grecs feront Diane, en reçoit tous les honneurs. On lui a élevé dans cette ville un temple admirable et par ses proportions gigantesques et par la richesse de ses sculptures. La déesse y est représentée sous la figure d'une chatte. C'est là que se rendent, de la haute et moyenne Egypte, les nombreux navigateurs que vous voyez, et pour se préparer à la fête de Bubastis que vous les entendez chantant, jouant des instruments, et se livrant à mille folies prescrites par le rit religieux des Egyptiens. Dans quelques jours le nombre de ces pèlerins de Bubaste sera de plus de 700,000 (1). Arrivés à Bubaste, les dévots de Diane, après s'être frappés et lamentés, immoleront un grand nombre de victimes et mangeront les reliefs des offrandes faites à la déesse, que les prêtres voudront bien leur laisser. Puis on fera la plus grande consommation de vin de vigne qu'il soit possible de se figurer.

— Et quelles sont ces autres fêtes des divinités égyptiennes ?

(1) Presque tous ces détails sont empruntés à Hérodote, historien grec, dont nous analysons le travail, en supprimant ses exagérations.

demandai-je à mon ami, affriandé que j'étais par ces façons excentriques des riverains du Nil.

— Une fête à peu près semblable a lieu à Busiris, en l'honneur d'Isis, reprit Marius. Les splendeurs du temple d'Isis, à Busiris, l'emportent peut-être encore sur celles du temple de Diane, à Bubaste.

La troisième fête, celle de Neith, Athéné ou Minerve, a lieu à Saïs, capitale du Delta, mère de la future Athènes, et où se trouvent les tombeaux des Pharaons Saïtes. Le temple de Neith y est d'une magnificence inouïe. Devant son entrée principale s'ouvre une avenue de sphinx et de statues colossales d'une hauteur prodigieuse. Tout auprès de l'entrée principale est une chapelle monolithe, transportée d'Eléphantine à Saïs, six cent milles de distance! Deux mille hommes furent employés pendant trois ans à ce transport difficile. Cette chapelle a en dehors vingt et une coudées de long, quatorze de large et huit de haut. Or, quand on s'est assemblé à Saïs pour y sacrifier en l'honneur de Minerve, dont cette ville est le séjour préféré, le soir venu, tous les habitants et les pèlerins innombrables allument des lampes ou des torches, dont on décore les maisons d'abord, et dont tous se munissent pour la promenade autour du temple. Ces lampes sont de petits vases pleins de sel et d'huile, avec une mèche qui nage dessus et qui brûle toute la nuit. On appelle cette réunion la *fête des Lampes*. Les Egyptiens qui ne peuvent se trouver à Saïs la nuit du sacrifice, observent la fête chez eux, en allumant tous des lampes. Alors, ce n'est pas Saïs seulement qui est illuminée, mais l'Egypte tout entière (1).

La quatrième fête a lieu à Hon ou Héliopolis, à la gloire du soleil. Là s'élève un temple d'une prodigieuse magnificence. Fondé par Sesourtésen I, premier roi de la XIIe dynastie, il fut consacré à l'astre

(1) Cet usage s'est perpétué jusqu'à nos jours, en Egypte. La nuit, nous sommes entrés dans une ville de l'Heptanomide, dit le R. P. Laorty-Hadji, et beaucoup de maisons avaient des salles garnies de lampes allumées. Déjà, au Caire, nous avions remarqué qu'on faisait dans les fêtes un grand usage de lampes.

du jour. Héliopolis est remarquable par la beauté de ses monuments. On cite spécialement son collége, où les prêtres enseignent les hautes sciences, collége dans lequel Hérodote est venu, et où viendront Platon, Eudoxe, Thalès de Milet, etc., s'initier aux secrets des hiérophantes. C'était dans le temple de cette ville qu'officiait, comme grand prêtre, Putiphar, dont le patriarche Joseph devint l'intendant. Avant leur départ pour le désert, les Israélites qui redoutaient des persécutions venaient à Héliopolis chercher un asile. Les traditions saintes nous apprennent aussi que la famille de Jésus-Christ se réfugia dans cette ville lorsqu'elle redoutait les persécutions d'Hérode (1). Enfin, pour faire une sortie dans l'avenir, c'est dans les plaines d'Héliopolis qu'auront lieu les plus fameuses batailles, celles de Cambyse, d'Alexandre, de Sélim, et en dernier lieu du général Kléber.

On célèbre une cinquième fête à Buto, en l'honneur de Latone, ou Buto, et enfin un sixième à Papremis, à la gloire de Mars, Ertosi ou Artès.

— Il est bien évident, et c'est une chose digne de ren arque, dit alors à son tour Arthur Bédrin, que chez tous les peuples, les progrès industriels des régions contemporaines de l'Egypte, ont été essentiellement d'origine égyptienne.

Bien plus, ils ont passé d'Egypte en héritage à la Grèce, puis à Rome, sans grandes modifications.

Ainsi, et en un mot, non-seulement la nation assise aux bords du Nil a été l'inventrice, l'initiatrice et la propagatrice des divinités des autres peuples, mais elle a été aussi l'inventrice, l'initiatrice et la propagatrice des arts et de l'industrie pour tous les peuples qui ont été les souches des races humaines.

Mettons en évidence et groupons quelques faits, ils préciseront le caractère que présente l'Egypte.

---

(1) On montre encore, dans les ruines, la fontaine, le jardin et le sycomore de Joseph, de Marie et de l'Enfant Jésus.

On peut distinguer trois périodes principales de cet *épanchement de la civilisation* égyptienne sur le reste du monde, civilisation dont les éléments essentiels étaient la *science et la religion* intimement associées.

Le premier épanchement se perd dans la nuit des temps. C'est à cette époque nuageuse où l'enfance de l'industrie coïncide avec l'enfance de l'humanité. La mer n'avait pas encore envahi les terres maintenant submergées qui existaient entre le midi de l'Asie et l'Afrique; et l'identité de race, de croyances et d'industrie fait penser que les premières ébauches du progrès s'étaient répandues sur cette immense surface. Ces ébauches étaient sorties des bords du Nil, pays central d'où se faisait le rayonnement, et qui florissait alors sous la domination encore à demi sauvage de chefs de la période de Phtah, Phré, Knub et Seh, dont des inscriptions livrent les noms.

Le grand événement de l'époque fut l'invention du feu, découverte sublime par laquelle l'homme affirma son intelligence, première conquête, brillante et inespérée, qu'il obtint sur la matière!

Aussi ce grand acte de génie est-il célébré par les cérémonies religieuses et les légendes des peuples primitifs. C'est alors que *Phtah*, cet inventeur, est déifié par les Egyptiens.

C'est alors que de ce Phtah les Grecs font leur *Vulcain*, les Assyriens leur *Baal*, les Sabéens leur *Hercule-Soleil*, et les Indous leur *Agni*.

Sous Osiris se place le second épanchement de la civilisation égyptienne.

La date de l'époque d'Osiris est moins nuageuse que celle de Phtah. Elle opère l'extension des idées des riverains du Nil par des expéditions dans l'Ethiopie, dans la Babylonie, l'Asie centrale.

Déjà la religion et la science engendrent cette caste théocratique et scientifique que vous savez, la caste des prêtres, qui gouverne les masses par la connaissance des astres et des événements du ciel, aussi bien que par la possession des procédés industriels qui s'accumulent et grandissent entre leurs mains.

Vous vous le rappelez, nous avons vu ensemble cette formidable corporation, qui non-seulement faisait et défaisait les rois, mais qui les prenait au besoin dans son propre sein, et cela pendant de nombreuses dynasties.

Nous les avons vus aussi, tout-à-l'heure, fabricants d'or et d'argent, métallurgistes, ingénieurs, architectes; ils sont de même teinturiers, chimistes, verriers, potiers, médecins, droguistes : tout ce que l'on voit et tout ce que l'on trouve dans les hypogées, les grottes funéraires et les sépulcres, sur les papyrus et dans les inscriptions, le prouve; mais, en même temps, ils s'entourent de mystères, de rites, de serments, combinent et décomposent la matière, tout en pliant sous leurs dogmes les populations humbles et soumises...

Eh bien! ce triple caractère du prêtre égyptien, savant théiste et politique, vous le retrouverez partout : chez les Hébreux, chez les Chaldéens, à Babylone, à Ninive, et plus tard en Grèce et à Rome.

Et c'est l'Egypte qui lègue cette organisation à ses voisins !

C'est elle qui lègue la semaine hebdomadaire et l'année aux peuples du fond de l'Asie, XIX° siècle avant J.-C.

C'est par elle qu'a lieu la révision des livres sacrés des Hindous, les *Védas*; et, par elle, l'adoption du zodiaque égyptien chez les Chaldéens et autres.

C'est alors que se place dans l'histoire le premier point de contact entre les Egyptiens et les Grecs ou Ioniens.

Le troisième épanchement de la civilisation égyptienne au dehors est encore plus caractéristique.

Il remonte à Sésostris, *Sesortasem*, qui étendit ses conquêtes jusqu'au fond de l'Asie, et qui représente l'apogée de la puissance pharaonique.

C'est l'heure où la Grèce, à plusieurs reprises, et comme par ondées successives, va recevoir à son tour le flot fécondant.

Etrange rapprochement! Il est un mot sacré, mystique, chez les Egyptiens, IAO. De ce mot, sur un des papyrus du Louvre il est dit : « Ne prononcez pas IAO, sous peine *du pêcher*. » Cela veut dire : sous peine de foudroiement par l'acide prussique, que l'on extrayait de l'amande de la *pêche*.

Et pourquoi? Mystère! Ce que l'on peut dire, c'est que IAO est le commencement de IAOnie ou Ionie, le pays d'IAO, la *Grèce!*

On voulait tenir la Grèce et les Grecs à distance, mais la marée monte et emporte la digue.

En effet, voici d'abord la race des Hyksos, qu'on a réussi à chasser, et qui va, rois, prêtres et sujets, fonder les premières colonies phéniciennes.

C'est ensuite l'Egyptien Inachus, de la famille royale chassée, qui fonde le royaume d'Argolide et Argos ;

Egialée, son fils, qui fonde Mécone, appelée plus tard Sycione ;

Phoronée, autre parent, qui règne à Argos ;

C'est encore l'Egyptien Car, qui donne origine à Mégare ;

Pélasgus, qui peuple l'Arcadie et l'Ausonie (Italie) ;

Thesprote, l'Epire ; Macar et Xanthus, Lesbos.

Ce sont des victimes du grand Touthmès, premier Pharaon de la XVIIIe dynastie, d'anciens Hyksos, qui vont porter au loin leurs connaissances et leurs arts.

C'est enfin Cécrops, originaire de la fameuse Saïs, la ville cosmopolite du Nil, qui aborde en Grèce, et se fait d'abord gendre du roi d'Athènes, puis roi lui-même.

C'est Lelex, le chef des Egyptiens Léléges, qui fonde Sparte, et, par son fils Polycaon, la série des rois de Messénie.

D'autres Léléges peuplent l'Acarnanie, la Phocide, la Locride, la Carie.

C'est Danaüs, frère de Séthos-Rhamsès, chassé comme conspirateur, qui se réfugie en premier lieu à Rhodes, l'île aux fabriques de parfums, où il porte cette industrie vantée par Homère; et qui enfin débarque à Argos, où il détrône Galanor, le dernier rejeton d'Inachus.

C'est Cadmus, originaire de la Thèbes aux Cent-Portes, qui débarque à son tour et fonde, en Béotie, la Cadmée, qui sera plus tard Thèbes, Thèbes du vaillant Epaminondas.

N'est-ce pas là une étrange immigration de l'Egypte en Grèce ? Et la Grèce n'est-elle pas ainsi une sœur, une fille de l'Egypte, une nouvelle Egypte?

Et, en effet, la Grèce reçoit de l'Egypte, non-seulement ses arts et son industrie, mais aussi ses croyances, car elle adopte tous ses dieux, Phtah-Vulcain surtout, et toutes ses déesses, dont elle altère les noms par suite de la différence des langues.

Quand l'afflux pharaonique est à sa fin, alors commencent ces belles périodes de l'histoire hellénique, durant lesquelles continue l'absorption des éléments égyptiens, jusqu'au moment où la Grèce grandissante à son tour envahira l'Egypte!

Vers 1500 avant J.-C., c'est-à-dire au milieu de ces époques que nous venons de signaler, avait lieu, en Crète, puis dans l'Elide et dans l'Etolie, une invasion de Phrygiens-Idéens-Dactyles, ou Curètes, ou Cabires...

Qu'étaient ces Cabires mystérieux, ces êtres noirs, ces cyclopes à l'œil blanc, qu'étaient-ils? Tout simplement des Egyptiens, fugitifs aussi, qui venaient fonder en Grèce les travaux de la métallurgie.

L'Egypte était si savante et si riche, que tous les hommes supérieurs des autres contrées venaient la visiter pour la connaître, s'y instruire, etc. Ai-je besoin de nommer Hérodote, Thalès de Milet, Pythagore, Démocrite d'Abdère, Anaxagore de Clazomènes, Platon, Apollonius de Thyanes, Solon, et *tutti quanti*?

Si du reste la nation égyptienne fut bondée d'or, ainsi que le démontrent encore les innombrables bijoux trouvés dans les hypogées, la nation Grecque qui lui succéda fut riche de gloire.

272 LES GRANDES RÉPUBLIQUES.

Pauvre Grèce! elle n'avait que deux gisements de métaux : le Laurium pour le plomb, et Chypre pour le cuivre. Aussi lui prête-t-on la célèbre expédition des Argonautes, pour faire de l'or! (1)

Arthur achevait ces paroles quand nous passions au-dessus de la ville d'*Hermopolis-Magna,* dédiée à Hermes ou Thoth, le Mercure égyptien. C'est une cité splendide, immense, décorée des plus beaux palais et des temples les plus riches. Les pierres qui les composent présentent des dimensions énormes : on n'en compte que cinq sur

---

(1) La prodigieuse quantité d'or possédée par les Egyptiens a été longtemps un sujet d'étonnement, parce qu'on ne savait où placer leurs gisements aurifères.

Cette richesse est révélée par les sommes immenses qu'ont dû coûter les monuments colossaux élevés par eux. Labyrinthe, lac Mœris, Pyramides, Thèbes et ses palais, tombeau d'Osymandias, dont le grand cercle d'or est évalué à plus de 350,000,000 de francs.

Car, il ne faut pas s'y tromper, dès la plus haute antiquité, l'or a été le métal payant le travail.

Dans la Bible, Abraham ne vend-il pas ici, à Ephraïm, et n'achète-t-il pas là, à Ephron, un champ et une caverne, moyennant bon nombre, trois cents et quatre cents de sicles d'argent?

Cette richesse extrême des bords du Nil a été célébrée surtout par Hérodote, qui évalue le prix seul des oignons et des aulx consommés par les ouvriers des Pyramides, à plus de 1,600 talents d'argent, soit à peu près 15,000,000 de francs. « L'or, dit-il, est si abondant en Egypte, que cette matière précieuse sert au chasseur pour fabriquer ses armes, et au laboureur pour faire ses outils...»

Cambyse, le roi des Perses, vainqueur de l'Egypte, ne couvre-t-il pas ses prisonniers de chaînes d'or?

Agathariades et d'autres écrivains postérieurs mentionnent aussi des mines d'or en Egypte, et leur exploitation ultérieure par les califes arabes a été également relatée. Mais leur existence, longtemps ignorée, n'a été révélée que dans ces dernières années par MM. Lenant et Bonami. Dans des inscriptions *cufiques*, — nom qui vient de Kufa et est donné à d'anciens caractères arabes, — ils ont reconnu que ces mines étaient travaillées encore 339 et 378 ans après l'hégyre, c'est-à-dire 931 et 989 après Jésus-Christ.

Mais ce sont là des mines insignifiantes, et la ressource des Egyptiens, en fait d'or, provenait de *placers* superficiels, aussi riches peut-être que ceux de la Californie. De tels placers existèrent jadis en Espagne et en Grande-Bretagne. De nos jours, dans tous les pays *nouveaux* offrant le terrain silurien visité par des roches porphyriques et dioritiques, etc., on a trouvé, sur ce que l'on est convenu d'appeler le grand équateur aurifère du globe, d'immenses richesses en placers, témoins la Californie, l'Australie, la Nouvelle-Guinée, etc.

L'Abyssinie, le Darfour, le Kordofan, ce qui fut jadis l'Ethiopie, en un mot, voisins de l'Egypte, ne sont-ils pas encore très riches en poudre d'or?

toute une façade d'un développement remarquable. Les frises sont chargées d'hiéroglyphes représentant comme toujours des oiseaux, des insectes et des hommes assis recevant des offrandes. Le portique du temple principal y est peint en rouge et en bleu, tandis que la corniche et les chapiteaux sont dorés. Des étoiles semblent scintiller à la voûte comme sur un fond d'azur. J'étais en extase en face de ces merveilles, lorsque je fus arraché à ma contemplation par des cris effrayants qui s'élevaient de la plus belle rue de la ville. Je regardai et je vis des femmes, la tête et le visage souillé de boue, qui parcouraient tous les quartiers en poussant des cris et en se frappant la poitrine. Des hommes qui les suivaient, la poitrine découverte, se meurtrissaient plus fort encore. Aussi de toutes parts, par toutes les portes, sur tous les carrefours, les curieux affluaient pour connaître ce qui se passait. Je demandai l'explication de cette mascarade à Marius, qui dit aussitôt :

— Il est mort une personne de marque dans une maison de la ville, et ce sont les gens de la maison qui publient ainsi, selon l'usage, la perte que vient de faire telle famille. Tout-à-l'heure, vous allez voir emporter le corps du défunt et le déposer chez un embaumeur. Il y a en Egypte des personnes que la loi charge des embaumements. Quand on leur présente un corps, ils montrent aux porteurs des modèles de morts en bois peints au naturel. Le plus recherché représente Osiris. Ils en font voir ensuite un second, qui est inférieur au premier et qui ne coûte pas si cher ; enfin ils en montrent un troisième, qui est au plus bas prix. Ils demandent alors suivant lequel de ces trois modèles on désire que le mort soit embaumé. Après qu'on est convenu du prix, les parents qui ont assisté à ce choix se retirent. Aussitôt les embaumeurs se mettent à l'œuvre.

Vous savez le reste, Théobald.

Après l'embaumement vient le jugement public. Ce jugement des morts s'applique même aux Pharaons. La vie de ces derniers n'est pas libre, elle est au contraire soumise à une observance très rigoureuse des lois.

Comme on vous l'a dit déjà, les Egyptiens sont partagés en trois classes ou castes :

Celle des prêtres ;

Celle des guerriers ;

Celle des laboureurs et des artisans.

A raison de leur titre et de leur science, les prêtres possèdent un tiers des terres de l'Egypte... exempt de tout impôt. Outre cela, ils n'ont aucune dépense à faire pour leur entretien et celui de leur famille. Ils se nourrissent de la chair des victimes offertes en sacrifice ; on leur fournit aussi du vin, tandis que la boisson ordinaire des autres classes du peuple est une sorte de bière. Entourés de la vénération du peuple, ils ne sont pas moins respectés par les rois, sur lesquels ils prennent un tel ascendant qu'ils dirigent leur conduite et règlent leurs actions. Liés entre eux par des mystères dont nul n'a le secret, sans que l'œil le plus scrutateur s'en aperçoive, ce sont eux qui inspirent les Pharaons. Malheur au prince qui chercherait à rompre le charme ou à secouer le joug ! il paierait de la vie sa folle témérité... D'ailleurs, le plus souvent les Pharaons sortent de la caste des prêtres. Mais quand ils sont choisis dans la caste des guerriers, les prêtres les affilient à la leur, en les initiant à tous leurs mystères, en leur faisant jurer soumission, sous les serments les plus inviolables. De cette manière, l'autorité suprême, en réalité, leur appartient toujours : en apparence, le monarque gouverne.

Alors toute la conduite des Pharaons est tracée d'avance. Non-seulement les actes de leur vie publique, mais encore les actions les plus ordinaires de leur vie intime, sont réglés par des lois auxquelles ils ne peuvent se soustraire. Afin que la désobéissance leur devienne impossible, en supposant qu'ils en conçoivent la pensée, il leur est défendu de s'entourer de serviteurs dévoués à leurs fantaisies, aux plus simples désirs. Ils ne peuvent avoir à leur service aucun esclave : mais ils sont servis par des jeunes gens âgés de plus de vingt ans, appartenant, notez bien ceci, car alors ce sont autant d'espions, appartenant aux premières familles de la caste même des prêtres. Donc l'emploi du temps pour les souverains de l'Egypte est déterminé pour chaque heure du jour et de la nuit. Ils se lèvent de grand matin et commencent tout d'abord par donner leurs soins aux affaires de l'Etat. Ils doivent ensuite assister au sacrifice et entendre la lecture des livres sacrés qui leur rappellent leurs devoirs, et surtout la tempérance. Non-seulement la qualité des mets qui doivent leur être servis est fixée, mais encore la quantité en est rigoureusement mesurée. Leur nourriture est simple et légère. Dans les premiers temps, le vin leur était interdit.

Lorsqu'un Pharaon meurt, sa mort est pleurée dans chaque famille comme un malheur domestique. Les temples se ferment, les sacrifices cessent, on ne célèbre plus aucune fête pendant soixante-dix jours. Tous les Egyptiens, hommes et femmes, déchirent leurs vêtements et couvrent leur tête de poussière. Réunis en troupes de deux ou trois cents, ils parcourent les rues des villes, et, deux fois par jour, ils célèbrent dans des chants funèbres les vertus du roi qu'ils ont perdu. Pendant ce temps, ils s'abstiennent de pain, de vin et de toute nourriture délicate. Ils s'interdisent aussi l'usage du bain et des parfums. Lorsque les préparatifs des funérailles sont terminés et que le jour fixé par la loi est venu, on place le cercueil qui renferme le cadavre royal dans le vestibule du tombeau qui lui est destiné. Pendant qu'il y est exposé, on raconte toutes les actions de sa vie, et il est permis à tout Egyptien de venir l'accuser, s'il a commis quelque crime ou quelque injustice. La foule, attirée par le spectacle de cette pompe funèbre, accueille avec des applaudissements le récit des bonnes actions, et celui des mauvaises avec des malédictions. Plusieurs Pharaons, condamnés par ce jugement du peuple, ont été déjà privés des honneurs de la sépulture royale. La plupart d'entre eux, jusqu'à ce moment, au contraire, pour échapper à ce châtiment qui devait flétrir leur mémoire, sont restés fidèles à la justice et à la vertu (1).

Disons encore, à propos des prêtres, qu'ils sont savants, c'est vrai, mais aussi astucieux, artificieux, hypocrites, et souvent pervers. Ils sont soumis à mille pratiques superstitieuses. Ils ne peuvent porter que des vêtements de toile de lin et des souliers de papyrus. Ils ne doivent souffrir aucune tache sur leurs vêtements, ni aucune souillure sur leur corps. Chaque jour, ils doivent faire deux ablutions à l'eau froide, et autant chaque nuit. Il ne leur est permis de manger aucune espèce de poisson. Aussi, dans une fête que les Egyptiens célèbrent en mangeant du poisson rôti, les prêtres se contentent d'en faire brûler devant la porte de leurs maisons.

La caste des guerriers (2) possède de très grands biens et peut fournir jusqu'à 400,000 hommes armés. Le fils succède au père, de sorte que l'armée s'accroît avec la population et que les habitudes militaires ne se perdent pas. Chaque guerrier a douze mesures de terre exemptes d'impôt. Deux mille d'entre eux servent pendant une année de gardes au Pharaon, et alors ils reçoivent chacun, par jour, en outre du revenu de leurs terres, deux mines de pain, deux de bœuf, et quatre mesures de vin. La mine équivaut à deux de nos kilogrammes.

La troisième caste comprend le reste de la nation. Elle se subdivise en trois classes principales : celle des pasteurs, celle des artisans et celle des laboureurs. Les artisans sont partagés en autant de classes secondaires qu'il y a de métiers. Les derniers ne sont que les fermiers des Pharaons, des prêtres et des guerriers. Toutes les professions sont héréditaires, et il est défendu au fils d'abandonner celle qu'exerce son père. Mais deux classes sont profondément méprisées : l'une, celle des porchers, à cause de l'animal immonde qu'ils gardent,

(1) G. Belèze.
(2) V. Duruy, professeur d'histoire au lycée Napoléon.

et qui est regardé comme impur par les Egyptiens comme par les Juifs ; l'autre, celle des pasteurs, nomades parce qu'ils vivent en dehors de la société, loin des villes et des champs cultivés.

Les Egyptiens (1) respectent et adorent leurs rois à l'égal de leurs dieux. Leur autorité souveraine leur paraît être un caractère de la divinité (2). Il est en outre un fait à constater, c'est que la civilisation grecque sera puisée dans l'Egypte, l'Etat le plus anciennement organisé sur terre. Aussi un grand orateur (3) dira-t-il, un jour : « L'Egypte fut la source de toute bonne police. » Voici, en effet, quelques-unes de leurs lois (4) :

« Le parjure est puni de mort, parce que c'est la réunion des deux plus grands crimes que l'on puisse commettre, l'un contre les dieux, l'autre contre les hommes.

» Celui qui voit dans son chemin un homme aux prises avec un assassin ou subissant quelque violence, et ne le secourt pas, lorsqu'il le peut, est condamné à mort. S'il est réellement dans l'impossibilité de porter secours, il doit dénoncer les brigands et les traduire devant les tribunaux.

» Ceux qui font des accusations mensongères subissent, lorsqu'ils sont découverts, la peine infligée aux calomniateurs.

» Il est ordonné à tout Egyptien de déposer chez le magistrat un écrit indiquant ses moyens de subsistance ; celui qui fait une déclaration fausse ou qui gagne sa vie par des moyens illicites, est condamné à mort.

» Celui qui a tué volontairement soit un homme libre, soit un

---

(1) Les bas-reliefs et les inscriptions des monuments montrent les Pharaons en continuelle relation avec les dieux, leur offrant leurs pieux hommages, recevant leurs dons, force, gloire et puissance, de sorte que les peuples les estimaient comme des êtres divins et participant eux-mêmes à leur divinité.

(2) Diodore de Sicile.

(3) Bossuet.

(4) Diodore de Sicile.

esclave, est puni de mort, car les lois veulent frapper non d'après les différences de fortune, mais d'après l'intention du malfaiteur.

» Les juges qui font mourir un innocent sont aussi coupables que s'ils acquittent un meurtrier.

» Parmi les lois qui concernent les soldats, il en est une qui inflige non pas la mort, mais l'infamie, à celui qui a déserté les rangs ou qui n'a point exécuté l'ordre des chefs.

» Un Egyptien peut emprunter en donnant en gage la momie de son père. Celui qui ne paie pas sa dette est privé de la sépulture de famille. »

Sous un soleil ardent comme celui de l'Egypte, la nature est forte et féconde, et les plantes ont des vertus énergiques. Un peuple aussi observateur ne pouvait manquer de les découvrir : les Egyptiens inventèrent donc la médecine. Mais cette science leur paraît trop vaste pour qu'une personne en cultive toutes les branches. Aussi les médecins sont-ils très nombreux, et chacun d'eux ne traite qu'une seule maladie.

Comme le ciel de l'Egypte est toujours sans nuages, ils ont été aussi des premiers à observer les astres, à calculer leurs révolutions et à déterminer la durée de l'année. Ces études leur font alors trouver l'arithmétique; comme aussi les débordements du Nil, faisant disparaître les limites et confondre les propriétés, pour les reconnaître ils imaginent l'arpentage, qui les conduit bientôt à la géométrie.

Les prêtres sont les plus avancés dans toutes ces sciences, et je veux vous donner une preuve de leurs énormes progrès dans l'étude, suite de leurs constantes observations...

— Ne voyez-vous donc pas que Théobald ne vous écoute plus, mon très cher ? s'écrie Even, en tirant notre éloquent orateur par le bras et en lui montrant le fleuve du doigt.

En effet, depuis quelques instants, j'avise, groupés sur les rives du Nil, des pêcheurs qui semblent préparer un piége, car, inclinés sur le sol, ils sont tout entiers à leur occupation. Je ne me trompe pas. Ils se relèvent peu à peu, avec une certaine précaution.

Je vois alors qu'ils lancent dans le fleuve un morceau de porc, attaché à un hameçon, lequel est fixé à l'extrémité d'une longue corde. En même temps, ils prennent un cochon de lait qu'ils ont apporté, et le frappent violemment pour le faire crier. Le fait est que le petit animal se met à rugir de telle sorte que l'écho de la vallée répète au loin ses affreuses clameurs.

L'onde du Nil cependant bouillonne à certains moments, puis le calme revient à la surface. Mais alors on peut voir comme un œil qui flotte et examine la rive.

Bientôt je reconnais un crocodile, un énorme crocodile, qui s'approche, en nageant entre deux eaux, et vient sournoisement droit au rivage. Mais dans ce trajet, rencontrant le morceau de porc qui flotte, il l'avale gloutonnement. C'était ce que veulent les pêcheurs.

Ils cessent de frapper le cochon de lait, et tirent à eux la corde et l'hameçon que doit suivre le friand crocodile. Lorsque l'amphibie est à terre, les Égyptiens s'empressent de lui couvrir les yeux d'une vase épaisse, car tant que le monstre voit clair, il s'agite avec furie, tandis qu'il demeure coi du moment qu'on l'a privé de la vue.

Quelle gueule monstrueuse et bien armée!

Mais figurez-vous qu'au moment même où je me baisse pour mieux examiner les formidables mâchoires de la bête, voici que je mets maladroitement le pied sur la fange fraîchement extraite du Nil pour aveugler l'animal, et glissant, sans qu'il soit possible de me retenir, je pique ma tête dans le fleuve à l'instant même où l'un des pêcheurs signale l'approche d'un autre crocodile...

Je pousse un cri horrible, en appelant les pêcheurs à mon aide. Mais les misérables me répondent par un immense éclat de rire que répercutent les deux rocs Arabiques et Libyque.

Alors, dans mon effroi, j'ouvre démesurément les yeux... Ciel! je me trouve dans l'atelier de mon oncle, mais à plat ventre sur le tapis, et faisant aller bras et jambes, comme un homme qui nage et s'escrime à faire les coupes les plus hardies et les plus élégantes.

Tout à l'entour de moi se tiennent, étonnés en apparence, mais dissimulant une ironie cruelle, des flambeaux à la main, et le comte de Froley, et la folle Evenor, et Marius, et Arthur, riant de ce rire que vous savez, et me disant d'un ton paterne :

— Mais, vilain rêveur, incorrigile dormeur, faites au moins la planche, ce sera plus commode...

LES RACONTAGES DE L'HISTOIRE.

Ce qu'on entend par racontages ou racontars de l'histoire. — Comment l'homme est un vase où le savoir dépose ses parfums. — Cosmographie des anciens. — Ce qu'ils savaient en géographie. — Thalès de Milet et l'astronomie. — A quelle figure Homère fait ressembler la terre. — Les piliers du monde. — Dissertations d'Hésiode sur le Ciel, la Terre et le Tartare. — Théories d'Anaximandre. — Hécatée. — Comme quoi Hérodote se rit des philosophes qui estiment que la terre est ronde. — Effroi des anciens à la pensée que notre planète est errante, sans soutien, dans l'espace. — La terre vaisseau. — La terre fleur. — La terre montagne. — Ce que disaient Démocrite, Eudoxe, Dicœarque, Hipparque, etc. — Où se trouvait le centre de la terre. — Les trois parties du monde chez les anciens. — Géographie d'Hérodote. — Ce qu'était ce célèbre voyageur, le père de l'histoire. — Où il traite de l'Egypte. — Ce que lui apprennent les prêtres de Vulcain. — Comment on cultivait la terre, en Egypte. — Le Nil. — Tables de Manéthon. — Le monde renversé, ou ce que font les femmes et ce que font les hommes. — Mœurs, usages, coutumes et costumes des Egyptiens. — Habillement et toilette des prêtres. — La déesse Isis. — Sacrifices et cérémonies. — Animaux mondes et immondes. — Animaux sacrés. — Fêtes de Bubaste, de Busiris, de Buto, etc. — Pratiques religieuses. — Chiens et chats. — Priviléges de la race féline. — Phénix et crocodiles. — Serpents volants. — Ibis et ichneumon. — Ce qui se passe dans les festins. — Danses et chansons. — Horoscopes et divinations. — Les Egyptiens caricaturés par eux-mêmes. — Luxe des Egyptiennes. — Chignons et perruques. — Musique et orchestres. — Concerts et soirées. — Pantins et poupées. — Qu'y a-t-il donc de nouveau sous le soleil ?

Après des émotions vibrantes comme celles qui précèdent, vous pouvez croire que j'ai le plus grand besoin de repos, cher lecteur.

Aussi je suspends le récit de mes propres aventures, pour les remplacer par des racontages sur les peuples qui nous occupent, Egyptiens, Assyriens, Grecs, Mèdes, Perses, etc. Je dis *racontages*, parce que je n'ai pas la prétention de parler comme un savant du haut de sa chaire. Je vous ferai part de mes réflexions avec simplicité, et vous aurez la complaisance de les accueillir avec indulgence. De cette façon nous nous entendrons, et il y aura double profit, pour vous d'apprendre peut-être des choses que vous ignorerez, et pour moi cela me donnera l'habitude de m'exprimer convenablement et de raconter avec intérêt.

Dans le récit de mon voyage fantaisiste, je ne suis guère que le secrétaire qui tient la plume et consigne les choses que l'on dit. Dans mon racontage, ce sera moi, et rien que moi qui parlerai. Puissé-je réussir dans l'essai que je vais faire de mes forces! J'apprends un peu maintenant; j'apprends même beaucoup, et par le spectacle merveilleux auquel on me fait assister, et par mes lectures, et par les causeries dont actuellement je subis le charme et que je recherche du moment que je les trouve intéressantes, instructives. Il est donc bon que je m'étudie à dire aux autres ce que l'on m'apprend à moi-même. N'est-ce pas le meilleur moyen d'en conserver en soi un souvenir indélébile? Nous sommes des vases dans lesquels le savoir dépose ses parfums. C'est bien le moins que ces vases ne soient pas fermés hermétiquement et qu'il s'en échappe de ces délicieuses bouffées de senteurs qui embaument tout un appartement...

Donc je vais vous parler de toutes sortes de choses. Lesquelles? je ne saurais le dire encore. Ecoutez! ce que je puis affirmer, c'est que je ne vous dirai rien que je n'aie vu, qui ne soit vrai, et d'où ne résulte un enseignement pour vous. Et cela toujours sur les choses du vieux monde, puisque c'est l'antiquité que nous étudions.

Il y a des moments où l'histoire se fatigue d'être trop sérieuse et toujours solennelle. Alors elle se fait *mémoires*. Eh bien! permettez-moi d'écrire un peu les notes familières et les mémoires de l'antiquité. Entrons à son sujet dans ces causeries familières, et ces entretiens très simples nous laisseront nous reposer et nous conduiront ainsi à reprendre bientôt les autres récits que je vous ai préparés sur nos nouveaux voyages parmi les peuples illustres de l'antiquité.

J'entame ma causerie, prêtez-moi l'oreille.

Au V° siècle avant J.-C., les esprits, même les plus éclairés, étaient remplis de doutes sur des questions élémentaires de géographie et de cosmographie qui paraîtraient aujourd'hui d'une simplicité puérile aux voyageurs les moins instruits.

C'est ainsi que Hérodote, un savant, un cosmopolite de l'antiquité, celui qu'on a appelé le *père de l'histoire*, parce qu'il fut le premier des hommes à rompre le silence, hélas! beaucoup trop long des âges antéhistoriques, et qu'il se mit à recueillir les annales, les légendes des peuples qu'il lui fut donné de connaître; Hérodote, né en l'an 484 avant notre ère, à Halicarnasse, en Carie, sur la côte de l'Asie-Mineure, pays où l'on passait déjà pour très instruit, Hérodote, tout savant qu'il fût, ignorait quelle était la véritable forme de la terre.

Pour découvrir que notre sphère est une boule ronde, suspendue et roulant dans l'espace, il a fallu aux hommes beaucoup de siècles et de grands efforts d'intelligence.

A plus forte raison Hérodote ignorait-il la rotation de notre globe sur son axe, sa révolution autour du soleil, sa position relative à celle des astres.

Ce sont là les principes fondamentaux de la géographie : à merveille ; mais en ces temps-là ce n'était pas déjà chose si facile à deviner. Et cependant Thalès, originaire de Phénicie, et qui, après de longs voyages entrepris dans le but de s'instruire et d'apprendre surtout la géométrie et l'astronomie, se fixa à Milet ; Thalès, qui était antérieur à Hérodote de 200 ans, avait expliqué, calculé et parfaitement prédit les éclipses, en l'an 601 avant J.-C.

Aux yeux des premiers hommes, et d'après l'apparence naturelle, que devait être la terre?

Une vaste plaine ondulée, semée de montagnes et entourée d'eau.

C'est ainsi que les anciens poètes avaient décrit la terre, et il ne faut pas les accuser d'avoir égaré la science dans ses premières recherches de la vérité. A l'origine des temps, la science et la poésie étaient sœurs; elles suivaient du même pas le sentier incertain et mal éclairé que se traçait avec peine l'expérience naissante du genre humain. Tout poète était savant, tout savant était poète.

Homère, qui était l'un des hommes les plus savants du xe siècle avant notre ère, et qui, comme le firent plus tard Thalès et Hérodote, dans le but de s'instruire avait beaucoup voyagé, Homère représente la terre sous la forme d'un disque plat autour duquel coule le fleuve Océan. Ce disque, supporté par des espèces de piliers invisibles aux mortels, était au milieu de l'univers, qui, du reste, n'était pas bien grand, d'après lui. En effet, au-dessus de la terre, centre du monde, il n'y avait que la voûte solide du ciel, et au-dessous il n'y avait que le chaos.

Hésiode, contemporain d'Homère, ou qui vivait un siècle après lui, résume en ces termes, dans sa *Théogonie*, la science qui faisait le fond des connaissances de l'antiquité :

« Un même espace s'étend depuis le ciel jusqu'au-dessus de la terre, et, depuis la terre, jusqu'au sombre Tartare.

» Une enclume d'airain, en tombant du ciel, roulerait neuf jours et neuf nuits, et ne parviendrait que le dixième jour à la terre. De même, une enclume d'airain, en tombant sur la terre, roulerait neuf jours et neuf nuits, et ne parviendrait au Tartare que le dixième jour. »

Hésiode voulait donner, au moyen de cet exemple, une idée très imposante de la hauteur du ciel et de la profondeur de l'abîme au-dessous de la terre. Cette imagination qui paraissait si hardie neuf siècles avant J.-C., fait sourire aujourd'hui. Un corps solide tombé d'en haut pendant neuf jours et neuf nuits, — 777,600 secondes, — n'aurait parcouru que 57,400 myriamètres, ou 143,500 lieues, c'est-à-dire une fois et demie seulement la distance de la lune à la terre (1). Voilà un ciel qui ne serait guère haut placé, certes! Quelle misérable distance en comparaison de celles que les astronomes ont mesurées entre la terre et les étoiles les moins éloignées d'elle! Un rayon de lumière, bien autrement rapide qu'une enclume, — puisqu'il ne lui faudrait que huit minutes dix secondes pour venir du soleil, et un dixième de seconde pour faire le tour de la terre, — voyage pendant cinq cents ans, seulement pour descendre d'Alcyone jusqu'à nous (2). C'est ainsi que les enseignements positifs de la science moderne contiennent plus de merveilles que les inventions les plus audacieuses de la poésie antique.

Au temps d'Hérodote, l'explication qu'Homère et Hésiode avaient donnée de la figure de la terre était admise comme une vérité incontestable par toutes les populations grecques. On croyait encore à l'infaillibilité d'Homère, plusieurs siècles après Aristote.

Cependant les philosophes et les savants ne s'en étaient pas tenus à cette théorie trop primitive. Ils en faisaient ouvertement la critique, soit dans son ensemble, soit dans ses parties.

» Je ne connais point de fleuve Océan... dit Hérodote avec quelque ironie. Il me paraît que c'est Homère, ou quelques anciens poètes, qui ont inventé cette dénomination ou l'ont introduite dans leurs poèmes. »

Déjà, 500 ans avant J.-C., Anaximandre et Hécatée avaient supposé que la terre, au lieu d'être plate, avait la forme d'un cylindre et était convexe à sa surface supérieure. Suivant eux, son diamètre était trois fois plus grand que sa hauteur. Son contour était rond, comme s'il eût été l'œuvre d'un tourneur.

---

(1) La seule difficulté de ce calcul, fait par Galle, consiste à tenir compte de la décroissance rapide que l'attraction du globe terrestre subit à des distances considérables. (*Cosmos.*)

(2) *Alcyone*, la plus brillante des Pléiades, sur le dos du Taureau. L'espace étant infini, d'innombrables rayons voyageront pendant l'éternité sans arriver jamais jusqu'à la terre, fût-elle éternelle.

Hérodote n'admettait pas plus cette hypothèse que la dénomination de fleuve donnée à l'Océan : « Je ne puis m'empêcher de rire, dit-il, quand je vois quelques gens, qui ont donné des descriptions de la circonférence de la terre, prétendre, sans se laisser guider par la raison, que la terre est ronde, comme si elle eût été travaillée au tour, et que l'Océan l'environne de toutes parts. »

Mais parmi les nombreux systèmes proposés et discutés dans le monde savant, quel était celui qui paraissait le plus plausible à Hérodote ? On l'ignore. Il ne fait aucune allusion aux conjectures très avancées de Thalès, qui affirmait que l'univers était sphérique et que la terre était suspendue en l'air sans aucun soutien. Cette dernière idée avait beaucoup de peine à se faire admettre. Comment ne pas frémir à la supposition que cette masse énorme pouvait être ainsi abandonnée et isolée ? N'était-il pas à craindre qu'elle ne s'abîmât tout-à-coup par sa pesanteur dans les espaces de l'infini (1) ?

Pour rassurer les esprits inquiets, Xenophanes de Colophon, contemporain d'Anaximandre, avait imaginé que la terre devait avoir la forme d'une vaste montagne, d'un cône tronqué, ou d'une colonne. Au sommet habitaient les humains ; les astres tournaient à l'alentour. La base ou la racine s'étendait à l'infini vers les parties inférieures de l'univers. Quant à ce que pouvait être ce monde inférieur dans lequel s'enracinait la terre, on n'en tentait pas même l'explication, ou bien, si l'on osait s'y aventurer, on s'y perdait.

Hésiode avait seulement dit, à ce sujet, quelques mots d'une obscurité désespérante. « L'abîme est environné d'une barrière d'airain ;

---

(1) On peut croire qu'Hérodote, ne voyant dans les théories des différentes écoles que des hypothèses dénuées de preuves, préféra s'abstenir d'en adopter aucune. Il paraît certain que, de son vivant, on professait dans les écoles italiques et pytagoriciennes que la terre était ronde. Anaximandre lui-même avait tracé une carte sur un globe.

Socrate, vers la fin de sa vie, 400 avant J.-C., croyait, d'après Platon, que « la terre, vue d'un lieu élevé, a la forme d'un ballon, et qu'elle se soutient au milieu de l'espace par son propre poids. »

autour de l'ouverture, la nuit répand trois fois ses ombres épaisses. Au-dessus, reposent les racines de la terre et les fondements de la terre stérile (1). »

Quelques philosophes étaient moins embarrassés pour expliquer le ciel, et ce qu'ils en disaient n'était même que trop clair, s'il est vrai qu'Anaxagore de Clazomène, disciple d'Anaximandre, ait enseigné que la voûte céleste était tout simplement faite avec de grosses pierres.

D'autres philosophes de l'antiquité avaient donné, dit-on, à la terre, la forme d'un être animé, ou d'une fleur, ou d'un vaisseau. Mais ce n'étaient là que des espèces de métaphores qui arrivaient chez les Grecs des pays du symbole par excellence, l'Asie et l'Egypte.

Sur un papyrus hiéroglyphique conservé au département des médailles de la Bibliothèque nationale, on voit la terre représentée par un personnage à barbe verte, couvert de feuilles, et couché. Le ciel est personnifié par une déesse qui forme une voûte avec son corps parsemé d'étoiles et allongé hors de toute proportion. Deux barques portant, l'une le soleil levant, l'autre le soleil couchant, parcourent le ciel, en suivant les contours du corps de la déesse. Au milieu du tableau est le dieu Maou, intelligence divine qui préside à l'équilibre de l'univers. Cette peinture sur papyrus, trouvée dans un tombeau de Tentamoun, et apportée d'Egypte par M. Théodenat, est excessivement curieuse et intéressante. Elle fait voir combien les anciens mettaient leur imagination à la torture pour arriver à donner raison de la cosmographie et à l'expliquer.

Les Hindous représentaient symboliquement la terre sous la forme d'une fleur de lotus flottant sur l'Océan, et entourée par la terre d'or ou par les montagnes sacrées qui contenaient les eaux et les empêchaient de tomber dans le vide. Au centre de la fleur était le germe,

(1) Les Hébreux croyaient que la terre est une plaine entourée d'eau, puis de ténèbres. « Une épaisse obscurité forme la ceinture de l'Océan, » dit *Job*, 28, 9.

symbole du mont Mérou, que l'on croyait placé au milieu de la terre. Les pétales et les filaments figuraient les montagnes qui entouraient le mont Mérou et servaient d'habitation aux dieux. Quatre grandes feuilles indiquaient quatre vastes régions dirigées vers les quatre points cardinaux. D'autres feuilles, à demi visibles, marquaient la place des îles de l'Océan.

A cette forme du lotus, on substituait quelquefois celle d'un vaisseau mystique, dont le mont Mérou formait le mât (1).

Ces figures de la terre n'ont jamais été admises par les philosophes comme des représentations réelles.

On a de même supposé à tort que Démocrite, Eudoxe, Dicœarque, Hipparque et d'autres, avaient imaginé la terre sous les formes bizarres d'un demi-cercle, d'un rhomboïde, d'un manteau, d'un trapèze, d'une fronde, et même de la queue d'un animal. Le savant Gosselin a fort bien fait remarquer que ce n'était point la terre entière que l'on figurait de ces diverses manières; c'était seulement la portion du continent connu que l'on représentait ainsi sur de prétendues cartes géographiques. Or, les anciens furent longtemps convaincus que la zône glaciale et la zône torride étaient inhabitables : c'est pourquoi nous les voyons circonscrire la terre habitable au-dessus de l'équateur, et assez loin au-dessous du pôle nord. Par suite, sa configuration, toute en largeur, variait nécessairement selon que les connaissances géographiques étaient portées plus ou moins loin dans des directions nouvelles par les voyageurs et les savants.

Parmi les autres problèmes qui occupaient la pensée des hommes instruits, il y en avait un, non moins curieux.

Quel était le centre de la terre?

Chaque peuple répondait avec une assurance naïve :

— Le centre est chez moi!

---

(1) Il y a, au milieu du monde, la grande île nommée Iambou, qui a de longueur 100,000 yassineis et autant de largeur. Au centre est le mont Mérou, haut de 100,000 yassineis et large de 32,000. — *Bagavedum*, des Hindous.

Pour les Egyptiens, ce petit point central, dit l'ombilic du monde, c'était Thèbes;

Pour les Assyriens, Babylone ;

Pour les Indiens, le mont Mérou;

Pour les Hébreux, Jérusalem ;

Pour les Grecs, le mont Olympe d'abord, ensuite le temple de Delphes, comme on peut le voir dans les livres d'Homère.

Au temps d'Hérodote, le disque terrestre s'était assez étendu pour obliger les esprits éclairés, parmi les Grecs, à déplacer le centre. On le portait vers le sud-est, du côté de Rhodes.

En ce qui concernait les grandes divisions géographiques, on avait admis déjà, depuis plusieurs siècles, trois parties du monde.

« Je ne puis conjecturer, dit naïvement Hérodote, pourquoi la terre étant une, on lui donne trois noms différents, qui sont des noms de femmes : Europe, Asie, Libye, — les anciens nommaient ainsi l'Afrique, — et je n'ai pu savoir comment s'appelaient ceux qui ont ainsi divisé la terre, ni d'où ils ont pris les noms qu'ils lui ont donnés. »

Ces noms, arbitraires en effet, puisqu'ils ne caractérisent point spécialement ce qu'ils servent à désigner, paraissent avoir été appliqués primitivement à d'étroites localités, et s'être ensuite successivement étendus à des circonscriptions de plus en plus grandes (1).

Quant à la triple division du monde ancien, Europe, Asie et Afrique, elle s'explique surtout par les séparations naturelles que forme la Méditerranée.

Toutefois, les dimensions relatives de l'Europe, de l'Asie et de l'Afrique n'étaient point déterminées dans la géographie des anciens, comme elles l'ont été par les études ou les conventions modernes (2).

---

(1) Le mot *Afrique* avait d'abord été appliqué seulement au territoire de Carthage.

(2) Les limites entre l'Asie et l'Afrique sont nettement indiquées par la nature. Il n'en est pas de même des limites entre l'Europe et l'Asie. Ce furent les académiciens de Saint-Pétersbourg qui firent décidément accepter pour la limite orientale de l'Eu-

Sur le planisphère de la géographie telle que l'enseignait l'antiquité, l'Europe surpasse de beaucoup en longueur les deux autres divisions continentales : elle comprend tout le nord de la terre.

Hérodote ne connaissait de l'Asie que les régions occidentales, et comme c'est lui qui a le plus propagé la connaissance géographique de la terre, il y a nécessairement glissé nombre d'erreurs. Ce qu'il avait vu, parcouru, étudié, était conforme à peu près à la vérité ; le reste était indispensablement fautif. Par exemple, il constate que le Nil est la limite entre l'Asie et la Libye.

Quant au Delta, ou Basse-Egypte, aujourd'hui désert, mais au temps des philosophes voyageurs couvert de villes et de monuments, il formait en quelque sorte un terrain neutre, une quatrième partie du monde, ce qui convenait parfaitement à la haute opinion que les Egyptiens avaient d'eux-mêmes et de l'antiquité de leur race.

La comparaison entre la géographie d'Homère et celle d'Hérodote peut donner une idée du progrès que cette science avait déjà fait du xe au ve siècle avant notre ère.

« La géographie d'Homère, dit Gail, est un point lumineux qui éclaire la Grèce et les côtes de la Basse-Asie, mais qui bientôt s'affaiblit en s'étendant, et laisse dans l'obscurité les contrées lointaines. »

Au-delà de l'Egypte, de l'Ethiopie, de la Thrace, vaguement entrevues, tout n'était plus pour Homère, et ses contemporains, que fables, mystères, séjours de déesses et d'êtres fantastiques semblables à ceux que l'on peut voir dans des rêves :

Circé, habitant l'île d'Œa, au pied du promontoire de Circei, en Italie, et où les compagnons d'Ulysse ont à subir des aventures humiliantes ;

---

rope, la chaîne de l'Oural et le fleuve du même nom. Il n'est pas sûr que l'on s'en tienne là. On a proposé de se décider pour la ligne du Kouban et du Terek, fleuves qui séparent les steppes de la Russie méridionale des régions montagneuses, et les tribus nomades des nations à demeure fixe.

Calypso, dans l'île d'Ogygie, île voisine des côtes de l'Italie;

L'antre d'Eole, dans les îles vulcaniennes, les sept îles de Lipari;

Les cyclopes habitant la Sicile ou l'île de Lemnos;

Les Cimmériens, voisins des Palus-Mœotides et vivant au milieu d'éternelles ténèbres;

Les Lestrigons, dans la Sicile orientale, non loin de Leontium, voisins des cyclopes, géants anthropophages, qui jouissaient d'une lumière continuelle;

L'entrée des Enfers et les Champs-Elysées, près des sources de l'Océan.

Le cercle des pays décrits avec précision par Homère n'a pas plus de quatre cent cinquante kilomètres, ou environ cent lieues de rayon.

Hérodote, le voyageur qui a le plus vu parmi les pérégrinateurs des temps antiques, Hérodote embrasse dans ses descriptions un monde trois fois plus étendu. Il avoue qu'il ignore ce que sont les peuples qui vivent aux extrémités des trois parties de la terre; mais il ne répète qu'avec réserve, ou seulement pour en sourire, les fables accréditées autour de lui, et qui prêtaient à ces habitants lointains des formes et des conditions d'existence extravagantes.

On doit d'autant plus admirer ces qualités d'Hérodote, qu'il était fort jeune lorsqu'il commença ses voyages, et l'on considère comme incontestable qu'il avait seulement vingt-huit ans lorsqu'il parut aux jeux Olympiques (1).

Les conditions désirables pour voyager au loin, et avec profit, sont la jeunesse, la force physique, l'énergie morale, la fortune, d'utiles recommandations, et une instruction solide et variée. Hérodote, dont je veux vous faire connaître certains récits, possédait tous ces avantages. Il était jeune, ai-je dit; en outre, il était riche. Sa famille avait les meilleures relations commerciales; le renom de son oncle

(1) L'an 1er de la quatre-vingt-unième olympiade, ou 456 ans avant J.-C.

Panyasis, qui avait composé deux poèmes presque aussi populaires, en ce temps-là, que ceux d'Homère et d'Hésiode, lui assurait un accueil favorable chez les prêtres et les philosophes, c'est-à-dire les hommes les plus instruits. Personnellement, il était doué d'une raison supérieure, de force et de prudence, ainsi que l'ont prouvé ses écrits. Il voyagea donc et relata ses voyages dans un grand ouvrage qui eut le plus grand succès.

« L'histoire d'Hérodote, dit W. Desboroug Cooley, est l'ouvrage le plus précieux qu'aient jamais produit la littérature et la philosophie d'aucun peuple durant les premiers siècles de son développement. Elle renferme un très grand nombre d'observations précieuses sur les mœurs et sur les objets naturels : elle nous donne des renseignements précis et puisés à des sources diverses sur toutes les nations que connaissaient alors les Grecs. »

« Hérodote a élevé à la géographie, aussi bien qu'à l'histoire de l'antiquité grecque, continue Vivien de Saint-Martin, le monument le plus riche et le plus complet qui existe chez aucun peuple, et sur quelque époque que ce soit des annales du monde. »

La seule curiosité n'était pas le but qui l'avait déterminé à entreprendre un voyage aussi laborieux dans le monde connue d'alors, mais peu fréquenté. En s'éloignant de sa patrie, vers 464 avant J.-C., il ne cédait pas seulement au désir de s'éclairer sur des questions se rapportant aux origines et au culte de son pays : il avait conçu un plus vaste projet.

A l'exemple d'Homère, qui avait chanté la première victoire signalée des Hellènes contre les Asiatiques, ou, comme on l'a dit, le premier triomphe de la civilisation de l'Occident sur celle de l'Orient, Hérodote se proposait d'écrire les longues et mémorables luttes que les Grecs avaient soutenues contre les Perses, et qui s'étaient récemment terminées par les glorieuses batailles de Marathon, de Salamine, de Mycale et de Platée.

Ce fut en effet au retour de ses voyages, et sous leur impression, qu'Hérodote composa le livre immortel qui lui a mérité de la postérité le surnom de *père de l'histoire.*

Il n'aurait pas eu moins de titres à être nommé le *père de la géographie.*

Les descriptions physiques, les informations curieuses et de toute nature qu'il a si agréablement mêlées à sa narration historique, sont restées des modèles qu'on n'a point surpassés dans l'art d'observer et d'écrire. Jamais peut-être on n'a enseigné plus de choses sous une forme plus charmante (1).

On suppose qu'il visita d'abord l'Egypte.

C'était le pays où il avait le plus à voir et à apprendre : il dut, à ce titre, y séjourner plus longtemps qu'en aucune autre contrée.

On croit qu'il fit ensuite une excursion en Libye.

On dit aussi que, traversant de nouveau l'Egypte, il se rendit en Asie, qu'il y vit Tyr, la Palestine, l'Assyrie, la Perse, la Médie et la Colchide.

De ce dernier pays, il passa chez les Scythes, de là en Thrace, puis en Grèce.

Cet itinéraire n'a rien que de vraisemblable.

Tous les hommes instruits et désireux d'être utiles à leur pays par leurs connaissances, ont beaucoup voyagé. On apprend tant de choses en voyages! On est à même d'apprécier la géographie des contrées, d'étudier leur histoire, de juger leurs mœurs, leurs usages, de prendre part à leur instruction. Aussi, placez-vous entre gens qui ont voyagé et gens qui n'ont pas quitté leur foyer, et vous verrez quelle différence dans le charme et l'intérêt que peut offrir leur conversation. Avec les premiers, on s'instruit; avec les seconds, on s'endort.

---

(1) Racine écrivait à son fils aîné : « J'aimerais, si vous vouliez lire quelque livre français, que vous prissiez la traduction d'Hérodote, qui est fort divertissant, et qui vous apprendrait la plus ancienne histoire qui soit parmi les hommes, après l'Ecriture sainte. » (*Lettre du 28 octobre* 1692.)

Homère, avant d'écrire son admirable *Iliade* et son *Odyssée*, avait voyagé dans la Grèce et dans l'Asie; de la Troade il était passé à Ithaque, et partout il avait recueilli des notes qui servirent à ses poèmes.

Solon, avant de donner des lois aux Athéniens, avait porté ses pas sur toute la terre habitée, afin d'en étudier les lois et d'en apprécier les institutions.

Lycurgue, le législateur de Sparte, suivit cet exemple.

Pythagore, l'illustre philosophe, avait parcouru le monde et s'était entretenu avec nombre de philosophes, avant d'ouvrir une école de philosophie et de produire son système philosophique.

C'est ainsi que fit Platon; c'est ainsi que firent tous les hommes jaloux d'apprendre, dans le but d'instruire les autres.

C'est ainsi que fit aussi, beaucoup plus tard, Apollonius de Thyane, dont les tours de force ont si fort étonné les peuples chez lesquels il prétendit se faire passer pour un thaumaturge.

Enfin, c'est ainsi que fit Hérodote, ainsi que nous allons voir par l'analyse rapide qu'il me semble bon de faire de quelques passages des récits de l'illustre touriste. Vous jugerez ainsi de son talent; mais surtout vous apprendrez à mieux connaître les annales des peuples de l'antiquité, leurs mœurs et leurs institutions civiles et religieuses.

L'Egypte renferme plus de merveilles que nul autre pays, et il n'y a point de contrée où l'on voie tant de choses admirables.

Pendant mon séjour à Memphis, j'eus de très fréquents entretiens avec les prêtres de Vulcain : mais comme les habitants d'Héliopolis passent pour les plus habiles de tous les Egyptiens, je me rendis dans cette ville, ainsi qu'à Thèbes, pour juger si leurs discours s'accordaient avec ceux des prêtres de Memphis.

Ils me dirent tous, unanimement, que les Egyptiens avaient inventé les premiers l'année, et qu'ils l'avaient distribuée en douze parties, d'après la connaissance qu'ils avaient des astres.

Ils me dirent aussi qu'ils avaient les premiers élevé aux dieux des autels, des statues et des temples (1), et qu'ils avaient les premiers gravé sur la pierre des figures d'animaux.

Ils ajoutaient que Ménès fut le premier homme qui eût régné en Egypte (2); que de son temps toute l'Egypte, à l'exception du nome

---

(1) L'art égyptien a eu ses périodes de grandeur et de décadence. « L'admirable simplicité des lignes, la finesse délicate, qui distinguent les œuvres de la douzième dynastie, telles que le temple et le portique de Philœ, par exemple, mais qui semblent avoir appartenu, à un plus haut degré encore, à l'art des premières dynasties, fait place, sous les Ptolémées, à cette profusion de détails, à cette richesse d'ornementation, qui multiplient les symboles et cherchent plus à étonner l'œil qu'à reproduire la nature. A partir de Toutmès Ier, sous la dix-huitième dynastie, comme sous la dynastie saïtique, l'art fleurit de nouveau. » (*Alfred Maury*.)

Il est remarquable que, dans les écrits des anciens, on ne rencontre pas une seule fois le nom d'un architecte, d'un sculpteur ou d'un peintre égyptien. Les artistes étaient ou prêtres ou au service des prêtres, et il paraît qu'on ne pouvait exercer cette profession sans être lettré, parce qu'il fallait se conformer scrupuleusement, pour la représentation des sujets religieux, aux règles fixées dans les livres sacerdotaux.

(2) Ménès ou Ménai est, en effet, inscrit comme le fondateur de la première dynastie des rois égyptiens, sur les listes de Manéthon. Il sortait de la classe militaire qui, avant lui, n'était probablement pas encore parvenue au partage de l'autorité gouvernementale avec la classe des prêtres. On fait remonter la date du règne de Ménès soit à l'an 2450 avant J.-C., soit même, suivant d'autres suppositions, à 7000 ans avant l'époque actuelle.

Manéthon, grand prêtre d'Héliopolis en Egypte, qui vivait au IIIe siècle avant J.-C., avait composé une histoire d'Egypte. Quelques fragments de cette histoire, conservés par Jules l'Africain, Eusèbe et Georges le Syncelle, sont, jusqu'à ce jour, les éléments les plus précieux que l'on possède pour l'étude la chronologie égyptienne. D'après les listes ou tables de Manéthon, les dynasties des souverains de l'Egypte auraient été au nombre de trente-une, depuis l'an 5867 avant J.-C. jusqu'à 332, date de la conquête du pays par Alexandre-le-Grand. L'exactitude de cette table, à partir de la seizième dynastie, qui a commencé en l'an 2270 et a cessé vers l'an 2082, est à peu près prouvée par les monuments et par la concordance des supputations avec d'autres annales de l'antiquité.

Le document connu sous le nom de *Vieille Chronique*, publié en grec, au huitième siècle chrétien, par Georges le Syncelle, et d'après lequel le second souverain de l'Egypte, Hélios, — le soleil, — aurait à lui seul régné 30,000 ans, n'offre d'intérêt qu'en ce qui concerne les seize premières dynasties de rois mortels.

thébaïque, n'était qu'un marais ; qu'alors il ne paraissait rien de toutes les terres qu'on y voit aujourd'hui au-dessous du lac Mœris, quoiqu'il y ait sept jours de navigation depuis la mer jusqu'à ce lac, en remontant le fleuve.

L'Egypte ne ressemble en rien ni à l'Arabie qui lui est contiguë, ni à la Libye, ni à la Syrie.

Le sol de l'Egypte est une terre noire, crevassée et friable, comme ayant été formée du limon du Nil, apporté par ce fleuve de l'Ethiopie, et accumulé par les débordements. Tandis qu'on sait que la terre de Libye est plus rougeâtre et plus sablonneuse, et que celle de l'Arabie et de la Syrie est plus argileuse et plus pierreuse.

Il n'y a personne dans le reste de l'Egypte, ni même dans le monde, qui recueille les grains avec moins de sueur et de travail que ceux qui habitent le pays situé au-dessous de Memphis. Ils ne sont point obligés de tracer avec la charrue de pénibles sillons, de briser les mottes, de donner à leurs terres les autres façons que leur donnent le reste des hommes. Mais lorsque le fleuve a arrosé de lui-même les campagnes, et que les eaux se sont retirées, alors chacun y lâche des pourceaux et ensemence ensuite son champ. Lorsqu'il est ensemencé, on y conduit des bœufs. Après que ces animaux ont enfoncé le grain en le foulant aux pieds, on attend tranquillement le temps de la moisson. On se sert aussi de bœufs pour faire sortir le grain de l'épi, et on le serre ensuite.

Le Nil, dans ses grandes crues, inonde non-seulement le Delta, mais encore des endroits qu'on dit appartenir à la Libye, ainsi que quelques petits cantons de l'Arabie.

Quant à la nature de ce fleuve, je n'en ai rien pu apprendre, ni des prêtres ni d'aucune autre personne. J'avais cependant une extrême envie de savoir d'eux pourquoi le Nil commence à grossir au solstice d'été, et continue ainsi durant cent jours ; et par quelle raison, ayant

On pourrait consulter aussi la table d'Abydos, trouvée en 1818 à Madfouneh, — l'ancienne Abydos, au sud de Ptolémaïs, etc.

crû ce nombre de jours, il se retire et baisse au point qu'il demeure petit tout l'hiver, jusqu'au retour du solstice d'été.

De tous les Egyptiens, les Libyens et les Grecs avec qui je me suis entretenu, aucun ne se flattait de connaître les sources du Nil, si ce n'est le hiérogrammateus, ou interprète des hiéroglyphes de Minerve, à Saïs. Je crus néanmoins qu'il plaisantait quand il m'assura qu'il en avait une connaissance certaine. Il me dit qu'entre Syène, dans la Thébaïde, et Eléphantine, il y avait deux montagnes dont les sommets se terminaient en pointe; que l'une de ces montagnes s'appelait Crophi, et l'autre Mophi. Les sources du Nil, qui sont de profonds abîmes, sortaient, disait-il, du milieu de ces montagnes : la moitié de leurs eaux coulait en Egypte, vers le nord, et l'autre moitié en Ethiopie, vers le sud. Pour montrer que ces sources étaient des abîmes, il ajouta que Psammétichus, ayant voulu en faire l'épreuve, y avait fait jeter un câble de plusieurs milliers d'orgyies (1), mais que la sonde n'avait pas touché le fond.

Je n'ai trouvé personne qui ait pu m'en apprendre davantage.

Comme les Egyptiens sont nés sous un climat bien différent des autres climats, et que le Nil est d'une nature bien différente du reste des fleuves, aussi leurs usages et leurs lois diffèrent-ils pour la plupart de ceux des autres nations.

Chez eux, les femmes vont sur la place et s'occupent du commerce, tandis que les hommes, renfermés dans leurs maisons, travaillent à

---

(1) L'orgyie ou aune grecque équivaut à peu près à 1 mètre 84.
Les Egyptiens rendaient un culte au Nil : on lui avait élevé des temples, et l'on croit qu'il avait des prêtres dans toutes les villes situées sur les bords du fleuve.
Pour expliquer les crues du Nil, Hérodote ne veut pas admettre la fonte des neiges dans les montagnes de l'Abyssinie, etc. Il lui paraît impossible qu'il y ait des neiges dans les contrées que le Nil traverse, parce que, dit-il, la chaleur y est excessive. D'une part, les anciens ignoraient que la neige pût se conserver toute l'année, au sommet des hautes montagnes, même sous la zone torride; d'autre part, ils croyaient que, de même qu'en montant vers le nord on approchait de plus en plus du froid extrême, de même, en descendant du côté opposé, on approchait nécessairement de de plus en plus de l'extrême chaleur.

la toile. Les autres nations font la toile en passant la trame en haut, les Egyptiens la passent en bas.

En Egypte, les hommes portent les fardeaux sur la tête; les femmes les portent sur les épaules (1).

Chez les Egyptiens, les femmes ne peuvent être prêtresses d'aucun dieu ni d'aucune déesse : le sacerdoce est réservé aux hommes (2).

Si les enfants mâles ne veulent point nourrir leurs pères et leurs mères, on ne les y force pas; mais si les filles refusent, on les y contraint.

Dans les autres pays, les prêtres portent leurs cheveux; en Egypte, ils les rasent. Chez les autres nations, dès qu'on est en deuil, on se fait raser, et surtout les plus proches parents : les Egyptiens, au contraire, laissent croître leurs cheveux et leur barbe à la mort de leurs proches, quoique jusqu'alors ils se fussent rasés.

Les autres peuples prennent leurs repas dans un endroit séparé des bêtes; les Egyptiens mangent avec elles. Partout ailleurs on se nourrit de froment et d'orge; en Egypte, on regarde comme infâmes ceux qui s'en nourrissent, et l'on y fait usage d'épeautre. Ils pétrissent la farine avec les pieds; mais ils enlèvent la boue et le fumier avec les mains.

Les hommes ont chacun deux habits; les femmes n'en ont qu'un.

(1) Diodore prétend qu'en Egypte les hommes étaient les esclaves de leurs femmes et obligés de leur obéir. C'est une exagération : mais il paraît certain que, dans l'ancienne Egypte, la condition civile des femmes n'était nullement inférieure à celle des hommes. Sur les scènes figurées, et dans les groupes sculptés, les femmes apparaissent toujours comme les égales de leurs époux. On peut admettre qu'elles avaient la liberté et l'influence dont jouissent aujourd'hui les Françaises : c'était bien assez pour étonner les Grecs ! Il faut ajouter qu'elles avaient un privilège que n'ont point les Françaises : elles pouvaient régner sur leur pays.

(2) Le sens donné ici au mot sacerdoce n'est pas facile à expliquer. Les monuments prouvent qu'il y a eu des femmes prêtresses des dieux, et d'autres prêtresses des rois et des reines. Ces fonctions, très honorées, étaient même quelquefois remplies par les filles et les femmes des Pharaons. On remarque, sur le monument de Rosette, ces lignes :

« Pyrrha, fille de Philinus, étant athlophore de Bérénice Evergète ; Aria, fille de Diogène, étant canéphore d'Arsinoë Philadelphe ; Irène, fille de Ptolémée, étant prêtresse d'Arsinoë Philopater. »

Les autres peuples attachent en-dehors les cordages et les anneaux ou crochets des voiles; les Egyptiens, en-dedans.

Les Grecs écrivent et calculent avec des jetons, en portant la main de la gauche vers la droite; les Egyptiens, en la conduisant de la droite à la gauche; et néanmoins ils disent qu'ils écrivent et calculent à droite, et les Grecs à gauche.

Ils sont très religieux et surpassent tous les hommes dans le culte qu'ils rendent aux dieux.

Voici quelques-unes de leurs coutumes : Ils boivent dans des coupes d'airain, qu'ils ont soin de nettoyer tous les jours; c'est un usage universel, dont personne ne s'exempte. Ils portent des habits de lin nouvellement lavés, attention qu'ils ont toujours.

Les prêtres se rasent le corps entier tous les trois jours, comme il convient à des hommes qui servent les dieux. Ils ne portent qu'une robe de lin et des souliers de byblos. Il ne leur est pas permis d'avoir d'autre habit ni d'autre chaussure. Ils se lavent deux fois par jour dans l'eau froide, et autant de fois toutes les nuits. En un mot, ils ont mille pratiques religieuses qu'ils observent régulièrement. Ils jouissent en récompense de grands avantages : ils ne dépensent ni ne consomment rien de leurs biens propres. Chacun d'eux a sa portion des viandes sacrées, qu'on leur donne cuites; et même on leur distribue chaque jour une grande quantité de chair de bœuf et d'oie. On leur donne aussi du vin de vigne (1); mais il ne leur est pas permis de manger du poisson.

Les Egyptiens ne sèment jamais de fèves dans leurs terres, et, s'il en vient, ils ne les mangent ni crues ni cuites. Les prêtres n'en peuvent pas même supporter la vue : ils s'imaginent que ce légume est impur.

Voici les cérémonies qui s'observent dans les sacrifices. On conduit l'animal — choisi avec la plus scrupuleuse attention parmi ceux qui

---

(1) Et non du vin d'orge ou de la bière. Le vin de vigne était très rare en Egypte avant Psammétichus.

n'ont pas même un poil noir — à l'autel où il doit être immolé. On allume du feu. On répand ensuite du vin sur cet autel et près de la victime, qu'on égorge après avoir invoqué le dieu. On en coupe la tête et on dépouille le reste du corps. On charge cette tête d'imprécations. On la porte ensuite au marché, s'il y en a un, et, s'il s'y trouve des marchands grecs, on la leur vend. Mais ceux chez qui il n'y a point de Grecs la jettent à la rivière. Parmi les imprécations qu'ils font sur la tête de la victime, ceux qui ont offert le sacrifice prient les dieux de détourner les malheurs qui pourraient arriver à toute l'Egypte ou à eux-mêmes, et de les faire retomber sur cette tête.

Je vais parler maintenant de la déesse Isis, que les Egyptiens regardent comme la plus grande de toutes les divinités, et de la fête magnifique qu'ils célèbrent en son honneur.

Après s'être préparés à cette fête par des jeûnes et par des prières, ils lui sacrifient un bœuf. On coupe les cuisses, la superficie du haut des hanches, les épaules et le cou. Cela fait, on remplit le reste du corps de pains de pure farine, de miel, de raisins secs, de figues, d'encens, de myrrhe et d'autres substances odoriférantes. Ainsi préparée, on brûle la victime, en répandant une grande quantité d'huile sur le feu. Pendant que la victime brûle, les Egyptiens se frappent tous, et lorsqu'ils ont cessé de se frapper, on leur sert les restes du sacrifice.

Tous les Egyptiens immolent des bœufs et des veaux *mondes;* — cela veut dire irréprochables au point de vue du poil : un seul poil noir rend l'animal immonde, — mais il ne leur est pas permis de sacrifier des génisses, parce que celles-ci sont sacrifiées à la seule Isis, qu'on représente dans ses statues sous la forme d'une femme avec des cornes de génisse, comme les Grecs peignent Io. Tous les Egyptiens ont beaucoup plus d'égards pour les génisses que pour le reste du bétail. Le contraire a lieu chez les Grecs, de sorte que Egyptiens et Egyptiennes ne veulent toucher à rien de ce qui, chez les Grecs, touche à ces animaux. Si un bœuf ou une génisse viennent à mourir, on leur fait des funérailles de cette manière : on jette les génisses dans le fleuve; quant aux bœufs, on les enterre dans les faubourgs, avec l'une des cornes, ou les deux cornes hors de terre, pour servir d'indice.

Lorsque le bœuf est pourri, et dans un temps déterminé, on voit arriver à chaque ville un bateau de l'île Prosopites. Cette île est située dans le Delta; elle a neuf schènes de tour. Elle contient un grand nombre de villes; mais celle d'où partent les bateaux destinés à enlever les os des bœufs, se nomme Atarbèchis. On y voit un temple consacré à Vénus. Il sort d'Atarbèchis beaucoup de gens qui courent de ville en ville pour déterrer les os des bœufs : ils les emportent et les mettent tous en terre dans un même lieu. Ils enterrent de la même manière que les bœufs le reste du bétail qui vient à mourir : la loi l'ordonne, car ils ne les tuent pas.

Tous ceux, qui ont fondé le temple de Jupiter-Thébéen, ou qui sont du nome de Thèbes, n'immolent point de moutons, et ne sacrifient que des chèvres. En effet, tous les Egyptiens n'adorent pas également les mêmes dieux. Ils ne rendent tous le même culte qu'à Isis et à Osiris, qui, selon eux, est le même que Bacchus.

Tous ceux, au contraire, qui ont en leur possession le temple de Mendès, ou qui sont du nome mendésien, immolent des brebis et épargnent les chèvres. Les Thébéens, et tous ceux qui, par égard pour eux, s'abstiennent des moutons, le font en vertu d'une loi, dont voici le motif :

Hercule, disent-ils, voulait absolument voir Jupiter; mais ce dieu ne voulait pas être vu. Enfin, comme Hercule ne cessait de le prier, Jupiter s'avisa de cet artifice. Il dépouilla un bélier, en coupa la tête qu'il tint devant lui, et, s'étant revêtu de la toison de l'animal, il se montra dans cet état à Hercule.

C'est par cette raison que, en Egypte, les statues de Jupiter représentent ce dieu avec une tête de bélier. Cette coutume a passé des Egyptiens aux Ammonites. Ceux-ci, en effet, sont une colonie d'Egyptiens et d'Ethiopiens, et leur langue tient le milieu entre celle de ces deux peuples.

Les Mendésiens ne sacrifient ni boucs ni chèvres. En voici les raisons : Ils mettent Pan au nombre des huit dieux, et ils prétendent que ces huit dieux existaient avant les douze dieux. Or, les peintures et les sculptures représentent le dieu Pan, comme le font les Grecs, avec une tête de chèvre et des jambes de bouc. Ce n'est pas qu'ils s'imaginent qu'il ait une pareille figure, ils le croient semblable au reste des dieux; mais je me ferais une sorte de scrupule de dire pourquoi ils le représentent ainsi...

Les Egyptiens regardent le pourceau comme un animal immonde. Si quelqu'un en touche un, ne fût-ce qu'en passant, il va se plonger aussitôt dans la rivière, avec ses habits. Aussi, ceux qui gardent les porcs, quoique Egyptiens de naissance, sont-ils les seuls qui ne puissent entrer dans aucun temple d'Egypte. Personne ne veut leur donner ses filles en mariage, ni épouser les leurs. Ils se marient entre eux.

Il n'est pas permis aux Egyptiens d'immoler des pourceaux à d'autres dieux qu'à la lune et à Bacchus, à qui l'on en sacrifie dans le même temps, je veux dire dans la même pleine lune. Ils en mangent alors. Mais pourquoi les Egyptiens ont-ils les pourceaux en horreur les autres jours de fête, et en immolent-ils dans celle-ci? Je ne saurais le dire.

Voici comment ils sacrifient les porcs à la lune. Quand la victime est égorgée, on met ensemble l'extrémité de la queue, la rate et l'épiploon, qu'on couvre de toute la graisse qui est dans le ventre de l'animal, et on les brûle. Le reste de la victime se mange le jour de la pleine lune, qui est celui où ils ont offert le sacrifice : tout autre jour, ils ne voudraient pas en goûter. Les pauvres, qui ont à peine de quoi subsister, font avec de la pâte des figures de pourceaux; et, les ayant fait cuire, ils les offrent en manière de sacrifice.

Le jour de la fête de Bacchus, chacun immole un pourceau devant sa porte, à l'heure des repas. On le donne ensuite à emporter à celui qui l'a vendu. Les Egyptiens célèbrent le reste de la fête de Bacchus, excepté le sacrifice des porcs, de la même manière que les Grecs.

L'oracle de Thèbes et celui de Dodone ont entre eux beaucoup de ressemblance. L'art de prédire l'avenir, tel qu'il se pratique dans ces temples, nous vient de l'Egypte, à nous, Grecs. Du moins est-il certain que les Egyptiens sont les premiers de tous les hommes qui aient établi des fêtes ou assemblées publiques, des processions, et la manière *d'approcher de la divinité et de s'entretenir avec elle.*

Aussi les Grecs ont-ils emprunté ces coutumes des Egyptiens. Une preuve de ce que j'avance, c'est qu'elles sont en usage depuis longtemps en Egypte, et que, depuis peu seulement, elles sont établies en Grèce (1).

Les Egyptiens célèbrent tous les ans un grand nombre de fêtes, et ne se contentent pas d'une seule.

La principale, celle qu'ils observent avec le plus de zèle, se fait dans la ville de Bubaste, en l'honneur de Diane.

La seconde, dans la ville de Busiris, en l'honneur d'Isis. Il y a dans cette ville, qui est située au milieu du Delta, un très grand temple consacré à cette déesse. On la nomme en grec Demêter, — *Terre-mère, Cérès.*

La fête de Minerve est la troisième : elle se fait à Saïs.

On célèbre la quatrième à Héliopolis, en l'honneur du Soleil.

La cinquième est à Buto, dans le temple de Latone ;

Enfin la sixième à Paprémis, dans le temple de Mars (2).

---

(1) Hérodote dit ailleurs que presque tous les noms des dieux sont venus d'Egypte en Grèce.... Le savant monsieur Guigniant donne pour explication de ceci que les Pélasges adorèrent d'abord les grandes puissances de la nature, le ciel, la terre, la mer, en les désignant seulement par le nom vague de *dieux*, et qu'ils apprirent ensuite des colons égyptiens, établis à Dodone et ailleurs, à donner des noms déterminés à ces dieux et d'autres.

(2) Dans le cours de cet ouvrage, 1° *Origines du Monde* ; 2° *Grandes Républiques* ; 3° *Peuples illustres*, des détails sur les fêtes égyptiennes ont été donnés déjà, ce qui permet d'amoindrir ces passages d'Hérodote.

Voici ce qui s'observe en allant à Bubaste. On s'y rend par eau, hommes et femmes : dans chaque bateau, se trouve une foule mélangée. Tant que dure la navigation, quelques femmes jouent des castagnettes, et quelques hommes de la flûte : le reste, tant hommes que femmes, chante et bat des mains. Lorsqu'on passe près d'une ville, on fait approcher le bateau du rivage. Parmi les femmes, les unes continuent à chanter et à jouer des castagnettes, d'autres crient de toute leur force et disent des injures aux gens de la ville : ceux-ci se mettent à danser et ripostent par des grimaces. La même façon d'agir s'observe à chaque ville que l'on rencontre le long du Nil. Quand on est arrivé à Bubaste, on célèbre la fête de Diane en immolant un grand nombre de victimes, et l'on fait à cette fête une plus grande consommation de vin de vigne que dans tout le reste de l'année ; car il s'y rend, au rapport des habitants, 700,000 personnes, tant hommes que femmes, sans compter les enfants.

A Busiris, aux fêtes d'Isis, se rassemble une multitude prodigieuse d'Egyptiens e d'Egyptiennes, qui se frappent et se lamentent tous, après le sacrifice. Mais il ne m'est pas permis de dire en l'honneur de qui tout ce monde se fustige. Les Cariens — des Grecs de la Carie, Asie-Mineure, — qui se trouvent en Egypte se distinguent d'autant plus dans cette cérémonie, qu'ils se découpent le front avec leurs épées; et, par là, il est aisé de juger qu'ils sont étrangers.

Quand on s'est assemblé à Saïs pour y sacrifier pendant une certaine nuit, tout le monde allume, en plein air, des lampes autour de sa maison. Ce sont de petits vases pleins de sel et d'huile, avec une mèche qui nage dessus et qui brûle toute la nuit. Cette fête s'appelle la fête des Lampes ardentes. Les Egyptiens qui ne peuvent s'y trouver, ayant observé la nuit du sacrifice, allument tous des lampes. Ainsi, ce n'est pas seulement à Saïs qu'on en allume, mais par toute l'Egypte! On donne une raison sainte des illuminations qui se font de la sorte.

Ceux qui vont à Héliopolis et à Buto, se contentent d'offrir des sacrifices.

A Paprémis, on observe les mêmes cérémonies et on fait les mêmes sacrifices que dans les autres villes. Mais, lorsque le soleil commence à baisser, quelques prêtres, en petit nombre, se donnent beaucoup de mouvement autour de la statue de Mars, tandis que d'autres, en plus grand nombre, armés de bâtons, se tiennent debout à l'entrée du temple. On voit vis-à-vis de ceux-ci plus de mille hommes confusément rassemblés, tenant chacun un bâton à la main, qui viennent pour accomplir leurs vœux. La statue est dans une petite chapelle de bois doré. La veille de la fête, on la transporte dans une autre chapelle. Les prêtres qui sont restés en petit nombre autour de la statue placent cette chapelle, avec le simulacre du dieu, sur un char à quatre roues, et se mettent à le tirer. Ceux qui sont dans le vestibule les empêchent d'entrer dans le temple; mais ceux qui sont vis-à-vis, occupés à accomplir les vœux, venant au secours du dieu, frappent les gardes de la porte et le défendent contre eux. Alors commence un rude combat à coups de bâtons : bien des têtes en sont fracassées, et je ne doute pas que plusieurs personnes ne meurent de leurs blessures, quoique les Egyptiens n'en conviennent pas.

Entre autres pratiques religieuses, les Egyptiens observent scrupuleusement celles-ci. Quoique leur pays touche à la Libye, on y voit cependant peu d'animaux ; et ceux qu'on y rencontre, sauvages ou domestiques, on les regarde comme sacrés. La loi leur ordonne de nourrir les bêtes, et parmi eux il y a un certain nombre de personnes, tant hommes que femmes, destinées à prendre soin de chaque espèce en particulier. C'est un emploi honorable : le fils y succède à son père. Ceux qui demeurent dans les villes s'acquittent des vœux qu'ils leur ont fait.

Voici de quelle manière : lorsqu'ils adressent leurs prières au dieu auquel chaque animal est consacré, et qu'ils rasent la tête de leurs enfants, ou tout entière, ou à moitié, ou seulement au tiers, ils mettent ces cheveux dans un des bassins d'une balance, et de l'argent dans l'autre. Quand l'argent a fait pencher la balance, ils le donnent à la femme qui prend soin de ces animaux. Elle en achète des poissons qu'elle coupe par morceaux, et dont elle les nourrit. Si l'on tue quelqu'un de ces animaux de dessein prémédité, on est puni de mort. Si on l'a fait involontairement, on paye l'amende qu'il plaît aux prêtres d'imposer. Mais si on tue, même sans le vouloir, un ibis ou un épervier, on ne peut éviter le dernier supplice.

Quoique le nombre des animaux domestiques soit très grand, il y en aurait encore plus s'il n'arrivait des accidents aux chats. Lorsqu'il survient un incendie, il arrive aux chats quelque chose qui tient du prodige. Les Egyptiens, rangés par intervalles, négligent de l'éteindre, pour veiller à la sûreté de ces animaux ; mais les chats, se glissant entre les hommes, ou sautant par dessus, se jettent dans les flammes. Lorsque cela arrive, les Egyptiens en témoignent un grande douleur. Si, dans quelque maison, il meurt un chat de mort naturelle, quiconque l'habite se rase les sourcils seulement; mais, quand il meurt un chien, on se rase la tête et le corps entier.

On porte dans les maisons sacrées les chats qui viennent de mourir, et, après qu'on les a embaumés, on les enterre à Bubaste. A l'égard des chiens, chacun leur donne la sépulture dans sa ville, et les arrange dans des caisses sacrées. On rend les mêmes honneurs aux ichneumons (1). On transporte à Buto les musaraignes et les éperviers, et les ibis à Hermopolis. Mais les ours, qui sont rares en Egypte, et les loups, qui n'y sont guère plus grands que des renards (2), on les enterre dans le lieu même où on les trouve morts.

Passons au crocodile et à ses qualités naturelles.

Cet animal ne mange point pendant les quatre mois les plus rudes

(1) L'ichneumon, petit animal quadrupède, qui se nourrit d'animaux malfaisants et d'œufs de crocodiles, était consacré à Hercule et à Latona-Bouto, sa nourrice.

(2) Le loup d'Egypte n'est autre que le chacal.

de l'hiver (1). Quoiqu'il ait quatre pieds, il est néanmoins amphibie. Il pond ses œufs sur la terre et les y fait éclore. Il passe dans les lieux secs la plus grande partie du jour, et la nuit entière dans le fleuve; car l'eau en est plus chaude que l'air et la rosée. De tous les animaux que nous connaissons, il n'y en a point qui devienne si

(1) On a longtemps contesté la fidélité de ces curieuses observations sur le crocodile. Mais l'illustre Geoffroi Saint-Hilaire, dans ses savantes études sur les animaux du Nil, a rendu un éclatant témoignage à la véracité d'Hérodote.

Le crocodile, qui atteint jusqu'à 17 coudées de longueur, sort d'un œuf qui n'a guère plus de 17 lignes de long.

Il n'a pas de langue apparente; sa langue ne s'est manifestée que sous le scalpel des anatomistes.

Sa mâchoire supérieure, réunie au crâne, se meut, en effet, sur la mâchoire inférieure, qui n'a presque aucun mouvement.

On ne parvient à percer la cuirasse du crocodile qu'en se servant de lingots de fer : la balle de plomb s'aplatit dessus, mais ne pénètre pas, à moins pourtant qu'elle n'atteigne l'animal sous l'aisselle, auprès des oreilles.

Le mot grec que Larcher traduit par *sangsues* signifie *insectes suceurs*. Ce sont des espèces de cousins qui tapissent la surface intérieure de tout le palais du crocodile, et en font disparaître la couleur ordinaire, d'un jaune vif, sous une couche de brun noirâtre.

Il existe bien réellement un petit oiseau qui, voltigeant sans cesse de grève en grève, et étant continuellement occupé de la recherche de sa nourriture, s'en va fureter dans la gueule du crocodile et le débarrasse de ces cousins, qui tourmentent le crocodile, en introduisant leur suçoir dans les orifices des glandes dont sa langue et son palais sont remplis.

Ce trochilus, notre pluvier, est l'oiseau publié par Hasselgnist, sous le nom de *Charadrius Ægyptus*, espèce distincte, mais très voisine du petit pluvier à collier d'Europe.

Les Arabes appellent cet oiseau *saq-saq*, ou mieux tek-tak, c'est-à-dire *qui touche*, à cause du bruit continuel de son bec sur le sable, où il cherche de petits insectes.

Le *crocodilus acutus* de Saint-Domingue est également soulagé des maringouins par le pluvier todier, *todus viridis*.

On voit aussi les cerfs et les rennes avoir soin de se tenir immobiles lorsque les corneilles viennent leur rendre le service d'enlever les larves d'œstres nichées dans la peau de leur dos.

Geoffroi Saint-Hilaire fait les réflexions suivantes à l'occasion de cette relation amicale du *Charadrius Ægyptus* avec le crocodile:

« Les anciens, sous l'influence d'autres inspirations philosophiques et religieuses, voyaient dans tous les ouvrages de la création des témoignages de toute-puissance et de sagesse infinie. Ils considéraient tous les actes de la vie comme des manifestations personnifiées, comme de hautes conceptions appliquées au magnifique arran-

grand après avoir été si petit. Ses œufs ne sont guère plus gros que ceux des oies, l'animal qui en sort est proportionné à l'œuf. Mais insensiblement il croît, et parvient à 17 coudées, et même davantage. Il a des yeux de cochon, des dents saillantes et d'une grandeur en harmonie avec celle du corps. C'est le seul animal qui n'ait point de langue. Il ne remue pas la mâchoire inférieure, et c'est le seul aussi qui approche la mâchoire supérieure de l'inférieure. Il a les griffes très fortes, et sa peau est tellement couverte d'écailles sur le dos, qu'elle est impénétrable. Le crocodile ne voit point dans l'eau, mais à l'air il a la vue très perçante. Comme il vit dans l'eau, il a le dedans de la gueule plein de sangsues.

Toutes les bêtes, tous les oiseaux le fuient. Il n'est en paix qu'avec le trochilus, — le *pluvier*, — à cause des services qu'il en reçoit. Lorsque le crocodile se repose sur la terre, au sortir de l'eau, il a coutume de se tourner presque toujours vers le côté d'où souffle le zéphir, et de tenir sa gueule ouverte. Le trochilus, entrant alors dans sa gueule, y mange les sangsues, et le crocodile prend tant de plaisir à être soulagé, qu'il ne lui fait point de mal

Une partie des Egyptiens regardent les crocodiles comme des animaux sacrés; mais d'autres leur font la guerre. Ceux qui habitent aux environs de Thèbes et du lac Mœris ont pour eux beaucoup de vénération. Les uns et les autres en choisissent un qu'ils élèvent et qu'ils instruisent à se laisser toucher avec la main. On lui met des pendants d'or ou de pierre factice, et on lui attache aux pieds de devant de petites chaînes ou bracelets. On le nourrit avec la chair des

gement des choses. Ils avaient embrassé toute la série animale sous un seul et même aspect, et enfin ils croyaient qu'à l'égard de tous les êtres, sans distinction, l'intelligence se modifiait et apparaissait en plus ou moins grande quantité, selon le plus ou moins de complication et de perfection de la structure organique. Les anciens, appuyés sur cette doctrine que les progrès de la phsyiologie générale sont peut-être destinés à ramener un jour, ont bien pu et ont dû recueillir, commenter et admettre les actions des animaux, — comme Hérodote, dans ce qu'il a dit des rapports du crocodile et du trochilus. »

victimes, et on lui donne d'autres aliments prescrits. Tant qu'il vit, on en prend le plus grand soin ; quand il meurt, on l'embaume, et on le met dans une caisse sacrée. Ceux d'Eléphantine et des environs ne regardent point les crocodiles comme sacrés, et même ils ne se font aucun scrupule d'en manger. Ces animaux s'appellent *champses*. Les Ioniens leur ont donné le nom de *crocodiles*, parce qu'ils leur ont trouvé de la ressemblance avec les lézards ou crocodiles que, chez eux, on rencontre dans les haies.

Les hippopotames qu'on trouve dans le nome Paprémite sont sacrés ; mais, dans le reste de l'Egypte, on n'a pas pour eux les mêmes égards.

Voici quelle est la nature et la forme de l'hippopotame : cet animal est quadrupède. Il a les pieds fourchus, la corne du pied comme le bœuf, le museau plat et retroussé, les dents saillantes, la crinière, la queue et le hennissement du cheval. Il est de la grandeur des gros bœufs. Son cuir est si épais et si dur que, quand il est sec, on en fait des javelots (1).

Le Nil produit aussi des loutres (2). Les Egyptiens les regardent comme sacrées. Ils ont la même opinion du poisson appelé *lépidote*, et de l'anguille : ces poissons sont consacrés au Nil. Parmi les oiseaux, le cravan est sacré (3).

(1) Les descriptions des animaux d'Egypte par Hérodote étaient considérées par les anciens comme si exactes et si consciencieuses, que le savant le plus circonspect, le plus judicieux, le plus universel qui ait paru sur la terre, Aristote, s'est contenté de les reproduire dans ses admirables récits. Cuvier avait d'abord supposé qu'Aristote avait étudié ces animaux sur des individus mêmes qu'Alexandre lui avait fait expédier d'Egypte. Depuis il a reconnu son erreur, et s'est assuré que tout l'honneur de cette partie des travaux du savant de Stagire devait remonter à Hérodote.

(2) Le tupinambis est le seul animal quadrupède des bords du Nil qui ait à peu près les habitudes de la loutre. C'est d'ailleurs à ce lézard, long de plus d'un mètre, beaucoup plus qu'à la loutre, que ressemble la figure de la mosaïque de Palestrina, œuvre d'art romaine où l'on croit voir représenté le voyage d'Hadrien en Egypte.

(3) Cet oiseau ressemble beaucoup à l'oie pour la figure, mais il a toute la ruse et la finesse du renard. Belon l'appelle *oie nonatte* ; le mot grec est *oie-renard*, *chenalopex*.

On range aussi dans la même classe un autre oiseau appelé *phénix*. Je ne l'ai vu qu'en peinture. On le voit rarement. Si l'on en croit les Héliopolitains, il ne se montre dans leur pays que tous les cinq cents ans, lorsque son père vient à mourir. S'il ressemble à son portrait (1), ses ailes sont en partie dorées et en partie rouges, et il est entièrement conforme à l'aigle quant à la figure et à la description détaillée.

On en rapporte une particularité qui me paraît incroyable.

Il part, disent les Egyptiens, de l'Arabie, se rend au temple du Soleil avec le corps de son père, qu'il porte enveloppé dans de la myrrhe, et lui donne la sépulture dans ce temple. Voici comment : il fait avec de la myrrhe une masse en forme d'œuf, du poids qu'il se croit capable de porter, la soulève, et essaye si elle n'est pas trop pesante. Ensuite, lorsqu'il a fini ces essais, il creuse cet œuf, y introduit son père, puis il bouche l'ouverture avec de la myrrhe. Cet œuf est alors du même poids que lorsque la masse était entière. Il le porte enfin en Egypte, dans le temple du Soleil.

On voit dans les environs de Thèbes une espèce de serpents sacrés qui ne font jamais de mal aux hommes. Ces serpents sont fort petits, et portent des cornes au haut de la tête. Quand ils meurent, on les enterre dans le temple de Jupiter, auquel ils sont consacrés, paraît-il.

Il y a dans l'Arabie, assez près de la ville de Buto, un lieu où je me rendis pour m'informer des serpents ailés (2). A mon arrivée, je

(1) **On ne croyait point encore,** du temps d'Hérodote, que le phénix renaquît de ses cendres. Cette opinion s'accrédita dans la suite. Suidas assure, au mot *phénix*, que lorsque cet oiseau s'est brûlé, il naît de ses cendres un ver qui se change en phénix. Sur les monuments égyptiens, la figure du phénix est ordinairement caractérisée par une aigrette, et l'on voit auprès l'étoile caniculaire, Sothis, — Syrius.

(2) **A Baskra,** dit Niebur, il y a une sorte de serpents que l'on appelle *heic-susurie*, ou *heie-thiare*, — serpent volant. — Ces reptiles se tiennent sur les dattiers, et comme il leur serait pénible de descendre d'un arbre fort élevé pour remonter sur un autre, ils s'attachent par la queue à une branche du premier qui, faisant ressort par le mouvement qu'ils lui impriment, les lancent jusqu'aux branches du second.

(*Description de l'Arabie.*)

vis une quantité prodigieuse d'os et d'épines du dos de ces serpents. Il y en avait des tas épars de tous les côtés, de grands, de moyens, de petits. Le lieu où sont ces os amoncelés se trouve à l'endroit où une gorge resserrée entre des montagnes débouche dans une vaste plaine qui touche à l'Egypte. On dit que ces serpents ailés volent d'Arabie en Egypte dès le commencement du printemps, mais que les ibis, allant à leur rencontre à l'endroit où ce défilé aboutit à la plaine, les empêchent de passer et les tuent. Les Arabes assurent que c'est en reconnaissance de ce service que les Egyptiens ont une grande vénération pour l'ibis; et les Egyptiens conviennent eux-mêmes que c'est la raison pour laquelle ils honorent ces oiseaux (1).

Il y a deux espèces d'ibis. Ceux de la première espèce sont de la grandeur du crex; leur plumage est extrêmement noir; ils ont des cuisses comme celles des grues, et le bec recourbé. Ils combattent contre les serpents. Ceux de la seconde espèce sont plus communs, et on les rencontre souvent. Ils ont une partie de la tête et toute la gorge sans plumes. Leur plumage est blanc, excepté celui de la tête,

---

L'amiral Anson parle aussi de serpents volants, mais sans ailes, qu'il a vus dans l'île de Quibo. Ces observations, d'ailleurs intéressantes, n'expliquent pas le passage d'Hérodote. On a fait un grand nombre de suppositions pour découvrir le véritable sens. Les uns ont supposé qu'il fallait substituer au serpent ailé la grande sauterelle, *gryllus migratorius*. Les Arabes assimilent encore aujourd'hui, dit Miot, d'après Niebuhr, le corps de ce redoutable insecte à celui du serpent : le nom du reptile aura passé à l'insecte entier, et Hérodote n'aura fait que le traduire en grec. La grande sauterelle aura laissé, sur le lieu du combat, les enveloppes de son corps avec ses cuisses et ses pattes armées d'aiguillons, auxquelles on aura donné le nom d'arêtes.

Un savant moderne prétend avoir trouvé des écailles de serpents dans une momie d'ibis : le fait paraît douteux. On propose de remplacer l'ibis par la cigogne ou la grue. Après tous ces commentaires, on reste dans le doute. Le fait est que la valeur de la plupart des noms d'animaux, au ve siècle de notre ère, était loin d'avoir une signification déterminée et précise. On n'avait alors ni classification ni nomenclature, etc.

(1) On ne confond plus l'ibis avec le genre du courlis. Sous ce nom l'on comprend un grand nombre d'espèces qui vivent dans différents pays. Les anciens ibis, conservés en momies, ne diffèrent point des deux espèces qui existent encore aujourd'hui en Égypte, l'ibis blanc, *ibis religiosa*, et l'ibis noir ou vert, *ibis falcinella*.

du cou et de l'extrémité des ailes et de la queue, qui est très noir. Quant aux cuisses et au bec, ils les ont de même que l'autre espèce.

Le serpent volant ressemble, pour la figure, aux serpents aquatiques. Ses ailes ne sont point garnies de plumes, mais tout-à-fait semblables à celles de la chauve-souris.

En voilà assez sur les animaux sacrés.

Parmi les Egyptiens que j'ai connus, ceux qui habitent aux environs de cette partie de l'Egypte où l'on sème des grains sont, sans contredit, les plus habiles, et ceux qui, de tous les hommes, cultivent le plus leur mémoire. Voici quel est leur régime : ils se purgent tous les mois pendant trois jours consécutifs, et ils ont grand soin d'entretenir et de conserver leur santé par des vomitifs et des lavements, persuadés que toutes nos maladies viennent des aliments que nous prenons. D'ailleurs, d'après les Libyens, il n'y a point d'hommes si sains et d'un meilleur tempérament que les Egyptiens. Je crois qu'il faut attribuer cet avantage aux saisons, qui occasionnent les maladies.

Leur pain s'appelle *cyllestis* : ils le font avec de l'épeautre (1). Comme les Egyptiens n'ont pas de vignes dans leur pays, ils boivent de la bière. Ils vivent de poissons crus séchés au soleil ou mis dans de la saumure. Ils mangent crus pareillement les cailles, les canards et les petits oiseaux, qu'ils ont eu soin de saler auparavant. Enfin, à l'exception des oiseaux et des poissons sacrés, ils se nourrissent de toutes les autres espèces qu'ils ont chez eux, et les mangent rôties ou bouillies.

Aux festins qui se font chez les riches, on porte, après le repas, autour de la salle, un cercueil avec une figure en bois si bien travaillée et si bien peinte, qu'elle ressemble parfaitement à un mort. Elle n'a qu'une coudée ou deux au plus. On la montre à chacun des convives, en disant :

(1) C'était sans doute le *holens sorgum*.

— Jetez les yeux sur ce cadavre! Vous lui ressemblerez après votre mort. Buvez donc maintenant et divertissez-vous... (1).

Contents des chansons qu'ils tiennent de leurs pères, les Egyptiens n'y en ajoutent point d'autres. Il y en a plusieurs dont l'institution est louable, et surtout celle qui se chante en Phénicie, en Cypre, et ailleurs. Elle a différents noms chez les différents peuples.

On convient généralement que c'est la même que les Grecs appellent *Linus,* et qu'ils ont coutume de chanter.

Entre mille choses qui m'étonnent, en Egypte, je ne puis concevoir où les Egyptiens ont pris cette chanson du *Linus.* Ils disaient que Manéros était fils unique de leur premier roi; qu'ayant été enlevé par une mort prématurée, ils chantèrent en son honneur ces airs lugubres, et que cette chanson était la première et la seule qu'ils eussent dans les commencements.

Il n'y a, parmi les Grecs, que les Lacédémoniens qui s'accordent avec les Egyptiens dans le respect que les jeunes gens ont pour les vieillards. Si un jeune homme rencontre un vieillard, il lui cède le pas et se détourne. Et si un vieillard survient dans un endroit où se trouve un jeune homme, celui-ci se lève.

Les autres Grecs n'ont point cet usage.

Lorsque les Egyptiens se rencontrent, au lieu de se saluer de paroles, ils se font une profonde révérence, en baissant la main jusqu'aux genoux.

Leurs habits sont de lin, avec des franges autour des jambes. Ils les appellent *calasiris.* Par-dessus, ils s'enveloppent d'une sorte de manteau de laine blanche. Mais ils ne portent pas dans les temples cet habit de laine, et on ne les ensevelit pas non plus avec cet habit : les lois de la religion le défendent. Cela est conforme aux cérémonies orphiques, que l'on appelle aussi bachiques, et qui sont les mêmes que les égyptiennes et les pythagoriques. En effet, il n'est pas per-

(1 Figure de quelque divinité, Osiris sans doute, qui était le type de toutes les momies humaines.

mis d'ensevelir dans un vêtement de laine quelqu'un qui a participé à ces mystères.

Entre autres choses qu'ont inventées les Egyptiens, ils ont imaginé à quel dieu chaque mois et chaque jour du mois sont consacrés.

Ce sont eux qui, en observant le jour de la naissance de quelqu'un, lui ont prédit le sort qui l'attendait, ce qu'il deviendrait, et le genre de mort dont il devait mourir.

Les poètes grecs ont fait usage de cette science; mais les Egyptiens ont inventé plus de prodiges que tout le reste des hommes. En survient-il un? ils le mettent par écrit, et observent de quel événement il sera suivi. Si, dans la suite, il arrive quelque chose qui ait avec ce prodige la moindre ressemblance, ils se persuadent que l'issue sera la même.

Personne en Egypte n'exerce la divination : elle n'est attribuée qu'à certains dieux. On voit en ce pays des oracles d'Hercule, d'Apollon, de Minerve, de Diane, de Mars, de Jupiter; mais on a plus de vénération pour celui de Latone, en la ville de Buto, que tout autre. Ces sortes de divinations n'ont pas les mêmes règles; elles diffèrent les unes des autres.

La médecine est si sagement distribuée en Egypte, qu'un médecin ne se mêle que d'une seule maladie, et non de plusieurs. Tout y est plein de médecins : les uns sont pour les yeux, les autres pour la tête; ceux-là pour les maux de ventre; enfin, d'autres pour les maladies internes.

Ainsi raconte Hérodote, et, après lui, nous ajoutons ce qui suit :

Nous évitons d'ajouter ici ce qui a trait aux morts, aux embaumements, à la transmigration des âmes, etc., car nous en avons déjà parlé dans le cours de cet ouvrage.

Mais ce que nous n'avons pas dit, ou du moins suffisamment dépeint, ce sont les usages de la vie intime, les banquets, les repas de famille, etc.

Il y aurait, en effet, tout un livre à écrire sur les festins, les soirées, les divertissements, les jeux des anciens Egyptiens.

L'histoire des peuples ne s'apprend pas uniquement par les récits des hommes. Pour la connaître dans tous ses développements, il faut avoir recours quelquefois aux monuments, aux peintures, aux vases, etc., toutes choses qui proviennent de ces peuples. Ainsi faisons nous à l'endroit de l'Egypte.

Plusieurs œuvres d'art satiriques — les Egyptiens aimaient beaucoup les caricatures, — montrent que la tempérance n'était pas toujours rigoureusement observée dans les festins.

On y voit non-seulement des hommes que leurs amis sont obligés d'emporter sur leurs épaules, mais même des dames égyptiennes, riches et distinguées, que leur état d'ébriété a mises dans un déplorable état.

On y voit que l'on s'invitait à des réunions pour entendre des concerts ou voir des danses.

Les orchestres se composaient d'instruments assez nombreux, à cordes et à vent : harpes, guitares, tympanons, flûtes longues ou courtes, simples ou doubles, trompettes, castagnettes, tambourins, etc.

Les danses n'étaient pas moins vives que celles des modernes almées. On applaudissait de la même manière qu'aujourd'hui, en battant des mains.

Des jeunes filles et de jeunes garçons offraient des rafraîchissements et des éventails aux invités, assis, comme nous le sommes, sur des fauteuils ou des chaises comme les nôtres. Les femmes étaient parées de riches étoffes ornées de très beaux dessins brodés à l'aiguille. Elles étaient coiffées élégamment de leur *pschent*. Elles portaient souvent des cheveux en plus grande quantité que ne leur en avait donné la nature. La preuve que les chignons, etc., existaient déjà, c'est que dans plusieurs de nos musées d'Europe, nous trouvons de fort jolies perruques égyptiennes antiques, à boucles et à tresses finement travaillées. Elles portaient de charmants colliers, des bracelets, des ceintures où étincelaient l'or et les pierreries. Leurs doigts étaient chargés de bagues.

A l'intérieur des maisons, dans la vie domestique, pour passer agréablement les heures de loisir, on avait des jeux nombreux et variés. Les monuments nous en ont conservé la représentation : tours de force, tête en bas, marche sur les mains, jeux gymnastiques, jeux de balle, jeux d'échecs, jeux de la *morra*, de la main chaude, du cerceau, etc.

Dans de petits coffres à momies, on a trouvé des poupées, des pantins, des chariots, des balles en peau, des dés, des pirouettes, etc. Le musée de Londres, *British Museum*, possède une très riche collection de ces objets. Est-on donc obligé de s'écrier :

— En vérité, il n'est rien de nouveau sous le soleil!

A TRAVERS LES SABLES DES DÉSERTS.

Comment l'*Afrique* était appelée Lybie. — Voyages maritimes autour de la Lybie. — Triste aventure de Sataspes. — Nations de la Lybie. — Mœurs, usages et coutumes des Lybiens. — Le *Sylphion*. — La grande Syrte. — Rareté des arbres en Lybie. — Garamantes et lotophages. — Petite Syrte. — Lac Tritonide. — Ce qu'on en raconte. — Ile de Phla. — Marchyles et Auséens. — Fêtes chez les Auséens. — Costumes des jeunes filles. — Luttes et victoires. — Temple et oracle de Jupiter-Ammon. — Oasis. — Augiles. — Sacrifices de nomades. — Leurs usages. — Vêtements de ces tribus. — Cyrène et la Cyrénaïque. — Ethiopie. — *Méroé*. — Députation de Cambyse au roi d'Ethiopie. — Présents qu'il lui envoie. — Réponse du monarque nègre. — Où l'on vit le plus longtemps. — L'arc des Ethiopiens. — Les chaînes d'or des prisonniers. — La table du soleil. — Procédés des Ethiopiens vis-à-vis de leurs morts. — Cercueils de verre. — La Phénicie et la Syrie. — *Tyr et Adloun*. — Temple d'Hercule. — La colonne d'or et la colonne d'émeraude. — Excursion à Thasos. — Divinités de Tyr. — Souvenirs de Sésostris. — *Mitylène et Lesbos*. — *Smyrne* ancienne et moderne. — Description. — Le caillou du Mélès comme mémorial d'Homère. — Costumes des Levantines. — Habitations. — Vestibules pittoresques. — Ile de Cos. — Ile de Chio. — *Halicarnasse*. — Temple de *Gnide*. — Contrastes et lamentations. — Ile de *Rhodes*. — Le colosse d'autrefois. — Citadelle formidable. — Chevaliers de Rhodes. — Français et vaillance. — Soliman et le traître allemand. — Le Cydnus et le bain froid d'Alexandre. — *Tarse* et ses ruines. — Cléopâtre et les fêtes de Tarse. — *Pompéiopolis*. — Le soleil inclément. — *Alexandrette*. — Un camp de l'antiquité. — Souvenir de Jonas. — *Bérée*. — *Laodicée*. — Une ville retrouvée dans les marais. — *Trajanopolis*. — Moralité des ruines et leur éloquence.

Hérodote continue ainsi le récit qui occupe une partie du chapitre précédent :

La Libye suit immédiatement l'Egypte.

La plupart des Grecs disent qu'elle tire son nom d'une femme originaire du pays lui-même, laquelle s'appelait Libye (1).

(1) Varron faisait venir le nom de la Lybie du mot grec *Libs*, qui désignait le vent du sud-est. Plusieurs auteurs modernes croient trouver la véritable étymologie dans

Toute la côte de la Libye qui borde la mer septentrionale, — la Méditerranée, — depuis l'Egypte jusqu'au promontoire Soloeis, où se termine cette troisième partie du monde, est occupée par les Libyens et par diverses nations libyennes, à la réserve de ce qu'y possèdent les Grecs et les Phéniciens. Mais dans l'intérieur des terres, au-dessus de la côte maritime et des peuples qui la bordent, est une contrée remplie de bêtes féroces. Au-delà de ces contrées, on ne trouve plus que du sable, qu'un pays prodigieusement aride et absolument désert.

Cette contrée montre par elle-même qu'elle est environnée de la mer, excepté du côté où elle confine à l'Asie (1).

Néchos, — Néchao, — roi d'Egypte, est le premier que nous sachions qui l'ait prouvé. Lorsqu'il eut fait cesser de creuser le canal qui devait conduire les eaux du Nil au golfe Arabique, il fit partir des Phéniciens par la mer Rouge, et ils revinrent par les colonnes d'Hercule.

Les Carthaginois racontent que Sataspes, fils de Théaspis, de la race des Achéménides, en Perse, lui aussi fit le tour de la Libye, c'est-à-dire de l'Afrique. Rebuté par la longueur de la navigation et effrayé des déserts qu'il entrevit sur sa route, il revint sur ses pas sans avoir terminé les travaux que sa mère lui avait imposés. C'était un crime que commettait Sataspes. Aussi allait-il être mis en croix par ordre de Xerxès, lorsque sa mère, qui était sœur de Darius, demanda sa grâce, promettant de le punir plus rigoureusement que le roi ne le voulait, et qu'elle le forcerait à faire le tour de la Libye jusqu'à ce qu'il revînt par le golfe Arabique ou mer Rouge. Xerxès lui ayant accordé sa grâce à cette condition, Sataspes vint en Egypte, y

la Bible, où les noms de *Lehbym* ou *Loubym* sont appliqués aux colonies égyptiennes établies sur la côte septentrionale de l'Afrique.

(1) On a comparé la forme de l'Afrique à un triangle, à un cœur, à un cerf-volant. On ne pouvait avoir une idée exacte de cette configuration au temps d'Hérodote. Il est vraisemblable qu'Hérodote ne croyait pas que l'Afrique s'étendît au-delà du tropique du Cancer.

prit un vaisseau et des matelots du pays, et, s'étant embarqué, il fit voile par les colonnes d'Hercule, — le détroit de Gibraltar.

Sataspes doubla le promontoire Soloeis et fit route vers le sud. Mais, après avoir mis deux mois à traverser une vaste étendue de mer, voyant qu'il lui en restait encore une plus grande à parcourir, il retourna sur ses pas et regagna l'Egypte. De là, il se rendit à la cour de Xerxès. Il y raconta que, sur les côtes de la mer les plus éloignées qu'il eût parcourues, il avait vu de petits hommes, vêtus d'habits de palmier, qui avaient abandonné leurs demeures pour s'enfuir dans les montagnes aussitôt qu'ils l'avaient vu aborder avec son vaisseau; qu'étant entré dans leur pays, il ne leur avait fait aucun tort et s'était contenté de leur enlever leur bétail. Il ajouta qu'il n'avait point achevé le tour de la Libye, parce que son vaisseau avait été arrêté et n'avait pu s'avancer.

Xerxès, persuadé qu'il ne lui disait pas la vérité, fit exécuter la première sentence. Sataspes fut mis en croix (1). Un eunuque de Sataspes n'eut pas plus tôt appris la mort de son maître, qu'il s'enfuit à Samos, avec de grandes richesses, dont un Samien s'empara.

La Libye renferme beaucoup de nations différentes. Voici l'ordre dans lequel on trouve ces peuples, à commencer depuis l'Egypte (2) :

Les premiers qu'on rencontre sont les *Adyrmachides*. Ils ont presque les mêmes usages que les Egyptiens, mais ils s'habillent comme le reste des Libyens. Leurs femmes portent à chaque jambe un an-

---

(1) Xerxès pouvait bien avoir raison. Un jeune seigneur comme Sataspes, riche et efféminé, ne convenait guère à une entreprise aussi longue et aussi difficile. Cependant Scylax écrivit plus tard qu'en une certaine partie des côtes occidentales de l'Afrique, la mer était couverte d'épaisses sargasses qui rendaient impossible toute navigation.

(2) Il ne s'agit point ici de peuples, mais de tribus qui se subdivisaient ou se mêlaient, suivant les vicissitudes des guerres fréquentes qu'elles se livraient entre elles.

En dehors de l'Egypte, pour Hérodote il n'y a que deux peuples indigènes en Afrique : les Lybiens et les Ethiopiens. Ses descriptions ne s'appliquent pas aux Gétules, aux Numides, ni aux Maures ou Marusiens, qu'il paraît ne pas connaître.

neau de cuivre (1), et laissent croître leurs cheveux. Si elles sont mordues par un pou, elles le prennent, le mordent à leur tour et le jettent ensuite (2).

Les *Giligammes* touchent aux Adyrmachides. Ils habitent le pays qui est vers l'occident, jusqu'à l'île Aphrodisias.

Dans cet intervalle est Platée (3), où les Cyrénéens envoyèrent une colonie. Aziris, où ils s'établirent aussi, est sur le continent. C'est là qu'on commence à trouver le sylphion (4). Le pays où croît cette plante s'étend dans l'île de Platée jusqu'à l'embouchure de la

---

(1) Les Bédouins de la Marmorique portent encore de nos jours des anneaux de cuivre depuis le genou jusqu'aux mollets.

(2) Les Hottentots, etc., dans différentes parties du monde, ne se contentent point de mordre les poux, ils les mangent.

(3) L'île rocailleuse et élevée de Bomba.

(4) Le *sylphion* était très célèbre chez les anciens. Aucune plante moderne n'a joui d'un tel renom. Les Grecs de Cyrène la tenaient pour sacrée. Son origine était prodigieuse. Le sylphion avait paru tout-à-coup, disait-on, après une pluie de poix, sept ans avant la fondation de Cyrène, l'an 430 de Rome. Ses effets étaient à la fois bizarres et merveilleux. Cette plante faisait endormir les brebis et éternuer les chèvres. Le suc laiteux extrait de sa tige, et surtout de sa racine, guérissait tous les maux, désinfectait l'air et les eaux. Elle entrait, comme assaisonnement, dans les repas fastueux des rois de Perse.

Dans une comédie d'Aristophanes, un sycophante dit qu'il ne changerait pas sa manière de vivre, lors même qu'on lui donnerait du *sylphion* consacré à Battus, le fondateur de Cyrène.

Le sylphion conservé dans le trésor public de Rome fut vendu par Jules César mille cinq cents marcs d'argent. On en offrit une tige à l'empereur Néron, et pendant longtemps les courtisans en parlèrent comme d'un présent extraordinaire.

D'après les descriptions que Pline et Théophraste ont données de cette plante, sa racine était épaisse, charnue, vivace. Sa tige ressemblait à celle du fenouil; sa feuille, à la feuille du *selinum*; sa graine, large et ailée, à celle de la phyllis. On croit reconnaître ces caractères dans une grande ombellifère participant également des genres *ferula* et *laserpitium*, que les Arabes appellent *dercas*.

Cette plante est très funeste aux animaux étrangers au pays où elle croît. Elle fournit, au contraire, un aliment salubre aux pâtres de la Cyrénaïque et de la Syrte. Ordinairement on la mange rôtie. (*Voyage dans la Marmorique et la Cyrénaïque*. Pacho.)

Syrte (1). Ces peuples ont presque les mêmes costumes que les autres.

Immédiatement après les Giligammes, on trouve les *Asbystes,* du côté du couchant. Ils habitent le pays au-dessus de Cyrène, mais ils ne s'étendent pas jusqu'à la mer. Les chars à quatre chevaux sont beaucoup plus en usage chez eux que chez les autres Libyens, et ils s'étudient à imiter la plupart des costumes des Cyrénéens.

Les *Anschises* sont à l'occident des Asbystes, auxquels ils con-

---

(1) Il s'agit ici de la grande Syrte.
Le mot *syrte* vient du verbe grec *suro*, qui signifie *entraîner, balayer.* On donnait ce nom à deux grands golfes compris dans la grande échancrure de la côte d'Afrique, aux deux extrémités de laquelle étaient Cyrène et Carthage.
La grande Syrte, moins éloignée de l'Egypte et voisine de Cyrène, est aujourd'hui le golfe de Sidra.
La petite Syrte, près du lac Tritonis, ou étant elle-même le lac Tritonis d'Hérodote, est actuellement le golfe de Gabès.
Les rivages de ces golfes sont arides et couverts d'écueils. Leurs sables mouvants en changent fréquemment la configuration. « Un ciel de feu, dit Pacho, un sol constamment uni, du sable sans eau, telle est la région qui s'étend du littoral des Syrtes jusqu'à la station de Rassam, et cet espace, en n'en parcourant qu'une ligne, forme au moins trente lieues d'étendue. »
On voit un seul dattier, arbre unique, sur la côte de la grande Syrte, dans l'espace de quatre cents milles, en descendant de Tripoli et en se dirigeant vers la Cyrénaïque. Cet arbre solitaire a ses racines au bord d'une espèce d'îlot de sable qui s'élève au-dessus de la marée.
Les environs de Zafran, où l'on trouve des ruines de postes militaires romains, sont loin d'être une des parties de la Syrte les plus arides : on y trouve de l'eau pure, des pâturages, une population bédouine intelligente et industrieuse. Toutefois la côte est couverte de récifs, de rochers aigus, de masses de sables mouvants. MM. Becchey la décrivent comme l'un des spectacles les plus étranges et les plus terribles qui se soient offerts à eux. La fureur des flots soulève et accumule d'énormes blocs de pierre entremêlés de sable et de végétation marine. On croirait voir des digues faites par les hommes. Mais au moindre vent toutes ces masses s'ébranlent, s'écroulent, se relèvent avec un désordre et un bruit effrayants. Il est impossible, à cette vue, de ne point se rappeler le passage où Salluste a peint ces rivages : « Dès que la mer commence à grandir et les vents à mugir, le limon, le sable, d'énormes rochers, sont entraînés à la fois, de sorte que l'aspect des lieux change suivant le caprice des vents. C'est de cette force qui entraîne qu'est venu le nom de Syrte. » (*Bell-Jugurt.*)
La grande Syrte a été explorée, en 1821, par un bâtiment de la marine française, *la Chevrette.*

finent. Ils habitent au-dessus de Barcé et s'étendent jusqu'à la mer, près des Evespérides.

Leur pays est borné à l'ouest par celui des *Nasamons*, peuple nombreux. En été, les Nasamons laissent leurs troupeaux sur le bord de la mer et montent à un certain canton nommé Augises, pour y recueillir, en automne, les dattes. Les palmiers y croissent en abondance, y viennent très beaux et portent tous du fruit. Les Nasamons vont à la chasse des sauterelles, les font sécher au soleil, et, les ayant réduites en poudre, ils mêlent cette poudre avec du lait qu'ils boivent avec délices.

Voici leur manière de faire des serments et d'exercer la divination. Ils mettent la main sur le tombeau des hommes qui ont parmi eux la réputation d'avoir été les plus gens de bien. Pour exercer la divination, ils vont aux tombeaux de leurs ancêtres, ils y font leurs prières et y dorment ensuite. Si pendant leur sommeil ils ont quelque songe, ils en font usage dans leur conduite. Ils se donnent mutuellement la foi en buvant réciproquement de la main l'un de l'autre. S'ils n'ont rien de liquide, ils ramassent de la poussière et la lèchent.

Les *Psylles* sont voisins des Nasamons : ils périrent autrefois de la manière que je vais dire. Le vent du midi avait de son souffle desséché leurs citernes, car tout leur pays est en-dedans de la Syrte et sans eau. Ayant tenu conseil entre eux, ils résolurent, d'un consentement unanime, d'aller faire la guerre au vent du midi. Je rapporte les propos des Libyens (1). Lorsqu'ils furent arrivés dans les déserts sablonneux, le même vent, soufflant avec violence, les ensevelit sous des monceaux de sable. Les Psylles détruits, les Nasamons s'emparèrent de leurs terres.

Au-dessus de ces peuples, vers le midi, dans une contrée remplie de bêtes féroces, sont les *Garamantes*, qui fuient le commerce et la société des autres hommes. Ils n'ont aucune sorte d'armes et ne savent pas même se défendre.

(1) Il faut noter cette réserve d'Hérodote.

Cette nation habite au-dessous des Nasamons. Elle a pour voisins les *Maces*. Ceux-ci sont à l'ouest et le long de la mer. Ils se rasent de manière qu'il reste sur le haut de la tête une touffe de cheveux. Quant ils vont à la guerre, ils portent pour armes offensives des peaux d'autruches. Le Cinyps descend de la colline des Grâces, traverse leur pays et se jette dans la mer. Cette colline est entièrement couverte d'une épaisse forêt, au lieu que le reste de la Libye dont j'ai parlé jusqu'ici est un pays où l'on ne voit point d'arbres. De cette colline à la mer il y a deux cents stades.

Les *Gindanes* touchent aux Maces. Les femmes portent chacune, autour de la cheville du pied, des bandes de peau. Celle qui en a davantage est la plus estimée, car chaque bande est un hommage rendu à sa beauté.

Les *lotophages* habitent le rivage de la mer qui est devant le pays des Gindanes. Ces peuples ne vivent que des fruits du lotus (1). Ce fruit est à peu près de la grosseur de celui du lentisque et d'une douceur pareille à celle des dattes. Les lotophages en font aussi du vin.

Ils confinent, le long de la mer, aux *Machlyes*. Ceux-ci font également usage du lotus. Les Machlyes s'étendent jusqu'au Triton, fleuve considérable qui se jette dans un grand lac nommé Tritonis, où l'on voit l'île de Phla (2). On dit qu'il avait été prédit par les

---

(1) Espèce de jujubier, le *rhamnus lotus* de Linné. Son fruit a beaucoup de rapport avec celui du jujubier cultivé, le *rhamnus-ziziphus*; mais il en diffère en ce qu'il est sphérique et plus petit. « C'est, dit Park, une baie farineuse de la grosseur d'une olive, que l'on pile, et que l'on fait sécher au soleil, pour en faire des gâteaux qui ont un goût fort agréable. »

(2) « Il est évident, dit M. d'Avezac, — *Afrique ancienne*, — que le lac Tritonis, dont parle Hérodote, est le golfe même de la petite Syrte, et que son île Phla n'est autre que Gerbeh, explication si certaine à la fois et si naturelle, que nous pouvons à bon droit nous étonner de la donner pour la première fois. »

Suivant d'autres géographes, le lac Tritonis, qui serait de nos jours le lac Faraoun ou El-Londeah, communiquait seulement avec la petite Syrte, mais sur la côte occidentale océanique de l'Afrique. Ce lac aurait disparu, d'après Diodore, à la suite de grands tremblements de terre, accompagnés de grandes éruptions de feux, ce qui donnerait quelque appui à l'opinion qu'Hannon a pu voir des jets de flammes vol-

oracles que les Lacédémoniens enverraient une colonie dans cette île. On raconte ainsi le fait :

Quand Jason eut fait construire, au pied du mont Pélion, en Grèce, le navire *Argo*, et qu'il y eut embarqué une hécatombe avec un trépied d'airain, il se mit en mer, et doubla le Péloponèse, dans le dessein d'aller à Delphes. Lorsqu'il fut arrivé vers le promontoire Malée, il s'éleva un vent du nord qui le jeta en Libye, et il se trouva dans les bas-fonds du lac Tritonis, avant que d'avoir découvert la terre. Ne sachant comment sortir de ce pas dangereux, on dit qu'un triton lui apparut et lui demanda son trépied, lui promettant de lui montrer une route sûre et de le tirer du péril. Jason y ayant consenti, le triton lui montra le moyen de sortir de ce bas-fond. Il prit ensuite le trépied, le mit dans son propre temple, et s'asseyant dessus, il prédit à Jason et aux siens ce qui devait leur arriver. Il lui annonça aussi que lorsque ce trépied aurait été enlevé par quelqu'un des descendants de ceux qui étaient dans le navire *Argo*, il était de toute nécessité que les Grecs eussent cent villes sur les bords du lac Tritonis. On ajoute que les Libyens, voisins du lac, ayant appris cette réponse de l'oracle, cachèrent le trépied.

Immédiatement après les Machlyes, on trouve les *Auséens*. Ces deux nations habitent autour du lac Tritonis; mais elles sont séparées par le fleuve Triton. Les Machlyes laissent croître leur cheveux sur le derrière de la tête, et les Auséens sur le devant.

Dans une fête que ces peuples célèbrent tous les ans en l'honneur de Minerve, les filles, partagées en deux troupes, se battent les unes contre les autres à coups de pierres et de bâtons. Elles disent que ces rites ont été institués par leurs pères en l'honneur de la déesse née dans leur pays, que nous appelons Minerve; et elles donnent le nom

caniques. — Hannon est un voyageur carthaginois, du ve siècle avant J.-C., qui raconte que sur les côtes de la Libye, le long de la mer, il vit « la terre couverte de feux, du milieu desquels s'en élevait un qui semblait atteindre jusqu'aux astres. Au jour, ajoute-t-il, nous reconnûmes que c'était une haute montagne nommée *Théon-Ochéma*, char des dieux. »

de fausses vierges à celles qui meurent de leurs blessures. Mais avant de cesser le combat, elles revêtent d'une armure complète à la grecque celle qui, de l'aveu de toutes, s'est le plus distinguée ; et, lui ayant mis aussi sur la tête un casque à la corinthienne, elles la font monter sur un char et la promènent autour du lac.

Je ne sais de quelle façon ils armaient autrefois leurs filles, avant que les Grecs eussent établi des colonies autour d'eux. Je pense cependant que c'était à la manière des Egyptiens. Je suis en effet d'avis que le bouclier et le casque sont venus d'Egypte chez les Grecs.

Ils prétendent que Minerve est fille de Neptune et de la nymphe du lac Tritonis, et qu'ayant eu quelque sujet de plainte contre son père, elle se donna à Jupiter, qui l'adopta pour sa fille.

Tels sont les peuples qui habitent les côtes maritimes de la Libye. Au-dessus, en avançant dans le milieu des terres, on trouve la Libye remplie de bêtes féroces, et, au-delà de cette Libye, une élévation sablonneuse, qui s'étend depuis Thèbes, en Egypte, jusqu'aux colonnes d'Hercule. On trouve dans ce pays sablonneux, de dix journées en dix journées, de gros quartiers de sel sur des collines. Du haut de chacune de ce collines, on voit jaillir, au milieu du sel, une eau fraîche et douce. Autour de cette eau, on trouve des habitants, qui sont les derniers du côté des déserts, et au-dessus de la Libye sauvage.

Les premiers qu'on y rencontre en venant de Thèbes, sont les *Ammoniens*, à dix journées de cette ville (1).

---

(1) Hérodote dit ailleurs que les Ammoniens sont des Samiens de la tribu Œschrionienne, et qu'on ne peut aller à leur ville que par les sables.

Ammon, le grand dieu de l'Egypte, l'Etre suprême, particulièrement honoré à Thèbes, avait été transformé par les Grecs en Jupiter-Ammon. Sous sa forme principale, Ammon était appelé *Ammon-Ra* ou *Ammon-Soleil*, générateur et régénérateur ; et, sous sa forme secondaire, on l'appelait *Ammon-Kneph* ou *Chnoupis*, gardien, appui, soutien.

L'oasis de Jupiter-Ammon, dont il est ici question, aujourd'hui appelée oasis de Siwah ou Syouah, est située dans le nord-est du désert de Libye, à deux cent soixante-quatre kilomètres de la Méditerranée, et à cinq cents de la ville du Caire. La ville moderne, qui donne son nom à l'oasis, contient deux mille habitants.

Ils ont un temple, avec des rites qu'ils ont empruntés de celui de Jupiter-Thébéen. Il y a, en effet, à Thèbes, comme je l'ai déjà dit, une statue de Jupiter, avec une tête de bélier.

Entre autres fontaines, ils en ont une dont l'eau est tiède au point du jour, fraîche à l'heure du marché, et très froide à midi. Aussi ont-ils soin, à cette heure, d'arroser leurs jardins. A mesure que le jour baisse elle devient moins froide, jusqu'au coucher du soleil, qu'elle est tiède. Elle s'échauffe ensuite de plus en plus, jusqu'à ce qu'on approche du milieu de la nuit; elle sort alors à gros bouillons. Lorsque le milieu de la nuit est passé, elle se refroidit jusqu'au lever de l'aurore.

On l'appelle la fontaine du Soleil.

A dix autres journées de chemin, après les Ammoniens, on trouve, sur cette élévation de sable, une autre colline de sel, semblable à celle des Ammoniens, avec une source d'eau. Ce canton est habité; il s'appelle Augiles. C'est là que les Nasamons vont, en automne, cueillir les dattes.

A dix autres journées du territoire d'Augiles, autre colline de sel avec de l'eau, et une grande quantité de palmiers portant du fruit.

Tout le pays qui s'étend depuis l'Egypte jusqu'au lac Tritonis est habité par les Libyens nomades, qui vivent de chair et de lait. Ils ne

---

A deux kilomètres environ sont les ruines du temple égyptien de Jupiter-Ammon, que l'on appelle *Ommon* ou bien *Oumm-Beidah*.

On a reconnu que ce temple était formé de trois enceintes, dont la plus grande étendue avait trois cents pieds de longueur sur trois cents pieds de largeur. Il reste encore debout une salle couverte par trois pierres pesant chacune cent mille livres et servant de plafond. Le dieu Ammon à tête de bélier figure dans les scènes que représentent les sculptures.

Suivant la tradition rapportée par Hérodote, c'était une colombe partie du grand temple de Thèbes d'Egypte qui était allée désigner la place où l'on devait établir l'oracle d'Ammon. Callimaque dit que ce fut un corbeau. Cette version s'accorde mieux avec l'observation des voyageurs que le corbeau est le seul oiseau qui vive dans les zones de sable de la Libye.

La statue principale du dieu était de bronze mêlé d'émeraudes et de pierres précieuses. Jupiter était porté sur une barque d'or, et servi par plus de cent prêtres. C'étaient les plus anciens de ces prêtres qui proclamaient les oracles du dieu.

mangent point de vaches, non plus que les Egyptiens, et ne se nourrissent point de porcs. Les femmes de Cyrène ne se croient point permis de manger non plus de la viande de vache, par respect pour la déesse Isis, qu'on adore en Egypte. Elles jeûnent même, et célèbrent des fêtes solennelles en son honneur.

Les femmes de Barée, non-seulement ne mangent point de vaches, mais elles s'abstiennent aussi de manger de la chair de porc.

Les peuples à l'occident du lac Tritonis ne sont point nomades : ils n'ont point les mêmes usages, et ne font pas à leurs enfants ce qu'observent, à l'égard des leurs, les Libyens nomades. Quand les enfants des Libyens nomades ont atteint l'âge de quatre ans, ils leur brûlent les veines du haut de la tête, et quelques-uns celles des tempes, avec de la laine qu'ils n'ont pas dégraissée. Ils prétendent que cette opération les empêche d'être par la suite incommodés de la pituite qui coule du cerveau, et qu'elle leur procure une santé parfaite.

Les sacrifices des nomades se font de cette manière : ils commencent par couper l'oreille de la victime ; cela leur tient lieu de prémices, et ils la jettent sur le faîte de leurs maisons. Cela fait, ils tordent le cou de l'animal. Ils n'en immolent qu'au soleil et à la lune.

Tous les Libyens font des sacrifices à ces deux divinités : cependant ceux qui habitent sur les bords du lac Tritonis en offrent aussi à Minerve, ensuite au Triton et à Neptune, mais surtout à Minerve.

Les Grecs ont emprunté des Libyennes l'habillement et l'égide des statues de Minerve, excepté que l'habit des Libyennes est de peau, et que les franges de leurs égides ne sont pas des serpents, mais de minces bandes de cuir ; le reste de l'habillement est le même. Le nom de ce vêtement prouve que l'habit des statues de Minerve vient de Libye. Les femmes de ce pays portent, en effet, par-dessus leurs habits, des peaux de chèvres sans poil, garnies de franges et teintes en rouge. Les Grecs ont pris leurs égides de ces vêtements de peaux de chèvres. Je crois aussi que les cris perçants qu'on entend dans les temples de cette déesse tirent leur origine de ce pays. C'est, en effet, un usage constant parmi les Libyennes, et elles s'en acquittent avec grâce. C'est aussi des Libyens que les Grecs ont appris à atteler quatre chevaux à leurs chars.

Les Libyens nomades enterrent leurs morts comme les Grecs ; j'en excepte les Nasamons, qui les enterrent assis, ayant soin, quand quelqu'un rend le dernier soupir, de le tenir dans cette attitude, et prennent garde qu'il n'expire sur le dos.

Leurs logements sont portatifs et faits d'asphodèles, — plante de la famille des liliacées, — entrelacés avec des joncs.

Tels sont les usages de ces peuplades.

La Cyrénaïque est le pays le plus élevé de cette partie de la Libye habitée par les nomades (1).

Il y a trois saisons admirables pour la récolte. On commence la moisson et la vendange sur les bords de la mer. On passe ensuite au milieu du pays, qu'on appelle les Bunes, — collines : — le blé et le raisin sont alors mûrs et ne demandent qu'à être recueillis.

Pendant qu'on fait la récolte du milieu des terres, ils viennent aussi en maturité dans les endroits les plus reculés.

On a par conséquent mangé les premiers grains, et l'on a bu les premiers vins, lorsque la dernière récolte arrive.

Mais en voilà assez sur ce pays.

Au-dessus d'Eléphantine, en Egypte, on trouve déjà les Ethiopiens.

Ils occupent même une moitié de l'île de Tachompso, et les Egyptiens l'autre moitié. Attenant l'île est un grand lac, sur les bords duquel habitent des Ethiopiens nomades.

---

(1) L'emplacement de Cyrène est aujourd'hui en partie occupé par Gurin ou Grennah, pauvre village du pays de Barca. On y voit de belles ruines.

Fondée par le Lacédémonien Battus, 630 ans avant J.-C., Cyrène fut longtemps la ville du littoral lybien la plus importante après Carthage. C'est là qu'Aristippe établit son école voluptueuse, connue sous le nom de *Cyrénaïque*.

Après avoir été tour à tour soumise à l'Egypte, au temps d'Alexandre, puis tributaire ou indépendante, Cyrène tomba définitivement au pouvoir des Romains, au 1er siècle de notre ère.

Quand vous l'avez traversé, vous rentrez dans le Nil, qui s'y jette; de là, quittant le bateau, vous faites quarante jours de chemin le long du fleuve, car, dans cet espace, le Nil est plein de rochers pointus et de grosses pierres à sa surface, qui rendent la navigation impraticable. Après avoir fait ce chemin en quarante jours de marche, vous vous embarquez de nouveau dans un autre bateau, où vous naviguez douze jours.

Enfin vous arrivez à une grande ville appelée Méroë (1).

On dit qu'elle est la capitale du reste des Ethiopiens. Jupiter et Bacchus sont les seuls dieux qu'adorent ses habitants. Les cérémonies de leur culte sont magnifiques. Ils ont aussi parmi eux un oracle de Jupiter, sur les réponses duquel ils portent la guerre partout où ce dieu le commande et quand il l'ordonne.

Lorsque Cambyse résolut de faire la guerre aux Ethiopiens-Macrobiens, qui habitent en Libye, — Afrique, — vers la mer australe, il fut d'avis d'envoyer vers eux des espions qui, sous prétexte de porter des présents au roi, s'assureraient de l'existence de la table du Soleil, et examineraient, outre cela, ce qui restait à voir dans

---

(1) Il n'est pas certain qu'Hérodote ait voyagé en Ethiopie. Il apprit sans doute des Egyptiens ce qu'il dit de cette contrée.

L'*Ethiopie*, située au sud de l'Egypte, à l'ouest du golfe Arabique et de la mer Erythrée, comprenait la *Nubie* et l'*Abyssinie* actuelle, Méroë, et de vastes pays au sud du Niger. Le mot Ethiopien est formé de deux mots grecs, *ailo*, brûler, et *ops*, œil ou visage. Il marquait la séparation d'avec la race nègre.

Toutefois les Ethiopiens de Méroë avaient la peau d'un brun rouge, semblable à celle des Egyptiens, mais un peu plus foncée, comme maintenant encore. Les anciens Egyptiens étaient peints en jaune. Après la XVIIIe dynastie, paraissent les Peaux-Rouges.

Avant *Méroë*, existait-il une ville éthiopienne plus considérable, nommée *Napata*, et qui aurait été le berceau de la civilisation égyptienne ? C'est une question qui a été controversée. En effet, les pyramides situées près des ruines de Méroë datent à peine du temps des Ptolémées. On en a exploré les chambres. La plupart des temples de cette partie du pays comprise entre le Nil et l'Astaboras — Atbarah, — et dont les anciens faisaient une île, ont été construits par de puissantes reines.

Un roi de Méroë — écrit Méru ou Mérua sur l'une des pyramides les plus septentrionales, — était en même temps grand prêtre d'Ammon. Sa femme lui succéda, et le fils aîné n'eut que le premier rang après elle.

le pays. Il manda donc, de la ville d'Eléphantine, des Ichthyophages qui savaient la langue éthiopienne.

Lorsque les Ichthyophages furent arrivés, il leur donna des ordres sur ce qu'ils devaient dire, et les envoya en Ethiopie avec des présents pour le roi. Ces présents consistaient en un habit de pourpre, un collier d'or, des bracelets, un vase d'albâtre plein de parfums, et une barrique de vin de palmier.

On dit que les Ethiopiens, à qui Cambyse envoya cette ambassade, sont les plus grands et les mieux faits de tous les hommes; qu'ils ont des lois et des coutumes toutes différentes de celles de toutes les autres nations; et que, entre autres, ils ne jugent digne de porter la couronne que celui d'entre eux qui est le plus grand et le plus fort.

Les Ichthyophages, étant arrivés chez ces peuples, offrirent leurs présents au roi et lui parlèrent ainsi :

— Cambyse, roi de Perse, qui désire votre amitié et votre alliance, nous a envoyés pour en conférer avec vous. Il vous offre ces présents, dont l'usage le flatte le plus...

Le roi noir, qui n'ignorait pas que ces Ichthyophages fussent des espions, leur répondit :

— Ce n'est pas le vif désir de faire amitié avec moi qui a porté le roi des Perses à vous envoyer ici avec ces présents, et vous ne me dites pas la vérité. Vous venez examiner les forces de mes Etats. Mais votre maître n'est pas un homme juste : s'il l'était, il n'envierait pas un pays qui ne lui appartient pas, et il ne chercherait pas à réduire en esclavage un peuple dont il n'a reçu aucune injure. Portez-lui donc cet arc de ma part, et dites-lui : Le roi d'Ethiopie conseille à celui de Perse de venir lui faire la guerre avec des forces plus nombreuses, lorsque les Perses pourront bander un arc de cette grandeur aussi facilement que moi. Mais, en attendant, qu'il rende grâces aux dieux de n'avoir pas inspiré aux Ethiopiens le désir d'agrandir leur pays par de nouvelles conquêtes!

LES GRANDES RÉPUBLIQUES. 331

Ayant ainsi parlé, il débanda son arc, et le donna aux envoyés (1). Il prit ensuite l'habit de pourpre, et leur demanda ce que c'était que la pourpre, et comment elle se faisait.

Quand les Ichthyophages lui eurent appris le véritable procédé de cette teinture :

— Ces hommes, dit-il, sont trompeurs ; leurs vêtements le sont aussi.

Il les interrogea ensuite sur le collier et les bracelets d'or. Les Ichthyophages lui ayant répondu que c'était des ornements, il se mit à rire, et, les prenant pour des chaînes, il leur dit que les Ethiopiens en avaient chez eux de plus fortes.

Il leur parla en troisième lieu des parfums qu'ils avaient apportés ; et lorsqu'ils lui en eurent expliqué la composition et l'usage, il leur répondit comme pour l'habit de pourpre.

Mais lorsqu'il en fut venu au vin, et qu'il eut appris la manière de le faire, il fut très content de cette boisson.

Il leur demanda ensuite de quels aliments se nourrissait le roi, et quelle était la plus longue durée de la vie chez les Perses. Les envoyés lui répliquèrent qu'il vivait de pain, et lui définirent la nature du froment. Ils ajoutèrent ensuite que le plus long terme de la vie des Perses était de quatre-vingts ans. Là-dessus, l'Ethiopien leur répliqua qu'il n'était pas étonné que les hommes qui ne se nourrissaient que de fumier ne vécussent que peu d'années. Il ajouta qu'il était persuadé qu'ils ne vivraient pas même si longtemps s'ils ne réparaient leurs forces par cette boisson, — le vin, — et qu'en cela ils avaient un avantage sur les Ethiopiens.

Les Ichthyophages interrogèrent à leur tour le roi sur la longueur de la vie des Ethiopiens, et sur leur manière de vivre. Il leur répondit que la plupart allaient jusqu'à 120 ans, et quelques-uns même au-

---

(1) Smerdis, frère de Cambyse, fut le seul Perse qui eut la force de bander, à deux doigts près, cet arc que les Ichthyophages apportèrent au roi de Perse. De colère, celui-ci renvoya son frère en Perse, et l'y fit assassiner.

delà. Il ajouta qu'ils vivaient de viandes bouillies, et que le lait était leur boisson. Les espions paraissant étonnés de la longue vie des Ethiopiens, le roi les conduisit à une fontaine où ceux qui s'y baignent en sortent parfumés comme d'une odeur de violette, et plus luisants que s'ils s'étaient frottés d'huile. Les espions racontèrent à leur tour que l'eau de cette fontaine était si légère, que rien n'y pouvait surnager, pas même le bois (1), ni les choses encore moins pesantes que le bois : mais tout ce qu'on y jetait allait au fond. Si cette eau est véritablement telle qu'on le dit, l'usage perpétuel qu'en font les Ethiopiens est peut-être la cause d'une si longue vie.

De la fontaine, le roi les conduisit à la prison. Tous les prisonniers y étaient attachés avec des chaînes d'or; car chez les Ethiopiens le cuivre est, de tous les métaux, le plus rare et le plus précieux.

Après qu'ils eurent visité la prison, on leur fit voir aussi ce qu'on appelle la *table du Soleil*.

Voici en quoi consiste la table du Soleil. Il y a devant la ville une prairie remplie de viandes bouillies de toutes sortes d'animaux à quatre pieds, que les magistrats ont soin d'y faire porter la nuit. Lorsque le jour paraît, chacun est maître d'y venir prendre son repas. Les habitants disent que la terre produit d'elle-même toutes ces viandes. Or, voilà ce qu'on appelle la table du Soleil.

Enfin, on montra aux envoyés de Cambyse les cercueils des Ethiopiens, qui sont faits, à ce qu'on dit, de verre, et dont voici le procédé : on dessèche d'abord le corps à la façon des Egyptiens, ou de quelque autre manière; on l'enduit ensuite entièrement de plâtre, qu'on peint de telle sorte qu'il ressemble, autant que possible, à la personne même. Après cela on le renferme dans une colonne creuse et transparente de verre fossile, aisé à mettre en œuvre et qui se tire en abondance des mines du pays (2). On aperçoit le mort à travers

---

(1) Suivant Bœrhaave, les bois d'Ethiopie sont plus pesants que l'eau.

(2) Peut-être du sel que l'on tire en effet de la terre, qui est transparent et se durcit à terre.

cette colonne, au milieu de laquelle il est placé. Il n'exhale aucune mauvaise odeur et n'a rien de désagréable. Les plus proches parents du mort gardent cette colonne une année durant dans leur maison. Pendant ce temps, ils lui offrent des victimes et les prémices de toutes choses. Ils la portent ensuite dehors, et la placent quelque part autour de la ville.

Les espions s'en retournèrent après avoir tout examiné (1). Sur leur rapport, Cambyse, transporté de colère, marcha aussitôt contre les Ethiopiens, sans ordonner que l'on préparât des vivres pour l'armée, et sans réfléchir qu'il allait faire une expédition au bout du monde.

Je fis voile vers *Tyr*, en Phénicie, où j'avais appris qu'il y avait un temple d'Hercule en grande vénération, continue Hérodote, dont je fais passer, en les analysant, les plus beaux récits sous vos yeux, cher lecteur.

En effet, ce temple était décoré d'une infinité d'offrandes, et, entre autres riches ornements, on y voyait deux colonnes dont l'une était d'or fin, et l'autre d'émeraude, qui jetait, la nuit, un grand éclat (2).

Un jour que je m'entretenais avec les prêtres de ce dieu, je leur demandai combien il y avait de temps que ce temple était bâti : mais je ne les trouvai pas plus d'accord avec les Grecs que les Egyptiens. Ils me dirent, en effet, qu'il avait été bâti en même temps que la ville, et qu'il y avait 2,300 ans qu'elle était habitée.

Je vis aussi à Tyr un autre temple d'Hercule ; cet Hercule était surnommé Thasien.

Je fis même un voyage à Thasos, où je trouvai un temple de ce dieu

---

(1) Une partie de l'armée de Cambyse fut ensevelie sous les sables ou périt de faim en route. Cambyse ne put atteindre l'Ethiopie et revint sur ses pas.

(2) C'était, suivant monsieur F. Hœfer, une colonne de verre coloré artificiellement par un oxyde métallique. La fabrication des pierres précieuses artificielles était connue alors. Hœfer suppose que la colonne était éclairée intérieurement pendant la nuit.

qui avait été construit par les Phéniciens, lesquels, courant les mers pour chercher Europe, fondèrent une colonie dans cette île, cinq générations avant qu'Hercule, fils d'Amphitryon, naquît en Grèce (1).

Les Phéniciens habitaient autrefois sur les bords de la mer Erythrée (2), comme ils le disent eux-mêmes ; mais étant passés de là sur les côtes de la Syrie, ils s'y établirent.

La plupart des colonnes que Sésostris fit élever dans les pays qu'il subjugua ne subsistent plus. J'en ai pourtant vu dans la Palestine de Syrie, et j'y ai remarqué les inscriptions et les signes qu'il faisait ajouter comme emblèmes de la lâcheté des vaincus.

On voit aussi dans l'Ionic deux figures de ce prince taillées dans le roc. La première est sur le chemin qui conduit d'Ephèse à Phocée ; la seconde, sur celui de Sardes à Smyrne. Elles représentent, l'une et l'autre, un homme de cinq palmes de haut, tenant de la main droite un javelot, et de la gauche un arc : le reste de son armure est pareillement égyptien et éthiopien.

---

(1) Les trois principales divinités de Tyr et de Sidon étaient :

Baal, maître ou seigneur, auquel on sacrifiait des enfants dans les circonstances solennelles ;

Melcarth, roi de la ville, assimilé à l'Hercule grec, grand patron de Tyr, dieu du soleil, du commerce, de la moisson, etc. ;

Astarté, Astar, qui veut dire étoile, divinité féminine, assimilée quelquefois à la planète Vénus, nommée dans la Bible Ascheratz. Son principal temple était à Tyr. Une médaille de Carthage, conservée au musée de Berlin, paraît représenter un temple de cette déesse.

Les divinités du second ordre étaient figurées par le Soleil, la Lune, les Planètes. Dans ce temple de Tyr, les deux colonnes d'or et d'émeraude étaient adorées comme symboles du soleil ou de sa flamme. On entretenait un feu perpétuel dans les sanctuaires. Tous les cinq ans on célébrait une fête en l'honneur d'Hercule, par des courses et des luttes publiques.

Les belles œuvres anciennes de l'art phénicien, ou ont péri, ou ne sont pas encore découvertes.

(2) Les anciens donnaient le nom d'Erythrée — rouge, — à la mer Rouge, à la mer Arabique, au golfe Persique.

Là s'arrête le récit d'Hérodote ayant trait à la partie de l'Histoire que nous traitons.

Là aussi nous mettrons fin à cet ouvrage des *Grandes Républiques*, cher lecteur.

Si ces aventures de voyages, qui nous rappellent les grands faits de l'ancien monde, ont eu quelque attrait pour vous, veuillez me suivre dans les narrations qui vont suivre, en prenant à la même Librairie EUGÈNE ARDANT ET Cie, à Limoges, le dernier volume de l'Antiquité pittoresque, qui a pour titre :

LES PEUPLES ILLUSTRES.

FIN.

TABLE.

Menus Propos préliminaires.   5
Où les hommes font les dieux.   11
Temps héroïques.   73
Ce que chante la Lyre des Poètes.   123
Le Monde à vol d'oiseau.   193
Où se précipite le fleuve du Temps.   241
Les Racontages de l'Histoire.   281
A travers les sables des Déserts.   317

FIN DE LA TABLE.

Limoges. — Imp. Eugène Ardant et Cie.

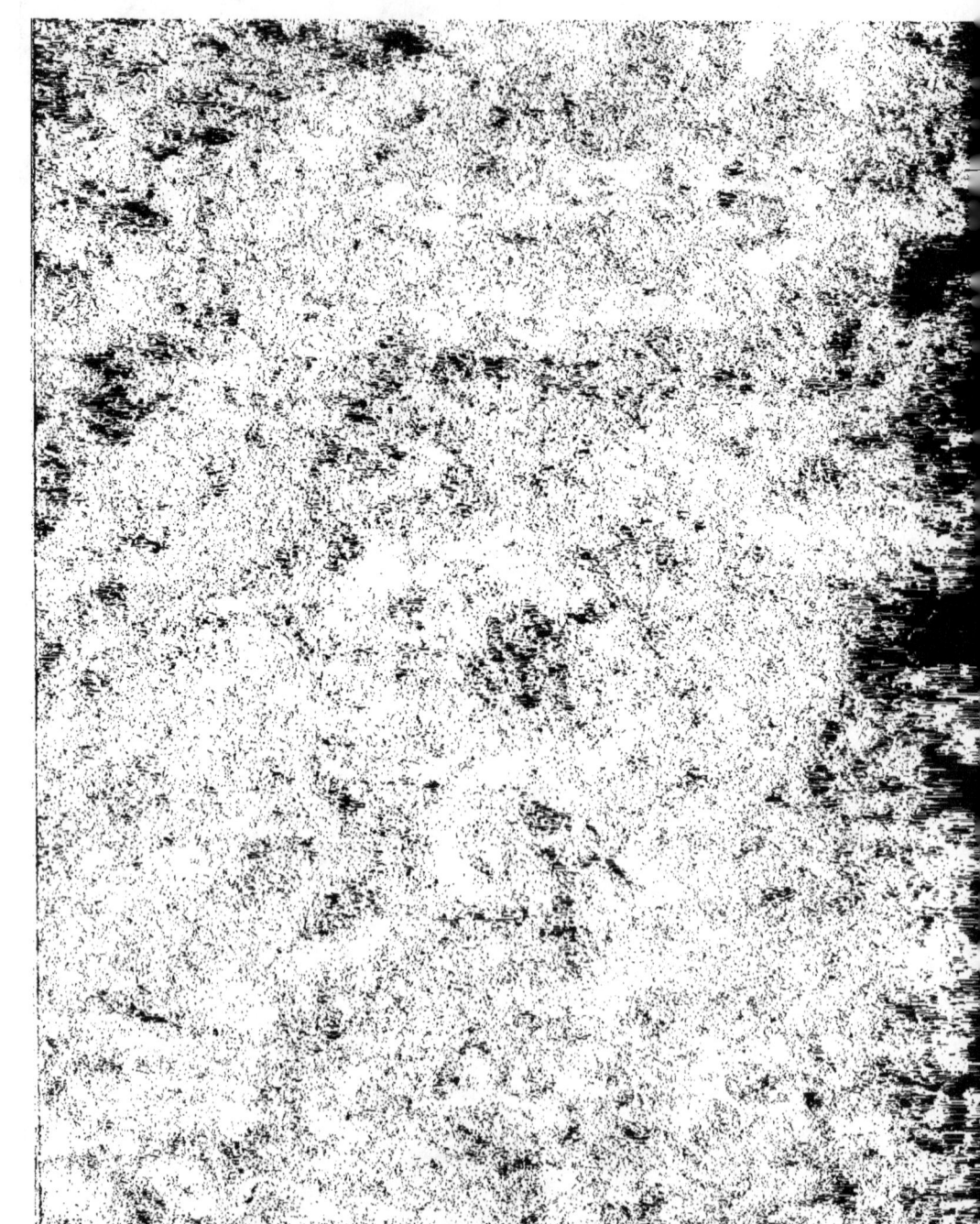

www.ingramcontent.com/pod-product-compliance
Lightning Source LLC
Chambersburg PA
CBHW072005150426
43194CB00008B/1001